Relações Econômicas Internacionais

TEORIA E QUESTÕES

3ª EDIÇÃO REVISTA E ATUALIZADA ATÉ A DECISÃO MERCOSUL/CMC Nº 27/2010

SÉRIE PROVAS E CONCURSOS

Relações Econômicas Internacionais

TEORIA E QUESTÕES

3ª EDIÇÃO REVISTA E ATUALIZADA ATÉ A DECISÃO MERCOSUL/CMC Nº 27/2010

Rodrigo Luz

ELSEVIER

CAMPUS
CONCURSOS

Revisão Gráfica: Hugo Corrêa
Editoração Eletrônica: SBNigri Artes e Textos Ltda.

Coordenador da Série: Sylvio Motta

Elsevier Editora Ltda.
Conhecimento sem Fronteiras
Rua Sete de Setembro, 111 – 16º andar
20050-006 – Centro – Rio de Janeiro – RJ – Brasil

Rua Quintana, 753 – 8º andar
04569-011 – Brooklin – São Paulo – SP – Brasil

Serviço de Atendimento ao Cliente
0800-0265340
sac@elsevier.com.br

ISBN 978-85-352-4399-4

Nota: Muito zelo e técnica foram empregados na edição desta obra. No entanto, podem ocorrer erros de digitação, impressão ou dúvida conceitual. Em qualquer das hipóteses, solicitamos a comunicação ao nosso Serviço de Atendimento ao Cliente, para que possamos esclarecer ou encaminhar a questão.
Nem a editora nem o autor assumem qualquer responsabilidade por eventuais danos ou perdas a pessoas ou bens, originados do uso desta publicação.

CIP-Brasil. Catalogação-na-fonte.
Sindicato Nacional dos Editores de Livros, RJ

L994r
3. ed.

Luz, Rodrigo
Relações econômicas internacionais : teoria e questões / Rodrigo Luz. - 3.ed. - Rio de Janeiro : Elsevier, 2011.
p. – (Provas e concursos)

Inclui bibliografia
ISBN 978-85-352-4399-4

1. Relações econômicas internacionais. 2. Economia. 3. Serviço público - Brasil - Concursos. I. Título. II. Série.

10-5491.

CDD: 337
CDU: 339

Dedicatórias

A Jesus Misericordioso, cuja presença física e tangível na Eucaristia nos fortalece na caminhada para Deus.
A meus pais, meus modelos de ética e de entrega.
A minha esposa e meus filhos, por simplesmente existirem.
A meus colegas da Receita Federal e a todos os meus alunos que, com seus ensinamentos e questionamentos, muito colaboraram na elaboração deste livro.

Apresentação

Nesta 3ª edição, os capítulos foram separados em três partes. Na primeira, são tratadas as teorias e as políticas de comércio internacional, com ênfase histórica. Na segunda, são analisadas as regras de comércio atualmente vigentes e as instituições a ele relacionadas, principalmente a Organização Mundial do Comércio (OMC). Na última parte, analisa-se a economia internacional, saindo da visão estrita do comércio para abordar os sistemas monetários e financeiros internacionais.

Em matéria de conteúdo, todos os capítulos foram revisados e modificados. As alterações mais substanciais foram a inserção das várias novas regras no âmbito do Mercosul e da União Europeia e o aprofundamento de análise do GATT, da OMC e dos demais acordos da organização. Também foram apontadas algumas das modificações impostas pela 6ª edição do Manual do Balanço de Pagamentos, editada em 2008 pelo Fundo Monetário Internacional.

Desejo-te uma ótima leitura.

O Autor

Sumário

Parte 1
TEORIA DO COMÉRCIO INTERNACIONAL

Capítulo 1 Abordagens Analíticas do Comércio Internacional 3

1.1. Uma breve abordagem histórica 3

1.2. Teorias Clássicas 7

1.2.1. Teoria das Vantagens Absolutas 7

1.2.2. Teoria das Vantagens Comparativas 9

1.2.2.1. Teoria dos Custos de Oportunidade 12

1.2.3. Teoria da Demanda Recíproca 13

1.3. Abordagem Moderna 13

1.3.1. Teorema Heckscher-Ohlin ou Teoria da Dotação dos Fatores ... 13

1.3.1.1. Paradoxo de Leontief 15

1.3.2. Teorema Heckscher-Ohlin-Samuelson 16

1.3.3. Teorema Stolper-Samuelson 18

1.3.4. Teorema de Rybczynski 21

1.4. Novas Teorias 23

1.4.1. Introdução 23

1.4.2. Conceitos 23

1.4.3. Teoria dos Ganhos de Escala 24

1.4.4. Diversidade dos Gostos dos Consumidores 25

1.4.5. Teoria do Ciclo-Produto 28

1.4.6. Teorias da Estrutura de Mercados ... 30
1.4.6.1. Estruturas de Mercado ... 30
1.4.6.2. Teoria da Concorrência Monopolística ... 31
1.4.6.3. Teoria do Oligopólio ... 32
Anexo I – Lei da Oferta e da Procura ... 34
Anexo II – Termos de Troca (ou Relações de Troca) ... 38
Anexo III – Curva de Possibilidades de Produção (CPP) ... 42
III.1. Diferentes Intensidades de Fatores ... 43
III.2. Ganhos de Escala ... 44
III.3. Considerações Finais ... 46
Questões de Provas ... 47

Capítulo 2 Políticas Comerciais ... 56
2.1. Liberalismo ... 56
2.1.1. Efeitos (Ganhos Proporcionados pelo Comércio) ... 56
2.2. Protecionismo ... 57
2.2.1. Proteção à Indústria Nascente ... 58
2.2.1.1. Artigo XVIII do GATT ... 58
2.2.2. *Deficit* em Balanço de Pagamentos ... 59
2.2.2.1. Artigo XII do GATT ... 60
2.2.3. Promoção da Segurança Nacional ... 62
2.2.3.1. Artigo XXI do GATT ... 63
2.2.4. Defesa Comercial ... 64
2.2.4.1. Artigos VI e XIX do GATT ... 64
2.2.5. Estímulo à Substituição de Importações ... 65
2.2.6. Desemprego Alto ... 68
2.2.7. Diferencial de Salários ... 69
2.3. As Políticas Protecionistas e de Livre Comércio ao Longo da História Recente ... 69
2.4. Barreiras Tarifárias e Não Tarifárias ... 70
2.4.1. Barreiras Tarifárias e seus Efeitos ... 71
2.4.2. Barreiras Não Tarifárias e seus Efeitos ... 72
2.4.2.1. Quotas de Importação (Não Tarifárias e Tarifárias) ... 72
2.4.2.2. Subsídios ... 74

2.4.2.3. Breve Análise Comparativa 75
2.4.2.4. Outras Barreiras Não Tarifárias 77
2.5. Comércio Internacional e Desenvolvimento Econômico 79
2.5.1. Substituição de Importações 80
2.5.2. Industrialização Voltada para as Exportações 81
Questões de Provas 83

Parte 2
INSTITUIÇÕES E NORMAS DE COMÉRCIO INTERNACIONAL

Capítulo 3 O Acordo Geral sobre Tarifas e Comércio (GATT 1947) 93
3.1. Conferência de Bretton Woods – A Origem do GATT 93
3.2. Instrumentos para o Livre Comércio 95
3.2.1. Artigo I – Cláusula da Nação Mais Favorecida 95
3.2.2. Artigos II e XXVIII – Listas de Concessões, suas Modificações e Negociações 96
3.2.3. Artigo III – Tratamento Nacional no Tocante à Tributação e Regulamentação Internas 99
3.2.4. Artigo VII – Valoração Aduaneira 100
3.2.5. Artigo VIII – Emolumentos e Formalidades Referentes à Importação e à Exportação 101
3.2.6. Artigo X – Publicação e Aplicação dos Regulamentos Relativos ao Comércio 102
3.2.7. Artigo XI – Eliminação Geral das Restrições Quantitativas 103
3.2.8. Artigo XVII – Empresas Estatais 106
3.2.9. Artigo XX – Exceções Gerais 107
3.2.10. Artigo XXV – Ação Coletiva das Partes Contratantes 108
3.2.11. Artigo XXXV – Não Aplicação de Acordo entre as Partes Contratantes 109
3.3. As Rodadas de Negociação sob o GATT 1947 110
Questões de Provas 114

Capítulo 4 **A Organização Mundial do Comércio** ... **118**
4.1. Introdução ... 118
4.2. Funções ... 119
4.3. Estrutura ... 122
4.3.1. Conferência Ministerial ... 123
4.3.2. Conselho Geral e seus Órgãos ... 126
4.3.3. Secretaria ... 127
4.4. Orçamento e Processo Decisório ... 128
4.5. A Atual Rodada de Negociações: Doha ... 129
Questões de Provas ... 134

Capítulo 5 **Principais Acordos Administrados pela OMC** ... **136**
5.1. Acordo Geral sobre Tarifas Aduaneiras e Comércio (GATT 1994) ... 137
5.2. Acordo Geral sobre o Comércio de Serviços (GATS) ... 138
5.2.1. Serviços Sujeitos à Liberalização ... 139
5.2.2. Modos de Prestação de Serviços ... 141
5.2.3. Principal Diferença do GATS em Relação ao GATT ... 141
5.2.4. Obrigações Gerais dos Membros ... 143
5.2.5. Compromissos Específicos dos Membros ... 145
5.3. Acordo sobre Aspectos dos Direitos de Propriedade Intelectual Relacionados ao Comércio (TRIPS) ... 145
5.3.1. Disposições Gerais ... 146
5.3.2. Os Sete Direitos de Propriedade Intelectual ... 148
5.4. Acordo sobre Medidas de Investimento Relacionadas ao Comércio (TRIMS) ... 152
5.5. Acordo sobre Medidas Sanitárias e Fitossanitárias (SPS) e Acordo sobre Barreiras Técnicas ao Comércio (TBT) ... 154
5.6. Acordo sobre Regras de Origem ... 157
5.6.1. Regras de Origem: O que São e para que Servem ... 157
5.6.2. Objetivos do Acordo sobre Regras de Origem ... 158
5.6.3. Regras de Origem Preferenciais vs. Não Preferenciais ... 160
5.6.4. Harmonização das Regras Não Preferenciais ... 163
5.6.5. Regras Não Preferenciais no Período de Transição ... 165
5.6.6. Regras Preferenciais – Compromissos ... 167

5.7. Sistema de Solução de Controvérsias 169
5.7.1. Considerações Iniciais 169
5.7.2. Etapas da Solução de Controvérsias 171
5.7.3. Aplicação da Decisão Tomada 175
Questões de Provas 179

CAPÍTULO 6 **Defesa Comercial** **182**
6.1. *Dumping* e Medidas *Antidumping* 183
6.1.1. Artigo VI do GATT 183
6.1.2. Acordo *Antidumping* 185
6.1.3. Medidas *Antidumping* no Brasil 190
6.1.4. Medidas *Antidumping* no Mercosul 192
6.2. Subsídios e Medidas Compensatórias 196
6.2.1. Artigos VI e XVI do GATT 196
6.2.2. Acordo sobre Subsídios e Medidas Compensatórias 199
6.2.2.1. Conceito de Subsídio 200
6.2.2.2. Demais Disposições 202
6.2.2.3. Classificação de Subsídios 204
6.2.3. Medidas Compensatórias no Brasil 211
6.2.4. Medidas Compensatórias no Mercosul 212
6.3. Salvaguardas 214
6.3.1. Artigo XIX do GATT 214
6.3.2. Acordo sobre Salvaguardas 218
6.3.3. Salvaguardas no Mercosul 223
6.3.4. Normas Brasileiras sobre Salvaguardas 226
Questões de Provas 228

CAPÍTULO 7 **Integração Regional** **234**
7.1. Origens 234
7.2. Estágios de Integração 236
7.2.1. Área de Livre Comércio (ou Zona de Livre Comércio) 237
7.2.1.1. Artigo XXIV do GATT 240
7.2.1.2. Entendimento sobre a Interpretação do Artigo XXIV do GATT 242
7.2.2. União Aduaneira 242

7.2.3. Mercado Comum ... 244
7.2.4. União Econômica ... 244
7.2.5. Integração Econômica Total ... 244
7.3. Zonas Preferenciais ... 245
7.4. Efeitos da Integração ... 246
7.4.1. Criação e Desvio de Comércio ... 246
7.5. Blocos Comerciais ... 250
7.5.1. ALALC (Associação Latino-Americana de Livre Comércio) ... 250
7.5.2. ALADI (Associação Latino-Americana de Integração) ... 251
7.5.2.1. Regime de Origem ... 253
7.5.3. NAFTA (Acordo Norte-Americano de Livre Comércio) ... 255
7.5.4. Pacto Andino ... 256
7.5.5. União Europeia ... 258
7.5.5.1. Antecedentes ... 258
7.5.5.2. Surgimento e Composição ... 258
7.5.5.3. União Econômica e Monetária ... 259
7.5.5.4. Estrutura ... 260
7.5.5.5. O Euro – A Moeda Única ... 263
7.6. Considerações Finais Acerca dos Acordos Regionais Existentes ... 265
Questões de Provas ... 267

Capítulo 8 **Mercosul** ... 273
8.1. Antecedentes ... 273
8.2. Objetivos e Princípios ... 273
8.3. Situação Atual ... 276
8.3.1. Comércio Intrabloco ... 276
8.3.2. Comércio Extrabloco ... 278
8.3.2.1. Tarifa Externa Comum (TEC) ... 278
8.3.2.2. Exceções à TEC ... 279
8.3.2.3. Código Aduaneiro do Mercosul ... 286
8.4. Estrutura Institucional – Protocolo de Ouro Preto ... 287
8.4.1. Órgãos do Mercosul ... 287
8.4.2. Fontes Jurídicas ... 290
8.4.3. Normas dos Órgãos Decisórios – Aprovação, Internalização e Vigência ... 291
8.5. Sistema de Solução de Controvérsias – Protocolo de Olivos ... 293
8.5.1. Etapas do Atual Sistema ... 294

8.5.2. Cumprimento da Decisão Definitiva ... 295
8.5.3. Tribunal Arbitral e Tribunal Permanente de Revisão ... 295
8.5.4. Considerações Finais ... 297
8.6. Regime de Origem ... 297
8.6.1. Conceito ... 297
8.6.2. Critérios Gerais e Específicos ... 298
8.6.3. Produtos Estrangeiros Tratados como Originários ... 302
8.6.4. Dupla Cobrança da TEC ... 304
8.6.5. Certificado de Origem Mercosul ... 305
8.7. Sistema de Pagamentos em Moeda Local (SML) ... 305
8.8. Acordos e Negociações Comerciais Envolvendo o Mercosul ... 307
Questões de Provas ... 310

Capítulo 9 **Organismos e Organizações Internacionais Relacionados ao Comércio** ... 318
9.1. Conferência das Nações Unidas sobre Comércio e Desenvolvimento (UNCTAD) ... 318
9.1.1. Histórico ... 318
9.1.2. Funções ... 319
9.1.3. Sistema Geral de Preferências (SGP) ... 320
9.2. Grupo dos 77 ... 324
9.2.1. Sistema Global de Preferências Comerciais (SGPC) ... 324
9.3. Organização para Cooperação e Desenvolvimento Econômico (OCDE) ... 326
Questões de Provas ... 327

Parte 3
ECONOMIA INTERNACIONAL

Capítulo 10 **Balanço de Pagamentos** ... 335
10.1. Definição ... 335
10.2. Princípios e Conceitos ... 335
10.2.1. Sistema de Partidas Dobradas ... 335
10.2.2. Residência e Centro do Interesse Econômico ... 337
10.2.3. Princípios de Valoração e o Tempo da Escrituração ... 337
10.2.4. Balanço de Transações ... 337
10.2.5. Migrações ... 338

10.2.6. Registros sem Transação ... 339
10.3. Contabilização ... 339
10.4. Estrutura sugerida no *Manual do Balanço de Pagamentos do FMI*, Editado em 1993 ... 341
10.5. Estrutura Usada pelo Banco Central do Brasil a Partir de 2001 ... 342
10.6. Contas do Balanço de Pagamentos Usado no Brasil e Lançamentos Exemplificativos ... 345
10.6.1. Balanço Comercial ... 345
10.6.2. Balanço de Serviços e Rendas ... 345
10.6.3. Transferências Unilaterais Correntes ... 348
10.6.4. Conta Capital ... 348
10.6.5. Conta Financeira ... 348
10.6.6. Erros e Omissões ... 350
10.6.7. Resultado Global do Balanço (Déficit/Superávit do BP) ... 351
10.7. Operacionalização do Balanço de Pagamentos ... 351
10.8. O Ajuste do Balanço de Pagamentos ... 354
Questões de Provas ... 357

Capítulo 11 **Moeda** ... **360**
11.1. Origens da Moeda ... 360
11.2. Meios de Pagamento ... 365
11.3. Funções da Moeda ... 365
11.4. Sistemas de Conversibilidade e Garantia das Moedas ... 367
Questões de Provas ... 369

Capítulo 12 **Sistemas Monetários Internacionais e o FMI** ... **370**
12.1. Sistemas Monetários Internacionais ... 370
12.1.1. Conceito ... 370
12.1.2. Requisitos ... 370
12.1.3. Sistemas Monetários Internacionais e o Contexto Histórico ... 373
12.1.4. Características Básicas dos Sistemas Monetários Internacionais ... 379
12.1.4.1. Padrão-Ouro (1873 – 1914) ... 379
12.1.4.2. Padrão Câmbio-Ouro (1925 – 1931) ... 381
12.1.4.3. Sistema Bretton Woods (1946 – 1971) ... 383
12.2. A História do Sistema Bretton Woods ... 383
12.2.1. Surgimento ... 383

12.2.2. Fundo Monetário Internacional (FMI) 385
12.2.2.1. Objetivos 385
12.2.2.2. Controles Cambiais 387
12.2.2.3. Saques no FMI 388
12.2.2.4. Sistema de Votação 389
12.2.3. Razões do Colapso do Sistema 390
12.2.4. Direitos Especiais de Saque (DES) 391
12.2.4.1. Histórico do DES 392
Questões de Provas 394

Capítulo 13 **O Banco Mundial e o Sistema Financeiro Internacional** 404
13.1. Banco Internacional de Reconstrução e Desenvolvimento (BIRD) 404
13.2. Bancos Regionais de Desenvolvimento 407
13.2.1. Banco Interamericano de Desenvolvimento (BID) 407
13.2.2. Banco Europeu para Reconstrução e Desenvolvimento (BERD) 409
13.3. A Crise na Argentina 409
13.3.1. O Sistema de *Currency Board* 409
13.3.2. Sinal Amarelo 410
13.3.3. Plano Real no Brasil 410
13.3.4. Crises na Ásia, na Rússia e no Brasil 411
13.3.5. Sinal Vermelho 412
13.3.6. Fim do Sistema *Currency Board* e Pesificação 413
Questões de Provas 414

Capítulo 14 **Globalização Econômica** 420
14.1. Globalização da Produção 420
14.2. Globalização do Comércio 421
14.3. Globalização das Finanças 421
14.4. Vantagens e Desvantagens da Globalização 421
Questões de Provas 422

Gabaritos 425

Bibliografia 429

Parte 1

Teoria do Comércio Internacional

Capítulo 1

Abordagens Analíticas do Comércio Internacional

1.1. UMA BREVE ABORDAGEM HISTÓRICA

A História se divide em Idades. A Idade Média se inicia no século V (queda do Império Romano, em 476) e se encerra no século XV (queda de Constantinopla, em 1453). A Idade Moderna vai do século XV ao século XVIII (Revolução Francesa, em 1789). Estamos na Idade Contemporânea desde o final do século XVIII.

Na Idade Média, prevalecia o feudalismo. Na Idade Moderna, o mercantilismo. E na Idade Contemporânea, prevalece o liberalismo (ou livre-cambismo).

José Geraldo Vinci de Moraes (1993, p. 117-118) ensina:

> O feudalismo resultou de um lento processo de gestação iniciado no século III com a desestruturação do Império Romano.
>
> As grandes propriedades rurais – *villas* –... colaboraram para a formação do feudalismo. Com a decadência das atividades urbanas e as invasões bárbaras na Europa, as *villas* se tornaram o refúgio dos camponeses, para se protegerem dos bárbaros. Desse modo, o Império ia se ruralizando e as decisões políticas passaram a ser tomadas pelos poderes locais.
>
> Nesses universos fechados e localizados conviveriam senhores e camponeses, produzindo seus próprios meios de sobrevivência.
>
> A grande propriedade rural, isto é, o feudo, tendia para a autossuficiência, uma vez que produzia quase tudo de que necessitava. O que faltava era trocado nas feiras, aldeias e em outros feudos.

No século X, as invasões bárbaras cessaram. E uma das consequências naturais do fim de um período turbulento é o crescimento populacional. As populações voltaram novamente a habitar as cidades. Começa na Europa o reaquecimento do comércio. Um retorno ao comércio com paz. Colaboraram também para o revigoramento comercial as Cruzadas, iniciadas no século XI. Estas reabriram a navegação no mar Mediterrâneo, principal via de distribuição de mercadorias na Europa. Comércio florescendo significa burguesia se fortalecendo economicamente.

Pouco a pouco, a terra deixava de ser a única fonte de riqueza. Os burgueses (habitantes dos burgos: cidades) começaram a acumular recursos com o renascimento do comércio. No entanto, apesar de poderosos economicamente, sofriam ainda uma série de restrições.

O sistema feudal era ruim para a burguesia, pois os feudos eram autosuficientes e tinham suas próprias moedas e suas próprias leis. Para vender seus produtos dentro dos feudos, os burgueses eram obrigados a pagar taxas. Para passar pelos feudos, havia pedágios. A burguesia precisava de um poder centralizado que unificasse leis, moedas, enfim, que fosse gerado um padrão de comércio. Era caro fazer câmbio de moeda a cada vez que se saía de um feudo para entrar em outro.

Os reis, por certo, tinham também interesse em se fortalecer. O poder político era fragmentado, pois os nobres eram os senhores absolutos dentro de suas propriedades. Inclusive possuíam exércitos particulares! Ganharam este direito dos reis para ajudarem na guerra contra os invasores bárbaros.

A combinação dos dois interesses gerou a união da burguesia com o rei. À burguesia interessava o poder centralizado e ao rei interessava a retomada do poder político que perdera.

O financiamento de exércitos reais pela rica burguesia foi o início do fim do sistema feudal. No apagar das luzes do século XV, começaram a surgir os Estados Modernos. Era o início do mercantilismo.[1] O comércio passou a ser estimulado e financiado pelos Estados. Começaram as Grandes Navegações patrocinadas pelo Estado.

O que pode ser melhor para um país, que quer construir e manter um exército poderoso, do que acumular cada vez mais ouro e prata? John Locke, teórico do período mercantilista, afirmava que a quantidade de metais preciosos era determinante para um país, pois (GONÇALVES, 1998, p. 8):

> [A falta de moeda] acarretará, não obstante, as seguintes desditosas consequências: primeira, preços muito baixos para nossos próprios

[1] A palavra mercantilismo provém de mercancia, comércio.

> produtos; segunda, preços muito altos para todos os produtos estrangeiros, e ambas as coisas nos trarão a pobreza já que o comerciante quer obter por suas mercadorias o mesmo aqui que em qualquer outra parte, o mesmo número de onças de prata e isto nos obriga a pagar o dobro do valor dos demais países, os quais dispõem de maior abundância de dinheiro.
>
> Um país que não seja presenteado com minas de metais preciosos somente pode tê-las através da força, do empréstimo ou do comércio.

É fácil perceber o que Locke falava: quando estamos em crise econômica, os nossos preços caem, porque, se não caírem, ninguém compra. Em épocas de recessão, as vantagens que as lojas nos dão são inúmeras: juro zero, bons descontos e longos financiamentos. Em épocas de crise, os valores dos bens caem.

Em compensação, quando o mercado está aquecido, os preços sobem... (v. a Lei da Oferta e da Procura no Anexo I deste Capítulo).

Portanto, quando um país tem mais ouro e prata, isto significa que mais caros serão seus produtos e mais baratos serão os importados. Essa afirmação resulta da constatação de que a moeda e o estoque de metais eram diretamente proporcionais. Fácil perceber isso se pensarmos em moedas de ouro. Se aumentar a reserva do metal, será aumentada a quantidade de moeda. Por outro lado, se moedas de ouro forem usadas para pagar uma importação, estará sendo diminuída a quantidade de moeda do país, e, consequentemente, o ouro a ela incorporado estará saindo do país.

Locke dizia que entrar ouro e prata no país era bom, pois este venderia seus bens por preços mais altos (a quantidade de ouro aumentou, os preços aumentariam) e gastaria menos nas importações (porque o resto do mundo se empobreceu e, portanto, os preços dos importados cairiam) e isto tenderia a gerar **mais** ouro e prata para o país num ciclo virtuoso. Se um país obtivesse um aumento, ainda que ínfimo, de ouro e prata, isto levá-lo-ia a ter mais e mais ouro e prata.

Por outro lado, perder um grama de ouro e prata era inaceitável porque, se isto acontecesse, vários outros gramas seriam perdidos num ciclo vicioso até as reservas se exaurirem. Desta forma, importar era proibido (ou quase isso!). Quem importasse mercadorias estaria colaborando para gerar a falência do país mesmo que gastasse um único grama de ouro.

O ouro poderia ser obtido por meio de minas próprias, por meio do comércio ou pelo saque das minas de outros países. Daí surgem então os elementos caracterizadores do Mercantilismo: o protecionismo e a colonização.

O Brasil e a América Espanhola foram os fornecedores de ouro para Portugal e Espanha. Em compensação, como a Inglaterra não possuía colônias fornecedoras de ouro e prata, usaram de outro estratagema para obter o metal: Portugal e Espanha pagavam caro pelos produtos ingleses... E o ouro brasileiro foi parar em mãos inglesas...

Em resumo, a política do Mercantilismo era a exploração da colônia pela Metrópole, ou seja, o comércio sempre tinha um vencedor (a Metrópole) e um perdedor (a colônia). E era também um comércio de mão única: quem exportasse era vencedor. Quem importasse era perdedor.

Surgem então as teorias de David Hume e de Adam Smith no século XVIII.

David Hume dizia que a teoria mercantilista de acumulação cíclica de ouro e prata não se sustentava, pois se nossos produtos ficam cada vez mais caros com a acumulação de ouro e prata, nós não conseguiremos vender a mesma quantidade de mercadorias que vendíamos antes do aumento dos preços. E, para reforçar isto, dizia que o outro país, cujos preços ficavam cada vez mais baixos, teria cada vez menos dinheiro para comprar nossos produtos. Em suma, ele provava que ter mais ouro e prata não levava a uma acumulação cíclica. Nem a perda levaria ao exaurimento das reservas. Portanto, importar não era tão ruim assim...

David Hume provava que, se houvesse déficit, a perda de ouro era corrigida automaticamente, fazendo as reservas se recuperarem. Isto porque, com a perda de ouro, os preços domésticos se reduziriam, gerando um aumento no volume de exportações. E os preços mais altos dos importados gerariam uma diminuição de importações. Em consequência, haveria um aumento de reservas de metal precioso, desfazendo o déficit inicial. Era a teoria **fluxo-espécie-preço**, a ser apresentada no tópico 12.1.4.1.

Adam Smith, como veremos no próximo tópico, também atacava o protecionismo, indicando que o país obteria mais benefícios caso importasse as mercadorias que produz de forma ineficiente, concentrando energias naquilo que produz com maior eficiência.

Em 1789, ocorre a Revolução Francesa, que, em síntese, simbolizava a ruptura da burguesia com o rei. Essa Revolução foi consequência das ideias liberais difundidas por Adam Smith, David Hume, Montesquieu, Diderot, D'Alembert e Rousseau, entre outros. A burguesia, após uma bem-sucedida união com os reis, desejava mudanças, pois percebera que a economia controlada pelo Estado, ou seja, o sistema protecionista, era ruim. As teorias de David Hume e Adam Smith haviam sido propagadas. Os países teriam um maior ganho se não houvesse a intervenção estatal na economia. Além disso, a burguesia estava insatisfeita e queria mudança na estrutura dos Estados, pois vira que muitos dos nobres combatidos no surgimento dos Estados Modernos estavam incorporados à estrutura do Estado, com uma série de isenções de impostos e acumulando altos cargos administrativos. Esta era a variável psicológica aliada à teoria econômica.

Com as revoluções liberais, sendo a Revolução Francesa a principal delas, o liberalismo é implantado e, consequentemente, a intervenção do Estado na economia passa a ser mínima. O liberalismo se contrapôs ao protecionismo da época mercantilista.

1.2. TEORIAS CLÁSSICAS

1.2.1. Teoria das Vantagens Absolutas

Imaginemos dois profissionais: um médico e um engenheiro.

O médico, quando quer uma casa construída de acordo com a sua vontade, usa os serviços do engenheiro. Isto porque, se ele próprio fosse desenhar e projetar desde os alicerces até o acabamento, perderia um tempo enorme para ter um resultado satisfatório.

Nós vivemos de complementar as atividades do outro. Existem as mais diversas profissões. O gari tem a sua importância. O policial, idem. Assim também o professor, o taxista e todas as demais profissões. Ninguém é capaz de produzir tudo de que necessita. E, mesmo se o quisesse, esbarraria na própria ineficiência.

O médico, para aprender o ofício de construir uma casa, perderia, digamos de forma otimista, muitos meses. Mas, para indicar a cura a alguém, ele não precisaria mais que alguns minutos.

O engenheiro, para aprender a Medicina e curar seu filho doente, perderia não meses, mas anos. Mas para projetar uma casa perderia apenas alguns dias.

Ora, o que é mais interessante para o médico? Perder tempo com cálculos de fundações e vergalhões ou atender neste tempo os vários problemas de saúde que se lhe apresentam?

O que é mais interessante para o engenheiro? Perder longos anos dedicados à única causa de curar o seu filho ou deixar que o médico faça isso em bem menos tempo?

Que tal o médico indicar a cura do filho do engenheiro e em **troca** o engenheiro projetar a sua casa? Ambos terão seus desejos satisfeitos tendo perdido uma pequena fração de seu tempo. O médico perdeu alguns minutos e o engenheiro perdeu alguns dias, mas ambos saíram ganhando. Não precisaram perder meses nem anos.

Seguindo o mesmo raciocínio, Adam Smith, na década de 1770, pregava que cada país tinha uma capacidade própria. Cada país possuía (e possui) uma habilidade em um bem específico.

Se o Brasil é eficiente na produção de sapato e os EUA, na produção de camisa, por que não trocar? Por que o Brasil vai perder tempo com a produção de camisa se ele não é bom nisso? Por que os EUA irão produzir sapato? Eles poderiam estar usando seu tempo na produção de camisa onde são mais eficientes...

A Teoria das Vantagens Absolutas, de Adam Smith, publicada na obra *A Riqueza das Nações*, de 1776, prova que o livre comércio é a melhor opção para os dois países. Para produzir um sapato, o Brasil gasta, por hipótese, uma hora de trabalho (ht) e os EUA, duas horas. Para produzir uma camisa, os EUA gastam uma hora de trabalho e o Brasil, duas.

País/Produto	Sapato	Camisa
Brasil	1 ht	2 ht
EUA	2 ht	1 ht

(Os custos de produção dos bens são chamados "coeficientes técnicos de produção")

Se cada um fosse fazer uma unidade de cada bem sem comprar do outro, ambos gastariam três horas de trabalho. No entanto, se cada um fizesse a mercadoria na qual é mais eficiente, perderiam apenas duas horas de trabalho para fazer duas unidades e poderiam trocar uma camisa por um sapato. O Brasil produziria dois sapatos e os EUA, duas camisas. Em uma troca 1:1, o Brasil e os EUA ficariam cada um com um sapato e uma camisa. Teriam trabalhado apenas duas horas e teriam mercadorias que valem três horas de trabalho. Com o comércio livre, sem barreiras, eles teriam economizado uma hora de trabalho que poderia ser aplicada em maior produção, gerando vários benefícios, incluindo a queda do preço, maior competitividade, maior variedade de bens...

O livre comércio pode, portanto, ser sintetizado numa frase: "Concentre-se naquilo em que você é bom e adquira o resto." Assim fazemos no nosso dia-a-dia, e isso Adam Smith pregava para as nações.

1.2.2. Teoria das Vantagens Comparativas

Será que é vantajoso para um país adquirir alguma coisa de outro, mesmo se ele for mais eficiente na produção de todos os bens como na tabela de custos a seguir?

País/Produto	Sapato	Camisa
Brasil	1 ht	1 ht
EUA	6 ht	2 ht

Adam Smith havia provado que o livre comércio seria melhor para dois países quando um fosse mais eficiente na produção de um bem e o outro, mais eficiente na produção do outro bem. Os dois países se desenvolveriam sem a competição própria do sistema mercantilista. E, como sabemos, a competição sempre gera um vencedor e um perdedor. Mas, no livre comércio, os dois seriam vencedores. No Mercantilismo, a política era conflitante, pois todos queriam exclusivamente exportar. Ninguém desejava importar. Era um contra-senso! Somente existe exportação de um país se houver a importação por parte do outro. O mercantilismo era foco de permanente tensão. Não era um sistema equilibrado.

Voltando à pergunta inicial: se um país é mais eficiente que o outro na produção de sapato e de camisa, por que ele importaria alguma coisa? A resposta nos é dada pela Teoria das Vantagens Comparativas, de David Ricardo, apresentada em 1817. A teoria se baseia na fraqueza de um país na produção de um bem e no que ele estaria disposto a dar em troca do bem de outro país.

Consideremos inicialmente que o Brasil e os EUA não tenham comércio entre si. Com base na tabela apresentada no início deste texto, pode-se constatar que, em 8 horas de trabalho, o Brasil produz, por exemplo, 4 sapatos e 4 camisas. E os EUA, 1 sapato e 1 camisa. EUA e Brasil começam então a discutir um acordo de comércio.

Surge a proposta norte-americana: os EUA irão se especializar na produção de camisas, e o Brasil, na produção de sapatos. E a troca será de um sapato por camisa. Para os EUA, a proposta é muito boa, pois produziriam 4 camisas num dia com 8 horas de trabalho e, após a troca, teriam 3 camisas e 1 sapato. Ficariam com mercadorias que lhes teriam tomado 12 ht, apesar de terem trabalhado apenas 8 ht. Entretanto, este negócio não traria ganhos para o Brasil, pois este produziria 8 sapatos em 8 ht e, após a troca, ficaria com 7 sapatos e 1 camisa, que custam as mesmas 8 ht.

O Brasil rejeita a proposta e faz a sua: "Produzimos sapatos e vocês, EUA, nos dão 3 camisas por cada sapato." Assim, o Brasil irá produzir 8 sapatos, e os EUA, 4 camisas. Após a troca, o Brasil ficará com 7 sapatos e 3 camisas, e os EUA, com 1 sapato e 1 camisa. Para o Brasil, seria ótimo. Trabalhou 8 ht e tem mercadorias que valem 10 ht. Mas, para os EUA, esta troca não seria vantajosa, pois trabalharam 8 ht e têm mercadorias que valem exatas 8 ht.

O problema de uma e de outra proposta é que o Brasil quer receber mais do que 1 camisa por cada sapato (se não receber acima de 1, ele mesmo prefere fazer, pois o comércio não lhe traria vantagem) e os EUA querem entregar menos de 3 camisas por sapato, pois este é comparativamente o custo de produção de 1 sapato. Se tiverem que entregar 3 ou mais camisas, os EUA não irão ganhar nada com a troca.

Portanto, o comércio somente será vantajoso para ambos se a relação de troca (ou termo de troca[2]) for maior que 1 (para o Brasil aceitar) e menor do que 3 (para os EUA aceitarem). Por exemplo, os dois países obterão vantagens com o comércio se o termo de troca for igual a 2. Em 8 ht, o Brasil produz 8 sapatos, e os EUA, 4 camisas. Se trocarem 2 por 1, o Brasil fica com 7 sapatos e 2 camisas, e os EUA, 1 sapato e 2 camisas. O Brasil gastou 8 ht e tem mercadorias que lhe teriam custado 9 ht se as tivesse feito sozinho. E os EUA gastaram 8 ht e têm mercadorias que lhes teriam custado 10 ht se não tivessem adquirido por comércio.

A Teoria das Vantagens Comparativas explica então em que condições um país, mesmo sendo mais eficiente na produção de todas as mercadorias, tem vantagem em praticar o livre comércio. O Brasil é absolutamente mais eficiente na produção de tudo. Mas é relativamente mais eficiente na produção de sapatos que na produção de camisas, pois precisa de apenas 16,66% (1/6) do tempo de que os EUA precisam para produzir um sapato, sendo que, em relação à camisa, o Brasil precisa de 50% (1/2) do tempo de que os EUA precisam. O Brasil

[2] Existem vários conceitos de termo de troca como se pode observar no Anexo II deste Capítulo. Neste livro, porém, será utilizado o conceito usual, ou seja, o preço do produto exportado em relação ao preço do produto importado. Por exemplo, um termo de troca igual a 2 significa que o Brasil exporta 1 sapato e, em troca, recebe 2 camisas. Em outras palavras, o preço do produto exportado (o sapato) é igual a duas vezes o preço do produto importado (a camisa).

é relativamente mais eficiente na produção de sapato e relativamente menos eficiente na produção de camisa, onde os EUA são relativamente mais eficientes.[3]

Portanto, não existe país que tenha motivos para ficar fora do livre comércio. Mesmo aqueles que são absolutamente ineficientes em tudo terão suas vantagens, pois serão relativamente mais eficientes em uma ou em outra mercadoria.

Considerando a troca de 2 camisas por cada sapato, vejamos os termos de troca:

1) O Brasil exporta 1 sapato e importa 2 camisas. Logo, o preço do sapato é o correspondente ao preço de 2 camisas. O termo de troca é: (preço do sapato)/(preço da camisa) = (2 camisas)/(1 camisa) = 2.
2) Os Estados Unidos exportam 2 camisas e importam 1 sapato. Como o preço do sapato é o equivalente ao preço de 2 camisas, o termo de troca é: (preço da camisa)/(preço do sapato) = (1 camisa)/(2 camisas) = 0,5.

Atenção: a multiplicação entre os termos de troca tem que ser sempre igual a 1(um), pois o que é exportado por um país é importado pelo outro. Portanto, se o termo de troca de um país for maior do que 1 (um), o termo de troca do outro país deve ser menor do que 1 (um). Mas isto não implica de forma alguma que um país está sendo mais prejudicado que o outro. No exemplo dado, inclusive, os EUA ganharam mais que o Brasil, apesar de o termo de troca dos EUA ser o menor.

Posteriormente, esta teoria passou a sofrer críticas tendo em vista que usava apenas um fator de produção: o trabalho (mão de obra). No dia a dia, além da mão de obra, existem também o capital, a tecnologia e os recursos naturais como fatores de produção. A Teoria das Vantagens Comparativas foi adaptada para que continuasse válida. Surgiu a Teoria dos Custos de Oportunidade (Gottfried von Haberler), em 1930, que passa a apresentar a possibilidade de produção influenciada por todos os fatores de produção. A Teoria de Haberler também é conhecida como Teoria Modificada das Vantagens Comparativas.

---

[3] Ora, como se pode dizer que os EUA são relativamente mais eficientes na produção de camisa? A resposta é simples: para produzirem um sapato, os EUA gastam o sêxtuplo do tempo que o Brasil gasta, ao passo que, para produzirem uma camisa, eles gastam "apenas" o dobro do tempo que o Brasil gasta. Desta forma, é possível dizer que os EUA são relativamente mais eficientes na produção de camisa do que na produção de sapato. Note que a comparação a título relativo deve ser feita entre as duas produções do mesmo país (sapato vs. camisa).

1.2.2.1. Teoria dos Custos de Oportunidade

A grande contribuição de Haberler foi apresentar o custo de produção de uma mercadoria tomando por base todos os fatores de produção e não apenas o fator de produção trabalho. Pela teoria, passamos a identificar as possibilidades de produção de dois bens pela Curva de Possibilidades de Produção (CPP), a qual pode ser uma linha reta, uma curva côncava ou convexa.[4]

Os teóricos percebem que um país, com custos de oportunidade[5] crescentes na fabricação de um produto, somente irá se especializar até o nível de produção em que o custo relativo unitário do produto (que cresce à medida que se especializa) atinge o custo relativo unitário do produto idêntico no outro país.

Exemplificando, considere as hipóteses a seguir:

1) o preço relativo do sapato no Brasil é mais baixo que nos EUA; e

2) o preço relativo da camisa nos EUA é mais baixo que no Brasil.

Note que estão sendo trabalhados os custos relativos e não os custos absolutos. É a Teoria das Vantagens Comparativas e não a Teoria das Vantagens Absolutas.

O Brasil se especializa em sapato e os EUA, em camisa. Mas, com custos de oportunidade crescentes, à medida que o Brasil produz sapatos, o seu custo relativo unitário vai aumentando até que, em um determinado momento, este custo se iguala ao custo relativo do sapato nos EUA. Neste momento, não há mais vantagem para o Brasil continuar se especializando para exportar para os EUA porque, se assim o fizer, o custo relativo do sapato vai se tornar maior que nos EUA. Imagine o Brasil produzindo e exportando para os EUA um bem relativamente mais caro do que o mesmo bem produzido nos EUA! Não teria lógica...

Portanto, o Brasil e os EUA se especializam, mas até um determinado nível de produção. Não ocorre a especialização total, pois senão, com custos de oportunidade crescentes, os produtos até se tornariam relativamente mais caros do que os idênticos produzidos no outro país.

---

[4] Para entender o formato da CPP, sugiro a leitura do Anexo III deste capítulo.

[5] Custo de oportunidade é o quanto se perde na produção de uma mercadoria ao se produzir uma unidade da outra mercadoria.

1.2.3. Teoria da Demanda Recíproca

Quando Brasil e EUA decidiram praticar o livre comércio, tiveram que definir o termo de troca. No exemplo da Teoria das Vantagens Comparativas, havia ficado definido que o termo de troca estaria entre 1 e 3. Mas estará mais perto do 1, do 3 ou no meio?

John Stuart Mill responde que depende da **demanda recíproca**. Em outras palavras, é necessário comparar a demanda no Brasil pelo produto norte-americano com a demanda nos EUA pelo produto brasileiro.

Caso a demanda nos EUA pelo produto brasileiro seja maior que a demanda no Brasil pelo produto norte-americano, isto significa que o produto brasileiro é, comparativamente, mais valorizado que o produto norte-americano. E, portanto, para haver a troca, o Brasil exigirá um termo de troca melhor para o seu produto. No exemplo anterior, o Brasil recusava uma troca de 1 por 1, mas adoraria uma troca de 3 por 1. Portanto, a troca será numa relação próxima a 3.

Isto será aceito pelos EUA desde que o número seja menor que 3, por exemplo, 2,8. Os EUA não reclamarão muito pois também irão lucrar bastante, tendo em vista que o produto brasileiro é muito desejado pelos consumidores norte-americanos. O maior ganho dos EUA será na venda ao consumidor final. E, para compensar o pouco lucro brasileiro na venda ao consumidor final, haverá mais vantagem para o Brasil na troca.

Em resumo, os países comerciantes ganham duas vezes: uma na troca propriamente dita, como já era abordado por David Ricardo, e outra no lucro da venda ao consumidor final. Como um país (no exemplo, os EUA) vai ter um ganho muito maior do que o outro na venda ao consumidor final, é razoável admitir que, como forma de compensação, o segundo país (o Brasil) ganhe mais no termo de troca.

1.3. ABORDAGEM MODERNA

1.3.1. Teorema Heckscher-Ohlin ou Teoria da Dotação dos Fatores

A abordagem moderna também é conhecida como Teorema Heckscher-Ohlin, Teoria Neoclássica ou Teoria das Dotações (ou Proporções) dos Fatores. Surgiu para aperfeiçoar a abordagem clássica e dar resposta à seguinte questão: Por que dois bens idênticos produzidos por dois países têm custos de produção distintos?

Na abordagem clássica, os autores não se preocuparam em estudar as causas pelas quais um sapato no Brasil era produzido a um custo *x* e outro sapato **idêntico** era produzido nos EUA por um custo *y*. Por que a diferença no custo de produção se os bens são iguais? Os **clássicos** se limitaram a dizer que a diferença era em decorrência de **tecnologias diferentes**.

A teoria moderna abordou esta questão de uma forma diferente e afirmou que os custos de produção dos bens em um país variavam não em função da tecnologia,[6] mas da **dotação de fatores**, ou seja, da disponibilidade dos fatores de produção naquele país. Por exemplo, considerando que o Brasil possui terra fértil em abundância e a Noruega não, onde fica mais barato produzir alfaces? Com certeza, no Brasil. Na Noruega, podem-se até produzir alfaces em estufas ou com outras tecnologias, mas, com certeza, o custo será muito mais alto do que no Brasil.[7] Por outro lado, os países que têm capital em abundância irão produzir computadores a um custo relativamente mais baixo do que aqueles pobres em capital.

Em síntese, se os países possuem diferentes dotações de fatores, os bens por eles produzidos terão diferentes custos de produção e, com isso, haverá espaço para o comércio. O Teorema Heckscher-Ohlin pode ser assim sintetizado: "**Cada país se especializa e exporta o bem que requer utilização mais intensiva de seu fator de produção abundante.**"

Pode-se dizer que a abordagem moderna não contradiz a abordagem clássica, apenas a aperfeiçoa, pois enquanto David Ricardo define que cada país deve se especializar na produção de bens onde possua vantagem comparativa, Heckscher-Ohlin define que a vantagem comparativa é consequência da abundância de fatores de produção.

O economista sueco Eli Heckscher, em 1919, foi quem primeiro pensou sobre a questão da dotação de fatores. Em 1933, Bertil Ohlin, também economista sueco, aproveitando as ideias defendidas em sua tese de doutorado, escreveu o livro "Comércio Inter-regional e Internacional", publicando a Teoria da Dotação

[6] A abordagem moderna difere da abordagem clássica ao considerar que todos os países têm acesso à mesma tecnologia.

[7] Pela Lei da Oferta e da Procura, a abundância gera preços mais baixos, e a escassez, preços mais altos (ver Anexo I). O que existe em abundância é relativamente mais barato. Ora, as donas de casa sabem que, na época da safra, as frutas ficam bem mais baratas. E é assim porque, afinal, os vendedores têm muitos concorrentes e ninguém quer ficar com a mercadoria "encalhada"... Portanto, o custo de se produzir um determinado bem depende diretamente da estrutura do país. Se o país tem terra em abundância, a produção de bens agrícolas é mais barata do que em outros países que não a têm. Terra em abundância implica custos menores da terra que, por sua vez, refletem em custos menores dos produtos agrícolas.

dos Fatores. No entanto, tendo em vista que Heckscher foi o primeiro a pensar a teoria e foi também o orientador de Ohlin no curso de doutorado, o teorema recebeu o nome dos dois economistas: Heckscher-Ohlin.

O teorema dispõe ainda que a troca das mercadorias acontece porque os fatores de produção são relativamente imóveis entre os países. Se os fatores de produção fossem móveis, estes migrariam, mas como isso não é possível ou é muito difícil, tudo se passa como se o país A usasse os fatores de produção do país B para satisfazer as suas necessidades e vice-versa. É como se o Brasil encomendasse capital da Noruega e exportasse terra para aquele país. Tudo isto feito de forma indireta.

Essa teoria serviu perfeitamente para os países desenvolvidos, os quais encontraram um embasamento teórico para impedir (ou dificultar) que os países agrícolas se industrializassem... "Não se industrializem, vocês são eficientes em produtos agrícolas", pregavam (e pregam) os países desenvolvidos...

Mas os países em desenvolvimento não aceitaram facilmente essa teoria. Na década de 1950, Raúl Prebisch lançou a Teoria da Substituição de Importações,[8] pregando a industrialização da América Latina.

1.3.1.1. Paradoxo de Leontief

O economista russo Wassily Leontief publicou em 1953 um trabalho no qual tentava verificar a aplicação prática do Teorema Heckscher-Ohlin. Para simplificar o estudo, foram considerados apenas dois fatores de produção: a mão de obra e o capital. Usou-se, portanto, um modelo $2 \times 2 \times 2$ (dois países produzindo dois bens, utilizando dois fatores de produção).

Considerando o disposto na teoria, os Estados Unidos, país abundante em capital, deveriam exportar mercadorias capital-intensivas e importar mercadorias trabalho-intensivas.

Em anos anteriores, Leontief já fizera estudos em que se usavam tabelas insumo-produto. Tais tabelas traziam a proporção de insumos para cada produto que os Estados Unidos produziam. Já em relação às tabelas insumo-produto das importações dos EUA, não se as tinham, porque não se conheciam as estruturas de produção dos países que exportavam para os EUA. Usaram-se então as tabelas dos produtos norte-americanos que poderiam servir como substitutos.

---

[8] Esta teoria será abordada no tópico 2.2.5.

Concluindo o estudo, Leontief percebeu que as mercadorias exportadas pelos EUA não eram capital-intensivas como o Teorema Heckscher-Ohlin levava a pensar. As mercadorias exportadas pelos EUA eram trabalho-intensivas. E as mercadorias importadas pelos EUA eram capital-intensivas. A divergência detectada entre a teoria e a prática foi denominada o **Paradoxo de Leontief**.

Seguiram-se várias tentativas para se tentar explicar o paradoxo, sendo as mais importantes:

1) Operários norte-americanos muito eficientes – a explicação dada pelo próprio Leontief era que os operários norte-americanos eram muito mais eficientes que os operários estrangeiros. E, portanto, os EUA eram de fato intensivos em mão de obra e não em capital como se pensava inicialmente;
2) O modelo 2 × 2 × 2 era simples demais por ter utilizado apenas dois fatores de produção – alguns economistas argumentaram que a mão de obra deve ser decomposta em mão de obra qualificada e mão de obra não qualificada. E os EUA teriam mão de obra qualificada em maior quantidade que os demais países; e
3) A explicação para haver comércio não se pode resumir nas diferenças entre as dotações de fatores dos países – há outras explicações para que dois países comerciem. De fato, as **novas teorias**, apresentadas no final deste Capítulo, trazem explicações que não se restringem às relativas à dotação de fatores.

1.3.2. Teorema Heckscher-Ohlin-Samuelson

O Teorema Heckscher-Ohlin dispõe que os países vão se especializar nas mercadorias mais adequadas às suas tipologias de recursos ou, em outras palavras, às dotações de fatores. É bastante natural entender que os países do Oriente Médio não irão produzir café, nem a Noruega irá produzir cacau.

Cada país produz as mercadorias onde é comparativamente mais eficiente (Teoria das Vantagens Comparativas, de David Ricardo) e essa eficiência decorre da dotação dos fatores (Teorema Heckscher-Ohlin).

Como decorrência do Teorema Heckscher-Ohlin, surgiu o Teorema da Equalização dos Custos dos Recursos. Foi desenvolvido por Paul Samuelson. E é também conhecido como Teorema Heckscher-Ohlin-Samuelson.

Suponha que o Brasil tenha grandes disponibilidades de mão de obra que se sobreponham aos outros fatores de produção (capital e recursos naturais). E os EUA tenham o capital como fator de produção dominante. Pelo Teorema Heckscher-Ohlin, conclui-se que o Brasil vai exportar produtos para os EUA que sejam trabalho-intensivos, ou seja, mercadorias cujo processo de fabricação seja dominado pelo fator de produção trabalho. Por exemplo, laticínios. E os EUA vão exportar para o Brasil mercadorias cujo processo de fabricação seja intensivo em capital. Por exemplo, computadores.

A mão de obra, por hipótese inicial, é abundante no Brasil. Portanto, a remuneração por ela é mais baixa aqui do que nos EUA. Isso se explica pelo fato de que no Brasil há muita gente disponível para trabalhar e, portanto, entre dois trabalhadores igualmente competentes, o patrão vai empregar aquele que aceitar receber um salário menor. (Quantas vezes ouvimos dizer que uma pessoa foi demitida e, pelo salário que ela recebia, a empresa contratou duas, pagando a cada uma metade do salário do trabalhador demitido?) Nos EUA, por hipótese, o trabalho não é abundante; portanto, sendo o trabalhador relativamente escasso, o seu custo é mais alto, ou seja, o salário lá é mais alto do que aqui. A Lei da Oferta e da Procura, no Anexo I, explica estas constatações.

No Teorema Heckscher-Ohlin, uma das premissas é de que os países trocam produtos porque não podem comerciar os fatores de produção. Sendo assim, o Brasil passa a exportar mercadorias trabalho-intensivas para os EUA, e, por isso, a demanda por mão de obra no Brasil aumenta para atender a este novo mercado (EUA), o que gera um aumento na oferta de emprego, aumentando o salário do brasileiro.

Primeiro efeito do livre comércio com a especialização: o salário no Brasil aumenta.

Ao mesmo tempo, os EUA se especializam em computadores que demandam pouca mão de obra (o capital é o fator dominante na sua produção) e passam a importar produtos trabalho-intensivos dos outros países, incluindo o Brasil. Neste caso, a mão de obra norte-americana, que é cara por ser escassa, se torna mais barata. Isto acontece porque os EUA estão deixando de precisar desta mão de obra. Eles não vão mais produzir mercadorias que usem muita mão de obra. Eles optaram por produzir mercadorias capital-intensivas. Ora, a menor necessidade de mão de obra a torna mais barata, pois, pela Lei da Oferta e da Procura, se diminuir a demanda, diminui o preço.

Segundo efeito do livre comércio com a especialização: o salário nos EUA cai. E os salários nos dois países se aproximarão até se igualarem.

Ao mesmo tempo, a remuneração do capital também está se igualando. Os juros se igualam, pois o Brasil dispensa o capital próprio que é caro e importa dos EUA mercadorias que usem seu capital barato. Os juros no Brasil, com o capital rejeitado, caem. Os juros nos EUA, com a maior demanda por seu capital, aumentam.

Os salários no Brasil se igualam aos salários nos EUA.

Os juros no Brasil se igualam aos juros nos EUA.

As remunerações dos fatores de produção se igualam nos dois países.

Portanto, teoricamente, o livre comércio traz a vantagem de igualar os custos de produção dos países, também chamados preços dos fatores. O Teorema da Equalização dos Custos dos Recursos também é conhecido como Teorema da Equalização dos Preços dos Fatores.

1.3.3. Teorema Stolper-Samuelson

Pelo Teorema da Equalização dos Custos dos Recursos, visto anteriormente, o livre comércio teoricamente aumenta a remuneração do fator de produção abundante do país. Isto porque, no livre comércio, cada país se dedica a produzir os bens que usam o seu fator de produção abundante (Teorema Heckscher-Ohlin) e, portanto, passa a demandá-lo em "dobro": além de produzir para o mercado interno, passa a produzir também para exportar.

Os efeitos do livre comércio estão dados. Mas o que acontece com as remunerações dos fatores de produção se houver protecionismo, em vez do livre comércio?

A resposta a esta pergunta é dada pelo Teorema Stolper-Samuelson.

O que acontece se o Brasil impuser tarifas sobre os computadores norte-americanos?

Como a oferta externa tende a diminuir e a demanda interna se mantém constante, os preços dos computadores sobem no Brasil. É natural então pensar que as empresas brasileiras de computadores vão se sentir estimuladas a produzir mais. E, para isso, vão precisar de capital para aumentar a produção. O aumento da procura por capital leva a um aumento da remuneração deste capital ou, em outras palavras, os juros sobem.

Logo, tarifa sobre computadores implica aumento de juros.

Funcionamento idêntico haveria caso o produto tributado fosse intensivo de trabalho e não de capital.

Se o Governo brasileiro impuser tarifas sobre a importação de laticínios (que são intensivos em trabalho), o que acontece? Pode-se deduzir que a remuneração da mão de obra aumenta. Vamos ver como isso acontece.

A imposição da tarifa gera uma redução ou eliminação da importação dos laticínios. Haverá, portanto, aumento na produção interna para suprir a demanda. Para aumentar a produção interna, haverá aumento da oferta de emprego, que implica uma melhoria na renda dos trabalhadores, pois agora passarão a ser procurados pelas indústrias nacionais de laticínios. Aumento na procura por mão de obra leva a aumento na sua remuneração.

Portanto, tarifa sobre laticínios aumenta o salário no país.

O Teorema, em linhas gerais, define que "uma tarifa aumenta a renda do fator empregado intensivamente no bem que recebe proteção".

Por isso, a tarifa sobre laticínios aumenta o salário. E tarifa sobre computadores aumenta os juros.

Colocando o Teorema Heckscher-Ohlin-Samuelson (H-O-S) ao lado do Teorema Stolper-Samuelson (S-S) podemos concluir que:

1) O livre comércio aumenta a remuneração do fator de produção abundante do país (H-O-S).
2) A tarifa aumenta a remuneração do fator de produção abundante do bem que recebe proteção (S-S).

E se o fator abundante do bem protegido for também o fator de produção abundante do país?

Por exemplo, se o Brasil (fator de produção abundante do país: mão de obra) impuser uma tarifa sobre laticínios (fator de produção abundante do bem: mão de obra), a remuneração da mão de obra vai aumentar, segundo Stolper-Samuelson.

Mas e se não impusesse tarifa, iria também aumentar a remuneração da mão de obra, segundo Heckscher-Ohlin-Samuelson. "O livre comércio aumenta a remuneração do fator de produção abundante do país."

Então, não há diferença? O salário do trabalhador brasileiro vai aumentar seja impondo tarifas, seja liberando o comércio? Sim, vai aumentar, mas há uma diferença primordial. Com a tarifa, o salário aumenta, mas o preço dos laticínios também. Portanto, o trabalhador ganha de um lado, mas perde de outro. O protecionismo dá uma falsa sensação de melhoria. Já o livre comércio barateia o produto.

Quando se impõe uma tarifa sobre laticínios, o salário aumenta. No entanto, os preços também aumentam porque diminui a concorrência. É um jogo de soma zero ou negativa.

Considerando que a tarifa aumenta a remuneração do fator de produção abundante do bem que recebe proteção, o que acontece com o fator de produção escasso? Vejamos um exemplo numérico.

Considere que:

1) um computador custa R$ 100,00 (sendo R$ 90,00 de remuneração de capital e R$ 10,00 de mão de obra);
2) um queijo custa R$ 10,00 (sendo R$ 2,00 de capital e R$ 8,00 de mão de obra); e
3) o Governo impõe uma tarifa de 50% sobre a importação de computadores.

A tarifa eleva o preço dos computadores (importados e nacionais) a R$ 150,00. Mas o preço do queijo se mantém o mesmo, pois ele não foi tarifado.

Se o preço do computador nacional foi aumentado em R$ 50,00, será que todo esse valor vai para a remuneração de capital ou vai apenas uma parcela? Será que a remuneração do capital vai para R$ 140,00 e a mão de obra continua em R$ 10,00? Ou a mão de obra ganha alguma coisa? Ou será que perde?

Como já constatado, pelo Teorema Stolper-Samuelson, a remuneração do capital aumenta (pois o capital é o fator de produção abundante do bem que recebe proteção – o computador).

Considere que:

1) a remuneração do capital aumenta (Stolper-Samuelson);
2) os fatores de produção são perfeitamente móveis dentro do país; e
3) o preço do queijo se mantém inalterado (não foi tarifado).

Se a remuneração do capital aumentou e o preço do queijo se manteve inalterado, só existe uma explicação: a remuneração da mão de obra caiu. Isto se justifica, pois o preço de um produto é a soma das remunerações dos fatores de produção usados no produto. Se a remuneração do capital aumentou, a remuneração da mão de obra deve cair para se manter o preço do queijo inalterado.

Portanto, o que acontece com a remuneração do fator de produção ESCASSO do bem que recebe proteção? Cai. Quando o Governo brasileiro aumenta a tarifa sobre a importação de computadores, são gerados dois efeitos negativos para o país: aumento da taxa de juros e queda do salário real.

1.3.4. Teorema de Rybczynski

Nas teorias precedentes, os fatores de produção foram apresentados como estáticos. Não se moviam de um país para outro. Moviam-se livremente apenas dentro do país. No entanto, sabemos atualmente que os fatores de produção também migram. A mão de obra migra. Os capitais hoje em dia migram com uma velocidade espantosa.

O que acontece a um país que recebe uma leva de imigrantes? Como será a produção deste país? Mantém a produção dos bens intensivos em capital, aumenta ou a reduz?

O **Teorema de Rybczynski** define que "um aumento na dotação de um fator reduzirá a produção dos bens intensivos no outro fator".

Essa afirmação decorre do próprio Teorema Heckscher-Ohlin, o qual dizia que "cada país se especializa e exporta o bem que requer utilização mais intensiva de seu fator de produção abundante". Ora, se no país está havendo aumento na dotação de um fator, então o país se especializará e exportará os produtos que requererem a utilização desse fator de produção cuja dotação aumentou, diminuindo a produção dos bens intensivos no outro fator.

Um exemplo numérico:

Em um país, há 100 motores elétricos (homogêneos) que geram força para a produção de computadores e de queijos. E existem 100 trabalhadores.

Um computador para ser produzido precisa de 1 trabalhador e 3 motores e o queijo para ser produzido precisa de 2 trabalhadores e apenas 1 motor. O computador é intensivo em capital e o queijo é intensivo em mão de obra. Surge um sistema de equações matemáticas, onde:

Nc = número de computadores produzidos

Nq = número de queijos produzidos

1) Nc x 3 + Nq x 1 = 100

Há 100 motores. Como cada computador precisa de 3 motores e cada queijo precisa de 1 motor, os 100 motores serão usados na combinação dada. Por exemplo, se produzirmos 100 queijos: Nq = 100, então Nc será igual a ZERO para a equação fechar. Mas podem-se produzir 33 computadores e 1 queijo: Nc = 33 e Nq = 1. Enfim, há uma série de combinações possíveis.

2) Nc x 1 + Nq x 2 = 100

Há 100 trabalhadores. E eles podem ser utilizados na combinação anterior, onde para cada computador produzido utiliza-se 1 trabalhador. E a cada queijo produzido utilizam-se 2 trabalhadores. Por exemplo, olhando-se unicamente este fator de produção, poder-se-iam produzir 50 queijos: Nq = 50, e não haveria produção de computadores. Mas produzindo-se 30 queijos: Nq = 30, poderiam ser produzidos 40 computadores. Olhando-se exclusivamente o fator de produção trabalho, esta combinação (Nc = 40 e Nq = 30) é possível, mas, ao considerarmos o número de motores, vemos que ela é impossível: precisaríamos de 150 motores...

Resultado: Para maximizar o uso dos fatores de produção, usamos o sistema de equações e tem-se que Nc = 20 e Nq = 40. Portanto, otimizando o uso dos fatores de produção disponíveis, teríamos no Brasil 20 computadores e 40 queijos sendo produzidos. Sem ociosidade dos fatores de produção...

E se houver uma migração de mão de obra para o Brasil?

Digamos que entrem 20 trabalhadores para o Brasil.

O sistema de equações fica:

Nc x 3 + Nq x 1 = 100

Nc x 1 + Nq x 2 = 120 (100 originais + 20 imigrantes)

Resolvendo o sistema de equações, teremos:

Nc = 16

Nq = 52

Portanto, o que aconteceu quando aumentou a quantidade do fator de produção trabalho?

A quantidade de computadores produzidos caiu de 20 para 16, e a quantidade de queijos produzidos aumentou de 40 para 52.

Está provada numericamente a afirmação de Rybczynski: "Um aumento na dotação de um fator reduzirá a produção dos bens intensivos no outro fator." O aumento no fator de produção trabalho reduziu a produção dos bens intensivos no outro fator (capital): a produção de computadores caiu e a de queijo aumentou.

Esse teorema foi formulado em **contraposição** às teorias clássicas, pois estas não consideravam a troca de fatores de produção, apenas a de produtos.

O teorema de Rybczynski apresenta os fatores de produção como dinâmicos. Portanto, um país que hoje tivesse se especializado em produtos baseados na mão de obra intensiva, poderia, por exemplo, no futuro, ter um reordenamento de sua dotação de fatores propiciando-lhe então a especialização em produtos capital-intensivos.

1.4. NOVAS TEORIAS

1.4.1. Introdução

Pela aplicação do Teorema Heckscher-Ohlin, haveria comércio apenas entre países que possuíssem dotações diferentes de fatores. Isto implicaria custos de produção distintos e especialização de cada país nos bens em que fossem relativamente mais eficientes.

No entanto, **Paul Krugman** e **Staffan Linder**, principalmente, mostraram que mesmo países com estruturas de produção **similares** poderiam comerciar. Este comércio também é conhecido como **comércio intraindústrias**. As principais justificativas para que esse comércio ocorra são duas:

- Economias de escala (retornos crescentes de escala ou rendimentos crescentes de escala), por Krugman.
- Diversidade dos gostos dos consumidores, por Staffan Linder.

As Novas Teorias do Comércio Internacional também incluem a **Teoria do Ciclo-Produto**, de Raymond Vernon, e as teorias baseadas na **Estrutura dos Mercados**, de vários autores, entre eles Chamberlain e Paul Krugman.

1.4.2. Conceitos

Em Economia, **Indústria** é o setor econômico no qual se encontram as **Firmas**. Podemos dizer, por exemplo, que a indústria de calçados é composta por 10 firmas distintas e concorrentes.

Outros conceitos:

Comércio interindústrias – É o comércio entre dois países envolvendo bens de indústrias distintas em cada país. É o caso, por exemplo, do comércio que o Brasil tem com o Japão. O Brasil exporta bens da indústria alimentícia e importa bens da indústria de automóveis. Neste caso, o comércio ocorre em virtude da aplicação da Teoria de Heckscher-Ohlin.

Comércio intraindústrias – É o comércio envolvendo bens da mesma indústria (setor econômico) entre dois países. Por exemplo, é o comércio de carros entre a Alemanha e a Inglaterra. Vemos a seguir as teorias que explicam esse comércio entre países com estruturas de produção similares.

Comércio interfirma – É o comércio efetuado entre duas firmas distintas.

Comércio intrafirma – É o comércio efetuado entre estabelecimentos da mesma firma, ou seja, entre matriz e filial ou entre duas filiais.

1.4.3. Teoria dos Ganhos de Escala

Pelo Teorema Heckscher-Ohlin, não haveria comércio entre países com mesmas estruturas de produção. No entanto, Krugman demonstrou que tal comércio poderia existir entre países com economia de escala.

Imagine dois países (A e B) idênticos em produção, consumo, gostos dos consumidores, renda dos consumidores, tudo absolutamente igual. Vamos provar que mesmo dois países idênticos podem comerciar com vantagem para ambos, caso haja a economia de escala.

No Anexo III, está demonstrado que a Curva de Possibilidades de Produção terá a forma convexa no caso de rendimentos crescentes de escala (ganhos de escala). Vamos, portanto, considerar o comércio entre dois países "idênticos" que têm economia de escala na produção de dois bens X e Y. A produção conjunta dos dois países pode ser apresentada sob a forma do gráfico a seguir:

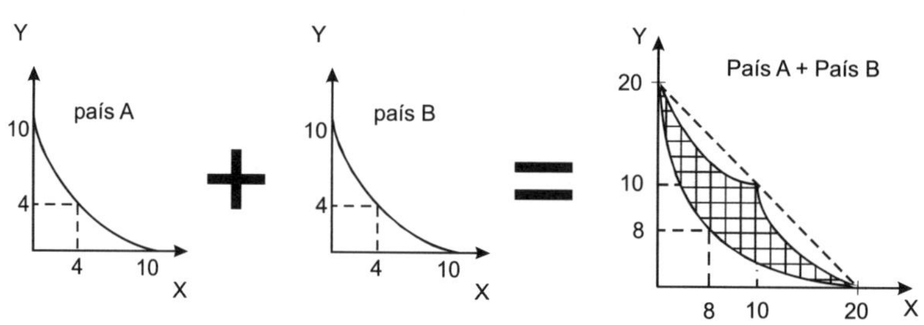

Digamos que o país A produza carros de luxo (X) e carros populares (Y). Caso decida produzir exclusivamente carros de luxo, produzirá 10 unidades. Mas pode produzir também 10 unidades de carros populares, sem produzir carros de luxo.

Caso o país decida não se especializar em nenhum dos dois tipos de carro, ou, em outras palavras, se ele decidir produzir ambos, poderá montar 4 carros de luxo e 4 carros populares. Todas estas hipóteses podem ser usadas para o país B, pois este tem as mesmas características do país A. Como podemos perceber pela hipótese de serem absolutamente idênticos, não haverá vantagens absolutas ou comparativas que poderiam levar ao comércio, pois os seus custos são absolutamente iguais. Mas, mesmo assim, será vantajoso para ambos o comércio. Vejamos.

Caso os países decidam produzir sem recorrer ao comércio, ou seja, produzir ambos os produtos (carros de luxo e carros populares), eles produzirão, cada um, 4 unidades de cada tipo de carro, o que, no final das contas, significa uma **produção conjunta de 8 carros** de cada tipo.

Mas podem decidir se especializar, onde cada um irá produzir um único tipo de bem. O país A, por exemplo, produzirá somente carros de luxo (serão 10 unidades) e o país B produzirá somente carros populares (serão 10 unidades também). Desta forma, eles terão produzido **conjuntamente 10 carros** de cada tipo; produção superior, portanto, aos oito atingidos, caso os países tivessem se fechado ao comércio.

Trocando metade das produções, cada um fica com cinco carros de cada tipo. Se não houvesse comércio, cada um teria ficado, como vimos, com apenas quatro carros de cada tipo.

Pode-se visualizar este ganho no gráfico, resultante da soma da produção de ambos os países. A parte hachurada foi o ganho de produção ao se decidirem pela especialização.

1.4.4. Diversidade dos Gostos dos Consumidores

Uma segunda justificativa para o comércio entre países com estruturas similares de produção é a **diversidade dos gostos dos consumidores**, conforme demonstrou Staffan Linder. Pelo Teorema Heckscher-Ohlin, o comércio era fruto do custo de produção, não se levando em conta o fator subjetivo (o gosto do consumidor).

Em seu ensaio (*An Essay on Trade and Transformation*), Linder afirma que:

i. a diversidade dos gostos dos consumidores é um fator importante na existência de comércio entre países com estruturas similares de produção; e

ii. esse tipo de comércio intraindústrias somente existe entre países com demandas semelhantes dos respectivos consumidores.

Relativamente à primeira afirmativa, consideremos que EUA e Brasil produzam carros. Caso um carro produzido nos EUA seja agradável e acessível, em termos de preço e liberdade de comércio, ao consumidor brasileiro, haverá o comércio, apesar de haver carros similares produzidos no Brasil.

Em relação à segunda afirmativa, consideremos que, em função de sua renda, os habitantes dos EUA demandam carros mais caros do que os demandados pelos brasileiros. Por causa dessa demanda, as fábricas norte-americanas produzem carros de qualidade média superior à dos produzidos no Brasil. Produzem, por exemplo, carros de qualidade equivalente ao Gol até carros Ferrari. E o Brasil, carros Fusca até carros Vectra, como no gráfico a seguir (consideramos a qualidade decrescente na seguinte ordem: Ferrari, Vectra, Gol e Fusca).

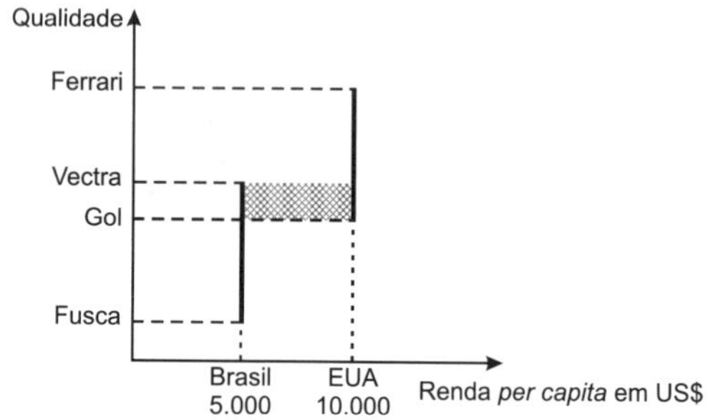

Consideremos os habitantes dos dois países:

- Em primeiro lugar, o Brasil. Pode-se dizer que o habitante com menor poder de compra adquire um Fusca e aquele com maior poder de compra adquire um Vectra, não mais que isso, ou seja, não existe demanda brasileira (com capacidade de compra) para uma Ferrari, por exemplo.

- Em relação aos EUA, o habitante com menor poder de compra adquire um carro com a qualidade equivalente ao Gol e aquele com maior poder de compra adquire uma Ferrari. Em outras palavras, o Fusca é simplesmente desprezado, mesmo para aquele que tem pouca capacidade de compra.

Pelos motivos expostos, as fábricas brasileiras não produzirão Ferrari, pois não haverá quem compre. Sendo assim, essas fábricas produzirão aquilo que a população realmente quer e pode comprar. Da mesma forma, as fábricas americanas não produzirão Fuscas.

Portanto, as fábricas brasileiras se adequarão aos gostos dos consumidores brasileiros produzindo de Fuscas até Vectras. E as fábricas americanas produzirão carros de qualidade equivalente ao Gol até Ferrari.

Suponhamos que os países se abram ao comércio exterior, e então as fábricas, tanto as americanas quanto as brasileiras, decidam **exportar**. Surge a dúvida para elas: **Quais carros exportar?**

Este é o cerne da proposição de Staffan Linder. Não adianta as fábricas brasileiras exportarem Fuscas para os EUA, pois não haverá comprador. Da mesma forma, não adianta as fábricas americanas exportarem Ferrari para o Brasil. Em resumo, o Brasil só irá exportar carros Gol ou de qualidade superior, pois é o que os EUA consomem. Assim, o Brasil e os EUA só irão comerciar entre si carros com qualidade entre Gol e Vectra. Visualizando no gráfico, podemos perceber que isso corresponde à intersecção hachurada entre as produções dos dois países.

Daí se depreende que quanto mais parecidas as **demandas** dos consumidores, mais parecidas serão as produções, o que fará com que haja uma maior área de intersecção nos gráficos gerando por conseguinte um comércio intraindústrias bastante significativo. E, caso contrário, quanto mais distintas as estruturas de produção, menor o comércio intraindústrias de bens manufaturados. Por exemplo, entre os EUA e um país pobre como a Etiópia (que tem uma das menores rendas *per capita* do mundo) intuitivamente não deve existir comércio intraindústrias de carros, pois muito provavelmente o carro menos avançado produzido nos EUA seja por demasiado caro para os etíopes. Por outro lado, considerando que a Etiópia produza carros, eles não exportarão para os EUA, tendo em vista que a sua qualidade está aquém da desejada pelos norte-americanos.[9]

Portanto, prova-se a formulação de Linder: quanto mais **similares** as estruturas de produção dos países, maior o comércio intraindústrias de bens manufaturados (porque maior a intersecção no gráfico). O Teorema Heckscher-Ohlin dispõe que o comércio internacional existe quando há diferenças nas estruturas de produção dos dois países; no entanto, Linder amplia as possibilidades de comércio, incluindo uma situação que a teoria moderna não previa.

Cabe frisar que em relação aos produtos primários é aplicado tão somente o Teorema Heckscher-Ohlin, pois não existe, por exemplo, por parte de um consumidor, uma preferência de gosto pela soja brasileira ou pela soja argentina. Os produtos primários não apresentam diferenças no gosto **se** forem de mesma qualidade.

1.4.5. Teoria do Ciclo-Produto

A teoria do ciclo-produto, criada por Raymond Vernon, tem por base a internacionalização da produção. Constata-se que os produtos industrializados sofisticados surgem em países cujas populações têm alto poder aquisitivo. Isto decorre do fato de que a criação de novos produtos depende da sua demanda. Ora, nenhuma indústria investe na pesquisa de novas tecnologias se não há na população interesse ou renda suficiente. Desta forma, fica fácil explicar por que os produtos novos surgem inicialmente em países ricos, os quais têm capital em abundância para estudo e pesquisa e, ao mesmo tempo, têm demanda para aquele bem.

Com o passar do tempo, os produtos se tornam padronizados e saem das pranchetas dos projetistas e vão para as linhas de montagem. Neste instante, o produto deixa de ser intensivo em pesquisa e mão de obra qualificada e passa a ser intensivo em capital e mão de obra não qualificada. Costumo brincar dizendo que os "apertadores de parafusos" das linhas de montagem no Brasil têm salários mais baixos que os seus pares nos Estados Unidos. Desta forma, é mais barato "apertar parafusos" no Brasil do que nos EUA.

[9] Deve-se ter atenção para um fenômeno atual: as empresas multinacionais se instalam em países menos desenvolvidos em busca de mão de obra e matérias-primas baratas. Mesmo no caso em que as empresas norte-americanas passem a produzir carros na Etiópia, não haverá comércio intraindústrias. São dois motivos: (i) os carros etíopes são acessíveis aos próprios habitantes pelo seu custo mais baixo; e (ii) os carros produzidos nos EUA não são acessíveis aos etíopes por serem caros. (Não foi pelos altos custos nos EUA que a multinacional se instalou na Etiópia?)

No entanto, a migração da produção para o Brasil não é automática, pois uma indústria só se instala num país depois de perceber que há, de fato, um mercado consumidor que justifique tamanho investimento. A demanda brasileira é inicialmente suprida com exportações do país desenvolvido, mas chega a hora em que este volume de exportações é tão elevado que a indústria terá mais vantagens em produzir no Brasil, seja diretamente, através de filiais, ou indiretamente, através de franqueados ou licenciados que pagam *royalties* pela tecnologia.

No início, a produção do país desenvolvido supria as exportações para o Brasil. Depois da instalação no Brasil, parte da produção brasileira passa a ser exportada para aquele país. Isto decorre do fato de que no Brasil o custo de produção é mais baixo, porque afinal os salários aqui são mais baixos. Nisto consiste o nome da Teoria: Ciclo-Produto. A produção se inicia em um país e é exportada para outro. Em seguida, passa a ser produzido no outro e exportado para o primeiro.

No início, a vantagem comparativa era, por exemplo, dos Estados Unidos, tendo em vista que o fator de produção abundante era o capital destinado à pesquisa. No entanto, com a padronização, o fator de produção abundante passou a ser a mão de obra não qualificada. No final, a vantagem comparativa passou a ser do Brasil.

A produção se internacionaliza, ou seja, surgem as multinacionais e as franqueadas.

Nesta teoria, há uma variante: por exemplo, nos Estados Unidos, depois que é encerrada a produção inicial por haver a migração para o Brasil, inicia-se a produção de um bem mais sofisticado. A vivência nos mostra que os aparelhos eletrônicos se tornam obsoletos rapidamente. Os aparelhos de DVD e filmadoras portáteis rapidamente deixam de ser o topo de linha. Esta é uma técnica inteligente dos países ricos em capital: antes que o fluxo do comércio se inverta, ou seja, antes que eles passem a comprar os bens que antes produziam, eles criam mercadorias ainda mais novas e potentes para evitar as importações e manterem o fluxo comercial sempre superavitário. Esta variante também permite lembrar um outro ciclo: o ciclo de vida. A produção nasce em um país, desenvolve-se em outro e, antes que sejam exportados para o país de origem, os bens têm a sua produção encerrada para dar lugar à produção de bens mais modernos numa substituição sem fim.

1.4.6. Teorias da Estrutura de Mercados

1.4.6.1. Estruturas de Mercado

Inicialmente, devemos conhecer as várias formas de estrutura possíveis em um mercado de bens e serviços.

São basicamente quatro as formas quanto ao número de vendedores:

- Concorrência Perfeita;
- Oligopólio;
- Monopólio;
- Concorrência Monopolística.

Na **Concorrência Perfeita** há um grande número de vendedores e de compradores de um bem, e nenhum deles consegue isoladamente exercer qualquer influência sobre o preço do bem, seja aumentando-o ou diminuindo-o. Os bens são homogêneos e os produtores são tomadores de preço e não formadores de preços, pois não têm influência nesta formação. Como exemplo, podemos citar os produtos agrícolas, onde há um número incontável de pequenos e médios agricultores que usam o preço definido nas Bolsas de Mercadorias.

Por **Oligopólio** entende-se o mercado com apenas um pequeno grupo de vendedores. Nesta estrutura de mercado, as firmas oligopolistas influem diretamente no preço ao modificar a quantidade ofertada, seja aumentando-a ou diminuindo-a. Por exemplo, existem poucos países produtores de petróleo. Quase todos esses países se juntaram na OPEP (Organização dos Países Exportadores de Petróleo), que é um cartel que define periodicamente a quantidade de petróleo a ser extraída e que provoca a alteração nos preços do produto em todo o mundo.

O **Monopólio** se caracteriza pela existência de um único vendedor, sendo diferenciado o produto, não possuindo substituto. O vendedor é, portanto, quem define o preço a ser praticado nas suas vendas. Por exemplo, até a Emenda Constitucional nº 9, de 9 de novembro de 1995, a Petrobras tinha o monopólio da venda do petróleo no Brasil.

Por **Concorrência Monopolística** entende-se o mercado que tem características de concorrência perfeita e também de monopólio. Da concorrência perfeita, há a característica de haver um grande número de compradores e vendedores. Do monopólio, há a característica de os bens serem diferenciados.

O exemplo clássico deste modelo é o mercado de sabonetes. Há inúmeras marcas no mercado (característica da concorrência perfeita). No entanto, cada consumidor, ao necessitar comprar um sabonete, age no supermercado como se as demais marcas não existissem. Existe uma fidelidade à marca. Tudo se passa como se aquela marca preferida nos monopolizasse. Nem tomamos conhecimento das demais marcas.

O odor ou a cremosidade do sabonete podem ser elementos de diferenciação, gerando um tipo de monopólio. Mas a concorrência continua a existir. E o monopólio, portanto, não é puro. Basta lembrar o que fizemos da última vez que encontramos o nosso sabonete preferido com um preço maior do que o normal.

A concorrência monopolística tem como características principais:

a) grande número de vendedores, característica da concorrência perfeita; e

b) elementos de diferenciação, característica do monopólio.

1.4.6.2. Teoria da Concorrência Monopolística

A teoria da Concorrência Monopolística parte de duas premissas:

1) o mercado tem a estrutura da Concorrência Monopolística; e

2) nenhum país produz todos os produtos que consome.

Exemplificando:

Imagine que Brasil e Argentina sejam grandes produtores de sabonetes com inúmeras fábricas de lado a lado (primeira premissa satisfeita). Imagine que existam 100 marcas de sabonete produzidas na região.

Nenhum país produz as 100 marcas de sabonete porque deixaria de ter o ganho de escala (segunda premissa satisfeita). Isto porque especializar-se em um número menor de tipos de sabonetes é o indicado para se obterem os ganhos de escala. Se os países produzissem todas as variedades de bens, produziriam pouco de cada, não aproveitando o ganho de escala.

Portanto, podemos, a título de exemplo, dizer que um e outro país produzem 70 marcas de sabonetes. E os que o Brasil não produz são produzidos pela Argentina e vice-versa.

Como o Brasil não produz todos os sabonetes, pode ser que exista um consumidor brasileiro cuja marca favorita seja produzida somente na Argentina. Neste caso, haverá uma importação de um sabonete argentino, apesar de haver sabonetes nacionais disponíveis ao consumidor brasileiro.

O mesmo pensamento pode ser aplicado a um consumidor argentino. Ele pode desejar um sabonete brasileiro, apesar de haver produção de sabonetes argentinos.

Em suma, o que diz a teoria da Concorrência Monopolística é: pode haver o comércio intraindústria caso o produto se enquadre na estrutura de mercado de concorrência monopolística.

Isto não aconteceria numa estrutura de mercado de concorrência perfeita, pois nesta os bens são homogêneos e não haveria razão em importar de um outro país um bem idêntico ao produzido no próprio país.

Muitos autores não consideram esta teoria da Concorrência Monopolística como uma nova teoria. Partem do princípio de que Paul Krugman juntou a Teoria da Diversidade dos Consumidores (com o uso de bens diferenciados) e a Teoria dos Ganhos de Escala para gerar uma terceira nova teoria.

De fato, a teoria da Concorrência Monopolística utiliza bens diferenciados (não homogêneos, como no exemplo dos sabonetes) e ganhos de escala (para que se determine que nenhum país produz tudo). No entanto, a posição dominante é a de aceitar a existência desta teoria.

O que Paul Krugman fez foi restringir a aplicação da Teoria da Diversidade dos Gostos dos Consumidores. Constatou que os gostos dos consumidores **somente** são determinantes para o comércio se a produção do bem usufruir os ganhos de escala. Neste caso, o país não produziria todos os bens, e o gosto do consumidor poderia então ser por um bem não produzido nacionalmente.

De modo inverso, caso a produção do bem não usufruísse ganhos de escala, o país produziria todos os tipos do bem e, por mais distintos que fossem os gostos dos consumidores, não haveria comércio. Neste caso, os gostos dos consumidores não teriam influência nenhuma em gerar comércio.

1.4.6.3. Teoria do Oligopólio

A Teoria do Oligopólio parte da premissa de que há uma concorrência no mercado internacional envolvendo bens oligopolizados.

Por exemplo, imagine que seja aberta uma concorrência internacional para a aquisição de aeronaves comerciais de médio porte. Atualmente, os grandes produtores são a Embraer (brasileira) e a Bombardier (canadense).

No mercado de oligopólio, por definição, os preços de um fornecedor influenciam diretamente o preço do outro fornecedor. Assim funciona, por exemplo, se um país da OPEP decide aumentar a extração de petróleo. Isto vai influenciar o preço de equilíbrio do petróleo no mercado mundial, fazendo-o cair. Diminuindo-se a oferta, o preço do bem aumenta. Isto não acontece, no entanto, em um mercado de concorrência perfeita, pois, por definição, cada produtor tem uma porção ínfima do mercado, o qual não se altera com modificações na produção de um fornecedor em particular. O mercado é tão pulverizado que qualquer aumento ou redução por parte de um produtor é insuficiente para alterar o equilíbrio do mercado.

Voltando ao exemplo das aeronaves e considerando-se que apenas a Embraer e a Bombardier tenham condições de competir, o governo adquirente das aeronaves força uma concorrência para obter o menor preço. Desta forma, a primeira oferta será superada pela segunda e assim sucessivamente. Ora, quando as empresas oligopolistas competem, ambas perdem receita. Portanto, competir neste mercado é ruim para ambas, porque uma empresa está influenciando diretamente o preço da outra. Esta competição pode, entretanto, ser mantida até mesmo com preço de venda menor que o custo de produção, caso o Governo do país subsidie a empresa.

Para o Governo, aquela empresa é estratégica e ele age com uma **política industrial ativa**, subsidiando-a em pesquisas e vendas.

Todas as teorias de comércio estudadas apresentavam o motivo pelo qual o comércio existe. Para a Teoria do Oligopólio, o motivo é a existência de uma política industrial ativa.

Anexo I

Lei da Oferta e da Procura

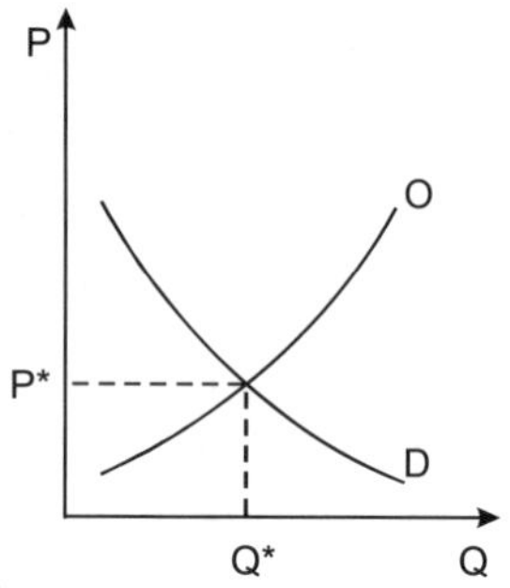

O gráfico apresentado representa a interseção entre a Curva da Oferta (O) e a Curva da Procura (ou Demanda – D). A leitura dessas curvas é feita da seguinte forma:

- Em primeiro lugar, a Curva da Demanda (D): por exemplo, a um preço de R$ 2,00 um determinado consumidor deseja comprar 2 kg de frango. Porém, se o preço do frango baixar para R$ 1,00, este consumidor não vai querer apenas 2 kg, mas digamos 5 kg de frango. Em outras palavras, quanto maior o preço, menor a quantidade demandada e vice-versa, quanto menor o preço, maior a quantidade demandada. Por este motivo, a Curva da Procura é uma curva descendente, pois o preço e a quantidade demandada são inversamente proporcionais.
- A Curva da Oferta (O): digamos que uma indústria venda uma camisa de sua fabricação a R$ 10,00. Vendendo neste preço, produz, por exemplo, 10 camisas/mês. Porém, quanto mais alto o preço da camisa, maior o lucro da indústria, ou seja, se ela puder vender a camisa a R$ 20,00, mais camisas ela tende a ofertar, pois se sente estimulada

pelo lucro majorado. Por outro lado, se houver um congelamento de preços pelo Governo a um tal nível que a indústria não considere satisfatório, talvez porque não gere lucro, ela simplesmente deixa de produzir ou produz em menor quantidade. Assim sendo, as quantidades de mercadorias ofertadas pelas indústrias dependem do preço que elas podem conseguir por tais mercadorias. Quanto maior o preço, mais estimulada fica e mais mercadorias oferta. Em outras palavras, o preço e a quantidade são diretamente proporcionais, resultando daí uma curva ascendente como se pode ver no gráfico.

Ora, as duas curvas se interceptam em um determinado ponto (Q*, P*) que é chamado de Ponto de Equilíbrio, onde a quantidade ofertada coincide com a quantidade demandada. Esse ponto determina o preço (e a quantidade) que será praticado no mercado. Caso o preço fixado pela indústria fique acima deste Preço de Equilíbrio (P*), haverá uma diferença de quantidade ofertada e quantidade demandada, gerando um excedente de produção que fica "encalhado" na fábrica, pois, a este preço mais alto, os consumidores irão desejar menos mercadorias.

Alterações na Demanda de Mercadoria

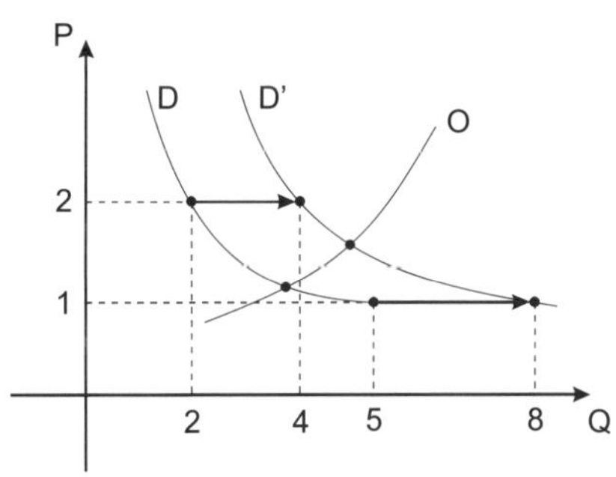

Neste gráfico, vemos o **aumento de demanda** de uma mercadoria.

Imagine que a correção dos salários da população ficou, na média, acima da inflação. Por ter havido um aumento no poder aquisitivo da população, os cidadãos do país irão provocar um aumento na demanda de um determinado bem ou serviço, por exemplo, comida congelada, carros ou pacotes de viagem.

Usando os números do exemplo anterior, se a população antes estava disposta a comprar 2 kg de frango ao preço unitário de R$ 2,00, hoje ela aceita comprar

4 kg de frango a esse preço. Note que houve um aumento da demanda, mas não provocado por uma redução de preços, e sim por um aumento de poder aquisitivo.

Ao preço de R$ 1,00, a população comprava 5 kg de frango. Agora, irá comprar 8 kg.

Portanto, fazendo as alterações no gráfico ponto a ponto, ter-se-á no final um deslocamento da curva da Demanda para a direita.

Esse deslocamento da curva leva a uma majoração do preço de equilíbrio, que é o ponto de intersecção entre a nova Curva de Demanda (D') e a Curva da Oferta (O), como se pode visualizar no gráfico.

De forma análoga, podemos pensar na **redução da demanda** (da curva D' para D). Por exemplo, o país entra em recessão. As pessoas que perdem seus empregos consequentemente passam a consumir menos supérfluos, roupas e até mesmo comida. Essa redução da demanda (deslocamento da curva D' para D) provoca a redução dos preços, considerando que a oferta tenha se mantido constante. E as indústrias, por falta de compradores e medo de verem seus produtos encalharem nas prateleiras, reduzem os preços.

Em resumo, aumento da demanda implica aumento do preço. E redução da demanda implica redução do preço.

Alterações na Oferta de Mercadoria

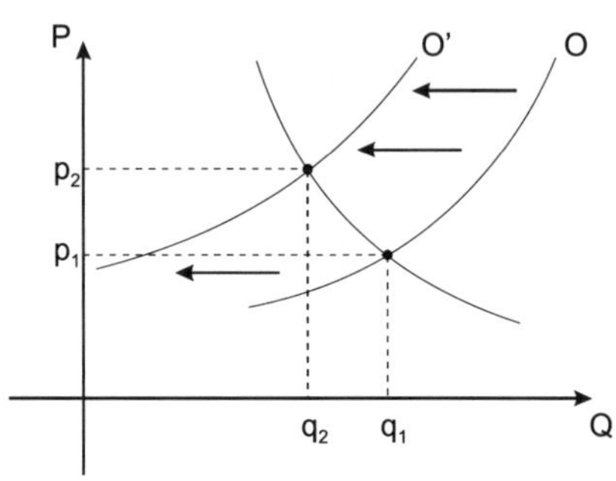

Vejamos agora a **alteração na oferta** de mercadoria.

Digamos que, estando o mercado em equilíbrio no ponto (q1, p1), metade das fábricas de camisas vá à falência. Consequentemente, irá haver **redução de oferta** de camisas no país, fazendo com que a curva de oferta se desloque de O para O'. Assim sendo, as fábricas que sobraram não conseguirão dar conta de suprir o mercado interno. Então, os consumidores irão "disputar" as camisas que são poucas e os ofertantes (as fábricas) venderão para aqueles que aceitarem pagar um preço mais alto (p2).

Vejamos o caso contrário, o **aumento da oferta** (deslocamento da curva O' para O). Estando o mercado em equilíbrio, é instalada no país uma nova indústria. Essa nova indústria vem competir com as que aqui já estão instaladas, gerando um aumento de oferta. Como o tamanho do mercado consumidor não aumentou, a produção total das fábricas, agora majorada, somente será totalmente escoada se houver uma redução dos preços.

Em resumo, aumento da oferta implica redução do preço. E redução da oferta implica aumento do preço.

Anexo II

Termos de Troca (ou Relações de Troca)

Os termos de troca são índices usados para se compararem preços, volumes, receitas e outros dados das exportações de um país com os dados de suas importações.

No seu sentido mais usual, os termos de troca representam o valor obtido entre o preço do que o país exporta comparado ao preço que o país paga pelo produto importado.

Caso o país exportasse um único bem e importasse outro único bem, o termo de troca seria o preço do produto exportado dividido pelo preço do produto importado. No entanto, a realidade não é tão simples assim. Os países exportam e importam uma infinidade de bens. Sendo assim, deve-se fazer um cálculo usando-se um índice dos preços dos produtos exportados e dos importados, atingindo-se os valores das cestas de produtos, usando-se algum critério de ponderação:

1) Os **termos líquidos de trocas** representam a relação entre o índice de preços das exportações e o índice de preços das importações.

   Termo Líquido = Índice de preços das exportações/Índice de preços das importações.

   Por exemplo, se o Brasil exporta um produto agrícola, cuja unidade de comercialização vale US$ 100.00, e importa computadores, cuja unidade de comercialização vale US$ 1,000.00, o termo de troca corresponde a 0,1. Esse valor não significa que o Brasil tem desvantagem no comércio. O valor do termo de troca somente serve para ser usado em comparações históricas. Pode-se verificar se o termo de troca está aumentando ou diminuindo com o passar do tempo. Se estiver aumentando, é sinal de que o Brasil está recebendo cada vez mais pelos seus produtos comparando com o que tem pago pelas importações.

2) Os **termos brutos de troca** são a relação entre o volume físico de importações e o volume físico de exportações.

   Termo Bruto = Volume de Importações/Volume de Exportações.

   Por exemplo, considerando hipoteticamente que, no ano de 2002, o Brasil exportou 5.000 toneladas de soja e, com isso, conseguiu importar 1.000 carros, o termo bruto de troca foi 1.000/5.000 = 0,2.

   No ano de 2003, o Brasil exportou 7.000 toneladas de soja permitindo a importação de 2.000 carros. O termo bruto de troca foi de 2.000/7.000 = 0,29 aproximadamente.

   O aumento do termo bruto de troca (de 0,2 para 0,29) significa uma melhora na situação do país, pois, como se pode constatar no exemplo anterior, de um ano para o outro, conseguimos comprar o dobro da quantidade inicial (passamos de 1.000 para 2.000 carros) sem precisar dobrar as exportações (as exportações de soja aumentaram somente de 5.000 para 7.000).

3) **Relações-renda de troca** ou **termos de troca da renda.**

   Este índice mostra se a capacidade do país de importar aumentou ou diminuiu, de um período para outro, considerando unicamente a renda gerada pelas exportações.

   Se o Brasil exportou 5.000 unidades de uma mercadoria ao preço unitário de US$ 10.00, então ele tem capacidade de fazer importações no valor total de US$ 50,000.00 considerando-se unicamente a renda gerada pelas exportações. Caso o preço da mercadoria que o Brasil esteja querendo comprar seja US$ 50.00, o Brasil consegue comprar até 1.000 unidades. Esse valor é a relação-renda de troca.

   Relação-renda de troca = (Receita de exportações)/(preço do importado).

   No ano seguinte, o Brasil exporta 7.000 unidades, mas o preço do produto cai para US$ 8.00. O preço do importado aumentou para US$ 60.00.

   Quais os efeitos para o Brasil?

   Apesar de a renda gerada pelas exportações ter sido maior do que no ano anterior (US$ 56,000.00 contra US$ 50,000.00), o Brasil vai comprar no máximo 933 mercadorias (= 56.000/60) porque o preço do importado subiu em proporção maior do que a renda. A relação-renda de troca caiu de 1.000 para 933.

Portanto, quando a relação-renda de troca cai, isto significa que o país perdeu capacidade de importar, considerando unicamente a renda gerada pelas exportações.

4) **Relações fatoriais simples de troca** ou **termos de troca de um fator.**

$$RFS = \frac{(P_{exp}) \times (Prod_{exp})}{P_{imp}}$$

Onde:

P_{exp} = Preço das exportações
P_{imp} = Preço das importações
$Prod_{exp}$ = Produtividade do setor exportador do país

Quando se quer comparar dois períodos, fixa-se a produtividade do primeiro como 100. Por exemplo, se o Brasil exporta filmadoras a US$ 500,00 e importa computadores a US$ 1,000.00, as RFS são iguais a:

$$\frac{500 \times 100}{1.000} = 50$$

Com o passar do tempo, o fator de produção, por exemplo, a mão de obra, tem um aumento de produtividade de 20% (no início do período, o operário brasileiro produzia 100 filmadoras/mês; hoje, ele produz 120), e o preço do computador sobe para US$ 1,100.00. Considerando que o preço da filmadora se mantém inalterado, as novas RFS são:

$$\frac{500 \times 120}{1.100} = 55, \text{ aproximadamente.}$$

O que se constata é que, apesar de o termo líquido de troca ter piorado (o preço do importado aumentou e o preço do exportado, não), o Brasil melhorou a sua situação frente ao outro país.

Deve-se fazer a seguinte leitura: o trabalhador brasileiro antes produzia 100 filmadoras/mês que, se fossem integralmente vendidas, permitiriam a importação de 50 computadores. Hoje, ele produz 120 filmadoras/mês que, se forem integralmente vendidas, permitirão a compra de aproximadamente 55 computadores.

Em resumo, os termos de troca do fator aumentaram. O fator de produção, individualmente, está melhorando os números do país.

Usando o conceito das relações fatoriais simples de troca, Jacob Viner (1937, p. 559) definiu os **termos de troca de custo real**. E, a partir destes, definiu o conceito de **relações-utilidade de troca** (1937, p. 561). Tais termos não serão abordados aqui por fugirem ao objetivo deste livro.

5) **Relações fatoriais duplas de troca** ou **termos de troca de dois fatores.**

Estes termos de troca dão uma visão mais fiel da produtividade do fator de produção do país, pois leva em conta também a produtividade do fator de produção do país estrangeiro.

$$RFD = \frac{(P_{exp}) \text{ x } (Prod_{exp})}{(P_{imp}) \text{ x } (Prod_{imp})}$$

Onde:

P_{exp} = Preço das exportações

P_{imp} = Preço das importações

$Prod_{exp}$ = Produtividade do setor exportador do país

$Prod_{imp}$ = Produtividade do setor exportador do país estrangeiro

Usando os mesmos números dos termos de troca anteriores e fazendo a produtividade do setor estrangeiro igual a 100 no início do período (como fizemos com a produtividade do setor exportador no país), tem-se:

$$RFD = \frac{500 \text{ x } 100}{1.000 \text{ x } 100} = 0{,}5$$

Considerando que o produto nacional não teve alteração de preço, o produto importado subiu para US$ 1,100.00, a mão de obra brasileira teve um aumento de 20% na produtividade e a mão de obra estrangeira, 30%, as novas RFS são:

$$RFD = \frac{500 \text{ x } 120}{1.100 \text{ x } 130} = 0{,}42$$

A leitura é que, apesar de o trabalhador brasileiro ter tido aumento de produtividade, este não foi suficiente para que o país mantivesse a mesma capacidade de importar proporcionalmente à produção do fator do outro país.

Anexo III

Curva de Possibilidades de Produção (CPP)

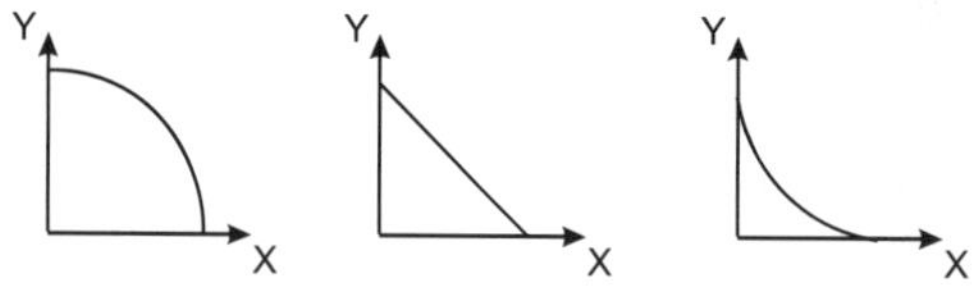

Nos gráficos apresentados, há três formas possíveis para as Curvas de Possibilidades de Produção (CPP) ou Fronteiras de Possibilidade de Produção.

Mas o que é a CPP?

É o conjunto de combinações máximas de produção de dois bens. Por exemplo, podemos visualizar que a curva é sempre descendente, ou seja, uma indústria pode produzir 10 mercadorias X e nenhuma mercadoria Y. Mas, caso decida produzir 1 mercadoria Y, deixará de produzir uma ou mais mercadorias X, porque os seus fatores de produção são limitados, ou seja, se tiver que produzir 1 Y deverá deslocar funcionários da linha de produção de X, desfalcando-a. Ou então deixará de utilizar uma máquina ou um equipamento deslocando-o para a produção de Y. Ou, ainda, usará para produzir Y a matéria-prima que seria usada na produção de X. Assim, a produção de 1 unidade de Y implica a renúncia de uma determinada quantidade de X. Isso é o que se chama Custo de Oportunidade. Em outras palavras, Custo de Oportunidade é o que se deixa de produzir de uma mercadoria para se produzir **uma unidade** de outra mercadoria.

O que define o formato da CPP?

São duas determinantes:

1) as diferentes intensidades de fatores; e

2) a existência de ganhos de escala.

III.1. DIFERENTES INTENSIDADES DE FATORES

Conceito

Imagine que uma fábrica produza camisas e calças.

Para a produção desses bens, é necessária a utilização dos fatores de produção na proporção a seguir:

Para a produção de uma unidade	Funcionários	Máquinas
Camisa	2	1
Calça	3	1

A fábrica possui 10 funcionários e 4 máquinas.

Então, a fábrica pode optar por um conjunto de combinações de produção. Pode, por exemplo, começar a produção com 2 camisas e 2 calças.

De acordo com as encomendas, ela, muitas vezes, tem que alterar momentaneamente a sua produção. Digamos que haja uma demanda instantânea enorme de camisas. Então, para suprir o mercado, ela se concentra temporariamente na produção de camisas. Com os fatores de produção que tem, a produção máxima será de 4 unidades. Deixou de fazer 2 calças para fazer mais 2 camisas.

Em outro instante, após ter recebido uma encomenda enorme de calças para o início do ano letivo, a fábrica irá se concentrar na produção deste bem. Neste caso, com os fatores de produção que tem, a produção máxima será de 3 calças. Apesar de ter deixado de fazer 2 camisas, a fábrica não consegue fazer 2 calças a mais. Isto acontece porque as proporções dos fatores são diferentes e, portanto, não podem ser alocados de forma ótima. Quando deixar de fazer uma camisa, os fatores de produção que ficarem desalocados serão insuficientes para produzir uma calça, surgindo custos mais altos por esta ociosidade.

A ociosidade gera custos de oportunidade crescentes. Quanto mais tentar se especializar, maior a perda, já que mais unidades dos fatores de produção deixarão de ser alocados perfeitamente.

Formato da Curva

Os pontos possíveis de produção neste exemplo foram 2 camisas, 2 calças; 4 camisas, 0 calça; e 0 camisa, 3 calças.

Os pontos não formam uma linha reta, como se pode perceber. A curva será côncava em relação à origem.

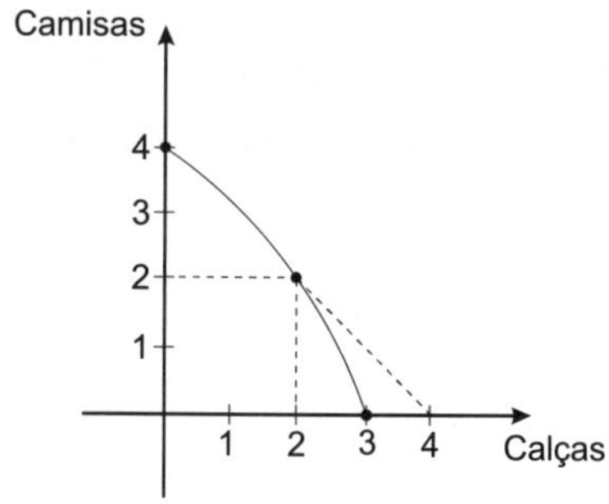

III.2. GANHOS DE ESCALA

Conceito

Por ganho de escala, entende-se: cada bem produzido tem um custo menor que o anterior. Por exemplo, imaginemos um profissional que tira fotos e as revela. Os seus custos de produção são apenas os seguintes:

- Aluguel do estúdio: R$ 100,00
- Custo do filme de 6 poses: R$ 10,00/filme
- Custo de produtos químicos para revelação: R$ 1,00/foto

Imagine que um cliente encomende seis fotos. O custo para se produzirem seis fotos é R$ 116,00 (R$ 100,00 de aluguel + R$ 10,00 por um filme + R$ 6,00 pela revelação). O custo unitário de produção é R$ 19,33 (R$ 116,00/6). É o preço que o profissional deve cobrar por foto, somente para não ter prejuízo.

Caso surja um outro cliente também desejando seis fotos, o custo total de produção aumenta para R$ 132,00 (R$ 100,00 de aluguel + R$ 20,00 por 2 filmes + R$ 12,00 pela revelação). Mas o custo unitário de produção agora é de apenas R$ 11,00 (R$ 132,00/12).

Ora, o custo unitário da foto seria diminuído a um pouco mais que a metade, o que poderia levar o profissional a repassar a redução de preço aos dois clientes em função do ganho de escala (ou retorno crescente de escala ou custos de oportunidade decrescentes). Assim, quanto mais uma mercadoria for produzida, menor o seu custo unitário de produção. Este é o **conceito** de ganhos de escala.

A redução do custo unitário ocorre porque houve a especialização do fotógrafo na produção de fotos de estúdio, não aumentando seus custos fixos (no caso, o aluguel) e diluindo-os por um maior número de produtos. Essa redução não ocorreria se o novo cliente pedisse fotos ao ar livre, pois o fotógrafo teria novos custos, além do aluguel.

Formato da Curva

Considerando a existência de ganhos de escala, vejamos o formato da curva.

Uma fábrica tem R$ 100,00 para a produção de camisas e calças.

Para a produção de uma camisa, são gastos, por exemplo, R$ 20,00.

Para a produção de uma calça, são gastos, por exemplo, R$ 30,00.

Com os R$ 100,00 disponíveis, a fábrica pode produzir um conjunto de combinações de produção. Poderia, por exemplo, produzir 2 camisas e 2 calças.

Quando a fábrica se especializa na produção de um único bem, os custos fixos da outra produção são eliminados. E os custos fixos da produção mantida serão diluídos por um maior número de produtos, levando a um ganho de escala, como vimos no tópico anterior.

Digamos que, ao produzir exclusivamente camisas, o custo unitário de produção da camisa caia de R$ 20,00 para R$ 15,00, e, ao produzir exclusivamente calças, o custo unitário de produção da calça caia de R$ 30,00 para R$ 20,00. Isto foi possível por causa do ganho de escala.

Desta forma, se a empresa optar por produzir exclusivamente camisas, ela poderia produzir até 6 camisas, gastando R$ 90,00 no total.

Por outro lado, se optar por produzir unicamente calças, ela poderia produzir até 5 unidades, gastando os R$ 100,00.

As possibilidades de produção são então: 0 camisa, 5 calças; 2 camisas, 2 calças; e 6 camisas, 0 calça. Esses pontos, ao serem colocados no gráfico, tenderão a formar uma curva convexa em relação à origem.

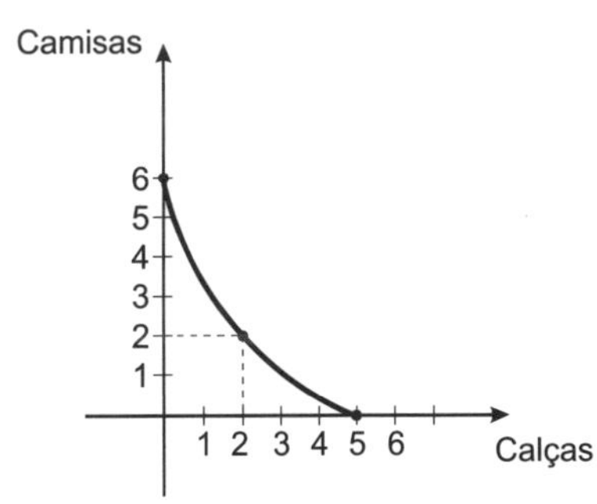

III.3. CONSIDERAÇÕES FINAIS

Como vimos, caso haja diferentes intensidades de fatores na produção de dois bens, a CPP terá o formato de côncava em relação à origem.

Caso haja ganhos de escala, terá o formato de convexa em relação à origem.

E quando não houver nem diferentes intensidades de fatores nem ganhos de escala?

Será uma linha reta, pois se a intensidade de fatores é igual para os dois bens, eles podem ser alocados e realocados sem perda de volume de produção. Os fatores de produção são usados na mesma proporção em ambos os bens.

E quando houver as diferentes intensidades de fatores e **também** os ganhos de escala?

Podemos trabalhar com os exemplos anteriores. Posso dizer que a fábrica que possui 10 funcionários e 4 máquinas é a mesma fábrica que possui R$ 100,00 para a produção.

Havendo um fator que influencia a curva para o formato de côncava e outro fator influenciando para o formato de convexa, tudo pode acontecer. A CPP será côncava se as diferentes intensidades de fatores tiverem um peso mais significativo que os rendimentos de escala. Será convexa se os rendimentos de escala forem mais significativos que as diferentes intensidades de fatores. E será uma linha reta, quando tiverem o mesmo peso.

Questões de Provas

01. (AFTN[10]/1996) Termos de troca é uma expressão que designa:

a) uma relação entre os preços pelos quais um país vende suas exportações em relação aos preços que esse país paga por suas importações;
b) forma contratual de comércio utilizada em sistemas regionais, como o Mercosul, para os vários grupos de produtos;
c) as condições de comércio estabelecidas entre duas nações, especialmente no que se refere a regime tarifário;
d) o padrão de comércio entre dois países em termos de reciprocidade da estrutura tarifária;
e) um índice que serve para medir o nível de participação de um país no comércio internacional, bem como o grau de diversificação de seus produtos e parceiros.

02. (AFTN/1996) Um país se beneficia do comércio internacional com base na produção de bens que mais utilizem fatores de produção relativamente abundantes em seu mercado interno. Este país exportará tais bens e importará aqueles cuja produção exija maior quantidade de fatores de produção relativamente escassos no país. Este enunciado:

a) se opõe à Teoria das Vantagens Comparativas porque nessa teoria o comércio deve se originar da diferença dos custos de produção e não da diferença na dotação de fatores;
b) é complementar à Teoria das Vantagens Comparativas porque parte do mesmo pressuposto de que o que origina o comércio é a diferença nos custos relativos de produção dos diferentes tipos de bens que o país pode produzir;
c) se opõe à Teoria das Vantagens Absolutas, que assume apenas a divisão internacional do trabalho, com base nos custos de produção;
d) não se relaciona com a Teoria das Vantagens Comparativas porque nessa teoria a questão central é a do valor do trabalho;
e) difere da Teoria das Vantagens Comparativas porque, nesta teoria, a divisão internacional do trabalho é definida pela capacidade comparativa das nações, isto é, países pessimamente dotados, como o Japão, são bem-sucedidos enquanto outros, com muito mais recursos, vêm se saindo mal no comércio internacional.

03. (ACE[11]/1997) Muitos conceitos econômicos tornaram-se de domínio público, sendo utilizados em diferentes contextos para significar coisas diferentes. O conceito consagrado de economias de escala sugere que:

a) alguns bens precisam de escala;
b) lucro é diretamente proporcional à escala;

---

[10] Auditor-Fiscal do Tesouro Nacional, da Secretaria da Receita Federal, do Ministério da Fazenda.

[11] Analista de Comércio Exterior, da Secretaria de Comércio Exterior, do Ministério do Desenvolvimento, Indústria e Comércio Exterior.

c) na medida em que se aumenta a produção, os custos unitários tendem a ser menores;
d) quanto maior a escala, maior o lucro;
e) as economias de escala permitem reduzir os custos variáveis.

04. (AFTN/1998) O conceito de Termos de Troca refere-se à(s):
a) relação de produtos trocados entre dois países;
b) lei segundo a qual os preços dos produtos tendem a permanecer estáveis ou a declinar ao longo do tempo, enquanto o preço das manufaturas tende a crescer;
c) relação entre os preços recebidos pelas exportações de um país e os preços pagos pelas importações;
d) diferenças entre as exportações e as importações de um dado país e outros, o que implicará a capacidade de importar;
e) qualidade do comércio realizado: se os países exportam produtos primários ou manufaturas.

05. (AFTN/1998) Indique a opção que não está relacionada com a prática do mercantilismo:
a) o princípio segundo o qual o Estado deve incrementar o bem-estar nacional;
b) o conjunto de concepções que incluía o protecionismo, a atuação ativa do Estado e a busca de acumulação de metais preciosos, que foram aplicadas em toda a Europa homogeneamente no século XVII;
c) o comércio exterior deve ser estimulado, pois um saldo positivo na balança fornece um estoque de metais preciosos;
d) a riqueza da economia depende do aumento da população e do volume de metais preciosos do país;
e) uma forte autoridade central é essencial para a expansão dos mercados e a proteção dos interesses comerciais.

06. (AFTN/1998) Não é verdadeiro, em relação ao livre-cambismo, que:
a) o governo deve se limitar à manutenção da lei e da ordem;
b) o governo deve remover todos os obstáculos legais para o funcionamento de um comércio livre;
c) existe uma divisão internacional do trabalho;
d) existe uma especialização de funções, motivada pela distribuição desigual de recursos naturais ou por outros motivos;
e) todas as moedas devem ser conversíveis em ouro.

07. (AFTN/1998) A Teoria das Vantagens Comparativas propõe que:
a) cada país tem vantagens absolutas na produção de um certo bem, vindo a exportar aqueles produtos em que tiver a vantagem absoluta em relação a um segundo país;
b) duas nações terão relações comerciais, quando tiverem custos de produção diferentes e as exportações serão constituídas daqueles produtos cujos custos forem menores;

c) uma vez que um país se especialize na produção de um dado bem, ele sempre produzirá aquele bem;
d) um país que tenha terras férteis em abundância tenderá a exportar produtos agrícolas;
e) as exportações de um país para outro estão relacionadas com diversos fatores, como os preços prevalecentes no mercado internacional (a demanda e a oferta internacionais), a taxa de câmbio e a tecnologia disponível no mercado naquele dado momento.

08. (AFTN/1998) As chamadas Novas Teorias do Comércio Internacional incluem diversos elementos não devidamente incorporados pelas teorias anteriores. Entre tais elementos, destacam-se:
a) tecnologia e produtividade;
b) preços, tecnologia e demanda/oferta;
c) abundância dos fatores de produção e termos de troca;
d) preços e termos de troca;
e) economias de escala, diferenciação de produtos.

09. (AFTN/1998) Uma das Novas Teorias de Comércio Internacional dá ênfase à questão da estrutura dos mercados, destacando-se duas abordagens variantes: a da concorrência monopolística e a da teoria do oligopólio. A teoria do oligopólio aplicada ao comércio internacional conclui que:
a) com a maior oferta de produtos tende a ocorrer um comércio intrafirma;
b) a existência de transnacionais leva a um controle, por parte destas, do comércio internacional, podendo haver manipulações nos preços no mercado internacional, como no caso de grãos;
c) as transnacionais são os atores mais relevantes da economia mundial hoje. Elas estão fora de controle dos governos que devem procurar criar empresas estatais para competir com as empresas transnacionais e, assim, capturar o excedente que as empresas estatais gerarão;
d) as transnacionais e notadamente o comércio intrafirma são os grandes responsáveis pelo comércio internacional. Além disso, comércio internacional está intrinsecamente ligado ao investimento estrangeiro. Assim, a melhor explicação para o comércio internacional nos anos 90 está na análise dos fluxos de investimentos entre os países desenvolvidos e entre estes e os países em desenvolvimento;
e) existem, hoje, os efeitos de aprendizagem, o que permite que um governo com uma política industrial ativa possa criar firmas que poderão ser vencedoras no mercado mundial.

10. (AFTN/1998) R. Vernon, com sua teoria do ciclo-produto, afirma que:
a) os produtos com o tempo se tornam ultrapassados. É necessário, portanto, verificar qual o país que está na fronteira tecnológica em cada um dos produtos a ser importado ou exportado. O país que conseguir com o melhor preço e a melhor qualidade será o vencedor dessa competição;

b) cabe aos países desenvolvidos, por deterem uma tecnologia mais avançada, um monopólio de fato no lançamento de novos produtos, que passam a ser copiados por outros países, fazendo com que o produto copiado caia em domínio público. Assim, chega ao fim o ciclo de vida de um produto, sendo necessário lançar outro;
c) existe uma demanda crescente por novos produtos nos países desenvolvidos. Na medida em que esses produtos passassem a ser padronizados e produzidos em larga escala nos países desenvolvidos, poderiam ser produzidos em outros países, inclusive em países em desenvolvimento, devido aos seus menores custos de produção, como mão de obra. Os produtos passariam, assim, de um grupo de países (desenvolvidos) para outro (em desenvolvimento), como em um ciclo: nascimento, maturidade e morte;
d) os produtos vão sendo substituídos no mercado naturalmente à medida que se tornam obsoletos. Como os países desenvolvidos detêm a maior parte das marcas e patentes de produtos registrados, os países desenvolvidos exportam produtos defasados tecnologicamente para países em desenvolvimento, para manterem a vanguarda tecnológica e evitarem que os países em desenvolvimento assumam a liderança das exportações em qualquer setor da economia internacional. Quando os países em desenvolvimento conseguem se firmar na exportação de um bem, o ciclo é quebrado, tendo que se procurar outro produto para se reiniciar o ciclo;
e) pela teoria do ciclo-produto, os países em desenvolvimento tenderiam a se especializar em produtos agrícolas, de longo ciclo de existência, e os países desenvolvidos em produtos de curto ciclo de existência, os produtos manufaturados.

11. (AFRF[12]/2000) Relações de Intercâmbio são uma relação entre os preços pelos quais um país vende suas exportações e os preços que tem de pagar pelas suas importações. São Tipos de Relações de Intercâmbio (de Troca) todas as abaixo, exceto:

a) Relações-Líquidas;
b) Relações-Utilidade;
c) Relações de Produção;
d) Relações Fatoriais Simples;
e) Relações de Custo Real.

12. (AFRF/2000) A Teoria de Vantagens Absolutas afirma em quais condições determinado produto ou serviço poderia ser oferecido com:

a) preços de custo inferiores aos do concorrente;
b) preços de aquisição inferiores aos do concorrente;
c) preço final (CIF) inferior ao do concorrente;
d) custo de oportunidade maior que o do concorrente;
e) menor eficiência que o concorrente.

[12] Auditor-Fiscal da Receita Federal, da Secretaria da Receita Federal, do Ministério da Fazenda.

13. (AFRF/2000) A transnacionalização é um fenômeno distinto que, sutilmente, relega a internacionalização comercial quase a um segundo plano. Este fenômeno começou a ser percebido em meados dos anos sessenta, quando o valor da produção das subsidiárias dos grandes conglomerados industriais no estrangeiro começou a superar o valor do comércio internacional. O auge da inversão estrangeira direta, que alentou a instalação destas sucursais, deveu-se a múltiplos fatores: a reconstrução e recuperação de um mundo destruído pela guerra, o descobrimento da possibilidade de dividir o ciclo produtivo de maneira muito mais fina do que no passado e a compreensão de que era possível ter acesso às vantagens comparativas (relativas) peculiares que ofereciam os diversos países e regiões do mundo.

O grande mérito de um economista foi mostrar que o comércio também seria proveitoso para dois países, mesmo que um deles tivesse vantagem absoluta sobre o outro na produção de todas as mercadorias; mas sua vantagem seria maior em alguns produtos do que em outros. O economista em questão foi:

a) Adam Smith;
b) Stephen Kanitz;
c) Keneth Galbraith;
d) Karl Max;
e) David Ricardo.

14. (AFRF/2000) O conceito de vantagens comparativas refere-se a:

a) conceito de custos onde se relacionam dois produtos (A e B) produzidos por dois países distintos (1 e 2) comparando-os. Possui vantagem comparativa o país onde for menor a relação de custos de produção dos produtos (A e B);
b) conceito de vantagens onde estas são baseadas na ideia de produtividade, onde se relacionam dois produtos (A e B) produzidos por dois países distintos (1 e 2) comparando-os em termos de produtividade. Possui maiores vantagens comparativas aquele país que possuir a menor eficiência relativa na produção de um dos bens;
c) conceito de vantagens baseado na ideia de alternativas de produção, onde se relacionam dois produtos (A e B) produzidos por dois países distintos (1 e 2) comparando-os ao longo da curva de produção. Possui vantagem comparativa o país onde for maior o deslocamento em direção à curva de fronteira de produção (em termos de possibilidades tecnológicas de produção) na produção dos produtos (A e B);
d) conceito de vantagens onde estas são baseadas na ideia de abundância de fatores de produção, onde se relacionam dois produtos (A e B) produzidos por dois países distintos (1 e 2) comparando-os em termos da referida disponibilidade. Possui maiores vantagens comparativas aquele país que possuir a maior disponibilidade de recursos na produção de um dos bens;
e) conceitos de custos de oportunidade onde se relacionam dois produtos (A e B) produzidos por dois países distintos (1 e 2) comparando-os. Possui vantagem comparativa o país onde for menor o custo de oportunidade (em termos de oportunidade de benefício não aproveitada) na produção dos produtos (A e B).

15. (AFRF/2000) Tradicionalmente os países latino-americanos mantiveram economias fechadas, fundamentalmente primário-exportadoras, com uma indústria incipiente e protegida; governos grandes, nacionalistas e pouco eficientes; setores privados excessivamente tímidos e quase inexistentes, sociedades simples, mas tremendamente dicotômicas; mercados de trabalho fortemente concentrados, e uma cultura paroquial que, de acordo com um ditado mexicano, vivia agarrada ao passado. Os primeiros passos de sua inserção no processo de globalização lhes deram acesso aos mercados comerciais, tecnológicos e financeiros internacionais e, o que é mais importante, aos mercados do conhecimento e das ideias, que favoreceu o fortalecimento de suas vinculações políticas com o resto do mundo, permitindo-lhes constituir esquemas de integração competitivos, abertos e extrovertidos, proporcionando a diversificação de sua estrutura social e ocupacional, exercendo pressão para a melhoria de seus sistemas educativos, estabelecendo desafios, cujas respostas estão surpreendentemente atrasadas, do ponto de vista da modernização de seus sistemas políticos e do Estado.
Já vimos que o comércio internacional depende das diferenças dos custos (ou preços) relativos dos artigos produzidos pelos vários países. Por que os países apresentam uma estrutura de custo diferenciado?

a) A resposta nos é dada pelo economista Adam Smith em sua obra "Comércio Inter-regional e Internacional".
b) A resposta nos é dada pelo economista Bertil Ohlin em sua obra "Comércio Inter-regional e Internacional".
c) A resposta nos é dada pelo economista Peter Schumpeter em sua obra "Comércio Inter-regional e Internacional".
d) A resposta nos é dada pelo economista Francis Fukuyama em sua obra "Comércio Inter-regional e Internacional".
e) A resposta nos é dada pelo economista Paul Singer em sua obra "Comércio Inter-regional e Internacional".

16. (AFRF/2000) "O comércio internacional depende das diferenças dos custos (ou preços) relativos dos artigos produzidos pelos vários países. Mas por que esses custos relativos diferem entre países?"
A Dotação Relativa dos Fatores de Produção não se refere a uma das afirmativas abaixo. Identifique-a:

a) a causa da diferença de custos relativos reside na distribuição desigual de recursos (fatores) de produção;
b) os diversos produtos exigem proporções diferentes de fatores de produção para serem produzidos;
c) o conjunto de condições naturais e sociais que influenciam a eficácia das forças produtivas nos diversos setores de produção e produtividade do trabalho também teriam uma forte influência nos preços;
d) um fator relativamente escasso em um país terá um custo relativo mais elevado;
e) os fatores de produção não se encontram distribuídos nas mesmas proporções nos diversos países.

17. **(AFRF/2000) Duas ou três firmas que dominem sozinhas o suprimento de um mercado X e que necessariamente devam policiar as políticas de preço de cada uma das concorrentes, porquanto a ação ou reação de cada uma afete sua respectiva operação, atuam em mercado com as características de:**
   a) monopsônio;
   b) mercado regulamentado;
   c) monopólio;
   d) mercado de Concorrência Perfeita;
   e) oligopólio.

18. **(AFRF/2000) A Teoria da Concorrência Monopolística não tem o seguinte pressuposto:**
   a) se há comércio intraindústria, um país pode produzir todos os bens;
   b) existência de diferenciação de produtos;
   c) existência de economias de escala;
   d) existência de importante comércio intraindústria;
   e) existência de um grande número de firmas produzindo bens diferenciados.

19. **(AFRF/2000) A Teoria do Ciclo de Vida do Produto foi criada por R. Vernon. Os enunciados citados abaixo são pressupostos da Teoria, exceto:**
   a) as inovações surgidas nos países desenvolvidos dão a estes situação de monopólio provisoriamente na produção de um certo bem;
   b) a Teoria procura explicar o comércio internacional a partir do progresso tecnológico;
   c) novos produtos e processos produtivos tendem a surgir nos países ricos devido à demanda por produtos sofisticados, pela existência de capacidade empresarial e mão de obra especializada para trabalhar em Pesquisa e Desenvolvimento;
   d) as vantagens comparativas estariam sempre nos países desenvolvidos;
   e) à medida que os produtos fossem ficando padronizados poderiam ser produzidos em outros locais, inclusive países em desenvolvimento.

20. **(AFRF/2002-1) De acordo com a teoria clássica do comércio internacional, as trocas comerciais entre dois países podem ser vantajosas mesmo quando um país não usufrua de vantagem absoluta no tocante à produção de um determinado bem, mas sim de vantagem comparativa, a qual decorre, segundo Ricardo, de diferenças, entre os países, em relação:**
   a) à produtividade da mão de obra;
   b) aos custos das matérias-primas;
   c) aos custos de transporte;
   d) aos custos de remuneração do capital;
   e) à dotação de fatores de produção.

21. (AFRF/2002-1) A teoria moderna do comércio internacional procurou superar as limitações da abordagem clássica das vantagens absolutas e relativas, caracterizando-se pela produção de modelos de análise do comércio internacional mais sofisticados, a exemplo do Heckscher-Ohlin, que atribui as diferenças de custos de produção entre os países e os padrões de especialização com base na(o):

a) estrutura da demanda externa;
b) qualidade da mão de obra;
c) qualidade da infraestrutura de produção;
d) dotação dos fatores de produção;
e) custo do trabalho.

22. (AFRF/2002-2) Segundo a teoria clássica do comércio internacional, na concepção de David Ricardo, o comércio entre dois países é mutuamente benéfico quando:

a) cada país especializa-se na produção de bens nos quais possa empregar a menor quantidade de trabalho possível, independentemente das condições de produção e do preço dos mesmos bens no outro país, o que permitirá a ambos auferir maiores lucros com a exportação do que com a venda daqueles bens nos respectivos mercados internos;
b) intercambiam-se bens em cuja produção sejam empregadas as mesmas quantidades de trabalho, o que lhes permite auferir ganhos em virtude de diferenças, entre esses mesmos países, na dotação dos demais fatores de produção;
c) ambos os países produzem os bens necessários para o abastecimento de seus respectivos mercados, obtendo lucros adicionais com a exportação dos excedentes gerados;
d) cada país especializa-se na produção daqueles bens em que possua vantagem relativa, importando do outro aqueles bens para os quais o custo de oportunidade de produção interna seja relativamente maior;
e) a capacidade relativa de produção entre ambos os países for semelhante, o que os leva a procurar obter vantagens absolutas e assim obter ganhos com o comércio mediante a exportação dos excedentes de produção.

23. (AFRF/2002-2) De acordo com a moderna teoria do comércio internacional, segundo o modelo Heckscher-Ohlin:

a) os padrões de especialização e de comércio entre os países resultam de diferenças entre os preços praticados domesticamente e aqueles praticados internacionalmente;
b) os países tenderão a produzir e exportar bens cuja produção seja intensiva no fator produtivo mais abundante em suas respectivas economias;
c) os países tenderão a concentrar-se na produção e exportação de bens cujos custos de produção, definidos pela remuneração dos fatores de produção, sejam menores;
d) a produtividade da mão de obra determina os padrões de especialização e as possibilidades de comércio entre os países;
e) a disponibilidade dos fatores de produção não exerce influência significativa sobre o padrão de comércio entre os países, uma vez que a mobilidade dos mesmos equilibra as condições de produção internacionalmente.

24. (ACE/2002) Sobre a Teoria das Vantagens Comparativas no Comércio Internacional, é correto afirmar o seguinte:

a) ao se considerar a eficiência produtiva dos países "A" e "B", para que o país "A" aproveite os ganhos de vantagem comparativa ao produzir um bem ou serviço específico, ele precisa possuir vantagem absoluta na produção do mesmo bem em relação a "B";

b) no modelo de Ricardo, as condições de demanda interna condicionam os preços internos antes da abertura do mercado, já que tais preços são apenas parcialmente determinados pelo fator trabalho.

c) depois da abertura do mercado torna-se interessante para o país "A" comprar um bem ou serviço do país "B", que o produza a custo menor do que "A", visto que "A" passa a poder empregar sua mão de obra na produção de outros bens ou serviços, em que tenha alguma vantagem comparativa;

d) mesmo sabendo-se os valores dos preços de mão de obra e os requisitos de trabalho inerentes à produção de um bem específico em dois países, não se pode utilizar a taxa de câmbio como parâmetro de comparação dos preços nos dois países, visto que as estruturas produtivas encerram distorções na formação de preços;

e) uma vez observada a abertura de mercados, a especialização da produção engendrada pelas vantagens comparativas passa a constituir novo incentivo ao aumento do comércio internacional, produzindo benefícios para todos os participantes dos mercados competitivos sempre que os preços relativos dos bens comercializados forem iguais aos que se observariam na ausência do comércio.

25. (ACE/2002) Com base nas novas teorias de comércio internacional, é correto afirmar, a respeito da relação entre comércio internacional e preços dos fatores de produção, com implicações para a distribuição de renda:

a) o aumento de riqueza ocasionado pela liberalização comercial produz, cedo ou tarde, maior distribuição de renda, motivo pelo qual o pensamento neoliberal defende a remoção de barreiras ao comércio;

b) a abertura do mercado ocasiona o aumento do preço relativo do fator trabalho em uma economia em que este fator seja abundante e reduz o seu preço na economia em que o fator capital seja relativamente abundante;

c) a especialização das economias em setores nos quais possuem vantagens comparativas engendra o abandono de atividades outrora realizadas em tais economias, produzindo desemprego e, no longo prazo, aumento nas disparidades de renda entre os mais ricos e os mais pobres;

d) a abertura do mercado ocasiona a redução do preço relativo do fator trabalho em uma economia em que este fator seja abundante e aumenta o seu preço na economia em que o fator capital seja relativamente abundante;

e) a abertura do mercado ocasiona a redução do preço relativo do fator trabalho tanto em uma economia em que este fator seja abundante quanto na economia em que o fator capital seja relativamente abundante.

Capítulo 2

Políticas Comerciais

2.1. LIBERALISMO

2.1.1. Efeitos (Ganhos Proporcionados pelo Comércio)

Nas Teorias de Comércio Internacional apresentadas no Capítulo 1, constatou-se que o comércio internacional traz um ganho de disponibilidade de produtos. Em outras palavras, traz um **aumento de oferta** dos produtos nos países comerciantes. De acordo com o clima ou os recursos naturais, os países não têm muitas vezes o necessário para seu consumo ou os têm a um alto custo. Por exemplo, países com clima equatorial não produzem frutas subtropicais como a uva. Ou produzem com alto custo em investimento. E, por isso, precisam importar.

Como consequência desse aumento da oferta, podemos citar, como ganho proporcionado pelo comércio, o **aumento da satisfação pessoal** do consumidor, pois ele passa a poder escolher entre os vários produtos disponíveis. Essa maior liberdade de escolha gera outra vantagem: o **barateamento dos produtos** por causa da concorrência criada pelos produtos importados. Gera também o **incremento tecnológico**, pois a empresa nacional que não produzir um bem de qualidade equivalente à do produto importado vai perder mercado, já que, muitas vezes, o consumidor prefere até pagar mais caro por um produto que ele considera de melhor qualidade. Esse incremento tecnológico resulta em incremento das **exportações**, que geram divisas para o país. O aumento nas vendas externas proporciona **ganhos de escala** (ou economias de escala): a produção aumenta por conta de um maior mercado consumidor, o que leva a um custo unitário mais baixo.

Pelo teorema Heckscher-Ohlin-Samuelson, o livre comércio gera **aumento na remuneração do fator de produção abundante do país**.

O comércio internacional também proporciona ganhos quando o custo de transformação de um produto no país é alto e fica mais barato exportar para **consertar ou industrializar um produto no exterior**, porque a mão de obra no exterior é mais barata, a tecnologia no exterior é mais avançada ou porque não há disponibilidade no país de materiais de reposição. Ou também quando **não há no país mão de obra especializada ou suficiente** para se produzir ou consertar o produto.

2.2. PROTECIONISMO

Com base nas teorias analisadas anteriormente, pode-se dizer que, em tese, o livre comércio é melhor do que o protecionismo. Entretanto, este é admitido em algumas situações. Os principais motivos alegados pelos países ao adotarem o protecionismo, legítimo ou não, são:

1) Proteção à indústria nascente.
2) Déficit em Balanço de Pagamentos.
3) Promoção da segurança nacional.
4) Defesa comercial.
5) Estímulo à substituição de importações.
6) Desemprego alto.
7) Diferencial de salários.

O **Acordo Geral sobre Tarifas Aduaneiras e Comércio** – tradução de *General Agreement on Tariffs and Trade* (GATT), assinado em 1947, cujo objetivo foi o de liberalizar o comércio mundial, prevê em seu texto a permissão para o uso de barreiras protecionistas.

Neste capítulo, vemos que, dos sete casos listados, somente os quatro primeiros são aceitos internacionalmente, estando consagrados no GATT. No capítulo seguinte, ao se analisarem os principais artigos do acordo, veremos outras permissões mais específicas, como as indicadas no § 2º do art. XI e no art. XX. Consta, por exemplo, que é legítimo aos países criarem barreiras comerciais "necessárias para proteger a moral pública" ou "necessárias para proteger a saúde e a vida das pessoas, animais e vegetais".

2.2.1. Proteção à indústria nascente

A mais antiga justificativa para a adoção de medidas protecionistas foi desenvolvida na primeira metade do século XIX por Friedrich List, economista alemão. List criou um sistema em que classificava os países em cinco níveis de desenvolvimento: selvagem, pastoril, agrícola, agrícola-manufatureiro e agrícola-manufatureiro-comercial. E pregava que o livre comércio somente seria vantajoso para os países que estivessem no último nível de desenvolvimento.

À época da criação da teoria, a Inglaterra já usufruía as vantagens da Revolução Industrial e, segundo List, estaria no mais alto nível de desenvolvimento. Por outro lado, a Alemanha se encontraria no nível imediatamente anterior, agrícola-manufatureiro.

Considerando o alto grau de desenvolvimento da Inglaterra, List propôs que as indústrias alemãs fossem protegidas pelo Estado por meio de barreiras às importações. Deveriam ser criadas reservas temporárias de mercado para permitir que as indústrias alemãs, incipientes, pudessem se desenvolver sem concorrer com as indústrias inglesas que já obtinham ganhos de escala e eram, portanto, muito mais eficientes.

Potências econômicas atuais, como Estados Unidos, Alemanha e Japão, implementaram esta política de proteção, que, como se pode deduzir, somente é justificável até o momento em que a indústria atinge a maturidade. É, portanto, uma barreira temporária.

2.2.1.1. Artigo XVIII do GATT

O GATT (*General Agreement on Tariffs and Trade*) prevê, no art. XVIII, § 2º, alínea *a*, a permissão para a adoção de política de proteção às indústrias nascentes:

Art. XVIII – Ajuda do Estado para favorecer o desenvolvimento econômico

§ 1º – As partes contratantes reconhecem que o atingimento dos objetivos do presente Acordo será facilitado pelo desenvolvimento progressivo de suas respectivas economias, especialmente no caso das partes contratantes cuja economia ofereça à população um baixo nível de vida e que esteja nas **primeiras fases de seu desenvolvimento**.

§ 2º – As partes contratantes também reconhecem que pode ser necessário para as partes contratantes a que se refere o § 1º, com o objetivo de executar seus programas e de aplicar suas políticas de desenvolvimento econômico tendentes ao aumento do nível de vida geral de sua população, **adotar medidas de proteção** ou de outra forma que influam nas importações e que tais medidas **são justificadas** na medida em que com elas se facilita o atingimento dos objetivos do presente Acordo. Por conseguinte, estão de acordo em que devem ser previstos, em favor destas partes contratantes, facilidades adicionais que lhes permitam:

a) manter na estrutura de suas tarifas aduaneiras uma flexibilidade suficiente para que possam conceder a proteção tarifária necessária à **criação de um determinado ramo de indústria**; e

b) estabelecer restrições quantitativas por motivos de balanço de pagamentos de maneira que se tenha plenamente em conta o nível elevado e estável da demanda de importações que pode surgir da execução de seus programas de desenvolvimento econômico.

O art. XVIII é inteiramente voltado para os interesses dos países em desenvolvimento. O § 2º pode ser lido da seguinte forma: todos os países signatários do GATT (chamados de "partes contratantes") reconhecem que os países em desenvolvimento (chamados de "países que estejam nas primeiras fases de seu desenvolvimento"), visando ao progresso, podem adotar medidas adicionais de proteção, sendo estas consideradas justas. Neste sentido, foram previstas duas facilidades para os países em desenvolvimento: a proteção às indústrias nascentes (alínea *a*) e as restrições por motivo de balanço de pagamentos (alínea *b*).

A título de proteção à indústria nascente, permite-se que as regras vinculadas ao imposto de importação sejam flexibilizadas, viabilizando a implantação da indústria no país. É importante frisar que a proteção não é a uma firma do país, mas ao setor econômico, chamado "indústria". Pode-se, por exemplo, proteger, de forma genérica, a indústria de sapatos, de móveis ou de roupas sem privilegiar a firma A, B ou C.[1]

A segunda facilidade dada aos países em desenvolvimento, prevista na alínea *b*, será analisada no próximo tópico, em conjunto com o art. XII do GATT.

2.2.2. Déficit em Balanço de Pagamentos

Muitos governos criam barreiras às importações com a alegação de que o Balanço de Pagamentos está deficitário. De fato, barreiras protecionistas levam à redução de importações do bem protegido. No entanto, existem efeitos colaterais como se vê a seguir.

Os liberais, cujas teorias foram analisadas no Capítulo 1, ensinam que o livre comércio age para tornar os países especialistas na produção dos bens em que são comparativamente mais eficientes. Por exemplo, se o país tem

[1] A distinção entre "indústria" e "firma" foi analisada no tópico 1.4.2.

uma dotação de fatores que facilita a produção de bens agrícolas, ele deve se especializar nesta atividade e deixar de produzir os bens em que não possua vantagem comparativa.

Restringir as importações com o intuito de melhorar o Balanço de Pagamentos gera ineficiência econômica, pois, para suprir a demanda interna, o país vai passar a produzir bens similares aos que antes eram importados. Ora, pelas teorias de comércio, se o país importava determinado produto, é porque ele não possuía vantagem comparativa ao produzi-lo, ou seja, ao impor barreiras aos importados, o país, ineficientemente, passará a produzir os bens substitutos. Além disso, considerando-se uma economia em pleno emprego, os fatores de produção que migraram para o setor ineficiente desfalcam a produção eficiente de bens exportáveis e de consumo interno.

Em resumo, a criação de barreiras às importações realmente as reduz. Mas, ao mesmo tempo em que se introduz ineficiência na economia, o ganho no Balanço de Pagamentos com a redução das importações é eliminado pela redução das exportações e pelo aumento das importações de bens que deixarem de ser produzidos internamente.

Pelas regras do GATT, no entanto, admite-se o uso de barreiras comerciais para alguns casos de déficits no Balanço de Pagamentos, conforme se verifica a seguir.

2.2.2.1. *Artigo XII do GATT*

O art. XII do GATT assim dispõe:

Restrições para proteger o Balanço de Pagamentos

§ 1º – Não obstante as disposições do § 1º do art. XI[2], toda parte contratante, com o fim de resguardar sua posição financeira exterior e o **equilíbrio do seu Balanço de Pagamentos**, poderá restringir o volume ou o valor das mercadorias permitidas para importar, observados os parágrafos seguintes.

§ 2º –

a) as restrições à importação estabelecidas, mantidas ou reforçadas por qualquer parte contratante em virtude do presente artigo não excederão o necessário para:

a. afastar a **ameaça iminente** de diminuição relevante de suas reservas monetárias ou **deter** tal diminuição; ou

[2] O art. XI do GATT é analisado no tópico 3.2.7.

b. aumentar suas reservas monetárias, considerando uma taxa razoável de crescimento, no caso de serem **muito baixas**.

...

Analisando o art. XII, pode-se ver que todos os países signatários do GATT ("toda parte contratante") têm o direito de resguardar suas reservas cambiais e o equilíbrio do Balanço de Pagamentos. Nota-se aí a primeira diferença em relação ao art. XVIII, § 2º, *b*,[3] o qual somente pode ser invocado por países em desenvolvimento.

Na prática, segundo Vera Thorstensen (2009), citando Hoekman e Kostecki (1995), "o art. XII ficou reservado para os problemas de balanço de pagamentos dos países desenvolvidos, e o XVIII, para os problemas dos países em desenvolvimento."

A principal diferença de conteúdo entre os artigos XII e XVIII é sutil:

i. os países desenvolvidos somente podem impor barreiras por motivo de balanço de pagamentos quando suas reservas estiverem em situação crítica;

ii. os países em desenvolvimento podem impor barreiras para manterem as reservas em nível "suficiente" para garantir o desenvolvimento econômico (art. XVIII, § 9º), ou seja, para a proteção ser imposta não é necessário que as reservas do país estejam em situação crítica.

Mas, havendo problemas no Balanço de Pagamentos, qual efetivamente é a forma de imposição da barreira comercial?

A resposta se encontra no "Entendimento sobre as Disposições Relativas a Balanço de Pagamentos do GATT 1994". Ele dispõe que devem ser adotadas as medidas que tenham o menor efeito desorganizador sobre o comércio e, neste sentido, indica as "sobretaxas à importação, o depósito de garantia de importação e outras medidas comerciais equivalentes com impacto sobre o preço dos bens importados." Todas essas medidas são conhecidas como "medidas de preço".

Apesar de as medidas de preço serem a forma preferencial de barreira, o Entendimento permite o uso de quotas: "Os membros procurarão evitar a imposição de novas restrições quantitativas por motivos de balanço de pagamentos, a menos que, em situação crítica de balanço de pagamentos, as medidas de preço sejam incapazes de evitar acentuada deterioração da posição dos pagamentos externos."

---

[3] O art. XVIII do GATT foi parcialmente transcrito no tópico 2.2.1.1.

Independentemente da forma de proteção adotada, o país que impõe a barreira comercial por motivo de balanço de pagamentos passa a ser monitorado pelo Comitê de Restrições de Balanço de Pagamentos, órgão da OMC, o qual verifica a existência e manutenção das condições exigidas. Afinal, ao criar a barreira comercial, o país assumiu o compromisso de retirar a restrição às importações tão logo se eliminem os motivos de sua implementação.

É importante notar que o déficit em Balanço de Pagamentos pode ser combatido também com **medidas cambiais**. Está previsto, no art. XIV do Convênio Constitutivo do FMI, que podem ser criadas restrições cambiais quando houver a necessidade urgente de se obter equilíbrio no Balanço de Pagamentos, sendo que "os países deverão abolir tais restrições quando tiverem a certeza de que podem, sem elas, equilibrar seu Balanço de Pagamentos".

Portanto, no GATT, está permitida a imposição de barreiras comerciais e, no Convênio Constitutivo do FMI, está permitida a imposição de barreiras cambiais para correção de problemas de Balanço de Pagamentos.

2.2.3. Promoção da Segurança Nacional

Existem bens que, por questão de segurança, devem (ou deveriam) ser produzidos por todos os países e neles disponibilizados. Por exemplo, nenhum país deveria ser meramente importador de alimentos, energia ou material militar, pois o corte no fornecimento externo dessas espécies de bens certamente geraria graves crises internas. Entretanto, muitos países são ineficientes na produção de tais bens e, por isso, as barreiras aos importados são permitidas para se viabilizar a produção interna. Podemos encontrar no preâmbulo do Acordo sobre Agricultura[4] uma menção expressa à segurança alimentar, o que

[4] Os Membros,

...

Tomando nota de que os compromissos assumidos no programa de reforma [do comércio em agricultura] devem ser assumidos de forma equitativa por todos os Membros, levando-se em consideração as preocupações não comerciais, entre as quais a **segurança alimentar** e a necessidade de proteção do meio ambiente; levando-se em consideração o acordo de que o tratamento especial e diferenciado para os países em desenvolvimento é um elemento integrante das negociações; e, tomando-se em conta os possíveis efeitos negativos da implementação do programa de reforma nos países de menor desenvolvimento relativo e nos países em desenvolvimento importadores líquidos de alimentos;

...

direciona o acordo a permitir maiores níveis de proteção para bens agrícolas em comparação com os dos demais tipos de bens.

Em um segundo exemplo de segurança nacional, todo país tem o direito de proibir ou limitar exportações de alimentos que causem um desabastecimento interno grave. O art. XI, §§ 2º, alínea *a*, do GATT dispõe sobre isso[5].

O terceiro enfoque de promoção da segurança pode ser lido no art. XXI do GATT.

2.2.3.1. Artigo XXI do GATT

O art. XXI do GATT trata da segurança no sentido estrito: segurança do Estado, segurança pública e segurança mundial. Pela redação do artigo, nota-se que a segurança, em qualquer das três espécies, sempre prevalece sobre quaisquer normas de comércio:

> **Art. XXI – Exceções relativas à Segurança**
>
> Não se deverá interpretar nenhuma disposição do presente Acordo no sentido de que:
>
> a) imponha a uma parte contratante a obrigação de fornecer informações cuja divulgação seja, a seu critério, contrária aos interesses essenciais de sua segurança;
>
> b) impeça a uma parte contratante a adoção de todas as medidas que estime necessárias para a proteção dos interesses essenciais de sua segurança, relativas:
>
> 1. aos materiais fissionáveis ou a aqueles que sirvam para sua fabricação;
> 2. ao comércio de armas, munições e material de guerra, e ao comércio de outros bens destinados direta ou indiretamente a assegurar o abastecimento das Forças Armadas; e
> 3. às aplicadas em tempos de guerra ou em caso de grave tensão internacional.
>
> c) impeça a uma parte contratante a adoção de medidas destinadas ao cumprimento de suas obrigações em virtude da Carta das Nações Unidas, a fim de manter a paz e a segurança mundiais.

---

[5] ARTIGO XI – ELIMINAÇÃO GERAL DAS RESTRIÇÕES QUANTITATIVAS

...

2. As disposições do parágrafo primeiro do presente artigo [permissão apenas para o uso de tarifas] não se estenderão aos casos seguintes:

(a) proibições ou restrições aplicadas temporariamente à exportação para prevenir ou remediar uma situação crítica, devido a uma penúria de produtos alimentares ou de outros produtos essenciais para a Parte Contratante exportadora;

(b) ...

2.2.4. Defesa Comercial

Neste tópico cabe apenas situar a defesa comercial como mais uma permissão para o uso de medidas protecionistas. O Capítulo 6 trata, de forma aprofundada, das medidas de defesa comercial, analisando não só as disposições do GATT 1947, mas também dos acordos internacionais complementares e da legislação brasileira referente à matéria.

2.2.4.1. *Artigos VI e XIX do GATT*

São três as medidas de defesa comercial: medidas *antidumping*, medidas compensatórias e cláusulas de salvaguarda, previstas respectivamente no art. VI, §§ 2º e 3º, e no art. XIX do GATT 1947.

Art. VI – Direitos *antidumping* e direitos compensatórios

§ 1º – As partes contratantes reconhecem que o *dumping*, que permite a introdução dos produtos de um país no mercado de outro país a um preço inferior a seu valor normal, é condenável quando causa ou ameaça causar um dano significativo à indústria estabelecida no território de uma parte contratante ou se retarda sensivelmente a instalação de tal indústria.

...

§ 2º – Com o fim de se prevenir ou impedir o *dumping*, toda parte contratante **poderá impor**, sobre qualquer produto objeto de *dumping*, um **direito *antidumping*** que não exceda a margem de *dumping* relativa a tal produto...

§ 3º – Não incidirá sobre qualquer produto de uma parte contratante, importado do território de outra parte, qualquer **direito compensatório** que exceda o montante estimado de subsídio que tenha sido concedido, direta ou indiretamente, à fabricação, à produção ou à exportação do produto no país de origem ou de exportação, incluindo qualquer subsídio especial para o transporte do produto. O termo "direito compensatório" deve ser entendido como um direito especial **cobrado para compensar subsídio** concedido, direta ou indiretamente, à fabricação, à produção ou à exportação de um produto.

...

§ 6º – As partes contratantes não imporão direitos *antidumping* ou compensatórios na importação de qualquer produto das demais partes contratantes, a menos que defina que o efeito do *dumping* ou do subsídio, conforme o caso, seja tal que cause ou ameace causar um **dano** material à indústria doméstica estabelecida ou retarde substancialmente a implantação de tal indústria.

...

Art. XIX – Medidas de urgência sobre a importação de produtos determinados

§ 1º – a) Se, como consequência da evolução imprevista das circunstâncias e por efeito das obrigações, incluídas as concessões tarifárias, contraídas por uma parte contratante em virtude do presente Acordo, as importações de um produto no território desta parte contratante tenham aumentado em tal quantidade e sob determinadas condições que causam ou ameaçam causar um dano grave aos produtores nacionais de produtos similares ou diretamente concorrentes no território, a parte contratante **poderá**, na medida e no tempo necessários para prevenir ou reparar esse dano, **suspender** total ou parcialmente a obrigação contraída com respeito a tal produto, **ou retirar ou modificar** a concessão.

b) ...

Em resumo, para se defender de *dumping* ou de subsídio, que são práticas desleais de comércio, o país afetado pode criar alíquotas a serem aplicadas sobre as importações dos bens que tenham sido objeto dessas práticas. Já as salvaguardas são levantadas sem que tenha havido deslealdade por parte do país exportador. Neste caso, a barreira objetiva salvar a indústria afetada negativamente com o aumento das importações.

2.2.5. Estímulo à Substituição de Importações

Raúl Prebisch, economista argentino, criou a teoria da política de substituição de importações no âmbito da CEPAL (Comissão Econômica para a América Latina, órgão da ONU), logo após a Segunda Guerra Mundial.

Prebisch publicou um estudo no qual apresentava as contradições do livre comércio. Verificara que, de 1876 a 1947, a situação dos países latino-americanos piorara com o livre comércio. Tomando por base os preços praticados no ano de 1876, Prebisch chegou à constatação de que os países em desenvolvimento precisavam, em 1947, exportar 45% a mais do que exportavam em 1876 para conseguirem comprar a mesma quantidade de bens do passado.

É como se, em 1876, 100 (cem) unidades de um produto industrializado custassem o equivalente a 100 (cem) unidades do produto primário. E, em 1947, as 100 (cem) unidades do produto primário conseguissem comprar apenas 68 (sessenta e oito) unidades do produto industrializado.

Prebisch então buscou entender o motivo desta deterioração dos termos de troca. E chegou à conclusão de que, em função dos ciclos econômicos, os preços dos produtos primários e os preços dos produtos industrializados não crescem no mesmo ritmo nas épocas de prosperidade. Isto decorre do fato de que alimentos e produtos básicos têm uma elasticidade-renda menor do que a elasticidade-renda dos produtos industrializados. Por exemplo, quando se ganha um aumento de salário, a tendência é que se gaste menos proporcionalmente em comida do que em bens industrializados. Tendo um aumento de poder aquisitivo, o cidadão talvez não gaste nenhum centavo a mais com comida, caso já tenha um nível satisfatório deste consumo, mas vai adquirir bens duráveis. O aumento do consumo de alimentos tem um limite natural dado pelo nosso organismo, mas isto não acontece com o aumento do consumo de bens duráveis. Portanto, os preços dos produtos primários não subirão tanto quanto os preços dos produtos industrializados.

Outra constatação: em épocas de crise, os preços caem, tendo em vista a Lei da Oferta e da Procura. Mas essa queda é desigual, pois, em países industrializados, os sindicatos, mais organizados e fortes, não permitem quedas acentuadas dos salários. E, portanto, os preços dos bens também não caem muito. Isto não acontece em países em desenvolvimento, cuja mão de obra é abundante e cujos sindicatos não são tão bem estruturados.

Portanto, ao fim de um ciclo econômico de prosperidade-recessão-depressão-recuperação, os preços dos produtos industrializados se distanciam dos preços dos produtos primários, comparando-se com o início do ciclo. Esse distanciamento é chamado **Deterioração dos Termos de Troca**.

Prebisch então prega que os países em desenvolvimento se industrializem a qualquer custo. Se continuasse neste ritmo, chegaria o dia em que toda a produção do país em desenvolvimento não seria suficiente para comprar uma unidade do produto industrializado. Portanto, é melhor se industrializar a qualquer custo do que entregar toda a produção agrícola "quase de graça". Prebisch rejeita o entendimento então dominante de que o livre comércio era bom equitativamente para os países comerciantes.

Na América Latina, foram então adotadas medidas que visavam à substituição das importações. No Brasil, houve estímulo à industrialização por parte de Getúlio Vargas e Juscelino Kubitschek. O Estado passou a agir ativamente como indutor da industrialização.

Mas como industrializar? Como começar a produzir mercadorias antes importadas?

As indústrias estrangeiras já estavam em um nível elevado de eficiência, obtendo ganhos de escala e a competição com elas era inviável. Assim, foram criadas barreiras protecionistas, adotando-se a permissão de se protegerem indústrias nascentes. Mas isso era insuficiente, pois para uma indústria obter ganhos de escala deve ter um mercado grande.

Prebisch pregava então que a América Latina se tornasse um grande mercado livre, onde os países ofereceriam reciprocamente seus mercados consumidores. Começou a surgir o pensamento da integração latino-americana: "juntem-se os fracos para se tornarem fortes."

Prebisch não pregava radicalmente contra o livre comércio e a Teoria das Vantagens Comparativas. Pregava apenas contra o livre comércio entre países com níveis diferentes de desenvolvimento. Pregava contra o livre comércio Brasil-EUA, mas não contra o livre comércio Brasil-Argentina, porque afinal, tendo as mesmas características de produzirem bens primários e terem sindicatos fracos, não haveria deterioração dos termos de troca.

Se a América Latina se integrasse numa área de livre comércio, todos conseguiriam os benefícios do livre comércio:

1) Cada país se especializaria naqueles bens industrializados mais apropriados para a sua tipologia de recursos e poderia haver complementaridade industrial. Por exemplo, o Brasil poderia produzir chassis e a Argentina, motores.
2) Haveria aumento da concorrência quando dois ou mais países tivessem se especializado no mesmo tipo de produto, trazendo, como consequências, o barateamento dos produtos e maior bem-estar social.
3) Obtenção dos ganhos de escala pelo aumento do mercado consumidor.

Em 1960, como fruto da pregação de Prebisch, é criada a Associação Latino-Americana de Livre Comércio (ALALC), a ser analisada no tópico 7.5.1.

Apesar de a teoria de Prebisch parecer perfeita, a substituição de importações não é aceita como justificativa protecionista, nem sendo contemplada no GATT 1994. Por quê?

Em primeiro lugar, a teoria da deterioração dos termos de troca não é de aceitação unânime. Segundo Williamson (1988), "os críticos conseguiram mostrar que, mudando-se o período que servia de base para as comparações ou a cesta de mercadorias, a evidência estatística desta deterioração desapareceria".

Em segundo lugar, o estímulo à substituição de importações, caracterizado pela existência das reservas de mercado, buscava restringir a importação de vários tipos de bens industrializados e não previa posterior abertura comercial, sendo, portanto, uma política ampla e de prazo extenso. Em seu lugar, os teóricos preferem a teoria das indústrias nascentes que, como analisado no tópico 2.2.1, também permite proteção, mas pontual e temporária.

E, por último, o modelo de substituição de importações possui várias desvantagens comparativamente ao outro modelo utilizado para o desenvolvimento dos países – o modelo voltado para as exportações –, a ser analisado no tópico 2.5.

2.2.6. Desemprego Alto

O aumento do emprego foi, desde o início da era liberal, apresentado como consequência do livre comércio. E é fácil entender o motivo.

Considerando que um país decida se especializar na produção dos bens mais adequados à sua tipologia de recursos, haverá a renúncia à produção dos demais bens. Por exemplo, se o país tem uma dotação de fatores que facilite a produção de sapatos em detrimento da produção de computadores, o que acontece com a mão de obra dos computadores? Fica desempregada. Mas, considerando o aumento da produção dos sapatos, tendo em vista a especialização, os recursos antes alocados na produção dos computadores são realocados na produção de sapatos.

O desemprego de fato aconteceu em um setor, mas novas vagas foram abertas no outro setor da economia do país, melhorando a situação do fator de produção abundante do país. Certo que a migração dos fatores de produção de uma mercadoria para a produção de outra mercadoria não se faz de forma instantânea. O capital tem facilidade na migração. Basta que, ao chegar ao fim a vida útil do capital fixo, ele não seja renovado naquela indústria, mas que seja direcionado para a outra. Em relação à mão de obra, a situação é um pouco mais complicada porque o trabalhador da indústria de sapatos deve sofrer um processo de readaptação para que aprenda o novo ofício.

Para finalizar, querer diminuir o desemprego com o uso de política comercial distorce os preços dos bens, encarecendo-os. A melhor política para redução de desemprego passa pelas políticas monetária, cambial e fiscal. Por exemplo, reduzindo juros, permitindo a desvalorização da moeda ou reduzindo tributos, respectivamente.

O uso de política macroeconômica – cambial, monetária e/ou fiscal – traz a vantagem de se beneficiar o país como um todo sem favorecimento a um ou a outro setor em particular. A redução dos juros irá beneficiar todas as indústrias. O mesmo se pode dizer da redução de tributos e da desvalorização da moeda nacional. O uso da política comercial para favorecer uma indústria em particular gera distorções por modificar a relação de custos das mercadorias: protege-se um setor em detrimento dos demais. Um setor será beneficiado e, no caso de economia com pleno emprego dos fatores de produção, os fatores de produção migrarão de um setor mais eficiente para um menos eficiente. É a velha história: "Não existe almoço grátis." No final das contas, os inúmeros desprotegidos acabam pagando pelo favorecimento de alguns poucos.

2.2.7. Diferencial de Salários

Em qualquer país, existe um diferencial de salários: estes são mais baixos no setor rural do que no setor industrial. A partir desta constatação, surgem políticas governamentais que, buscando aumentar a proporção da mão de obra no setor industrial, impõem barreiras comerciais à importação de produtos industrializados. Gera-se assim maior bem-estar social.

Dois efeitos surgem dessa medida protecionista que força a industrialização, ignorando-se as vantagens comparativas do país: aumenta o custo de vida, considerando que os fatores passaram a ser alocados de forma ineficiente, e o desemprego urbano aumenta, considerando que a mente humana não age somente com a razão. A esperança em ser contemplado com um emprego na indústria leva o trabalhador rural a migrar e procurar empregos nem sempre existentes.

Portanto, a mesma justificativa dada no tópico anterior pode ser repetida aqui: o êxodo rural, induzido pela proteção às indústrias, acaba gerando ineficiência na alocação de recursos, caso haja pleno emprego na economia. Usar a política comercial para favorecer um produto em detrimento de outro gera alocação ineficiente dos fatores de produção.

2.3. AS POLÍTICAS PROTECIONISTAS E DE LIVRE COMÉRCIO AO LONGO DA HISTÓRIA RECENTE

Na Idade Moderna, séculos XV ao XVIII, o mercantilismo era a política econômica vigente. Baseava-se na teoria de John Locke, principal pensador mercantilista, que pregava a acumulação de ouro e prata, conforme apresentado no Capítulo 1. Essa acumulação era levada a efeito de duas formas distintas: o protecionismo, restringindo ou impedindo as importações, e o colonialismo, que permitia à Metrópole tomar as riquezas das colônias.

David Hume e Adam Smith foram os primeiros teóricos que atacaram cientificamente o protecionismo mercantilista. E a política econômica adotada de forma generalizada a partir da Revolução Francesa (1789) passou a ser o **Liberalismo**.

No final do século XVIII, os Estados Unidos foram o primeiro país a adotar o protecionismo como política de Estado. Utilizaram a justificativa das indústrias nascentes.

No século XIX, adotaram políticas protecionistas a Alemanha, na primeira metade do século, influenciada pela pregação de Friedrich List, e o Japão, na segunda metade. O Japão era uma economia semifeudal e, em função da Revolução Meiji, pela aplicação do protecionismo, tornou-se uma potência industrial.

No século XX, em decorrência da revolução bolchevique que implantou o regime socialista na União Soviética (URSS), o liberalismo foi abandonado naquele país. Obteve um desenvolvimento que o alçou à condição de superpotência no século XX.

Quatro países e quatro histórias de sucesso no seu tempo. Essa constatação começou a gerar dúvidas para os demais países: o que gerava desenvolvimento era, afinal, o liberalismo ou o protecionismo?

Na década de 1930, pós-crise de 1929, os países adotaram generalizadamente medidas protecionistas, como será analisado no Capítulo 3. Por este motivo, foi assinado o GATT em 1947 para tentar reavivar o liberalismo que fora deixado de lado. Nos dias de hoje, principalmente após a Rodada Uruguai do GATT (1986-1994), o liberalismo tem mostrado a sua força, com reduções e eliminações das barreiras ao comércio internacional.

O neoliberalismo teve, na década de 1980, como porta-voz, o presidente norte-americano Ronald Reagan, juntamente com a primeira-ministra da Inglaterra Margaret Thatcher. O neoliberalismo prega o abandono à intervenção estatal na economia e à defesa de empregos e prega a diminuição dos gastos sociais, deixando que o mercado livre se consolide (MORAES, 1993, p. 344).

2.4. BARREIRAS TARIFÁRIAS E NÃO TARIFÁRIAS

As barreiras comerciais criadas pelos países podem assumir diferentes formas, tais como os impostos de importação ou de exportação, quotas, proibições, racionamento de divisas e subsídios. Os impostos aduaneiros são chamados de barreiras tarifárias, tarifas[6] ou direitos aduaneiros. As demais barreiras comerciais são classificadas como não tarifárias.

2.4.1. Barreiras Tarifárias e seus Efeitos

Os impostos aduaneiros podem ser definidos em termos percentuais (alíquotas *ad valorem*) ou em valor fixo por produto (alíquotas específicas). As tarifas podem também assumir a forma mista, combinando-se alíquotas *ad valorem* e específica.

Consideremos que determinado produto possua as curvas de oferta e procura apresentadas a seguir, ou seja, ao preço de R$ 5,00, ofertam-se 10 unidades, que são integralmente adquiridas pelos consumidores. Por hipótese, a economia é fechada, ou seja, não há comércio com o exterior.

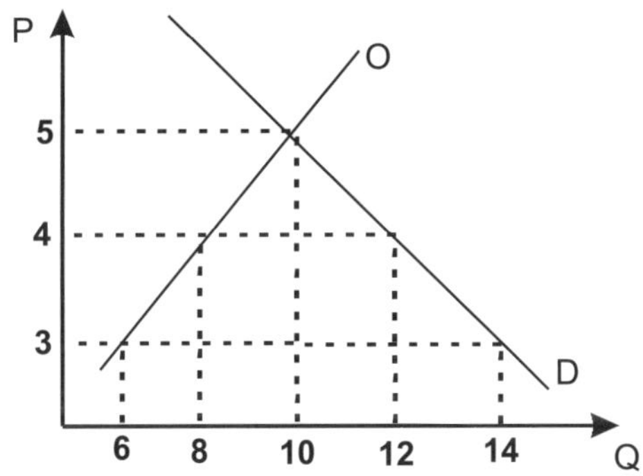

Caso o Governo permita importações, as firmas estrangeiras passam a oferecer sua mercadoria a R$ 3,00 (este é o preço delas no exterior) com quantidade ofertada infinita a esse preço (essa é a realidade da grande maioria dos produtos, pois um país tem uma produção muito pequena de qualquer mercadoria comparando com a produção do resto do mundo). Desse modo, a mercadoria passa a ser vendida internamente ao preço de R$ 3,00, que é o preço internacional. As firmas nacionais ofertam a esse preço apenas 6 mercadorias. Como o número de mercadorias demandadas pelos consumidores é de 14 ao preço de R$ 3,00, a falta de 8 mercadorias (= 14 – 6) será suprida por importações.

Em um segundo momento, o Governo impõe uma tarifa de importação de 33,3% de tal forma que os produtos nacionais e estrangeiros serão vendidos a R$ 4,00 (R$ 3,00 + R$ 1,00), que é o preço final do produto importado. A esse

[6] Em Comércio Internacional, tarifa é imposto aduaneiro. Em Direito Tributário, estuda-se que tarifa e imposto são coisas distintas.

preço de R$ 4,00 as firmas nacionais ofertam 8 mercadorias e a população demanda 12. Portanto, as importações serão de 4 (= 12 – 8) mercadorias.

Podemos então listar os efeitos da tarifa:

- o preço aumenta (de R$ 3,00 para R$ 4,00): efeito sobre o preço (efeito sobre a concorrência);
- a quantidade consumida diminui (de 14 para 12): efeito sobre o consumo;
- aumenta a produção nacional (de 6 para 8): efeito sobre a produção;
- diminui a quantidade importada (de 8 para 4): efeito sobre o comércio;
- a arrecadação fiscal aumenta (R$ 1,00 de imposto/mercadoria x 4 mercadorias = R$ 4,00): efeito sobre a receita; e
- a renda do fator de produção abundante do bem protegido melhora (Stolper-Samuelson): efeito sobre a distribuição de renda.

2.4.2. Barreiras Não Tarifárias e seus Efeitos

As barreiras não tarifárias são restrições às importações não na forma de impostos, mas por outros meios, dentre os quais as quotas, os subsídios e as proibições.

2.4.2.1. Quotas de Importação (Não Tarifárias e Tarifárias)

Por quotas entendem-se as restrições quantitativas impostas sobre o volume ou o valor das importações. Até hoje o Brasil utiliza regime de quotas para alguns produtos.

As quotas se classificam em não tarifárias e tarifárias (para as explicações a seguir, considere o gráfico apresentado no tópico 2.4.1).

Quotas não tarifárias

Em vez de impor a alíquota de 33,3% usada na explicação da tarifa, o Governo decide impor uma limitação de quantidade importada, por exemplo, 4. Significa dizer que o Governo só permite a importação de 4 mercadorias. É a chamada quota não tarifária.

Como o preço estava R$ 3,00 antes da imposição da quota, deve-se verificar se, a este preço, continua havendo equilíbrio no mercado (se a oferta é igual à demanda). Por exemplo, a R$ 3,00 os produtos nacionais são oferecidos em número de 6. Somando com os 4 importados permitidos pelo Governo, chega-se a 10 produtos. Mas ao preço de R$ 3,00 os consumidores querem 14. Sendo assim, o preço será majorado por haver excesso de demanda sobre a oferta. Mas será majorado para quanto? Para responder a essa pergunta basta descobrir no gráfico um preço em que o excesso de demanda sobre a oferta nacional seja exatamente os 4 permitidos pelo Governo. A lógica é simples: os 4 importados servirão para "tampar" um déficit de produção nacional. Basta ver no gráfico a que preço há um déficit nacional de 4 mercadorias. Resposta: R$ 4,00.

A R$ 4,00 serão produzidas 8 mercadorias nacionais para uma demanda de 12. Logo, os 4 importados se encaixarão perfeitamente, equilibrando a oferta com a procura.

A imposição de quota de 4 produtos tem a mesma consequência em relação ao preço que a tarifa imposta de 33,3%. Em ambos os casos, o preço aumentou para R$ 4,00.

Efeitos da quota:

- o preço aumenta (de R$ 3,00 para R$ 4,00): efeito sobre o preço (efeito sobre a concorrência);
- a quantidade consumida diminui (de 14 para 12): efeito sobre o consumo;
- aumenta a produção nacional (de 6 para 8): efeito sobre a produção;
- diminui a quantidade importada (de 8 para 4): efeito sobre o comércio;
- pode haver ou não o aumento da arrecadação; e
- renda do fator de produção abundante do bem protegido melhora (Stolper-Samuelson): efeito sobre a distribuição de renda.

Comparando-se os efeitos da tarifa com os da quota, percebe-se que a única diferença está na arrecadação. E é fácil notar isso: quando o Governo impõe uma quota, a forma de ele controlar a quantidade já importada é através da obrigatoriedade de se pedirem licenças de importação. Ao exigir o pedido de licença de importação, o Governo pode controlar exatamente a quantidade já importada. Pode então decidir cobrar para dar a licença de importação. Sendo assim, a sua arrecadação aumenta. Mas o mais comum é o Governo conceder a licença gratuitamente, não gerando então o aumento da arrecadação.

A quota não tarifária é muito mais restritiva ao comércio que a tarifa, visto que, quando o Governo impõe uma tarifa, os exportadores estrangeiros podem "anular" a tarifa através de uma maior eficiência na produção gerando custos mais baixos. Já no caso da quota, os exportadores estrangeiros nada podem fazer, porque afinal estão restritos pela quantidade e, mesmo baixando custos, não podem exportar mais do que o permitido.

A quota apresenta outro problema: quem vai distribuir as licenças de importação e para quem? Há um jogo de interesses muito grande.

Quotas tarifárias

Um exemplo brasileiro recente nos ajuda a compreender a quota tarifária.

No Brasil, a importação de óleo de amêndoa de palma é tributada com uma alíquota de 10% de imposto (Resolução CAMEX nº 43, de 22 de dezembro de 2006). No entanto, a Resolução CAMEX nº 25, de 29 de abril de 2010, definiu a alíquota de 2% para as primeiras 150.000 toneladas importadas no período de abril de 2010 a abril de 2011.

Enquanto a quota não tarifária **veda** importações acima do limite definido, a quota tarifária as permite. A principal característica da quota tarifária é a definição de um volume de importações a partir do qual será cobrada uma **tarifa maior** do que a cobrada até se atingir aquele volume.

2.4.2.2. Subsídios

Nem todo subsídio concedido pelo Governo de um país gera efeitos no comércio exterior, mas, se o fizer, pode ser de duas formas: aumentando exportações ou provocando uma diminuição de importações.

Vejamos os efeitos dos subsídios usados para se reduzirem importações.

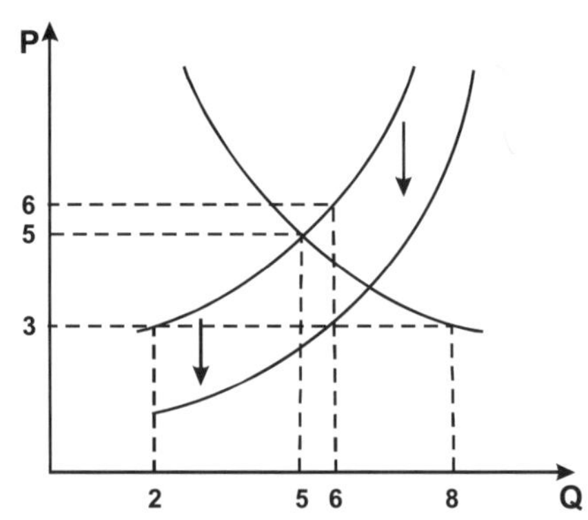

Imaginemos que a oferta da indústria doméstica seja 5 mercadorias a R$ 5,00. Quando o comércio é aberto às firmas estrangeiras, passa a ser praticado o preço de R$ 3,00 pela oferta infinita dos importados nesse preço. Sendo assim, os nacionais comprados serão 2 e os importados, 6 (= 8 – 2), visto que ao preço de R$ 3,00 os consumidores desejam 8 mercadorias no total.

Vamos imaginar que o Governo venha a dar um subsídio de R$ 3,00 às firmas nacionais. Como as mercadorias continuam a ser vendidas a R$ 3,00 por força dos importados, verifica-se que a firma nacional está recebendo R$ 6,00 por mercadoria (R$ 3,00 como subsídio e R$ 3,00 do consumidor). E a R$ 6,00, pela sua curva de oferta, as firmas nacionais estão dispostas a oferecer 6 mercadorias. As mercadorias desejadas pelos consumidores são 8 e as firmas nacionais oferecem 6. Logo, os importados serão 2.

Portanto, podem-se citar como efeitos da concessão de subsídios:

- Efeito-preço: não existe alteração no preço, continua R$ 3,00.
- Efeito-consumo: não se alterou o consumo, pois o preço não se alterou.
- Efeito-produção: os produtos nacionais passaram de 2 para 6.
- Efeito-comércio (redução das importações): passaram de 6 para 2.
- Efeito sobre os Gastos (despesas do Governo): O Governo teve despesas de subsídio = 6 x R$ 3,00 = R$ 18,00.

Um fato importante ocorrido aqui foi a manutenção do preço. A explicação é simples: o que define o preço de venda é o preço internacional e este não foi alterado. O que o subsídio fez foi aumentar a produção nacional, sem aumentar o preço dos importados.

2.4.2.3. *Breve Análise Comparativa*

Pelo que foi exposto anteriormente, percebe-se que, para os consumidores, a quota é a forma mais danosa ao comércio internacional, seguida pelas tarifas e depois pelos subsídios.

Isto não significa que os subsídios são as barreiras preferidas pela Organização Mundial do Comércio (OMC). No GATT 1947, já se pregava a **tarificação** das barreiras, ou seja, se algum país tem motivo para criar uma barreira, que esta seja na forma de tarifa.

A permissão para o uso das tarifas decorreu da constatação realista de que o livre comércio não poderia ser atingido da noite para o dia. Quando os países decidiram escrever o GATT em 1947, tiveram que tomar uma importante decisão: "enquanto o livre comércio não for totalmente implantado, que barreira estaremos autorizados a utilizar?" Por conta desta indagação, decidiram avaliar os efeitos das barreiras comerciais, como feito nos tópicos anteriores, e se decidiram pelo uso das tarifas, como se pode constatar no art. XI do GATT 1947:

Eliminação Geral das Restrições Quantitativas

§ 1º – Nenhuma parte contratante imporá nem manterá – **além dos direitos aduaneiros, impostos e outras taxas** – proibições nem restrições à importação de um produto do território de outra parte contratante ou à exportação ou à venda para exportação de um produto destinado ao território de outra parte contratante que sejam aplicadas mediante contingentes, licenças de importação ou de exportação ou por meio de outras medidas.

...

Cabe aqui uma pergunta: se os subsídios são menos danosos para o consumidor final, por que então não se decidiu pelo uso deles em vez da tarificação?

Em primeiro lugar, porque os subsídios não são transparentes como as tarifas. Em uma importação, a tarifa é conhecida por todos, mas, em relação aos subsídios, os Governos relutam em apresentar os custos.

Em segundo lugar e mais importante, o liberalismo prega a não intervenção estatal, o que implica a não participação do Estado em atividades produtivas. Ao Estado liberal cabe apenas a manutenção da lei e da ordem. O Estado deve apenas prover as condições para que as firmas decidam o que, onde, quando e quanto produzir. À "mão invisível do mercado" cabem as decisões econômicas particulares.

O subsídio é, portanto, a total negação do liberalismo. Em vez de o Estado sair da atividade produtiva, ele estaria, ao subsidiar determinada produção, entrando em tal atividade. Liberalismo é desestatizar, privatizando as empresas públicas. Subsidiar é "se tornar sócio" do empreendedor particular, indo na contramão das ideias liberais.

Apesar de as tarifas serem então a saída pregada pela OMC aos países que têm justificativas de protecionismo, não se quer dizer que as quotas são absolutamente proibidas nem os subsídios. Há situações permitidas para o uso das quotas, como vimos, por exemplo, nos tópicos 2.2.2 e 2.2.3, e outras situações em que os subsídios são permitidos, como veremos no tópico 6.2.2.3.

2.4.2.4. *Outras Barreiras Não Tarifárias*

- **Proibição de importação** – É a forma mais radical de barreira. Podem ser proibidas importações ou exportações em função do tipo de mercadoria, como armas e drogas ilícitas, ou em função do parceiro comercial. Por exemplo, atualmente o governo brasileiro proíbe exportações de determinados produtos para o Iraque, Serra Leoa, Libéria, Costa do Marfim, Somália, Irã e Coreia do Norte.
- **Restrições Cambiais (ou Controles Cambiais)** – Os controles cambiais são todas as medidas tomadas pela autoridade monetária, usando a política cambial, para dificultar ou proibir uma importação. Podem ser citadas, por exemplo, as taxas múltiplas de câmbio, o racionamento e o depósito prévio à importação.

  Pelo uso de **taxas múltiplas de câmbio**, o Governo define que, para alguns produtos, a taxa de câmbio é diferente da taxa dos demais produtos. O Brasil já adotou este sistema prevendo cinco categorias de bens. Dificultava a importação ao fixar taxas de câmbio mais altas para produtos não essenciais. Se um importador quisesse importar um bem considerado essencial, ele conseguia contratar o câmbio com uma taxa mais baixa que a taxa usada se ele quisesse importar um produto supérfluo. O grande problema deste sistema é a decisão do Governo sobre em qual categoria alocar um determinado produto. É um mecanismo não transparente e sujeito a corrupção e suborno.

  Por este motivo, o FMI proíbe o uso das taxas múltiplas de câmbio conforme se pode constatar pelo art. VIII do seu Convênio Constitutivo:

> **Nenhum País-membro participará nem permitirá que nenhum de seus organismos fiscais participe de regimes monetários discriminatórios nem práticas de taxas de câmbio múltiplas...**

O **racionamento** consiste em o país só permitir uma quantidade fixa semanal para a compra de moeda estrangeira, ou seja, se uma firma quiser comprar uma mercadoria que exceda aquela cota semanal, será necessário inicialmente comprar durante várias semanas até se atingir o valor integral do bem. E, só em seguida, a firma estaria autorizada a importar o produto. O racionamento já foi usado no Brasil.

Já tivemos também a experiência do **depósito prévio** à importação. No nosso caso, a legislação cambial combinava o racionamento com o depósito prévio, ou seja, a firma precisava comprar a "ração" semanal e, depois de o ter feito, precisava depositar o valor para que ficasse congelado por mais um período de tempo, numa espécie de quarentena. Só depois deste prazo, a importação podia ser efetivada.

- **Monopólio estatal** – O Governo impõe que determinados produtos só podem ser importados por um órgão público. Foi o que aconteceu, até passado recente, com o petróleo.
- **Restrições de importações de mercadorias que tenham similares nacionais** – Neste caso, o Governo restringe a importação caso haja similares produzidos nacionalmente.
- **Medidas *Antidumping*, Medidas Compensatórias e Cláusulas de Salvaguarda** – As três barreiras são medidas de defesa comercial, sendo que as duas primeiras assumem a forma de barreiras não tarifárias e a última pode assumir a forma de barreira tarifária ou não tarifária.
- **Acordos Voluntários de Restrição às Exportações (AVRE)** – Estes acordos, na verdade, não são voluntários no sentido estrito da palavra.

  Eles surgem de ameaças feitas pelo país importador ao país exportador. O país importador alega que suas indústrias estão sendo prejudicadas pelas importações e, como alternativa para não adotar medidas unilaterais, ameaça o país exportador a diminuir suas vendas.

  O acordo tem o nome de voluntário porque o país exportador pode aceitar as ameaças ou não. Se as aceitar, terá sido firmado o "acordo voluntário", restringindo-se as exportações. Se não as aceitar, o país importador poderá impor cláusulas de salvaguarda, permitidas especificamente para esse fim. Isso se não criar medidas de retaliação ilegítimas e disfarçadas...

  É importante saber que o uso dos AVRE é condenado pelo Acordo sobre Salvaguardas, a ser analisado no tópico 6.3.2. Pelo acordo, a defesa contra aumento de importações que cause dano à indústria doméstica deve ser na forma de cláusula de salvaguarda, devendo ser criadas, em paralelo, compensações aos países prejudicados com a medida de defesa.

- **Barreiras não tarifárias (BNT)** – Todas as barreiras vistas anteriormente são barreiras não tarifárias, mas costuma-se utilizar este termo BNT no sentido estrito quando se quer fazer referência às barreiras sanitárias, fitossanitárias e técnicas. São normas sanitárias aquelas que visam à proteção da vida e saúde humana e animal, como as normas relativas à importação de alimentos. São normas fitossanitárias as que visam à proteção da vida e saúde vegetal, como as que tentam evitar a entrada de pragas para as lavouras. São normas técnicas as que definem, por exemplo, exigências de padronização, certificação, vistorias técnicas, rotulagem e segurança, como aquelas relativas à importação de brinquedos, automóveis ou lâmpadas.

2.5. COMÉRCIO INTERNACIONAL E DESENVOLVIMENTO ECONÔMICO

Segundo Williamson (1998), "o desenvolvimento econômico pode ser definido como o processo através do qual uma sociedade tradicional, que empregue técnicas primitivas e que, portanto, só pode manter um nível de renda *per capita* modesto, transforma-se numa economia moderna, de alta tecnologia e de elevada renda."

A estratégia de desenvolvimento definida pelo país, dito tradicional, deve escolher para qual mercado ele vai direcionar sua produção futura: o mercado externo ou o interno? Caso o mercado escolhido como alvo da industrialização seja o mercado externo, o comércio exterior será estimulado e o liberalismo irá prevalecer como a política comercial. No entanto, se a escolha for pelo atendimento principalmente do mercado interno, tal opção levará, muito provavelmente, ao protecionismo, reservando o mercado para a indústria doméstica que se instalará.

Há, portanto, duas formas principais de industrialização dos países em desenvolvimento:

1) substituição de importações (industrialização voltada para dentro), e

2) industrialização voltada para as exportações (voltada para fora).

Cada um desses modelos de industrialização tem suas vantagens e desvantagens. E o estudo comparativo pode ser feito analisando-se o modelo adotado na América Latina (voltada para dentro) e o modelo adotado pelos Tigres Asiáticos (voltada para fora).

2.5.1. Substituição de Importações

Como vimos no tópico 2.2.5, Raúl Prebisch pregava que os países latino-americanos deveriam se industrializar, pois sua manutenção como exportadores de produtos primários gerava a deterioração dos termos de troca. Isto porque, em época de prosperidade, os preços dos produtos primários sobem proporcionalmente menos que os preços dos produtos industrializados. E os ganhos de produtividade no setor agrícola exportador não geram aumentos salariais, mas redução do preço do produto, tendo em vista a oferta abundante (elástica) de mão de obra no país.

Prebisch afirmava que os países especializados na exportação de produtos primários sofriam com o dualismo: um setor moderno exportador competitivo e um setor tradicional atrasado. E, portanto, os ganhos não eram difundidos por toda a economia. Por causa desta heterogeneidade, Prebisch pregava que o crescimento econômico somente decorreria da industrialização estimulada pelo Governo.

Some-se a esta pregação a tese de Ragnar Nurkse, que afirmava que, no século XIX, o comércio foi o **motor do crescimento**, ao contrário do que ocorreu no século XX. Explicando esta afirmativa, listava três motivos:

1) No século XIX, a economia mundial era liderada pela Inglaterra industrializada, que demandava uma grande quantidade de matérias-primas e produtos primários dos países em desenvolvimento; no século XX, no entanto, a maior potência (os EUA) não necessita tanto das importações dos países em desenvolvimento, pois são autossuficientes em produtos primários. Esta menor demanda gera perdas para os produtos primários dos países em desenvolvimento.

2) No século XX, surge a tecnologia de criação de bens sintéticos, prejudicando ainda mais os produtos primários dos países em desenvolvimento.

3) No século XX, a renda é superior à do século XIX. Como os produtos primários têm uma demanda inelástica, o aumento da renda gerou aumento da demanda, mas em uma proporção menor. O menor aumento da demanda de produtos primários em comparação com os produtos industrializados gera perdas para os países em desenvolvimento.

Nurkse constata, portanto, que a especialização em produtos primários não era vantajosa para os países em desenvolvimento no século XX como fora no século anterior. Esses países devem então se industrializar.

Na América Latina, adota-se então o modelo de substituição de importações nos anos 50. Quando, na década de 1970, surgem as grandes crises – fim do sistema Bretton Woods e crises do petróleo –, os países latino-americanos sentem dificuldade em manter a intervenção estatal na economia e começam a abandonar a visão protecionista da substituição de importações. No caso do Brasil, imaginando que a crise internacional não se prolongaria por muito tempo, foi adotado o caminho do crescimento com endividamento. Não houve o abandono das medidas protecionistas para não comprometer o crescimento, mas isto foi feito à custa de endividamento externo.

2.5.2. Industrialização Voltada para as Exportações

Nesta modalidade de industrialização, o livre comércio é respeitado. A produção interna se volta para a exportação e não há a reserva de mercado para o produto nacional, gerando, por consequência, uma concorrência saudável. Este modelo de industrialização foi praticado pelos Tigres Asiáticos.

Podem ser citadas as seguintes vantagens existentes neste modelo em comparação com o modelo de substituição de importações:

a) o mercado consumidor possui tamanho significativamente maior, não se restringindo ao mercado interno, o que propicia maiores ganhos de escala;

b) este modelo é menos vulnerável a choques externos, visto que a receita de vendas é em moeda estrangeira, o que fortalece as reservas cambiais tão necessárias em épocas de crise;

c) este modelo é menos suscetível à corrupção e ao suborno tendo em vista que o Governo não assume medida protecionista como no outro modelo. Quanto menor a intervenção estatal, menor a chance de tomada de decisões governamentais de forma escusa. No modelo de substituição de importações, o Governo, muitas vezes, precisa decidir que setor(es) será(ão) protegido(s) e quais firmas serão autorizadas a operar, isto no caso de o tamanho do mercado não permitir de forma economicamente viável a instalação de inúmeras firmas;

d) neste modelo, existem maiores gastos com a realização de pesquisas, viáveis economicamente por causa do maior tamanho do mercado consumidor; e
e) há exposição à concorrência, que incentiva a constante atualização do produto, sob pena de perda do mercado. No modelo de substituição de importações adotado no Brasil, a obsolescência dos bens, infelizmente, era a regra.

As desvantagens deste modelo em relação ao modelo de substituição de importações são a não existência de um mercado consumidor cativo e a dificuldade na conquista do mercado internacional. Essa conquista é árdua inclusive porque, em regra, os países desenvolvidos não transferem tecnologia para os seus futuros concorrentes.

Questões de Provas

01. (AFTN/1996) O livre-cambismo é uma doutrina de comércio que parte do pressuposto de que a natureza desigual dos países e regiões torna a especialização uma necessidade, sendo o comércio o meio pelo qual todos os participantes obtêm vantagens dessa especialização. Cada país deveria especializar-se na produção de bens onde consegue maior eficiência, trocando o excedente por outros bens que outros países produzem com mais eficiência. O principal argumento contra o livre-cambismo, desde o século XIX (A. Hamilton e F. List), se concentra na ideia de que:

a) o livre-cambismo é incapaz de promover a justiça social;
b) no livre-cambismo, somente se beneficiam do comércio os países que apresentam uma pauta de exportações onde a maioria dos produtos possui demanda inelástica. Quando isso não ocorre, a concorrência é predatória;
c) o livre-cambismo é bom para os países de economia madura, mas os países com indústrias nascentes necessitam de alguma forma de proteção;
d) o livre-cambismo atende apenas aos interesses dos grandes exportadores, que usam a liberdade econômica para estabelecer monopólios e cartéis;
e) na verdade não existe livre-cambismo na prática. Todos os países são protecionistas em razão da intervenção do Estado.

02. (ACE/1997) Alguns países alegam que seu comércio externo é afetado pela ação de governos de outros países, como os Acordos Voluntários de Exportações (VERs). Esses acordos têm como objetivo principal:

a) estimular as exportações;
b) canalizar as exportações para um determinado produto;
c) aumentar a qualidade das importações, com a imposição de normas de segurança e de higiene (aspectos fitossanitários);
d) levar o país a equilibrar suas exportações, como em um sistema de compensações;
e) limitar as importações de um dado produto.

03. (AFTN/1998) Entre as opções abaixo, indique aquela que não constitui argumento utilizado pelo protecionismo:

a) o comércio e a indústria são mais importantes para um país do que a agricultura e, portanto, devem ser submetidos a tarifas para evitar a concorrência com produtos estrangeiros;
b) as indústrias-chave da defesa nacional devem ser protegidas para evitar a ação de fornecedores estrangeiros;
c) a adoção de tarifas favorece a criação de empresas nacionais;
d) quando há capacidade ociosa, as tarifas contribuem para aumentar o nível de atividade e de emprego, e, portanto, de renda de um dado país;
e) é preciso manter as indústrias de um país em um nível tal que possam atender à demanda em caso de um corte de fornecimento externo devido a uma guerra.

04. (AFRF/2000) Julgue as opções abaixo e assinale a correta:

a) o livre-cambismo é uma doutrina de comércio estabelecida através de tarifas protecionistas, a subvenção de créditos, a adoção de câmbios diferenciados;
b) o livre-cambismo rege que a livre troca de produtos no campo internacional, os quais seriam vendidos a preços mínimos, num regime de mercado, se aproximaria ao da livre concorrência perfeita;
c) o livre-cambismo é uma doutrina pela qual o governo não provê a remoção dos obstáculos legais em relação ao comércio e aos preços;
d) o livre-cambismo só beneficia os países em desenvolvimento, que apresentam uma pauta de exportações onde a maioria dos produtos possui demanda inelástica;
e) o livre-cambismo defende a adoção de tarifas em situação de defesa nacional.

05. (AFRF/2000) Durante crise de encomendas à produção interna de determinado produto do país A, ameaçada pelo aumento desproporcional das importações similares dos países B e C, que subsidiam fortemente a produção e a exportação desse produto, as autoridades econômicas do país A, a fim de obterem uma redução imediata da quantidade do produto importado - bem conhecendo a preferência de seus consumidores pela oferta estrangeira e a inferior qualidade da mercadoria doméstica - deverão adotar como medida mais eficaz a seus propósitos:

a) o contingenciamento dos produtos importados, fixando quotas ao produto para os países exportadores;
b) a criação de subsídios à produção e à comercialização do produto manufaturado no país;
c) o aumento da tarifa aduaneira nas posições referentes a esse produto, a fim de encarecer os importados, para benefício da indústria nacional;
d) o aumento dos impostos de exportação, a fim de desestimular as exportações do produto doméstico para mercados tradicionais;
e) o estímulo à preferência pelo produto nacional, mediante a promoção de sorteios de prêmios para seus consumidores.

06. (AFRF/2000) Entre as razões abaixo, indique aquela que não leva à adoção de tarifas alfandegárias.

a) Aumento de arrecadação governamental.
b) Equilíbrio do Balanço de Pagamentos.
c) Proteção à indústria nascente.
d) Segurança nacional (defesa).
e) Estímulo à competitividade de uma empresa.

07. (AFRF/2000) As Barreiras Não Tarifárias (BNT) são frequentemente apontadas como grandes obstáculos ao comércio internacional. Podem vir a se constituir Barreiras Não Tarifárias (BNT) todas as modalidades abaixo, exceto:

a) Medidas fitossanitárias;
b) Normas de segurança;
c) Direitos Aduaneiros;
d) Sistemas de Licença de Importação;
e) Quotas.

08. (AFRF/2000) Os fundadores da teoria do desenvolvimento, que provinham principalmente da economia dos anos cinquenta, como Nurkse, Myrdall, Rosenstein-Rodan, Singer, Hirschmann, Lewis e, certamente, Prebisch, não só centraram sua análise nas diferenças estruturais existentes entre os países desenvolvidos e os países em desenvolvimento, mas também postularam, a partir de ângulos distintos, que a forma de funcionar dos países desenvolvidos constitui a causa principal do subdesenvolvimento destes últimos.

As estratégias de desenvolvimento recomendadas e seguidas nos países subdesenvolvidos - e especialmente na América Latina - tenderam a ser diametralmente opostas às políticas dos países industriais. Com efeito, devido à tendência secular de deterioração dos termos de intercâmbio dos produtos industriais que os países desenvolvidos exportavam e os bens primários que exportavam os países atrasados, a única solução a médio e longo prazos para estes últimos seria modificar sua inserção na economia mundial, produzindo localmente aqueles bens industriais que antes importavam, através de políticas que procurassem substituir essas importações, criando uma indústria nacional protegida pelo Estado.

a) Por essa razão, países como o Brasil, procuraram dedicar-se somente à produção de um único artigo (soja, por exemplo). Dessa forma, ele poderá utilizar parte dos fatores na produção da soja, mas o restante poderá aplicar na produção de outros artigos, mesmo sofisticados, como automóveis, computadores e aviões.
b) Por essa razão, a transferência de população do setor primário para o setor industrial contribui, em muitos casos, para a degeneração do nível de vida dessa população.
c) Por essa razão, os governantes dos países subdesenvolvidos procedem unicamente do ponto de vista político, evitando introduzir indústrias em seu país, pois politicamente, não aumentarão seu prestígio junto à população.
d) Por essa razão, os países subdesenvolvidos, pesadamente dependentes da produção e exportação de produtos primários, acabam rejeitando a teoria das vantagens comparativas e procuram industrializar-se a qualquer custo.
e) Por essa razão, os países subdesenvolvidos e em desenvolvimento procuram manter a capacidade de produzir um único artigo, considerado estratégico, tal como combustível, café, armamento bélico etc., mesmo que tal atitude seja desinteressante em termos puramente econômicos.

09. (AFRF/2000) Para explicar a relação entre comércio de produtos primários e industrializados, a Comissão Econômica para América Latina (CEPAL) apresentou uma série de estudos e propostas. Acerca da CEPAL podem-se fazer as seguintes afirmativas abaixo, exceto:

a) a CEPAL teve um papel decisivo na criação da ALALC;
b) o comércio internacional tendia a gerar uma desigualdade básica nas relações de troca (uma deterioração nas relações de troca) pois os preços das matérias-primas (dos países em desenvolvimento) tendiam a declinar a longo prazo, enquanto o preço dos produtos manufaturados (fabricados em geral em países desenvolvidos) tendia a subir;
c) os países produtores de bens primários deveriam diversificar sua produção, deixando de ser produtores de monoculturas;
d) os países em desenvolvimento deveriam procurar exportar produtos manufaturados;
e) os países em desenvolvimento deveriam abrir suas economias para torná-las mais competitivas e assim conquistarem espaço no comércio internacional.

10. (AFRF/2000) Não constitui prática considerada restritiva por Empresas (privadas ou públicas):

a) fixar preço e condições de compra, venda ou *leasing* de qualquer produto;
b) impor limites de produção;
c) excluir empresas ou dividir mercados ou alocar clientes;
d) discriminar contra empresas;
e) permitir o desenvolvimento de tecnologias patenteadas em outro país.

11. (ACE/2002) A respeito dos processos de industrialização por substituição de importações é correto afirmar o seguinte:

a) historicamente, tais processos favoreceram o desenvolvimento tecnológico em escala global, já que as economias mais atrasadas alcançam condições para desenvolver indústrias que passarão a competir com as das economias desenvolvidas;
b) no que concerne às políticas públicas implementadas pelos governos, assemelham-se aos processos de industrialização baseados em atividades orientadas para exportações. Diferenciam-se apenas pela ênfase na diversificação da pauta de importações;
c) mostraram-se eficientes ao longo do século XX, como ilustra o desempenho dos chamados "Tigres Asiáticos";
d) aceitando-se que podem ser bem-sucedidos, implicam a necessidade da opção, pela sociedade que os implementam, de financiar um setor econômico específico, uma vez que requerem a imposição de políticas que distorcem, a um tempo, os fluxos comerciais e a alocação eficiente dos fatores de produção internos;
e) para que sejam implementados inteiramente, requerem a efetiva realização de uma reforma agrária.

12. (ACE/2002) O argumento em favor da proteção às indústrias nascentes ganhou força com a publicação do *Report on Manufactures*, de Alexander Hamilton, que defendeu o desenvolvimento nos Estados Unidos da América e o uso de tarifas para promovê-lo. A respeito dos instrumentos de proteção a indústrias nascentes é correto afirmar que:

a) o argumento que analisa as economias de escala produzidas pela proteção a indústrias nascentes defende como instrumento principal as firmas, em vez de indústrias, uma vez que, ao concentrar os benefícios nas mãos de poucos agentes privados, preferencialmente um monopólio, criam-se condições para que a indústria local se desenvolva mais rapidamente;

b) desde que ocorra, a proteção a indústrias nascentes atinge os resultados pretendidos a custos semelhantes, não importando muito se utiliza instrumentos tais como cotas, subsídios ou tarifas;

c) o argumento que analisa a aquisição de experiência pela economia nacional, baseado no princípio de se "aprender fazendo", o que permite justificar a proteção a tais indústrias por tempo indeterminado, preferencialmente longo, já que a inovação é condição necessária à manutenção da competitividade industrial;

d) entre as principais críticas aos instrumentos utilizados para proteger indústrias nascentes estão os argumentos que apontam algumas de suas implicações, a exemplo da dificuldade de se escolher corretamente as indústrias que devem receber proteção, a relutância das indústrias a dispensar a proteção recebida e seus efeitos deletérios sobre outras indústrias;

e) entre as principais críticas aos instrumentos utilizados para proteger indústrias nascentes estão os argumentos que apontam algumas de suas implicações, a exemplo da dificuldade de se combinar as indústrias que devem receber proteção com o modelo de substituição de importações, a concordância das indústrias em dispensar a proteção recebida e seus efeitos deletérios sobre outras indústrias.

13. (AFRF/2002-2) Com relação às práticas protecionistas, tal como observadas nas últimas cinco décadas, é correto afirmar-se que:

a) assumiram expressão preponderantemente não tarifária à medida que, por força de compromissos multilaterais, de acordos regionais e de iniciativas unilaterais, reduziram-se as barreiras tarifárias;

b) voltaram a assumir expressão preponderantemente tarifária em razão de compromisso assumido no âmbito do Acordo Geral de Comércio e Tarifas (GATT) de tarificar barreiras não tarifárias, com vistas à progressiva redução e eliminação futura das mesmas;

c) encontram amparo na normativa da Organização Mundial do Comércio (OMC), quando justificadas pela necessidade de corrigir falhas de mercado, proteger indústrias nascentes, responder a práticas desleais de comércio e corrigir desequilíbrios comerciais;

d) recrudesceram particularmente entre os países da Organização de Cooperação e Desenvolvimento Econômico (OCDE), na segunda metade dos anos noventa, em razão da desaceleração das taxas de crescimento de suas economias;

e) deslocaram-se do campo estritamente comercial para vincularem-se a outras áreas temáticas como meio ambiente, direitos humanos e investimentos.

14. (AFRF/2002-2) A literatura econômica afirma, com base em argumentos teóricos e empíricos, que o comércio internacional confere importantes estímulos ao crescimento econômico. Entre os fatores que explicam o efeito positivo do comércio sobre o crescimento destacam-se:

a) a crescente importância dos setores exportadores na formação do Produto Interno dos países; as pressões em favor da estabilidade cambial e monetária que provêm do comércio; e o aumento da demanda agregada sobre a renda;
b) a melhor eficiência alocativa propiciada pelas trocas internacionais; a substituição de importações; e a consequente geração de superávits comerciais;
c) a crescente importância das exportações para o Produto Interno dos países; a importância das importações para o aumento da competitividade; e o melhor aproveitamento de economias de escala;
d) os efeitos sobre o emprego e sobre a renda decorrentes do aumento da demanda agregada; e o estímulo à obtenção de saldos comerciais positivos;
e) a ampliação de mercados; os deslocamentos produtivos; e o equilíbrio das taxas de juros e dos preços que o comércio induz.

15. (AFRF/2003) Sobre o protecionismo, em suas expressões contemporâneas, é correto afirmar-se que:

a) tem aumentado em razão da proliferação de acordos de alcance regional que mitigam o impulso liberalizante da normativa multilateral;
b) possui expressão eminentemente tarifária desde que os membros da OMC acordaram a tarifação das barreiras não tarifárias;
c) assume feições preponderantemente não tarifárias, associando-se, entre outros, a procedimentos administrativos e à adoção de padrões e de controles relativos às características sanitárias e técnicas dos bens transacionados;
d) vem diminuindo progressivamente à medida que as tarifas também são reduzidas a patamares historicamente menores;
e) associa-se a estratégias defensivas dos países em desenvolvimento frente às pressões liberalizantes dos países desenvolvidos.

16. (AFRFB[7]/2009) A participação no comércio internacional é importante dimensão das estratégias de desenvolvimento econômico dos países, sendo perseguida a partir de ênfases diferenciadas quanto ao grau de exposição dos mercados domésticos à competição internacional. Com base nessa assertiva e considerando as diferentes orientações que podem assumir as políticas comerciais, assinale a opção correta.

a) As políticas comerciais inspiradas pelo neomercantilismo privilegiam a obtenção de superávits comerciais notadamente pela via da diversificação dos mercados de exportação para produtos de maior valor agregado.
b) Países que adotam políticas comerciais de orientação liberal são contrários aos esquemas preferenciais, como o Sistema Geral de Preferências, e aos acordos regionais e sub-regionais de integração comercial celebrados no marco da Organi-

[7] Auditor-Fiscal da Receita Federal do Brasil.

zação Mundial do Comércio por conterem, tais esquemas e acordos, componentes protecionistas.

c) A política de substituição de importações valeu-se preponderantemente de instrumentos de incentivos à produção e às exportações, tendo o protecionismo tarifário importância secundária em sua implementação.

d) A ênfase ao estímulo à produção e à competitividade de bens de alto valor agregado e de maior potencial de irradiação econômica e tecnológica a serem destinados fundamentalmente para os mercados de exportação caracteriza as políticas comerciais estratégicas.

e) As economias orientadas para as exportações, como as dos países do Sudeste Asiático, praticam políticas comerciais liberais em que são combatidos os incentivos e quaisquer formas de proteção setorial, privilegiando antes a criação de um ambiente econômico favorável à plena competição comercial.

Parte 2

Instituições e Normas de Comércio Internacional

Capítulo 3

O Acordo Geral sobre Tarifas e Comércio (GATT 1947)

3.1. CONFERÊNCIA DE BRETTON WOODS – A ORIGEM DO GATT

Em 1929, houve o *crash* (ou *crack*) da Bolsa de Nova York, secando a fonte de recursos que iam dos EUA para a Europa. O *crash* foi resultado da superprodução norte-americana com o subconsumo europeu.

Com o início da Primeira Guerra Mundial, os principais concorrentes norte-americanos na produção industrial (Alemanha, Inglaterra e França) estavam na frente de batalha. Isto abriu a possibilidade para que os EUA se tornassem o grande fornecedor de alimentos, armas e capital para os países europeus. Era o início do caminho que levou os EUA a se tornarem a maior potência do século XX. Os EUA se desenvolveram, e a tecnologia, aliada à falta de concorrentes, elevava a produtividade norte-americana. Era a fase da euforia.

Com o passar do tempo, os países europeus começavam a se reerguer, recuperando-se dos efeitos da guerra. Pouco a pouco, as importações europeias de produtos norte-americanos foram diminuindo e, mais do que isso, os europeus começavam a competir com os EUA pelos mercados antes monopolizados por estes. A superprodução americana entrou em colapso em virtude do subconsumo europeu. Não havia compradores para a grande produção norte-americana. A Bolsa de Nova York quebrou. A Alemanha foi o país mais prejudicado, pois usava os dólares recebidos dos EUA para pagar as altíssimas indenizações de guerra.

Considerando que os EUA deixaram de fornecer capital para o mundo, cada país precisou buscar, por seus próprios esforços, atividades que gerassem divisas, que já não vinham mais na qualidade de capitais autônomos. Houve uma volta às práticas protecionistas, das quais se destacava a política de desvalorizações cambiais. Era a "política de empobrecimento do vizinho", por meio da qual se desvalorizava a moeda nacional com o intuito de aumento de exportações e redução de importações, o que provocava prejuízos para os demais países. A tática era crescer derrubando o concorrente. Havíamos "voltado" ao período mercantilista, em que a política comercial predominante era o protecionismo. Esta guerra comercial perdurou por toda a década de 1930 e foi um dos fatores que contribuíram para a eclosão da II Guerra Mundial (1939-1945). A década de 1930 é considerada até hoje o pior período da história do liberalismo.

Em fins de 1941, quando os EUA entraram na guerra, começaram a planejar com a Inglaterra o que fazer no pós-guerra em termos econômicos. Tinham por intenção voltar ao liberalismo, eliminando as barreiras protecionistas levantadas na década de 1930.

Em 1944, foi realizada a **Conferência de Bretton Woods**, que levou este nome em homenagem à cidade norte-americana que sediou o encontro. Na nova ordem econômica idealizada haveria três instituições: o Fundo Monetário Internacional (FMI), o Banco Internacional de Reconstrução e Desenvolvimento (BIRD) e a Organização Internacional do Comércio (OIC).

O **FMI** seria o responsável por fiscalizar as taxas de câmbio dos países, evitando que eles repetissem as desvalorizações cambiais competitivas praticadas na década de 1930. Uma segunda função do FMI era a de emprestar recursos aos países que tivessem déficits temporários no Balanço de Pagamentos. Isto era justificável pois, se o FMI não "permitia" aos países as desvalorizações que poderiam consertar o Balanço de Pagamentos, ele deveria dar uma saída a esses países. "Não desvalorize a sua moeda. Eu te empresto e depois você me paga" era a lógica do FMI. O **BIRD** teria a função de financiar a reconstrução da Europa e o desenvolvimento mundial. A **OIC** seria responsável pela fiscalização do comércio e do cumprimento dos acordos que visavam à sua liberalização.[1]

Em 27 de dezembro de 1945, foram criados o FMI e o BIRD. A OIC, no entanto, teve a sua criação barrada pelos EUA e só muito tempo depois (em 1994) surgiu a organização, mas com o nome de OMC – Organização Mundial do Comércio. Os estatutos da OIC estavam consignados na Carta de Havana de 1948, que, para entrar em vigor, precisava ser ratificada pelos países signatários. Em abril de 1949, o governo dos EUA enviou os estatutos para aprovação pelo Congresso norte-americano. Mas, em dezembro de 1950, retirou-os, tendo em vista que "a maioria dos deputados temia que a nova instituição iria restringir

[1] A OMC será analisada no próximo capítulo. O FMI será analisado no Capítulo 12, e o BIRD, no Capítulo 13.

excessivamente a soberania do país na área do comércio internacional" (Thorstensen, 2001). Portanto, a OIC não saiu do papel.

Em 1947, enquanto se escreviam os estatutos da OIC, os países-membros do sistema concordaram em fazer uma "antecipação" da redução das tarifas alfandegárias e, ato contínuo, celebrar regras comerciais para a manutenção desta política de redução tarifária. Essas regras foram firmadas em 1947, em Genebra, na Suíça, no Acordo Geral sobre Tarifas Aduaneiras e Comércio (*General Agreement on Tariffs and Trade* – **GATT 1947**). Portanto, o acordo com as regras comerciais, que seria a base da fiscalização por parte da OIC, foi criado, mas não a instituição.

3.2. INSTRUMENTOS PARA O LIVRE COMÉRCIO

Pode-se considerar que cada artigo do GATT foi escrito para combater determinada medida protecionista, buscando-se a liberalização comercial. Essa regra, contudo, admite exceções, como, por exemplo, os arts. VI (*dumping* e subsídios), XII (déficit em Balanço de Pagamentos), XVIII (proteção à indústria nascente), XIX (salvaguardas) e XXI (promoção da segurança nacional), analisados no Capítulo 2. Tais artigos foram escritos não para impor o liberalismo, mas para permitir o protecionismo em situações justificadas.

Abstraindo-se das exceções, pode-se afirmar que os artigos do GATT são instrumentos para se atingir o livre comércio. Neste tópico, serão analisados os mais importantes deles.[2]

3.2.1. Artigo I – Cláusula da Nação Mais Favorecida

O art. I assim dispõe:

> Qualquer vantagem, favor, privilégio ou imunidade concedido por uma parte contratante a um produto originário de outro país ou destinado a ele, será concedido **imediata e incondicionalmente** a todo produto similar originário dos territórios de todas as demais partes contratantes ou a eles destinado.

Esta cláusula também é conhecida como "princípio da não discriminação de países". Foi colocada como o primeiro artigo do acordo para prontamente gerar confiança, mostrando a todos os países que nenhum deles seria discriminado.

[2] O art. XXIV, relativo a blocos comerciais, será analisado no Capítulo 7 – Integração Regional.

Afinal, todo e qualquer benefício concedido por um país signatário do GATT a um produto de qualquer outro país deveria ser estendido imediata e incondicionalmente aos produtos similares dos demais signatários do Acordo. Por exemplo, se o país A, signatário do GATT, concede uma redução de imposto de importação para carros importados do país B, signatário ou não do acordo, o mesmo benefício deverá ser concedido imediatamente aos carros importados dos demais países signatários do GATT.

A Cláusula da Nação Mais Favorecida (NMF) é o principal instrumento para o estabelecimento da política multilateral. A partir de sua entrada em vigor, não haveria mais benefícios restritos a dois ou três países, ou seja, o multilateralismo passou a ser prestigiado em detrimento do bilateralismo restritivo que caracterizou a década de 1930.

A NMF só não precisa ser aplicada quando o benefício for concedido dentro de blocos comerciais ou em função dos sistemas preferenciais, a serem analisados nos Capítulos 7 a 9. Por exemplo, se um benefício é criado pelos países do Mercosul em relação aos produtos produzidos na região, tal benefício não precisará ser estendido para os produtos dos países de fora do bloco.

3.2.2. Artigos II e XXVIII – Listas de Concessões, suas Modificações e Negociações

Os arts. II, XI, XXVIII e XXVIIIb devem ser interpretados em conjunto:

1) O art. XI ("Eliminação Geral das Restrições Quantitativas") dispõe que os países deveriam substituir todas as barreiras protecionistas que vinham utilizando por barreiras exclusivamente tarifárias. Foi abordado no tópico 2.4.2.3 que os países decidiram implementar a tarificação, já que a eliminação total e imediata das barreiras seria uma utopia. As tarifas seriam a medida protecionista permitida enquanto não se atingisse o "ótimo", ou seja, o livre comércio mundial (algumas barreiras não tarifárias são excepcionalmente permitidas no próprio GATT, como analisado no capítulo anterior);

2) O art. II ("Listas de Concessões") dispõe que cada país deveria listar as tarifas máximas de imposto de importação, individualizadas por código de mercadoria, que poderiam ser cobradas dos demais países

signatários do Acordo. Para cumprir o artigo, cada país montou sua lista e anexou-a ao texto oficial do GATT. Essas tarifas passaram a ser chamadas de "Tarifas Consolidadas". Note que os países não estão proibidos de cobrar uma alíquota superior à consolidada, mas tal cobrança somente pode incidir na importação de produto originário de país não signatário do Acordo (os casos brasileiros são conhecidos como "Perfurações da TEC" e, em agosto de 2010, havia 123 códigos NCM com alíquotas de imposto de importação superiores às consolidadas);

3) Pelo art. XXVIII ("Modificação das Listas"), os países acordaram que as tarifas consolidadas podem ser revistas para cima, mas devem ser oferecidas compensações aos demais países; e

4) Pelo art. XXVIIIb ("Negociações Tarifárias"), os países acordaram reduzir periodicamente as alíquotas máximas inseridas nas listas que foram (e estão) arquivadas junto com o documento original do GATT 1947. Tais revisões aconteceriam (e acontecem) nas chamadas Rodadas de Negociação, a serem abordadas no tópico 3.3.

Seguem os arts. II, XXVIII e XXVIIIb do GATT:

Art. II – Listas de Concessões

1. (a) Cada Parte Contratante concederá às outras Partes Contratantes, em matéria comercial, tratamento não menos favorável do que o previsto na parte apropriada da **lista correspondente**, anexa ao presente Acordo.

(b) Os produtos das Partes Contratantes, ao entrarem no território de outra Parte Contratante, ficarão isentos dos direitos aduaneiros ordinários que ultrapassarem os direitos fixados na Parte I da lista das concessões feitas por esta Parte Contratante, observados os termos, condições ou requisitos constantes da mesma lista...

...

Art. XXVIII – Modificação das Listas

1. ... qualquer Parte Contratante **poderá modificar ou retirar** uma concessão contida na lista correspondente anexa ao presente Acordo, após uma negociação e um acordo com qualquer Parte Contratante, com a qual esta concessão tiver sido negociada privativamente, bem como qualquer outra Parte Contratante cujo interesse como principal fornecedor for reconhecido pelas Partes Contratantes.

...

2. No decorrer dessas negociações e neste acordo, que poderá admitir compensações sobre outros produtos, as Partes Contratantes interessadas esforçar-se-ão em manter as concessões outorgadas sobre uma base de reciprocidade e de vantagens mútuas a um nível não menos favorável do que aquele que resultava do presente Acordo, antes das negociações.

...

Art. XXVIIIb – Negociações Tarifárias

1. As Partes Contratantes reconhecem que os direitos aduaneiros constituem frequentemente sérios obstáculos ao comércio; é este o motivo pelo qual as **negociações**, que visam, numa base de reciprocidade e de vantagens mútuas, à **redução substancial** de nível geral dos direitos aduaneiros e de outros encargos percebidos na importação e na exportação ... apresentam uma grande importância para a expansão do comércio internacional. Em consequência, as Partes Contratantes podem organizar periodicamente tais negociações.

...

O eixo principal do GATT assim se apresenta: tarificação das barreiras, fixando-se as alíquotas máximas de imposto de importação nas listas anexadas ao GATT, para depois reduzi-las periodicamente por meio das rodadas de negociação. Se esse esquema fosse cumprido à risca, existiriam basicamente barreiras tarifárias e elas seriam gradualmente reduzidas ou eliminadas.

Por curiosidade, cabe registrar que cada lista anexada ao GATT recebeu um número. Por exemplo, a lista australiana é conhecida como "Lista I". A lista anexada pelo BENELUX (bloco que congregava Bélgica, Holanda e Luxemburgo) recebeu o nome de "Lista II". A lista dos EUA é a "Lista XX". A lista brasileira é a "Lista III", anexada ao Decreto nº 1.355, de 30 de dezembro de 1994, que promulgou a "Ata final que incorpora os Resultados da Rodada Uruguai de Negociações Comerciais Multilaterais do GATT". Consultando a lista brasileira, constata-se que:

1) a moda das tarifas consolidadas do Brasil é 35%;
2) a média aritmética das tarifas consolidadas vigentes em 2010 é de 29,8%; e
3) a maior tarifa consolidada é de 55%, fixada para alguns alimentos, tabaco não manufaturado e algodão.

Apesar de as tarifas consolidadas pelo Brasil serem, em média, de aproximadamente 30%, as tarifas efetivamente aplicadas pelo país (ou melhor, pelo Mercosul) tinham, em agosto de 2010, a média aproximada de 10%. Portanto, teoricamente, há uma grande margem para as alíquotas de imposto de importação brasileiras serem aumentadas futuramente, sem descumprimento do disposto no art. II do GATT.

3.2.3. Artigo III – Tratamento Nacional no Tocante à Tributação e Regulamentação Internas

Este artigo determina que, em matéria de legislação e de tributos, não haja discriminação das mercadorias importadas em relação às mercadorias nacionais. Por exemplo, se, na comercialização interna de uma mercadoria nacional, o governo brasileiro cobra uma alíquota de IPI (imposto sobre produtos industrializados) de 10%, então, na comercialização interna de um produto similar que tenha sido importado, o governo não pode cobrar uma alíquota de IPI maior do que 10% "de maneira que se proteja a produção nacional". O produto importado não pode ser prejudicado, tendo que receber um tratamento igual ou até melhor que aquele dado ao produto nacional.[3]

---

1. As Partes Contratantes reconhecem que os impostos e outros **tributos internos**, assim como leis, regulamentos e exigências relacionadas com a venda, oferta para venda, compra, transporte, distribuição ou utilização de produtos no mercado interno e as regulamentações sobre medidas quantitativas internas que exijam a mistura, a transformação ou utilização de produtos, em quantidade e proporções especificadas, **não** devem ser aplicados a produtos importados ou nacionais, de modo que se proteja a produção nacional.
2. Os produtos do território de qualquer Parte Contratante, importados por outra Parte Contratante, **não** estarão sujeitos, direta ou indiretamente, a impostos ou outros tributos internos de qualquer espécie superiores aos que incidem, direta ou indiretamente, sobre produtos nacionais similares. Além disso, nenhuma Parte Contratante aplicará, de outro modo, impostos ou outros encargos internos a produtos importados ou nacionais contrariamente aos princípios estabelecidos no § 1º.

...

Tanto a Cláusula da Nação Mais Favorecida (NMF) (art. I) quanto o Princípio do Tratamento Nacional (art. III) vedam discriminações. Por isso, ambos

[3] O acordo permite que os países deem um tratamento mais favorecido ao produto importado do que ao produto nacional, mas qual é o país que vai favorecer os importados em detrimento dos produtos domésticos?

são conhecidos como "Princípio da Não Discriminação", mas não podem ser confundidos:

i. A NMF impõe a não discriminação entre os produtos similares de dois países estrangeiros. A NMF é conhecida como "princípio da não discriminação entre os países"; e

ii. O princípio do tratamento nacional impõe a não discriminação do produto importado em relação ao similar nacional. Por isso, também é conhecido como "princípio da não discriminação entre produtos" (Thorstensen, 2009, p. 33).

3.2.4. Artigo VII – Valoração Aduaneira

Uma das medidas mais usadas na década protecionista de 1930 foi a cobrança de direitos aduaneiros sobre bases de cálculo arbitrárias ou fictícias. A mercadoria havia custado US$ 100,00, mas o governo, para dificultar a importação, tributava como se ela tivesse custado, por exemplo, US$ 500,00. Era uma forma de restringir as importações. Este art. VII trouxe no § 2º o seguinte texto:

> **O valor aduaneiro das mercadorias importadas deve basear-se no valor real da mercadoria importada a que se aplique o tributo ou de mercadoria similar e não no valor de uma mercadoria de origem nacional nem em valores arbitrários ou fictícios.**

Posteriormente, este artigo foi regulamentado no "Acordo sobre Valoração Aduaneira – Acordo sobre a Implementação do Artigo VII do GATT" que prevê seis métodos de valoração que devem ser usados sequencialmente para se encontrar a base de cálculo para tributação. Pela aplicação do primeiro método, usa-se o valor real da transação (quando houver e for confiável, entre outras condições). Pelo segundo método, usa-se o valor de mercadoria idêntica. Pelo terceiro, usa-se o valor de mercadoria similar. O quarto método, do valor deduzido, utiliza-se do preço de revenda da mercadoria tirando-se as parcelas incorporadas no país. Pelo quinto método, calcula-se o valor aduaneiro com base nos custos de produção. Pelo sexto método, permite-se que a autoridade aduaneira use um valor que tenha sido encontrado com base em critérios razoáveis. Só se pode usar um método se o anterior não puder ser aplicado.[4]

---

[4] Para um estudo apurado dos métodos de valoração, sugiro a leitura de LUZ, Rodrigo. *Comércio Internacional e Legislação Aduaneira*. 3ª edição. Rio de Janeiro: Elsevier, 2009.

3.2.5. Artigo VIII – Emolumentos e Formalidades Referentes à Importação e à Exportação

Considerando que as alíquotas máximas de imposto estariam colocadas na lista anexa ao GATT, conforme dispõe o art. II já analisado, os países poderiam ser tentados a criar taxas, sob os mais diversos títulos, apenas com o intuito protecionista.

Já que as alíquotas de imposto de importação passaram a ficar controladas, consideraram importante impor uma regra limitadora também para as taxas de atracação do navio no porto, os valores cobrados pela descarga do navio, as taxas cobradas pela armazenagem da carga nos portos e aeroportos, os valores cobrados por inspeção sanitária, pela conferência aduaneira, pela emissão de licenças, entre outras taxas. Enfim, o objetivo deste art. VIII foi afirmar que todos os demais valores cobrados pelos governos também devem ser valores razoáveis. Evita-se assim o uso de taxas com intuito meramente protecionista.

Dispõe o artigo que "todos os **emolumentos** e encargos, de qualquer natureza que sejam, exceto os direitos de importação e de exportação e os tributos mencionados no art. III, percebidos pelas Partes Contratantes na importação ou na exportação ou por ocasião da importação ou da exportação, serão limitadas ao custo aproximado dos serviços prestados e não deverão constituir uma proteção indireta dos produtos nacionais nem valores de caráter fiscal cobrados sobre a importação ou sobre a exportação."

O artigo também dispõe acerca da burocracia, a qual deve ser reduzida ou até eliminada:

---

§ 1º – (...)

c) As Partes Contratantes reconhecem igualmente a necessidade de reduzir ao mínimo os efeitos e a complexidade das **formalidades** de importação e de exportação e de reduzir e simplificar as exigências em matéria de documentos requeridos para a importação e para a exportação.

...

§ 3º – Nenhuma Parte Contratante imporá penalidades severas por ligeiras infrações à regulamentação ou ao processo aduaneiro. Em particular, as penalidades pecuniárias impostas em virtude de omissões ou erros nos documentos apresentados à Alfândega não serão superiores às necessárias para servir simplesmente de advertência, desde que sejam facilmente reparáveis e que tenham sido cometidas manifestamente sem intenção fraudulenta ou sem corresponder a negligência grave.

Portanto, pelo art. VIII do GATT, as penalidades aduaneiras criadas pelos governos têm que observar o princípio da razoabilidade.

3.2.6. Artigo X – Publicação e Aplicação dos Regulamentos Relativos ao Comércio

O art. X dispõe sobre os Princípios da Publicidade e da Anterioridade: todas as normas aplicáveis aos produtos importados e/ou aos exportados devem ser publicadas. E esta publicação deve anteceder o início de sua vigência, ou seja, "não poderá ser aplicada antes de sua publicação oficial nenhuma medida de caráter geral".

O artigo consagra também o "direito de petição", por meio do qual todos os países devem constituir tribunais ou outros órgãos para avaliarem as reclamações dos importadores que se insurgirem contra uma norma administrativa, aduaneira ou de qualquer assunto que se refira à entrada no ou à saída de bens do país.

Art. X – Publicação e aplicação dos regulamentos relativos ao comércio

1. As leis, regulamentos, decisões judiciais e disposições administrativas de aplicação geral, adotados por qualquer Parte Contratante e que visem à classificação ou valoração aduaneira, às tarifas aduaneiras, impostos e outras despesas, ou às prescrições, restrições ou proibições de importação ou de exportação, ou à transferência de pagamentos respectivos, ou que se refiram à sua venda, distribuição, transporte, seguro, armazenamento, inspeção, exposição, transformação, mistura ou qualquer outra utilização, serão **prontamente publicados** de maneira a permitir aos Governos e aos comerciantes tomar conhecimento. Os acordos em vigor entre o Governo ou um órgão governamental de qualquer Parte Contratante e o Governo ou um órgão governamental de uma outra Parte Contratante que afetem a política comercial internacional serão igualmente publicados. O presente parágrafo não obrigará uma Parte Contratante a revelar informações de ordem confidencial que constituam obstáculo à aplicação das leis ou que sejam contrários ao interesse público ou tragam prejuízo aos interesses comerciais legítimos de empresas públicas ou privadas.

2. **Não poderá ser aplicada antes** de sua publicação oficial nenhuma medida de caráter geral, tomada por uma Parte Contratante e que tenha por consequência uma elevação de direitos aduaneiros ou outras taxas impostas à importação em virtude de usos estabelecidos e uniformes, ou que imponha uma prescrição, restrição ou proibição nova ou mais grave em matéria de importação ou do pagamento a ela referente.

3. (a) (...)

(b) Cada Parte Contratante manterá ou instituirá, logo que possível, **tribunais** judiciários, administrativos ou de arbitragem ou instâncias, que tenham por fim especialmente reexaminar e retificar prontamente as medidas administrativas relacionadas com as questões aduaneiras. Esses tribunais ou instâncias serão independentes dos organismos encarregados de aplicação das medidas administrativas e suas decisões serão executadas por esses organismos e regerão sua prática administrativa, a menos que seja interposta apelação junto a uma jurisdição superior nos prazos previstos para as apelações interpostas pelos importadores...
(...)

3.2.7. Artigo XI – Eliminação Geral das Restrições Quantitativas

Este artigo prega a tarificação das barreiras comerciais, ou seja, define que, se houver protecionismo praticado pelos países, ele deve ser na forma tarifária. Afinal, no tópico 2.4, chegou-se à conclusão de que a tarifa, comparativamente às barreiras não tarifárias, é a forma de proteção mais transparente e que gera menos danos à economia mundial.

Qual é o significado da expressão "tarificação das barreiras"? As barreiras não tarifárias não podem mais ser mantidas (salvo exceções) e devem ser substituídas pelas barreiras tarifárias, conforme disposto no § 1° do art. XI:

§ 1º – **Nenhuma** parte contratante **imporá** nem **manterá** – além dos direitos aduaneiros, impostos e outras taxas – proibições nem restrições à importação de um produto do território de outra parte contratante ou à exportação ou à venda para exportação de um produto destinado ao território de outra parte contratante que sejam aplicadas mediante contingentes, licenças de importação ou de exportação ou por meio de outras medidas.

§ 2º – As disposições do § 1º do presente artigo não se estenderão aos casos seguintes:

(a) proibições ou restrições aplicadas temporariamente à exportação para prevenir ou remediar uma **escassez aguda** de produtos alimentícios ou de outros produtos essenciais para a Parte Contratante exportadora;

(b) proibições ou restrições à importação ou à exportação **necessárias** à aplicação de normas ou regulamentações referentes a classificação, controle da qualidade ou venda de produtos destinados ao comércio internacional;

(c) restrições à importação de qualquer produto agrícola ou de pescaria, qualquer que seja a forma de importação desses produtos, quando forem **necessárias** à aplicação de medidas governamentais que tenham por efeito:

(i) restringir a quantidade do produto nacional similar que possa ser comercializada ou produzida, ou na falta de produção nacional importante do produto similar, a quantidade de um produto nacional que o produto importado possa substituir diretamente;
(ii) reabsorver um excedente temporário do produto nacional similar ou, na falta de produção nacional importante do produto similar, de um produto nacional que o produto importado possa substituir diretamente, colocando esse excedente à disposição de certos grupos de consumidores do país gratuitamente ou a preços inferiores aos correntes no mercado; ou
(iii) restringir a quantidade a ser produzida de qualquer produto de origem animal cuja produção dependa diretamente, na totalidade ou na maior parte, do produto importado, se a produção nacional deste último for relativamente desprezível.
Qualquer Parte Contratante que aplicar restrições à importação de um produto de acordo com as disposições da alínea (c) do presente parágrafo tornará público o **total do volume ou do valor** do produto cuja importação for autorizada para um período ulterior determinado, assim como qualquer modificação sobrevinda nesse volume ou nesse valor. Além disso, as restrições aplicadas conforme o item (i) supra não deverão ser tais que reduzam o total das importações em relação à produção nacional, em comparação com a proporção que se poderia razoavelmente esperar entre elas na ausência das ditas restrições. Para determinar essa proporção, a Parte Contratante levará devidamente em conta a que existia durante um período representativo anterior e todos os fatores especiais que tenham podido ou possam afetar o comércio desse produto.

Como fruto da tarificação preconizada no art. XI e em virtude das rodadas de negociação previstas no art. XXVIIIb, o nível geral de tarifas consolidadas (ou máximas) se reduziu sensivelmente na grande maioria dos países. Mas surgiu a década de 1970. E, com ela, as crises econômicas mundiais: primeira crise do petróleo e fim do Sistema Bretton Woods, ambos em 1973, e a segunda crise do petróleo, em 1979.

Considerando que o petróleo e seus derivados são insumos básicos imprescindíveis em qualquer economia, a década de 1970 foi caracterizada por grandes déficits comerciais. Para sanar tais déficits e não podendo cortar a importação de petróleo, os países precisavam restringir as importações dos demais bens. Era necessário criar barreiras comerciais. No entanto, pelo compromisso assumido no art. II do GATT, as tarifas aplicadas pelos países deveriam obrigatoriamente ser menores que as tarifas consolidadas, que haviam sido informadas e anexadas ao GATT. O problema é que essas tarifas consolidadas haviam se tornado relativamente baixas após as cinco primeiras rodadas de negociação. Como então criar barreiras protecionistas sem ferir o Acordo Geral de 1947?

A saída pensada pelos governos foi, principalmente, o uso de barreiras técnicas e sanitárias, previstas no art. XX do GATT. O problema foi a utilização abusiva e injustificada de muitas dessas barreiras não tarifárias (BNT), conceituadas no tópico 2.4.2.4. Deve-se registrar que as BNT são a base **atual** do sistema protecionista já que as restrições quantitativas são, em regra, proibidas, e as tarifas consolidadas foram bastante reduzidas no decorrer do século XX. As BNT são, desde a década de 1970, a face negativa do sistema liberal, usadas abusivamente em muitos casos.

Há países que impõem barreiras alegando questões sanitárias, algumas válidas, outras absurdas. Por exemplo, em junho de 2004, surgiu um foco de febre aftosa, doença que ataca o gado, no município de Monte Alegre, no Pará. Por conta disso, a Rússia proibiu a importação de carne bovina do estado do Paraná, Estado brasileiro grande exportador de carne, ao contrário do Pará! Para piorar a situação, até mesmo a importação de frango, que não está sujeito à doença, foi proibida pela Rússia. Ora, não é de se surpreender que a Rússia tenha confundido Pará com Paraná. Esses "equívocos" russos infelizmente serviram bem para objetivos não tão nobres, como o de forçar redução de preços dos nossos produtos. Passaram-se vários meses e, em março de 2005, a Rússia revogou o embargo.

Casos assim não são raros: outro exemplo ocorreu em maio de 2004, com o embargo da China à soja brasileira e a devolução ao Brasil de navios carregados com o produto. A alegação de que havia 0,06% de impurezas em um carregamento do produto foi atacada por especialistas do setor do mundo inteiro, os quais afirmaram que as regras internacionais preveem tolerância de até 2% de impurezas. Os especialistas, em sua quase totalidade, informaram à época que o embargo foi a forma de se rejeitar o produto brasileiro sem se configurar uma quebra do contrato privado, o que certamente geraria pedidos de indenização por parte do exportador brasileiro ao importador chinês. O embargo declarado pelo governo chinês teve, segundo os especialistas, o objetivo único de ajudar os importadores chineses, que haviam comprado demasiadamente, e então, com estoques altíssimos, estavam tendo problemas financeiros pela queda do preço interno.

Há países que impõem barreiras ambientais justas como, por exemplo, a proibição de se importarem aparelhos de ar-condicionado ou geladeiras que usem o CFC (clorofluorcarboneto), que é danoso ao meio-ambiente. Mas há também as barreiras injustificáveis como, por exemplo, a citada por Jayme de Mariz Maia (1999, p. 135):

> A União Europeia, em 1994, criou uma barreira hilariante. As bananas importadas deveriam ter, pelo menos, 14 cm de comprimento e 2,7 cm de largura. O periódico The Sun, ironizando a medida, publicou um molde de papel do tamanho da banana e colocou uma linha telefônica exclusiva para quem achar um exemplar fora das especificações. (O Estado de São Paulo, 22/09/94)

Há países que alegam questões de direitos humanos para impor uma barreira. É o caso, por exemplo, de produtos importados de países que usem mão de obra de presos ou mão de obra escrava. São questões justas, mas muitas vezes usadas de forma abusiva como, por exemplo, em 1999, na 3ª Conferência Ministerial da OMC, em Seattle. Bill Clinton, então presidente dos EUA, negou a possibilidade de diminuir as barreiras impostas aos produtos brasileiros, alegando que no Brasil havia mão de obra infantil, mão de obra escrava e em condições subumanas e que, por este motivo, nossos produtos eram muito competitivos. Ninguém nega a existência dessas mazelas no Brasil, mas a generalização foi uma forma demagógica de não derrubar as medidas protecionistas.

Concluindo, a década de 1970 evidenciou um retrocesso no liberalismo e no processo de tarifícação das barreiras. O desejo de se substituírem as barreiras não tarifárias por tarifas foi concretizado com relativo sucesso, mas só até o surgimento das crises da década de 1970. A partir de então, o protecionismo assumiu nova roupagem: as barreiras comerciais predominantes a nível mundial passaram a ser as não tarifárias.

3.2.8. Artigo XVII – Empresas Estatais

Pelo art. XVII do GATT, os países signatários do acordo se comprometeram a fazer com que as empresas estatais não discriminassem os produtos importados. A alínea (b) do § 1º dispõe que apenas questões de ordem comercial devem ser levadas em conta na hora de uma empresa estatal decidir comprar ou vender mercadorias. Por isso, quando decidir comprar um bem, a empresa estatal não pode privilegiar, por razões extracomerciais, o produto ou o fornecedor nacional em detrimento do produto ou do fornecedor estrangeiro.

O § 2º permite uma exceção à regra, ou seja, uma empresa estatal pode fazer discriminação do produto nacional em detrimento do estrangeiro, mas somente quando a aquisição for para uso e consumo próprio do governo, sem destinação comercial ou industrial:

---

1. (a) Cada Parte Contratante que estabeleça ou mantenha uma empresa estatal, seja onde for, ou que conceda, de direito ou de fato, a qualquer empresa privilégios exclusivos ou especiais compromete-se a que essa empresa, em suas compras ou vendas que envolvam importações ou exportações, aja de acordo com o princípio geral de **não discriminação** adotado pelo presente Acordo para as medidas de natureza legislativa ou administrativa relativas às importações ou exportações efetuadas pelas empresas privadas. (b) As disposições da alínea (a) do presente parágrafo deverão ser interpretadas como impondo a essas empresas a obrigação, levadas devidamente em conta as outras disposições do presente Acordo, de proceder às compras e vendas dessa natureza inspirando-se unicamente em considerações de ordem comercial, inclusive no que diz respeito ao preço, à qualidade, às quantidades disponíveis, às possibilidades de venda, aos transportes e outras indicações de compra ou venda, e como impondo a obrigação de oferecer às empresas de outras Partes Contratantes todas as facilidades de livre concorrência nas vendas ou compras dessa natureza, de acordo com as práticas comerciais usuais.

...

2. As disposições do parágrafo primeiro do presente artigo não se aplicarão às importações de produtos destinados a serem imediata ou finalmente **consumidos** pelos poderes públicos ou por sua conta e não a serem revendidos ou a servirem à produção de mercadorias destinadas à venda. No que diz respeito a tais importações, cada Parte Contratante concederá ao comércio das outras Partes Contratantes um tratamento leal e equitativo.

...

3.2.9. Artigo XX – Exceções Gerais

Pelas regras do GATT, o comércio deve ser livre, mas tolera-se o protecionismo naquelas situações listadas no Capítulo 2. Além delas, o art. XX permite outras barreiras sobre a importação ou a exportação de mercadorias para proteger, por exemplo, a moralidade pública, a saúde humana, animal e vegetal e o patrimônio arqueológico:

Desde que essas medidas não sejam aplicadas de forma a constituir quer um meio de discriminação arbitrária ou injustificada entre os países onde existem as mesmas condições, quer uma restrição disfarçada ao comércio internacional, nenhuma disposição do presente capítulo será interpretada como impedindo a adoção ou aplicação, por qualquer Parte Contratante, das medidas:

(a) necessárias à proteção da **moralidade pública**;

(b) necessárias à proteção **da saúde e da vida** das pessoas e dos animais e à preservação dos vegetais;

(c) que se relacionem à exportação e à importação **do ouro e da prata**;

(d) necessárias a assegurar a aplicação das leis e regulamentos que não sejam incompatíveis com as disposições do presente acordo, tais como as leis e regulamentos que dizem respeito à aplicação de medidas alfandegárias, à manutenção em vigor dos monopólios administrados na conformidade do § 4º do art. II e do art. XVII, à proteção das patentes, marcas de fábrica e direitos de autoria e de reprodução e a medidas próprias a impedir as práticas de natureza a induzir em erro;

(e) relativas aos artigos fabricados nas **prisões**:

(f) impostas para a proteção de **tesouros nacionais de valor artístico, histórico ou arqueológico**;

(g) relativas à conservação dos **recursos naturais esgotáveis**, se tais medidas forem aplicadas conjuntamente com restrições à produção ou ao consumo nacionais;

(h) tomadas em execução de compromisso contraído em virtude de um **acordo intergovernamental sobre um produto de base**, em conformidade com os critérios submetidos às Partes Contratantes e não desaprovados por elas, sendo o acordo submetido às Partes Contratantes e não desaprovado por elas.

(i) que impliquem em restrições à **exportação de matérias-primas** produzidas no interior do país e necessárias para assegurar a uma indústria nacional de transformação as quantidades essenciais das referidas matérias-primas durante os períodos nos quais o preço nacional seja mantido abaixo do preço mundial, em execução de um plano governamental de estabilização; sob reserva de que essas restrições não tenham por efeito reforçar a exportação ou a proteção concedida à referida indústria nacional e não sejam contrárias às disposições do presente Acordo relativas à não discriminação.

(j) essenciais à aquisição ou a distribuição de produtos dos quais se faz sentir uma **penúria geral ou local**; todavia, as referidas medidas deverão ser compatíveis com o princípio segundo o qual todas as Partes Contratantes têm direito a uma parte equitativa do abastecimento internacional desses produtos, e as medidas que são incompatíveis com as outras disposições do presente Acordo serão suprimidas desde que as circunstâncias que as motivaram tenham deixado de existir.

3.2.10. Artigo XXV – Ação Coletiva das Partes Contratantes

Por meio do art. XXV, os países signatários do GATT decidiram assumir a fiscalização do cumprimento do acordo. Isto ocorreu porque já se vislumbrava, àquele tempo, a não criação da Organização Internacional do Comércio, que teria aquela função.

Apesar de os países terem acordado que trabalhariam pelo cumprimento do GATT, decidiram que, em situações especiais, poderia um ou outro país ser dispensado de cumprir as regras do acordo. Não se pode esquecer que alguns casos de dispensa já eram expressamente previstos no acordo, tais como as situações de déficit em Balanço de Pagamentos (art. XII), proteção às indústrias nascentes (art. XVIII) e defesa comercial (arts. VI e XIX). Portanto, este art. XXV prevê que, em outros casos justificáveis, os países poderão ser dispensados de cumprimento do GATT. Essas dispensas são mais conhecidas pelo seu nome em inglês: *waivers*.

Transcrevem-se os trechos mais importantes do art. XXV:

1. Os representantes das Partes Contratantes se reunirão, periodicamente, a fim de garantir a execução das disposições do presente Acordo que comportem uma ação coletiva, e, em geral, para facilitar a aplicação do presente Acordo e contribuir para a consecução dos seus objetivos.

...

3. Cada Parte Contratante terá direito a um voto em todas as reuniões das Partes Contratantes.

...

5. Em **circunstâncias especiais não previstas em outros artigos do presente Acordo**, as Partes Contratantes poderão **dispensar** uma Parte Contratante de uma das obrigações que lhe forem impostas pelo presente Acordo, com a condição de que tal decisão seja aprovada por maioria de dois terços dos votos, sendo tal maioria mais da metade das Partes Contratantes.

3.2.11. Artigo XXXV – Não Aplicação de Acordo entre as Partes Contratantes

É comum que os acordos internacionais multilaterais permitam o afastamento bilateral dos compromissos. No Direito dos Tratados, a reserva é conceituada como "uma declaração unilateral, qualquer que seja a sua redação ou denominação, feita por um Estado ao assinar, ratificar, aceitar ou aprovar um tratado, ou a ele aderir, com o objetivo de excluir ou modificar o efeito jurídico de certas disposições do tratado em sua aplicação a esse Estado."[5]

[5] Redação do art. 2º, § 1º, alínea *d*, da Convenção de Viena sobre o Direito dos Tratados, elaborada pela Organização das Nações Unidas, em 1969, tendo entrado em vigor em 1980.

Para não fugir à regra, o GATT permitiu que um Estado, ao se tornar parte do acordo, rejeite a aplicação deste em relação a outro(s) Estado(s). É certo que os efeitos da reserva alcançam os direitos e deveres tanto do Estado que a formula quanto do(s) Estado(s) que foi(foram) objeto daquela. Desta forma, se o Estado A se torna parte do GATT, mas não aceita sua aplicação em relação aos Estados B e C, então o Estado A não precisa cumprir as disposições do acordo relativamente aos dois Estados, mas, por outro lado, também não pode exigir deles o cumprimento do GATT.

Esta é a regra disposta no art. XXXV do GATT, que permite ainda que a reserva feita pelos Estados seja parcial, para afastar o cumprimento somente do art. II do GATT:

> I. O presente Acordo, ou o art. II do presente Acordo, não se aplicará entre uma Parte Contratante e uma outra Parte Contratante:
>
> (a) se as duas Partes Contratantes não entabularem negociações tarifárias entre si; e
>
> (b) se uma das duas não consente nesta aplicação, no momento em que uma delas tornar-se Parte Contratante.
>
> ...

3.3. AS RODADAS DE NEGOCIAÇÃO SOB O GATT 1947

As negociações previstas no art. XXVIIIb (tópico 3.2.2) começaram a acontecer em 1947. No total, já foram concluídas oito rodadas de negociações. No Capítulo 4, referente à OMC, será analisada a nona e atual, a Rodada de Doha, que é a primeira promovida pela organização surgida em 1995.

Em todas as rodadas de negociações, houve redução das barreiras **tarifárias**. Os países, na base da reciprocidade, reduziam os impostos de importação e abriam seus mercados. As cinco primeiras rodadas (Genebra 1947, Annecy 1949, Torquay 1950-1951, Genebra 1955-1956, Dillon 1960-1961) tiveram essa redução de tarifas como principal resultado.

A sexta rodada (Kennedy 1964-1967) avançou um pouco mais. Além de se reduzirem as tarifas, foi criado o Acordo *Antidumping*,[6] visto que o art. VI do GATT não era objetivo e detalhado. Faltava a regulamentação que finalmente surgiu nesta rodada.

[6] O Acordo *Antidumping* será analisado no Capítulo 6 – Defesa Comercial.

O foco principal da sétima rodada de negociações (Tóquio 1973-1979) foi a redução e eliminação das barreiras **não tarifárias**. As crises de 1971 e 1973 (fim do sistema Bretton Woods e primeira crise do petróleo) colocaram o mundo em recessão e levaram os países a levantar novamente suas barreiras protecionistas. Entretanto, com a proibição do uso de quotas (art. XI do GATT) e a restrição de aumento das tarifas consolidadas (art. II do GATT), os países começaram a restringir importações, alegando questões sanitárias, técnicas, ambientais, humanitárias e outras amparadas pelo art. XX do GATT. Nessa época, o protecionismo mundial, que era basicamente tarifário, passou a ter feição não tarifária. As BNT (barreiras não tarifárias), na forma principalmente de quotas, proibições e subsídios, ressurgiram com todo o vigor, pois havia cláusulas de escape, principalmente no art. XX. As negociações na Rodada Tóquio, contemporânea às crises mundiais, foram direcionadas para a elaboração de acordos multilaterais de combate às BNT. Surgiram os seguintes acordos:

i. Acordo sobre Subsídios e Medidas Compensatórias;
ii. Código de Padrões (*Standards Code*), base do atual Acordo sobre Barreiras Técnicas;
iii. Acordo *Antidumping* (a 2ª versão);
iv. Acordo sobre Licenciamento de Importações;
v. Acordo sobre Compras Governamentais;
vi. Acordo sobre a Implementação do Art. VII do GATT, também chamado Acordo de Valoração Aduaneira;
vii. Acordo sobre Comércio de Aeronaves Civis;
viii. Acordo sobre Carne Bovina (ficou em vigor até 31 de dezembro de 1997);
ix. Acordo sobre Produtos Lácteos (ficou em vigor até 31 de dezembro de 1997); e
x. Cláusula de Habilitação, oficialmente denominada "Decisão sobre Tratamento Diferenciado e Mais Favorável, Reciprocidade e Maior Participação de Países em Desenvolvimento".[7]

[7] A Cláusula de Habilitação é a base do Sistema Geral de Preferências (SGP) e do Sistema Global de Preferências Comerciais (SGPC), tratados no Capítulo 9.

O principal resultado da Rodada Uruguai do GATT (1986-1994), a oitava e mais importante, foi a criação da OMC – Organização Mundial do Comércio –, que entrou em funcionamento em 1º de janeiro de 1995. A OMC é a realização do objetivo da Conferência de Bretton Woods. Naquela conferência em 1944, foi planejada a criação da OIC (Organização Internacional do Comércio), o que não se efetivou por objeção dos EUA. A OMC preenche a lacuna que fora deixada pela OIC. Com a criação da organização em 1995, decidiu-se que, ao menos uma vez a cada dois anos, seria estabelecida uma Conferência Ministerial, composta por representantes de todos os países-membros. No Capítulo 4, será analisado o que foi atingido em cada uma das sete Conferências Ministeriais ocorridas.

Em 1999, tentou-se, na 3ª Conferência Ministerial, em Seattle (EUA), a abertura da primeira rodada pós-OMC – a Rodada do Milênio. No entanto, a Conferência foi encerrada sem resultado. Os EUA levaram-na ao fracasso ao alegar a prática do *dumping* social pelos países em desenvolvimento, especialmente pelo Brasil, como o motivo pelo qual eles não aceitavam discutir os subsídios concedidos internamente a seus produtores.

Ocorrido tal fracasso, decidiram, na 4ª Conferência Ministerial (9 a 14 de novembro de 2001), em Doha (Qatar), rediscutir a abertura da rodada de negociações. E, de forma diversa à ocorrida anteriormente, chegou-se ao entendimento acerca da nova rodada: naquele mesmo ano, iniciou-se a Rodada de Doha, também chamada Rodada do Desenvolvimento. As negociações deveriam estar encerradas até 1º de janeiro de 2005. Entretanto, o prazo foi prorrogado sucessivas vezes até julho de 2008. Apesar de alguns assuntos terem sido finalizados com sucesso àquela data, vários outros ficaram sem acerto. Como, no lançamento da rodada em 2001, ficou decidido que nenhum acordo entraria em vigor enquanto todos não entrassem (é o chamado *single undertaking*), o efeito prático dos acordos já fechados é, até agora, nulo.

Segue a tabela-resumo das rodadas de negociação que consta na página eletrônica da OMC:

Ano	Lugar/Denominação	Assuntos Tratados	Número de Países Participantes
1947	Genebra	Tarifas	23
1949	Annecy	Tarifas	13
1951	Torquay	Tarifas	38
1956	Genebra	Tarifas	26
1960-1961	Genebra (Rodada Dillon)	Tarifas	26
1964-1967	Genebra (Rodada Kennedy)	Tarifas e medidas *antidumping*	62
1973-1979	Genebra (Rodada Tokyo)	Tarifas, medidas não tarifárias, acordos de base	102
1986-1994	Genebra (Rodada Uruguai)	Tarifas, medidas não tarifárias, serviços, propriedade intelectual, solução de controvérsias, têxteis, agricultura, criação da OMC etc.	123

Fonte: www.wto.org/english/thewto_e/whatis_e/tif_e/fact4_e.htm

Questões de Provas

01. (AFTN/1996) As questões comerciais e financeiras internacionais podem ser tratadas em bases bilaterais ou multilaterais. Nesse sentido:

a) a Rodada Uruguai foi tipicamente um caso de ampla negociação multilateral e o Banco Mundial constitui, por sua vez, uma fonte de fundos multilateral;

b) a Rodada Uruguai foi tipicamente um caso de negociação comercial multilateral, mas o Banco Mundial é uma entidade unitária e, como tal, os governos quando negociam com o Banco, o fazem bilateralmente;

c) a Rodada Uruguai reuniu mais de 100 países, mas as principais questões foram tratadas em bases bilaterais;

d) na realidade, não há diferenciação nessas formas de negociar as questões comerciais e financeiras, pois os recursos de investimentos são sempre originários de países e o comércio também é realizado, em última instância, entre países;

e) bilateralismo e multilateralismo não se associam à entidade no âmbito da qual as negociações são conduzidas mas sim ao objeto da negociação. Os produtos primários, por exemplo, são sempre tratados em bases bilaterais.

02. (AFTN/1996) Após a Segunda Guerra Mundial, estabeleceu-se o Acordo Geral sobre Tarifas e Comércio (GATT), como parte do esforço de reorganização das relações econômicas internacionais e com o objetivo específico de promover a expansão e a liberalização do comércio internacional. Uma de suas cláusulas fundamentais é a "Cláusula da Nação Mais Favorecida", cujo enunciado, simplificadamente, é o seguinte:

a) a nação mais favorecida no comércio internacional será sempre aquela que oferecer vantagens comerciais a um número maior de países, pois estes, pelo princípio da reciprocidade, são obrigados a dispensar igual tratamento;

b) a condição de nação mais favorecida deve ser sempre atribuída aos países de níveis mais precários de industrialização;

c) a condição de nação mais favorecida permite ao GATT impor restrições comerciais aos países que praticam o *dumping*;

d) todas as vantagens e privilégios comerciais concedidos por um país a outro deverão ser estendidos aos demais países-membros do GATT;

e) um país reconhecido como "nação mais favorecida" se obriga a rever, nos termos estabelecidos pelo GATT, toda a sua estrutura tarifária.

03. (AFTN/1996) A Rodada Uruguai do Acordo Geral sobre Tarifas e Comércio (GATT), que durou sete anos, diferenciou-se das rodadas de negociação anteriores no que se refere à abrangência da ação do GATT em aspectos substantivos do comércio internacional. Isto porque, durante a Rodada Uruguai:

a) estabeleceram-se normas muito mais rígidas de controle dos procedimentos do comércio internacional;

b) a preocupação dos integrantes do GATT com as chamadas "questões de fronteira" aumentou significativamente, em detrimento de ações voltadas para promover reduções tarifárias;

c) observou-se a participação de um número muito maior de países (107). Além disso, pela primeira vez, uma rodada de negociações do GATT teve lugar num país do "Terceiro Mundo", o que condicionou o estabelecimento de uma agenda mais voltada para os interesses dos países em desenvolvimento;

d) pela primeira vez, ficou estabelecida a possibilidade de aplicar sanções a comportamentos considerados fora dos padrões aceitáveis para o comércio entre os países integrantes do GATT;

e) introduziram-se novos temas, notadamente serviços e propriedade intelectual, que dominaram as negociações ao lado das tradicionais disputas sobre tarifas e questões gerais sobre política comercial.

04. (AFTN/1998) A Cláusula da Nação Mais Favorecida estabelece:

a) a Nação mais favorecida nas tarifas de seu produto de exportação deve manter o seu mercado aberto para os demais produtos;

b) um país estende aos demais os privilégios concedidos a um terceiro país;

c) a Nação mais favorecida é a que obtém os privilégios de uma rodada de redução tarifária sem abrir o seu mercado para as demais;

d) a ideia de que uma Nação deve se abster de obter vantagens injustificáveis ou praticar um comércio injusto com os demais países;

e) o direito de alguns países obterem vantagens no comércio com outros países.

05. (AFRF/2000) Não constitui princípio e prática da Organização Mundial do Comércio (OMC):

a) eliminação das restrições quantitativas;

b) nação mais favorecida;

c) proibição de utilização de tarifas;

d) transparência;

e) tratamento nacional.

06. (AFRF/2002-1) No que se refere ao comércio internacional, a década de noventa foi caracterizada pelo(a):

a) recrudescimento do protecionismo em virtude do contexto recessivo herdado da década anterior;

b) preponderância das exportações de serviços aos países desenvolvidos;

c) tendência à liberalização impulsionada por medidas unilaterais, por acordos bilaterais e regionais bem como por compromissos assumidos multilateralmente;

d) fracasso das negociações multilaterais no marco do GATT;

e) proliferação de acordos de integração econômica entre países desenvolvidos e em desenvolvimento.

07. (AFRF/2002-1) Sobre o Acordo Geral sobre Tarifas e Comércio (GATT), é correto afirmar que:

a) foi o organismo internacional que precedeu a Organização Mundial do Comércio;
b) consagrava, como princípios fundamentais, a equidade, o gradualismo e a flexibilidade no comércio internacional;
c) tinha o propósito de monitorar as trocas internacionais e a aplicação irrestrita do Sistema Geral de Preferências (SGP);
d) mesmo após a criação da Organização Mundial do Comércio (OMC) mantém-se como componente fundamental do sistema multilateral de comércio;
e) seus dispositivos contemplam apenas a eliminação das barreiras tarifárias.

08. (AFRF/2002-1) Todas as vantagens, favores, privilégios ou imunidades concedidos por uma parte contratante a um produto originário ou com destino a qualquer outro país serão, imediatamente e incondicionalmente, estendidos a qualquer produto similar originário ou com destinação ao território de quaisquer outras partes contratantes. (GATT 1994, art. 1, § 1º).
O excerto acima destacado (*caput* do § 1º do art. 1) define uma cláusula conhecida, internacionalmente, como:

a) cláusula de tratamento preferencial;
b) cláusula da nação mais favorecida;
c) cláusula de favorecimento comercial;
d) cláusula de país aderente a Acordo Comercial;
e) cláusula de definição comercial.

09. (AFRF/2002-2) Na Organização Mundial do Comércio (OMC), o tratamento de temas relativos à simplificação de trâmites aduaneiros ocorre no âmbito das negociações sobre:

a) obstáculos técnicos ao comércio;
b) acesso a mercados;
c) medidas de facilitação de comércio;
d) subvenções e direitos compensatórios;
e) defesa da concorrência.

10. (AFRF/2002-2) O regime de licença prévia na importação, configurando uma restrição quantitativa, pode ser instituído pelos países, sendo tolerado pela Organização Mundial de Comércio (OMC) principalmente:

a) visando selecionar aquelas mercadorias cuja produção interna seja incipiente e de qualidade inferior e, neste sentido, restringindo a importação que seria danosa pela concorrência, promove o desenvolvimento industrial;
b) visando selecionar aquelas mercadorias tributadas com alíquotas mais elevadas e, assim, incrementando a arrecadação tributária, evita a emissão de moeda e consequentemente a inflação, promovendo o desenvolvimento do país;
c) como medida de proteção à industria doméstica, e, assim, promovendo o seu desenvolvimento, impedindo ou restringindo a entrada do concorrente estrangeiro;

d) visando evitar a formação de estoques especulativos de produtos aguardando a cotação no mercado nacional em alta, bem como impedir a importação de mercadorias originárias de países que discriminem as importações de outro país;
e) como mecanismo de controle cambial exclusivamente para os países com dificuldades em seu balanço de pagamentos, além da necessidade de controlar a entrada de produtos afetos à autorização de órgãos governamentais específicos.

11. **(AFRF/2005) A adoção da *cláusula da nação mais favorecida* pelo modelo do Acordo Geral de Tarifas e Comércios (GATT) teve como indicativo e desdobramento a pressuposição da igualdade econômica de todos os participantes do GATT, bem como, no plano fático:**
a) a luta contra práticas protecionistas, a exemplo da abolição de acordos bilaterais de preferência;
b) a manutenção de barreiras alfandegárias decorrentes de acordos pactuados entre blocos econômicos, a exemplo do trânsito comercial entre membros do MERCOSUL e da União Europeia, criando-se vias comerciais preferenciais frequentadas e protagonizadas por atores globais que transcendem o conceito de estado-nação;
c) a liberação da prática de imposição de restrições quantitativas às importações, por parte dos estados signatários que, no entanto, podem manter políticas de restrições qualitativas;
d) a liberalização do comércio internacional, mediante a vedação de quaisquer restrições diretas e indiretas, fulminando-se a tributação na exportação, proibida pelas regras do GATT, que especificamente vedam a incidência de quaisquer exações nos bens e serviços exportados, de acordo com tabela anualmente revista, e que complementa as regras do Acordo;
e) o descontrole do comércio internacional, mediante a aceitação de barreiras tarifárias, permitindo-se a tributação interna, medida extrafiscal que redunda na exportação de tributos, instrumento de incentivo às indústrias internas e de manutenção de níveis ótimos de emprego, evidenciando-se as preocupações da Organização Mundial do Comércio em relação a mercados produtores e consumidores internos.

12. **(AFRF/2005) O estado X, principal importador mundial de brocas helicoidais, adquire o produto de vários países, entre eles os estados Y e Z. Alegando questões de ordem interna, o estado X, num dado momento, decide majorar o imposto de importação das brocas helicoidais provenientes de Y, e mantém inalterado o tributo para as brocas helicoidais oriundas de Z. Considerando que os países X, Y e Z fazem parte da Organização Mundial do Comércio, com base em que princípio da Organização o estado Y poderia reclamar a invalidade dessa prática?**
a) Princípio da transparência.
b) Princípio do tratamento nacional.
c) Respeito ao compromisso tarifário.
d) Cláusula da nação mais favorecida.
e) Princípio da vedação do desvio de comércio.

Capítulo 4

A Organização Mundial do Comércio

4.1. INTRODUÇÃO

Em Marrakesh, em 15 de abril de 1994, foi editada a "Ata final que incorpora os resultados das negociações comerciais multilaterais da Rodada Uruguai". Representa o fechamento da Rodada Uruguai, a qual teve este nome por ter se iniciado em 1986 naquele país, na cidade de Punta del Este.

Na Ata final, estava incluído o "Acordo Constitutivo da Organização Mundial do Comércio (OMC)". A Ata foi incorporada ao nosso ordenamento jurídico pelo Decreto nº 1.355, de 30 de dezembro de 1994.

Em agosto de 2010, a OMC era composta por 153 países-membros.

Neste capítulo, serão analisadas as funções e a estrutura da organização, mas antes cabe perguntar: por que os EUA não aceitaram a criação da OIC, em 1948, mas foram um dos principais incentivadores da criação da OMC em 1994?

Prazeres (2003, p. 33) indica que "o estabelecimento da OMC tornou-se possível, segundo Celso Lafer,[1] pela diluição dos conflitos de concepção – notadamente em razão do abrandamento das divergências ideológicas – que passaram a ser substituídos pelos conflitos de interesses entre os países; por um certo consenso entre os Estados quanto à inviabilidade do desenvolvimento isolado; pela crença na segurança do multilateralismo; e, finalmente, pelas novas oportunidades de acesso a mercados, que surgiam a partir da abertura comercial que ocorria em vários países."

[1] LAFER, Celso. *A OMC e a regulamentação do comércio internacional – uma visão brasileira*. Porto Alegre: Livraria do Advogado Ed., 1998, p. 107.

Faria (2002, p. 19) acrescenta outro motivo: "Além do acesso a mercados, as demandas dos países desenvolvidos ultrapassavam os temas cobertos pelo GATT. Com a globalização passou a haver uma pregação pela liberdade nos fluxos de investimentos e serviços, bem como de mecanismos para garantir a proteção dos direitos de propriedade intelectual."

Portanto, a queda do comunismo, abrindo mercados ainda inexplorados, e o desejo por regras no comércio de serviços e de propriedade intelectual levaram os EUA a se engajarem no estabelecimento de novos acordos e de uma instituição que fiscalizasse seu cumprimento.

4.2. FUNÇÕES

As funções da OMC foram indicadas no art. III do Acordo Constitutivo:

Art. III – Funções da OMC

1. A OMC facilitará a **aplicação, administração e funcionamento** do presente Acordo e dos Acordos Comerciais **Multilaterais** e promoverá a consecução de seus objetivos, e constituirá também o quadro jurídico para a aplicação, administração e funcionamento dos Acordos Comerciais **Plurilaterais**.

2. A OMC será o **foro** para as negociações entre seus Membros acerca de suas relações comerciais multilaterais em assuntos tratados no quadro dos acordos incluídos nos Anexos ao presente Acordo. A OMC poderá também servir de foro para ulteriores negociações entre seus Membros acerca de suas relações comerciais multilaterais, e de quadro jurídico para a aplicação dos resultados dessas negociações, segundo decida a Conferência Ministerial.

3. A OMC **administrará** o Entendimento relativo às normas e procedimentos que regem a solução de controvérsias (denominado "**Entendimento sobre Solução de Controvérsias**" ou "ESC") que figura no Anexo 2 do presente Acordo.

4. A OMC **administrará** o **Mecanismo de Exame das Políticas Comerciais** (denominado "TPRM") estabelecido no Anexo 3 do presente Acordo.

5. Com o objetivo de alcançar uma maior **coerência** na formulação das políticas econômicas em escala mundial, a OMC cooperará, no que couber, com o Fundo Monetário Internacional (FMI) e com o Banco Internacional de Reconstrução e Desenvolvimento (BIRD) e com os órgãos a eles filiados.

Na criação da organização que fiscalizaria o retorno ao livre comércio mundial, decidiu-se que tanto os acordos de comércio celebrados anteriormente à existência da OMC quanto os novos, escritos no decorrer da Rodada Uruguai, ficariam sob a administração da organização que ora surgia. A ela caberia fiscalizar-lhes o cumprimento. Para implementar essa decisão, publicaram (ou republicaram), como anexos ao Acordo Constitutivo, um conjunto de 21 (vinte e um) grandes acordos, como, por exemplo, o Acordo de Valoração Aduaneira, o Acordo sobre Agricultura e o Acordo sobre Subsídios e Medidas Compensatórias. A OMC foi alçada à condição de guardiã de tais acordos.[2]

Ressalte-se que nem todos os 21 acordos receberam aprovação unânime dos países-membros. E, por isso, separaram-nos em acordos multilaterais e plurilaterais. A diferença básica acerca da aplicação de uns e outros está indicada no art. II do Acordo Constitutivo:

Art. II – Escopo da OMC

...

§ 2º – Os acordos e os instrumentos legais conexos incluídos nos Anexos 1, 2 e 3 (denominados 'Acordos Comerciais Multilaterais') formam parte integrante do presente Acordo e obrigam a **todos** os Membros.

§ 3º – Os acordos e os instrumentos legais conexos incluídos no Anexo 4 (denominados 'Acordos Comerciais Plurilaterais') também formam parte do presente Acordo para os Membros que os tenham aceito e são obrigatórios para **estes**. Os Acordos Comerciais Plurilaterais não criam obrigações nem direitos para os Membros que não os tenham aceitado.

...

Os Acordos Multilaterais passariam, em regra, a vincular todos os países-membros. Já os Plurilaterais somente vinculariam os países-membros que a eles expressamente se submetessem. Portanto, caso um determinado país, ao se associar à OMC, não fizesse qualquer observação relativa aos acordos inseridos nos anexos, ele passaria a estar vinculado ao cumprimento de todos os acordos multilaterais e a nenhum plurilateral. Mas, caso quisesse, poderia também incluir no seu rol de acordos a cumprir qualquer um dos quatro plurilaterais. Poderia também excluir alguns dos multilaterais, eximindo-se de os cumprir. Esta última conclusão se extrai do art. XIII do Acordo Constitutivo.[3]

---

[2] Os principais acordos serão analisados no próximo capítulo, em cujo início é apresentada a lista completa.

[3] **Art. XIII** – Não Aplicação de Acordos Comerciais Multilaterais entre Membros Específicos.

§ 1º – Este Acordo e os Acordos Comerciais Multilaterais dos Anexos 1 e 2 não se aplicarão entre dois Membros quaisquer se qualquer um deles, no momento em que se torna Membro, não aceita sua aplicação.

Eis a **primeira** função da OMC: administrar os acordos comerciais multilaterais que constam nos Anexos 1, 2 e 3 de seu acordo constitutivo.

A **segunda** função da OMC, como descrito no art. III transcrito, é servir de órgão de apoio para permitir aos países consultas e assessorias em matéria de comércio internacional. Quando dois ou mais países decidem celebrar um acordo, seja o estabelecimento de um bloco de integração, como uma área de livre comércio, seja um mero acordo de cooperação comercial, eles podem pedir o auxílio da OMC. Esse auxílio pode se dar por disponibilização de instalações, biblioteca, especialistas, enfim toda a estrutura que se faça necessária para a celebração do acordo bilateral.

Portanto, o termo "foro", utilizado no § 2º do art. III, não coincide com o uso consagrado no uso diário dos operadores do Direito, qual seja o local em que se julgará qualquer controvérsia acerca de determinado contrato. Ser o foro e solucionar controvérsias são coisas distintas, como se pode confirmar pela leitura do § 3º do art. III, que trata especificamente da solução de controvérsias, como vemos a seguir.

A **terceira** função da OMC é a de agir como o órgão que irá administrar as controvérsias surgidas entre os países-membros. Por exemplo, caso o Brasil considere que outro país-membro da OMC está descumprindo algum acordo ao qual são vinculados (por exemplo, o Acordo sobre Agricultura), deve, em primeiro lugar, tentar resolver a controvérsia diretamente com tal país. Caso não obtenha sucesso, o que poderá fazer? O sistema de solução de controvérsias, anexado ao Acordo Constitutivo da OMC, é o Direito Processual referente às controvérsias surgidas em função de um alegado descumprimento de acordo comercial. No anexo citado, definem-se as etapas, os prazos, as possibilidades de recurso, as competências e todas as questões referentes à solução da lide. Preveem-se inclusive as medidas que podem ser tomadas no caso de um país não cumprir uma eventual decisão condenatória.[4]

A **quarta** função é fiscalizar as políticas comerciais dos países-membros. No Anexo 3 do Acordo Constitutivo está o mecanismo de controle que foi pensado em 1944 para utilização pela OIC. Que mecanismo era esse?

---

[4] O sistema de solução de controvérsias é analisado no tópico 5.7.

Quando decidiram criar a OIC naquela data, o objetivo era transformá-la em fiscal das políticas comerciais nacionais e assim, periodicamente, a OIC faria uma investigação em todas as normas de comércio de cada país-membro. Caso encontrasse alguma norma restritiva, protecionista, a OIC proporia a sua modificação ou revogação. Essa era a teoria que não saiu do papel em 1947.

Quando a OMC foi criada, era natural, portanto, que fosse resgatada esta função. No anexo 3, está definido que, de dois em dois anos, a OMC fiscaliza as políticas comerciais dos quatro principais países. Portanto, atualmente são verificadas, no prazo citado, as políticas comerciais de EUA, Japão, China e União Europeia.[5] De quatro em quatro anos, são fiscalizadas as políticas comerciais dos dezesseis países seguintes, Brasil inclusive. De seis em seis anos, os demais países, sendo que pode chegar, para os países menos desenvolvidos, a um intervalo de oito anos.

A **quinta** e última função consagrada no art. III é atuar de forma integrada com o FMI e o BIRD, "irmãos" mais velhos da OMC, que surgiram em 1945. Este é o **Princípio da Coerência**.

4.3. ESTRUTURA

O art. IV do Acordo Constitutivo dispõe sobre a estrutura da organização.

Inicialmente, cabe registrar que todos os 153 países-membros têm participação em todos os órgãos da OMC, exceto no Órgão de Apelação (apenas sete pessoas com mandato de quatro anos), nos grupos de especialistas montados para determinada solução de controvérsias (3 ou 5 pessoas escolhidas pelos países litigantes) e nos comitês dos Acordos Plurilaterais (que, por definição, não têm a participação de todos os países-membros).

A seguir, o organograma da OMC:

[5] Como a Alemanha está no rol dos quatro maiores países e a política comercial que ela adota é a da União Europeia, então a fiscalização se dá sobre a política do bloco. Desde sua criação em 1992, a União Europeia sofre a fiscalização de dois em dois anos.

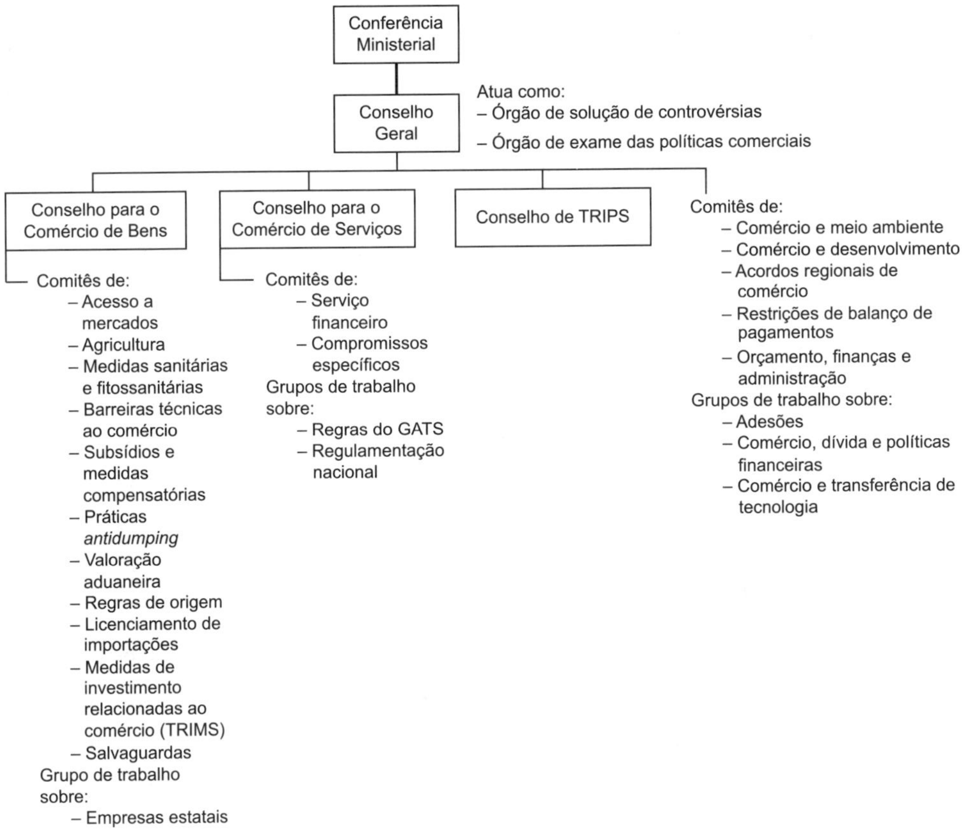

4.3.1. Conferência Ministerial

É composta por representantes dos países-membros da OMC, sendo seu órgão máximo. Reúne-se pelo menos uma vez a cada dois anos, conforme definido no acordo constitutivo da organização. Desde a criação da OMC, foram realizadas sete Conferências Ministeriais, nas datas e locais indicados a seguir.

1ª Conferência Ministerial – Dezembro de 1996 – Cingapura

Os Ministros de Comércio Exterior, da Fazenda, da Agricultura e das Relações Exteriores dos 120 países então membros da organização emitiram a Declaração Ministerial ao final do período de reuniões, destacando-se:

- O respeito às normas internacionais de trabalho. Indicaram que a definição destas cabe à Organização Internacional do Trabalho, afastando "... a utilização das normas de trabalho com fins protecionistas e concordando que não se deve questionar de forma alguma a vantagem comparativa dos países, em particular dos países em desenvolvimento com baixos salários".
- A celebração do Acordo Plurilateral sobre Tecnologia da Informação, por meio do qual 29 países (incluindo os 15 que então compunham a União Europeia) acordaram a eliminação das barreiras ao comércio de bens de tecnologia no mais tardar até o ano de 2000. Entrou em vigor em 1997, atingiu o objetivo esperado e continua aberto à adesão de novos países aos quais são conferidos prazos próprios para a eliminação das barreiras. Em agosto de 2010, os participantes chegavam a 70 países, responsáveis por cerca de 97% do comércio mundial desse gênero de bens.
- O direcionamento dado ao Conselho para o Comércio de Bens para que ele "... promova um trabalho preparatório ... para a simplificação dos procedimentos de comércio..." Efetivamente, a "facilitação do comércio" começou a ser implementada em 2004, em um acordo pós-Cancun.

2ª Conferência Ministerial – Maio de 1998 – Genebra (Suíça)

O destaque desta Conferência se deu no campo do Comércio Eletrônico. Ao final do período de reuniões, os países-membros emitiram a "Declaração sobre o Comércio Eletrônico Global", por meio da qual decidiram "... que os Membros continuarão a prática atual de não imposição de direitos aduaneiros sobre as transmissões eletrônicas."

3ª Conferência Ministerial – Novembro/Dezembro de 1999 – Seattle (EUA)

Como analisado no tópico 3.3, esta Conferência resultou em retumbante fracasso. Nada se decidiu a não ser que os assuntos seriam retomados em negociações individuais entre o Diretor-Geral da OMC e os países-membros. Buscar-se-ia o consenso para que na Conferência Ministerial seguinte as divergências tivessem sido eliminadas ou, ao menos, diminuídas sensivelmente.

4ª Conferência Ministerial – Novembro de 2001 – Doha (Qatar)

Esta Conferência atingiu o objetivo perseguido pela Conferência anterior: foi finalmente decidida a abertura de uma nova Rodada de Negociações – a Rodada de Doha ou Rodada do Desenvolvimento, a ser analisada no tópico 4.5.

5ª Conferência Ministerial – Setembro de 2003 – Cancun (México)

Esta Conferência também foi marcada pelo dissenso. Os países-membros não chegaram a acordo principalmente sobre os quatro pontos mais sensíveis: "Comércio e investimento", "Comércio e política de competição", "Transparência na contratação pública" e "Facilitação do Comércio". Em relação ao último ponto, decidiu-se, em agosto de 2004:

1) tornar mais claras as disposições dos arts. V ("Liberdade de Trânsito"), VIII ("Direitos e Formalidades referentes à Importação e à Exportação") e X ("Publicação e Aplicação das Normas Comerciais") do GATT 1994, já analisados;
2) aumentar a cooperação técnica entre os países, mais especificamente entre as administrações aduaneiras;
3) que os países buscariam diminuir a burocracia aduaneira na entrada de um bem no seu território; e
4) que os países proporcionariam a todos os agentes econômicos um acesso mais fácil às normas aduaneiras, facilitando a disseminação do conhecimento destas.

6ª Conferência Ministerial – Dezembro de 2005 – Hong Kong (China)

Nesta Conferência, foi reafirmado o compromisso de se tentar obter o consenso acerca da pauta definida em Doha. Prorrogaram o final da Rodada de Doha para término em 2006, tendo havido nova prorrogação para julho de 2008.

7ª Conferência Ministerial – Novembro/Dezembro de 2009 – Genebra (Suíça)

A Conferência teve por pano de fundo a crise econômica mundial gerada nos EUA em 2008. Neste contexto, foi reafirmada, na conclusão da Conferência, a importância do comércio e da Rodada de Doha para a recuperação econômica e o combate à pobreza nos países em desenvolvimento.

Foi frisado que a "dimensão desenvolvimentista" deveria se manter como o ponto central da Rodada de Doha, que se buscaria concluir no ano de 2010.

4.3.2. Conselho Geral e seus Órgãos

Como dispõe o art. IV do Acordo Constitutivo da OMC, o Conselho Geral possui cinco funções principais:

1) quando a Conferência Ministerial não estiver reunida, o Conselho Geral assume as funções desta;
2) atua como órgão de solução das controvérsias que forem submetidas à OMC;
3) atua como órgão de exame das políticas comerciais dos países-membros, ou seja, é o Conselho Geral quem fiscaliza as normas dos países-membros a cada dois, quatro ou seis anos;
4) supervisiona o funcionamento dos acordos multilaterais relativos a bens, serviços e direitos de propriedade intelectual inseridos como Anexos 1A, 1B e 1C ao Acordo Constitutivo da organização. Para isso, foram criados três conselhos específicos que funcionam sob a supervisão do Conselho Geral: Conselho para o Comércio de Bens (supervisiona os acordos do Anexo 1A), Conselho para o Comércio de Serviços (idem para o Anexo 1B) e Conselho para os Aspectos dos Direitos de Propriedade Intelectual Relacionados com o Comércio, mais conhecido como Conselho de TRIPS (supervisiona o Anexo 1C); e
5) aplica as decisões ministeriais e supervisiona sua aplicação.

Por serem funções executivas, exceto a primeira, o Conselho Geral é chamado de órgão executivo, recordando que a Conferência Ministerial é o órgão superior.

Principais comitês sob o Conselho Geral:

- **Comitê sobre Acordos Regionais de Comércio**

  Considerando que os acordos regionais de comércio devem cumprir algumas condições, elencadas no artigo XXIV do GATT, o Conselho Geral criou este comitê, em 1996, com a competência de avaliar cada um daqueles acordos.

- **Comitê de Comércio e Desenvolvimento**

  Criado pela Conferência Ministerial. Tem por função discutir formas de promover desenvolvimento por meio do comércio.

- **Comitê de Restrições por Motivo de Balanço de Pagamentos**

  Criado pela Conferência Ministerial. Os arts. XII e XVIII, analisados no Capítulo 2, permitem que um país adote medidas protecionistas quando houver déficit no Balanço de Pagamentos. Mas, para isso, devem ser cumpridas algumas condições. Compete a este comitê a análise dos motivos alegados pelo país para a imposição das barreiras ao comércio.

- **Comitê de Orçamento, Finanças e Administração**

  Criado pela Conferência Ministerial. Sua principal função é propor normas financeiras ao Conselho Geral, as quais incluem disciplinas sobre a escala de contribuições à OMC e as medidas a serem tomadas com relação aos países-membros em atraso.

4.3.3. Secretaria

Apesar de não aparecer no organograma da OMC, apresentado no tópico 4.3, a Secretaria é um de seus órgãos. O art. VI do Acordo Constitutivo da OMC assim dispõe:

Art. VI – A Secretaria

1. Fica estabelecida uma Secretaria da OMC (doravante denominada Secretaria), chefiada por um Diretor-Geral.
2. A Conferência Ministerial indicará o Diretor-Geral e adotará os regulamentos que estabelecem seus poderes, deveres, condições de trabalho e mandato.
3. O Diretor-Geral indicará os integrantes do pessoal da Secretaria e definirá seus deveres e condições de trabalho, de acordo com os regulamentos adotados pela Conferência Ministerial.
4. As competências do Diretor-Geral e do pessoal da Secretaria terão natureza exclusivamente internacional. No desempenho de suas funções, o Diretor-Geral e o pessoal da Secretaria não buscarão nem

aceitarão instruções de qualquer governo ou de qualquer outra autoridade externa à OMC. Além disso, eles se absterão de toda ação que possa afetar negativamente sua condição de funcionários internacionais. Os Membros da OMC respeitarão a natureza internacional das funções do Diretor-Geral e do pessoal da Secretaria e não buscarão influenciá-los no desempenho dessas funções.

Com sede em Genebra, suas principais funções são:

1) oferecer apoio técnico e profissional aos comitês e conselhos da OMC;
2) prestar assistência técnica aos países em desenvolvimento;
3) monitorar e analisar o desenvolvimento do comércio mundial;
4) prestar informações ao público e à imprensa; e
5) organizar as Conferências Ministeriais.

4.4. ORÇAMENTO E PROCESSO DECISÓRIO

Como toda organização, a OMC possui gastos para sua manutenção, os quais devem ser suportados com contribuições de todos os países-membros. Estas são proporcionais ao fluxo comercial do país em relação ao fluxo comercial mundial. Neste montante são considerados o comércio de bens, de serviços e de propriedade intelectual.

O cálculo das contribuições toma por base os cinco anos mais recentes cujos dados estejam disponíveis. Por exemplo, para o orçamento de 2010, usaram-se os dados disponíveis de 2004-2008, visto que o orçamento foi elaborado em 2009. Caso um país ainda não tivesse fechado os valores de 2009, usar-se-ia o período 2003-2007 e assim regressivamente até se encontrar um período cujos dados estivessem disponíveis.

A título de curiosidade, para o ano de 2010, foi calculada para o Brasil a contribuição de CHF 1,8 milhão (francos suíços) de um orçamento total de CHF 189,4 milhões, ou seja, o país contribuiu com 0,94% do total. Os EUA, maiores colaboradores, contribuíram com cerca de 12,96% do orçamento da OMC, seguidos pela Alemanha (8,93%), China (6,45%), Japão (5,11%), Reino Unido (5,11%) e França (4,63%).

Em relação ao processo decisório, é evidente que o consenso é dificílimo de ser obtido nas votações da Conferência Ministerial e do Conselho Geral, que possuem representantes dos 153 países-membros. Apesar da dificuldade, o § 1º do art. IX do Acordo Constitutivo dispõe que "a OMC continuará a prática de processo decisório de consenso seguida pelo GATT 1947". Mas, de forma realista, deixa aberta a possibilidade de se dispensar o consenso. O § 1º assim dispõe:

> ... Salvo disposição em contrário, quando não for possível adotar uma decisão por consenso, a matéria em questão será decidida por votação. Nas reuniões da Conferência Ministerial e do Conselho Geral, cada membro da OMC terá um voto... As decisões da Conferência Ministerial e do Conselho Geral serão tomadas por **maioria de votos**, salvo disposição em contrário do presente Acordo ou do Acordo Multilateral de Comércio pertinente.

Na continuação do artigo, encontram-se alguns quoruns qualificados, mas que não merecem comentários, por fugirem ao objetivo deste livro.

4.5. A ATUAL RODADA DE NEGOCIAÇÕES: DOHA

A Declaração Ministerial de Doha, composta de 52 parágrafos e aprovada em 14 de novembro de 2001, é o documento oficial de encerramento da 4ª Conferência Ministerial e consequente abertura da Rodada de Doha. Nela estão listados os princípios e as diretrizes que deveriam informar as negociações que começariam a partir dali. Na Declaração foi também definido o programa de trabalho a ser adotado na Rodada que se iniciava. Seguem alguns dos seus principais trechos:

1) "O comércio internacional pode vir a desempenhar relevante papel na promoção do **desenvolvimento econômico** e na redução dos níveis de pobreza. Reconhecemos a necessidade de que todos os povos se beneficiem das oportunidades crescentes e dos ganhos de bem-estar gerados pelo sistema multilateral de trocas." (§ 2º, primeira parte)
2) "Continuaremos a envidar esforços para assegurar que os países em desenvolvimento e, especialmente, os menos desenvolvidos dentre eles, tenham garantida sua participação no crescimento do comércio mundial, de modo proporcional às necessidades de seu **desenvolvimento econômico**." (§ 2º, segunda parte)

3) "Ressaltamos que a OMC é o único foro para a elaboração de normas comerciais e liberalização, mas reconhecemos que os **acordos comerciais regionais** podem cumprir importante função na promoção da liberalização e expansão do comércio e na promoção do desenvolvimento." (§ 4º)

4) "Reafirmamos nosso compromisso com o **desenvolvimento sustentável**, como estabelecido no preâmbulo do Acordo de Marrakesh... Reconhecemos que nenhum país-membro pode ser proibido de tomar medidas para a proteção da vida e da saúde humana, animal e vegetal ou do meio-ambiente, mas com a condição de que tais medidas não se constituam um meio de discriminação arbitrário ou injustificável ... ou uma restrição disfarçada ao comércio..." (§ 6º)

5) "Registramos com satisfação que esta Conferência Ministerial concluiu os procedimentos de adesão da **China** e de Taipei à OMC..." (parágrafo 9º)

6) Breve resumo do Programa de Trabalho a ser empreendido durante a rodada que se pretendia durasse de 2001 a 2005 (§§ 12 a 44):

   a. **Agricultura** – Os países assumiram o compromisso de celebrar negociações visando à redução de subsídios e à abertura de seus mercados para importações.

   b. **Comércio de Serviços** – Foi reafirmado o compromisso de liberalização do comércio de serviços, tal como disposto no art. IV do Acordo Geral sobre o Comércio de Serviços (GATS), de 1994. Foi inclusive definido no programa de trabalho o prazo máximo para que os países-membros apresentassem suas propostas iniciais de liberalização: março de 2003.

   c. Acesso de Produtos não agrícolas dos países em desenvolvimento aos mercados – "**Acesso a mercados**" é o nome técnico para a derrubada das barreiras tarifárias e não tarifárias à importação de produtos. No programa de trabalho, decidiu-se que os países deveriam melhorar o acesso dos produtos dos demais países aos seus mercados, em especial os produtos dos países em desenvolvimento.

   d. **Acordo sobre os Direitos de Propriedade Intelectual (TRIPS)** – Foi enfatizado que o TRIPS não evita nem deve evitar que os países ajam em prol da saúde pública. Reafirmam as possibilidades de flexibilização existentes no acordo de TRIPS, tais como o licenciamento compulsório e as importações paralelas.

e. **Relação entre Comércio e Meio Ambiente** – Os países decidiram avaliar a compatibilidade entre as normas da OMC e as obrigações assumidas em função de acordos multilaterais sobre meio ambiente. Assumiram também o compromisso de diminuir ou eliminar as barreiras aos bens e serviços ecológicos. As negociações sobre esse tema ocorrem dentro do Comitê de Comércio e Meio Ambiente, criado pelo Conselho Geral em 1994.

f. **Relação entre Comércio, Dívida e Políticas Financeiras** – Foi criado o Grupo de Trabalho sobre Comércio, Dívida e Políticas Financeiras, sob a supervisão do Conselho Geral, para: 1) examinar a relação entre as três áreas; 2) apresentar possíveis recomendações sobre medidas a serem adotadas para melhorar a capacidade do sistema multilateral de comércio em contribuir com uma solução duradoura para o problema de endividamento externo dos países em desenvolvimento e dos mais atrasados; e 3) reforçar a coerência das políticas comerciais e financeiras internacionais, com vistas a proteger o sistema multilateral de comércio dos efeitos da instabilidade monetária e financeira.

g. **Relação entre Comércio e Transferência de Tecnologia** – Foi criado o Grupo de Trabalho sobre Comércio e Transferência de Tecnologia para: 1) avaliar a relação entre as duas áreas; e 2) apresentar possíveis recomendações para aumentar a transferência de tecnologia para os países em desenvolvimento.

h. **Facilitação do Comércio** – Somente em 2004, este assunto passou a ser trabalhado na Rodada de Doha. Foi nesse ano que os países tomaram a decisão de detalhar e melhorar a aplicação dos arts. V ("Liberdade de Trânsito"), VIII ("Direitos e Formalidades referentes à Importação e à Exportação") e X ("Publicação e Aplicação das Normas Comerciais") do GATT 1994, para promover a facilitação do comércio.

i. Esclarecimento e aprimoramento das normas aplicáveis a **práticas desleais de comércio** (*dumping* e subsídios)

j. Esclarecimento e aprimoramento das regras aplicáveis a **acordos regionais de comércio**.

k. Esclarecimento e aprimoramento do atual **sistema de solução de controvérsias** – Ao criarem o sistema de solução de controvérsias inserido como Anexo 2 ao Acordo Constitutivo da OMC, os países-membros da organização decidiram que este sistema seria revisto em, no máximo, 4 anos após a entrada em vigor. Portanto, deveria a revisão estar concluída até 1º de janeiro de 1999. Na revisão, que foi iniciada em 1997, não se chegou a consenso nas alterações propostas pelos países-membros. Assim, a Declaração de Doha, em 2001, retomou o objetivo de revisão do sistema, cuja conclusão deveria ter ocorrido até 2003, mas foi prorrogada com prazo indeterminado.

l. **Desenvolvimento do Comércio Eletrônico** – Reafirmaram o compromisso pelo desenvolvimento do comércio eletrônico e declararam preliminarmente que "...os membros continuarão a prática atual de não imposição de direitos aduaneiros sobre as transmissões eletrônicas."

m. Inserção das **pequenas e vulneráveis economias** ao sistema multilateral de comércio – Os países-membros da OMC reconhecem a necessidade de um programa de trabalho visando à inserção plena das economias mais vulneráveis e não as tratar como uma subcategoria de membros da OMC. Reconhecem que as economias mais vulneráveis têm dificuldades adicionais como, por exemplo, a falta de economias de escala e a limitação de recursos naturais.

n. Inserção dos países **menos desenvolvidos**[6] ao sistema multilateral de comércio – Os países-membros da OMC assumiram o compromisso de avaliar a eliminação das barreiras para os produtos dos

---

[6] A OMC considera como países menos desenvolvidos aqueles assim declarados pela Organização das Nações Unidas (ONU). Em agosto de 2010, 49 países se encontravam nesta condição, sendo membros da OMC apenas 32 destes: Angola, Bangladesh, Benin, Burkina Faso, Burundi, Camboja, Chade, Djibuti, Gâmbia, Guiné, Guiné-Bissau, Haiti, Ilhas Salomão, Lesoto, Madagascar, Malaui, Maldivas*, Mali, Mauritânia, Mianmar, Moçambique, Nepal, Níger, República Centro-Africana, República Democrática do Congo, Ruanda, Senegal, Serra Leoa, Tanzânia, Togo, Uganda e Zâmbia.

* A partir de janeiro de 2011, a ONU deixará de considerar as Maldivas como um país menos desenvolvido.

países menos desenvolvidos e de considerar medidas adicionais para melhorar o acesso dos produtos desses países aos seus mercados.

o. **Cooperação Técnica** destinada à Capacitação, ao Crescimento e à Integração – Os países-membros da OMC decidiram trabalhar para que houvesse maior cooperação técnica da OMC para os membros e dos membros entre si.

p. Aprimoramento das disposições acerca do **Tratamento Especial e Diferenciado** – Os países-membros da organização concordaram que o tratamento especial e diferenciado concedido aos países em desenvolvimento é e deve ser previsto nos acordos da OMC. No programa de trabalho de Doha, decidiu-se, a partir do desejo de alguns países de se criarem regras gerais, que seriam examinadas as inúmeras disposições sobre tratamento especial e diferenciado com vistas a harmonizá-las, tornando-as mais precisas, eficazes e operacionais.

7) "À exceção das melhorias e dos esclarecimentos referentes ao Entendimento sobre Solução de Controvérsias, a condução, conclusão e vigência do que vier a resultar das negociações serão tratadas como **partes de uma única ação**." (§ 47)

Em outras palavras, consagra-se o *single undertaking*, que significa que se deve chegar a acordo em todos os temas incluídos no programa de trabalho. Caso algum assunto resulte em impasse, nada que tenha sido decidido para os demais assuntos entrará em vigor. "Compromisso único", "Nada estará acordado até que tudo esteja acordado" e "Há acordo sobre tudo ou não há acordo sobre nada" são expressões usadas comumente como traduções para *single undertaking*.

Vale frisar: a 4ª Conferência Ministerial atingiu o objetivo de abertura de uma nova rodada de negociações. Mas a Rodada de Doha provavelmente não conseguirá atingir seus objetivos, principalmente pela dificuldade em se chegar a acordo sobre a redução dos subsídios concedidos internamente pelos países desenvolvidos e sobre maior abertura às importações de produtos industrializados pelos países em desenvolvimento (incluindo o acesso que os países desenvolvidos querem ter no fornecimento de bens nas compras governamentais dos países em desenvolvimento).

Questões de Provas

01. (AFRF/2002-1) Sobre a Organização Mundial de Comércio, é correto afirmar que:

a) sua criação se deu com a extinção do Acordo Geral de Comércio e Tarifas (GATT) ao final da Rodada Uruguai em 1994;
b) entre suas principais funções, está a administração de acordos comerciais firmados por seus membros, a resolução de disputas comerciais e a supervisão das políticas comerciais nacionais;
c) tem como objetivo principal operacionalizar a implantação de um sistema de preferências comerciais de alcance global;
d) promove a liberalização do comércio internacional por meio de acordos regionais entre os países-membros;
e) presta assistência aos governos nacionais na aplicação de barreiras não tarifárias.

02. (AFRF/2003) No presente, os membros da Organização Mundial do Comércio totalizam 146, o que, ademais da extensão de sua agenda comercial, torna muito complexas as rodadas de negociações multilaterais conduzidas em seu âmbito. Em tais rodadas, as decisões são tomadas por:

a) maioria simples;
b) maioria qualificada;
c) consenso;
d) *single undertaking*;
e) voto de liderança.

03. (AFRF/2003) Lançada em novembro de 2001, em Conferência Ministerial celebrada em Doha, Qatar, a atual rodada de negociações multilaterais da Organização Mundial do Comércio foi batizada de Rodada do Desenvolvimento. No tocante ao desenvolvimento, o objetivo de tais negociações é:

a) promover condições para a participação dos países em desenvolvimento no crescimento do comércio internacional em níveis compatíveis com suas necessidades de desenvolvimento econômico;
b) definir formas de corrigir e compensar os países em desenvolvimento pela deterioração dos termos de intercâmbio e promover estratégias de industrialização de suas economias;
c) abolir as restrições e práticas desleais de comércio que obstaculizam o acesso das exportações agrícolas dos países em desenvolvimento aos mercados norte-americano, japonês e europeu em particular;
d) estabelecer cotas e preferências para as exportações de manufaturas dos países em desenvolvimento, particularmente nos setores em que são menos competitivos internacionalmente;
e) definir mecanismos para a progressiva eliminação de barreiras tarifárias e não tarifárias que restringem as exportações dos países em desenvolvimento no primeiro mundo.

04. (AFRF/2003) No presente, o sistema multilateral de comércio está conformado pelo(a):

a) Acordo de Livre Comércio das Américas (ALCA) e pela União Europeia;

b) Acordo Geral de Comércio e Tarifas (GATT), celebrado no âmbito da Conferência das Nações Unidas sobre Comércio e Desenvolvimento (UNCTAD);

c) Sistema Geral de Preferências;

d) Organização Internacional do Comércio (OIC);

e) Organização Mundial de Comércio, tendo como pilar o Acordo Geral de Comércio e Tarifas (GATT), tal como revisto em 1994.

Capítulo 5

Principais Acordos Administrados pela OMC

A OMC administra os acordos comerciais que foram anexados ao acordo constitutivo da organização, concluído em 1994. Alguns desses acordos surgiram antes mesmo da organização, mas o fato é que, ao serem consolidados no acordo constitutivo, a fiscalização pelo seu cumprimento passou a ser atribuição da OMC, exceto em relação aos acordos plurilaterais. Como estes não vinculam todos os países-membros, mas só aqueles que expressamente os tenham ratificado, não pode a OMC, enquanto organização composta de 153 países, administrar acordos dos quais muitos países nem fazem parte. Pode-se dizer que seria, no mínimo, esquisito que alguns países, que não desejaram ser membros de um acordo, fiscalizassem seu cumprimento. Por isso, o art. III dispõe que, em relação aos acordos plurilaterais, a OMC irá simplesmente constituir "o quadro jurídico para a aplicação, administração e funcionamento". Diferententemente do que ocorre com os multilaterais, para os quais a OMC "promoverá a consecução dos seus objetivos".

Atualmente, dos quatro plurilaterais listados apenas dois estão em vigor: os relativos a Aeronaves Civis e Compras Governamentais. Os outros dois perderam a vigência. O terceiro acordo plurilateral vigente foi criado em 1996, pós-Rodada Uruguai: Acordo sobre Tecnologia da Informação, analisado no tópico 4.3.1.

Esta é a lista dos acordos publicados em anexos à "Ata Final que incorpora os resultados das negociações comerciais multilaterais da Rodada Uruguai":

LISTA DE ANEXOS

Anexo I

Anexo IA: Acordos Multilaterais de Comércio de Bens

– Acordo Geral sobre Tarifas Aduaneiras e Comércio de 1994 (GATT 1994)
– Acordo sobre Agricultura
– Acordo sobre Aplicação de Medidas Sanitárias e Fitossanitárias
– Acordo sobre Têxteis e Vestuário
– Acordo sobre Barreiras Técnicas ao Comércio
– Acordo sobre Medidas de Investimento Relacionadas com o Comércio (TRIMS)
– Acordo sobre a Implementação do Art. VI do GATT 1994
– Acordo sobre a Implementação do Art. VII do GATT 1994
– Acordo sobre Inspeção Pré-Embarque
– Acordo sobre Regras de Origem
– Acordo sobre Procedimentos para o Licenciamento de Importações
– Acordo sobre Subsídios e Medidas Compensatórias
– Acordo sobre Salvaguardas

Anexo 1B: Acordo Geral sobre Comércio de Serviços e Anexos (GATS)

Anexo 1C: Acordo sobre Aspectos dos Direitos de Propriedade Intelectual Relacionados ao Comércio (TRIPS)

Anexo 2: Entendimento Relativo às Normas e Procedimentos sobre Solução de Controvérsias

Anexo 3: Mecanismo de Exame de Políticas Comerciais

Anexo 4: Acordos de Comércio Plurilaterais

– Acordo sobre Comércio de Aeronaves Civis
– Acordo sobre Compras Governamentais
– Acordo Internacional sobre Produtos Lácteos
– Acordo Internacional sobre Carne Bovina

5.1. ACORDO GERAL SOBRE TARIFAS ADUANEIRAS E COMÉRCIO (GATT 1994)

Pode-se dizer que o GATT 1994 é a republicação do GATT 1947, incorporando-se-lhe todas as alterações havidas de 1947 a 1994. O GATT 1994 também é composto pelas decisões até então tomadas pelas partes contratantes e alguns acordos, chamados Memorandos de Entendimentos ou simplesmente Entendimentos, celebrados para interpretar disposições pouco precisas do acordo original de 1947. É o que dispõe o art. 1º do GATT 1994:

Art. 1º – O Acordo Geral sobre Tarifas e Comércio 1994 ("GATT 1994") consistirá:

a) das disposições do Acordo Geral sobre Tarifas e Comércio, datado de 30 de outubro de 1947, ... conforme retificado, emendado ou modificado pelos termos dos instrumentos legais que tenham entrado em vigor antes da data de entrada em vigor do Acordo Constitutivo da OMC;

b) das disposições dos instrumentos legais listados abaixo que tenham entrado em vigor sob o GATT 1947 antes da data de entrada em vigor do Acordo Constitutivo da OMC:

i. protocolos e certificações relativos a concessões tarifárias;

ii. protocolos de acessão...;

iii. decisões sobre derrogações concedidas sob o Art. XXVIII do GATT 1947 e ainda em vigor na data de entrada em vigor do Acordo Constitutivo da OMC;

iv. outras decisões das Partes Contratantes do GATT 1947;

c) Os Entendimentos listados abaixo:

i. Entendimento sobre a Interpretação do art. II: I do GATT 1994;

ii. Entendimento sobre a Interpretação do art. XVII do GATT 1994;

iii. Entendimento sobre as Disposições sobre Balanço de Pagamentos do GATT 1994;

iv. Entendimento sobre a Interpretação do art. XXIV do GATT 1994;

v. Entendimento a respeito de Derrogações de Obrigações sob o GATT 1994; e

vi. Entendimento sobre a Interpretação do art. XXVIII do GATT 1994.

d) O Protocolo de Marrakesh ao GATT 1994.

Pela leitura do art. I, constata-se que o GATT 1947 continua em vigor.

O art. 2º do Acordo Geral dispõe que "o texto do GATT 1994 será autêntico em inglês, francês e espanhol."

5.2. ACORDO GERAL SOBRE O COMÉRCIO DE SERVIÇOS (GATS)

Quando, em 1947, vários países estabeleceram o GATT, visando ao retorno da prática do liberalismo, o comércio mundial baseava-se quase inteiramente no comércio de bens. E, por isso, o GATT não se preocupou com a liberalização do comércio de serviços.

Com o passar do tempo, o comércio de serviços ganhou relevância. Os serviços financeiros ganharam volume e importância. O mesmo ocorreu com os serviços de telecomunicações, os serviços de transporte e os de seguros, entre outros. Perceberam então os países que chegara a hora de se criar o Acordo Geral sobre o Comércio de Serviços (*General Agreement on Trade in Services* – GATS), análogo ao Acordo Geral sobre o Comércio de Bens (*General Agreement on Tariffs and Trade* – GATT). O GATS foi escrito durante a Rodada Uruguai, encerrada em 1994, e pela qual foi criada a OMC. Entrou em vigor em 1º de janeiro de 1995, junto com o Acordo Constitutivo da OMC, ao qual está anexado.

O objetivo de liberalização progressiva no comércio de serviços é encontrado no preâmbulo do GATS:

> Os Membros,
>
> Reconhecendo a **importância crescente do comércio de serviços** para o crescimento e desenvolvimento da economia mundial,
>
> Desejando estabelecer um quadro de princípios e regras para o comércio de serviços **com vistas à expansão do mesmo sob condições de transparência e liberalização progressiva** e como forma de promover o crescimento de todos os parceiros comerciais e o desenvolvimento dos países em desenvolvimento;
>
> Desejando a rápida obtenção de **níveis de liberalização progressivamente mais elevados no comércio de serviços** mediante sucessivas **rodadas de negociações multilaterais** que objetivem a promoção dos interesses de todos os participantes na base de vantagem mútua e lograr um equilíbrio geral de direitos e obrigações e, ao mesmo tempo, respeitando os objetivos das políticas nacionais;
>
> (...)
>
> Desejando facilitar a participação crescente dos países em desenvolvimento no comércio de serviços e a expansão de suas exportações de serviços, inclusive, *inter alia*, mediante o fortalecimento da capacidade nacional de seus serviços e sua eficiência e competitividade;
>
> (...)
>
> Acordam o seguinte:
>
> (...)

Como consta no preâmbulo, os países acordaram o estabelecimento de rodadas de negociação com o objetivo de se promoverem concessões entre os países em matéria de comércio de serviços. Tais rodadas são análogas às previstas no GATT, que foram analisadas no tópico 3.3.

5.2.1. Serviços Sujeitos à Liberalização

Os compromissos do GATS são aplicáveis a todos os tipos de serviços?

No art. I, §§ 3º e 4º, está a resposta. O termo 'Serviços', utilizado no GATS, inclui qualquer serviço em qualquer setor, **exceto** aqueles prestados no exercício da autoridade governamental. Estes se caracterizam por não serem prestados em bases comerciais, nem em competição com um ou mais prestadores de serviços. Por exemplo, o GATS não se aplica aos serviços de fiscalização aduaneira ou de controle de passaportes. Por questão estratégica, a prestação desses serviços típicos de Estado pode continuar monopolizada, sem abertura comercial.

O GATS possui alguns anexos, dentre os quais o Anexo sobre os Serviços de Transportes Aéreos. Neste anexo, está indicada a segunda espécie de serviço ao qual o GATS não se aplica: os direitos de tráfego aéreo e os serviços diretamente relacionados. Os direitos de tráfego aéreo são conceituados no § 6º do Anexo:

> **§ 2º – O Acordo, inclusive suas disposições sobre solução de controvérsias, não se aplicará a medidas que afetem:**
>
> **a) os direitos de tráfego [aéreo], seja qual for a forma em que sejam outorgados; ou**
>
> **b) os serviços diretamente relacionados ao exercício dos direitos de tráfego, salvo o disposto no § 3º do presente Anexo.**
>
> **(...)**
>
> **§ 6º – Definições**
>
> **(...)**
>
> **d) por "direitos de tráfego" se entendem direitos de os serviços regulares e não regulares operarem e/ou transportarem passageiros, carga e correio, mediante remuneração ou aluguel a partir de, para, dentro ou sobre o território de um Membro, incluindo-se os pontos a serem servidos, as rotas a serem operadas, os tipos de tráfego a serem realizados, a capacidade a ser oferecida, as tarifas aplicáveis e sob que condições, e os critérios de designação das empresas aéreas, inclusive os critérios quanto ao número, a propriedade e o controle.**

Os direitos de tráfego aéreo não são liberalizados por meio do GATS pelo fato de existirem outras convenções internacionais tratando da referida liberalização. Há, por exemplo, a Convenção sobre Aviação Civil Internacional (Convenção de Chicago) e o Acordo Relativo ao Trânsito dos Serviços Aéreos Internacionais, ambos de 1944. O Acordo, que foi definido como um modelo para tratados bilaterais.[1] prevê as chamadas "Liberdades do Ar", tais como a liberdade de sobrevoar o território de outro país sem necessidade de pousar e o direito de fazer escalas técnicas, sem necessidade de embarcar ou desembarcar passageiros.

[1] Vide, por exemplo, os decretos brasileiros nºs 1.180/1994, 3.120/1999, 6.058/2007.

5.2.2. Modos de Prestação de Serviços

Como o GATS é um acordo que regulamenta comércio internacional de serviços, é obrigatório que o serviço transponha a fronteira? Antes da resposta, cabe analisar os quatro modos de prestação de um serviço internacional:

a) desenvolvimento no país exportador (vendedor do serviço) e remessa para o país importador (comprador). É o caso, por exemplo, de um projeto encomendado por uma firma alemã para uma firma brasileira de engenharia, que aqui desenvolve o trabalho e posteriormente o envia para a Alemanha.

b) desenvolvimento e entrega no país exportador. Por exemplo, a firma norte-americana manda publicar, em jornal de grande circulação no Brasil, uma propaganda comercial. O serviço de publicidade será prestado no Brasil (vendedor do serviço).

c) desenvolvimento e entrega no país importador, esta por intermédio de pessoa jurídica. É, por exemplo, o caso de uma sucursal nos EUA de uma firma brasileira, que presta serviços para firmas norte-americanas nos EUA (compradores do serviço).

d) desenvolvimento e entrega no país importador, esta por intermédio de pessoa física. É, por exemplo, o serviço de assistência técnica que a indústria norte-americana presta à firma brasileira que lhe comprou algumas máquinas. A assistência técnica será promovida por um especialista norte-americano que vai passar alguns dias no Brasil (comprador do serviço), treinando os funcionários da firma brasileira, até que estejam aptos a usar corretamente as máquinas compradas.

O GATS prevê, no art. I, § 2º, que ele deve ser cumprido pelos países independentemente do modo de prestação do serviço.

5.2.3. Principal Diferença do GATS em Relação ao GATT

No texto do GATS encontram-se disposições muito parecidas com as existentes no GATT. Por exemplo, no GATS há a Cláusula da Nação Mais Favorecida (art. II), que dispõe que todo benefício dispensado aos serviços e prestadores de serviços de um país deve ser imediata e incondicionalmente estendido aos serviços e prestadores de serviços dos demais países-membros da OMC. Um outro exemplo é a permissão para os países-membros imporem barreiras ao comércio de serviços quando houver problemas de balanço de pagamentos (art. XII) ou para proteção da saúde humana, animal e vegetal (art. XIV).

Apesar das semelhanças, o GATS e o GATT possuem uma diferença primordial. No GATT, as regras de liberalização foram impostas para todos os tipos de bens, permitindo-se exceções para alguns deles, como os bens agrícolas (art. XII), bens de patrimônio histórico (art. XX) e armas (art. XXI). Portanto, no GATT, a regra é a liberalização comercial, mas exceções são permitidas.

Já no GATS, as obrigações dos países-membros foram divididas em dois blocos: "Parte II – Obrigações e Disciplinas Gerais" (arts. II a XV) e "Parte III – Compromissos Específicos" (arts. XVI a XVIII). As regras de liberalização comercial dispostas na Parte II valem para todos os serviços dos países, permitindo-se algumas exceções. É análogo ao GATT.

A diferença está na Parte III. Nela, as regras de liberalização comercial só valem para os setores de serviços listados pelos países. O principal artigo, que ilustra bem essa diferença, é o art. XVI – Acesso a Mercados:

Art. XVI – Acesso a Mercados

No que respeita ao acesso aos mercados segundo os modos de prestação identificados no Art. I [nota do autor: os quatro modos analisados no tópico anterior], cada Membro outorgará aos prestadores de serviços e aos serviços dos demais Membros um tratamento não menos favorável que o previsto sob os termos, limitações e condições **acordadas especificadas em sua lista**.

...

Pelo art. XVI, os países assumiram o compromisso com a derrubada das barreiras,[2] mas **apenas** em alguns setores especificados em sua lista. Cada país deveria montar uma lista com os serviços para os quais ele se propunha a derrubar as barreiras. É o que dispõe o art. XX do GATS:

Art. XX – Listas de Compromissos Específicos

I. Cada Membro indicará em uma lista os compromissos específicos assumidos em conformidade com a Parte III do presente Acordo. Com respeito a setores em que tais compromissos são assumidos, cada lista especificará:

a) os termos, limitações e condições relativas ao acesso a mercados;

b) as condições e qualificações relativas ao tratamento nacional;

c) as obrigações relativas aos compromissos adicionais;

---

[2] A abertura dos mercados por meio da liberalização comercial é chamada de "Acesso a Mercados".

> d) a data da entrada em vigor de tais compromissos.
>
> (...)
>
> 3. As listas de compromissos específicos serão anexadas ao presente Acordo e formarão parte integrante do mesmo.

Aí reside a grande diferença da liberalização de bens em comparação com a de serviços. A liberalização no comércio de determinado serviço só é compromisso para os países que incluírem tal serviço na sua lista específica anexada ao GATS. Já a liberalização do comércio de bens se aplicaria a todos os bens, salvo algumas exceções já exemplificadas no início deste tópico.

A título de curiosidade, a lista brasileira anexada ao GATS se encontra no Decreto nº 1.355/1994 e nela consta, por exemplo, que a participação estrangeira nas empresas de publicidade é limitada a 49% do capital das empresas estabelecidas no Brasil. Outro exemplo constante na lista é em relação aos serviços de arquitetura prestados por empresas estrangeiras no território brasileiro: elas devem se unir a empresas brasileiras sob a forma de consórcio, ficando a direção com o sócio brasileiro. A lista trata dos mais variados serviços, divididos nos seguintes setores: Serviços Empresariais, Serviços de Comunicações, Serviços de Construção e de Engenharia, Serviços de Distribuição, Serviços Financeiros, Serviços de Turismo e Viagens e Serviços de Transportes.

5.2.4. Obrigações Gerais dos Membros

As principais obrigações gerais se encontram na Parte II do GATS:

1) **Art. II – Tratamento da Nação Mais Favorecida (NMF)**: todo benefício dispensado aos serviços e prestadores de serviços de um país deve ser imediata e incondicionalmente estendido aos serviços e prestadores de serviços dos demais países-membros da OMC. A NMF admite exceções, podendo excepcionalmente ser descumprida: "um membro poderá manter uma medida incompatível com o § 1º [NMF], desde que a mesma esteja listada e satisfaça as condições do Anexo sobre Isenções do Art. II."
2) **Art. III – Transparência**: cada membro deve publicar prontamente e, salvo em condições emergenciais, pelo menos até a data de entrada em vigor, todas as medidas relevantes de aplicação geral pertinentes ao presente Acordo ou que afetem sua operação.

3) **Art. V – Integração Econômica**: permite-se a celebração de acordos regionais em que as vantagens negociadas entre os membros não precisam ser estendidas para os países não membros.
4) **Art. XII – Restrições para Proteger o Balanço de Pagamentos**: situação análoga à prevista no GATT, ou seja, "em caso de existência ou ameaça de sérias dificuldades financeiras externas ou de balanço de pagamentos, um Membro poderá adotar ou manter restrições sobre o comércio de serviços em relação ao qual tenha assumido compromissos específicos, inclusive sobre pagamentos ou transferências para transações relacionadas com tais compromissos. É reconhecido que determinadas pressões sobre o balanço de pagamentos de um Membro em processo de desenvolvimento econômico ou de transição econômica podem tornar necessária a utilização de restrições para lograr, entre outras coisas, a manutenção de um nível de reservas financeiras suficiente para a implementação de seu programa de desenvolvimento econômico ou de transição econômica".
5) **Art. XIII – Compras Governamentais**: as compras de serviços por parte dos governos "para fins de uso oficial que não sejam destinados à revenda comercial ou que possam ser utilizados para a prestação de serviços destinados à venda comercial" não precisam observar a Cláusula da Nação Mais Favorecida, nem o Princípio do Tratamento Nacional, nem o compromisso de Acesso a Mercados.
6) **Art. XIV – Exceções Gerais**: os países podem adotar medidas que visem, principalmente:
   i. Proteger a moral ou manter a ordem pública;
   ii. Proteger a vida e a saúde humana, animal e vegetal;
   iii. Assegurar o cumprimento das leis e regulamentos compatíveis com o acordo.
7) **Art. XIV bis – Exceções Relativas à Segurança**: os países podem impor barreiras ao comércio de serviços por interesses essenciais de segurança.
8) **Art. XV – Subsídios**: os países assumiram o compromisso de não distorcerem o comércio de serviços via concessão de subsídios.

5.2.5. Compromissos Específicos dos Membros

Cada país possui uma lista própria de serviços, conforme consta no art. XX, analisado anteriormente. Alguns compromissos existem somente para os serviços incluídos na lista e, por isso, são chamados de compromissos específicos. Estes se encontram na Parte III do GATS, que possui apenas três artigos, sendo que o de número XVI – **Acesso a Mercados** já foi analisado no tópico 5.2.3.

O outro relevante compromisso específico aparece no art. XVII, que dispõe sobre o **Princípio do Tratamento Nacional**: para os setores de serviços incluídos na sua lista, o país signatário do GATS assumiu o compromisso de não favorecer o serviço nacional, discriminando o serviço estrangeiro. Assim, em tese, um governo não poderia, em relação aos serviços prestados pelos bancos estrangeiros instalados em seu território, tributar mais do que os serviços prestados pelos bancos domésticos. Nem poderia cobrar mais imposto sobre os seguros contratados no exterior do que o cobrado sobre os seguros contratados com seguradoras domésticas. Mas, deve-se frisar, este compromisso só vale para os serviços que o país incluir em sua lista.

Como vimos anteriormente, nos compromissos da Parte III se encontra a principal diferença do GATS em relação ao GATT. Por exemplo, no GATT, o Princípio do Tratamento Nacional[3] vale, em regra, para todos os bens. No GATS, o princípio vale apenas para os serviços listados pelo país.

5.3. ACORDO SOBRE ASPECTOS DOS DIREITOS DE PROPRIEDADE INTELECTUAL RELACIONADOS AO COMÉRCIO (TRIPS)

O acordo de TRIPS (*Agreement on Trade-Related Aspects of Intellectual Property Rights*), mais conhecido como o Acordo sobre Propriedade Intelectual, foi criado na Rodada Uruguai e entrou em vigor em 1º de janeiro de 1995, junto com a OMC.

Ele é, em última análise, um acordo por meio do qual os países-membros da OMC assumiram o compromisso de protegerem os direitos estrangeiros de propriedade intelectual dentro dos seus respectivos territórios.

Em outras palavras, a partir deste acordo, a Holanda, a Espanha e cada país-membro da OMC passariam a dar proteção, se já não dessem antes, às patentes dos demais países, e também às marcas, aos direitos dos autores, aos desenhos

[3] O Princípio do Tratamento Nacional também é previsto no GATT, no art. III, analisado no tópico 3.2.3.

industriais, às indicações geográficas, às topografias de circuito integrado e à informação confidencial.

O acordo pode ser entendido a partir da definição das suas duas principais regras:

1ª) Os países assumiram o compromisso de estender aos direitos de propriedade intelectual estrangeiros a proteção que já concediam aos direitos nacionais. Criou-se o Princípio do Tratamento Nacional no art. 3º. Como exemplo de aplicação, pode-se ver que, no Brasil, pela Lei nº 9.610/1998, o autor brasileiro possui o direito patrimonial sobre a obra durante toda a sua vida, e a proteção continua por mais 70 anos, contados a partir de 1º de janeiro do ano seguinte ao do seu falecimento. Pela aplicação do acordo de TRIPS, esse mesmo prazo de proteção é concedido, no território brasileiro, aos autores estrangeiros e seus herdeiros.

2ª) Foram definidos níveis mínimos de proteção para cada direito de propriedade intelectual. Por exemplo, no acordo consta que as patentes serão protegidas por, pelo menos, 20 anos a contar da data do depósito. Para as marcas definiu-se um prazo mínimo de 7 anos. Caso a lei de um país disponha que a proteção para as patentes nacionais é de 10 anos, haverá uma situação esquisita: as patentes nacionais serão protegidas por 10 anos, mas as estrangeiras, por 20 anos. Em outro exemplo, se a legislação de um país definisse um prazo de proteção de 10 anos para as marcas (caso real do Brasil, conforme dispõe a Lei nº 9.279/1996), sendo um prazo superior ao mínimo estabelecido no acordo de TRIPS (7 anos), o prazo de 10 anos valerá para a proteção tanto das marcas nacionais quanto das marcas estrangeiras.

5.3.1. Disposições Gerais

Antes da análise detalhada de cada um dos sete direitos de propriedade intelectual, vejamos algumas disposições gerais do acordo:

1) A finalidade principal do acordo de TRIPS é promover uma proteção adequada e eficaz dos direitos de propriedade intelectual, como consta no preâmbulo:

Os membros,

Desejando reduzir distorções e obstáculos ao comércio internacional e levando em consideração a necessidade de **promover uma proteção eficaz e adequada** dos direitos de propriedade intelectual e assegurar que as medidas e procedimentos destinados a fazê-los respeitar **não se tornem, por sua vez, obstáculos ao comércio legítimo**;

...

Acordam o que segue:

...

2) A proteção inserida no acordo e assumida como compromisso pelos países é uma proteção mínima, visto que "os membros poderão, mas não estarão obrigados a prover, em sua legislação, proteção mais ampla que a exigida neste acordo ..." (art. 1º). Na legislação brasileira, por exemplo, as marcas estrangeiras têm um prazo de proteção de 10 anos, superior ao mínimo de 7 anos exigido pelo acordo de TRIPS.
3) O art. 4º trata da Cláusula da Nação Mais Favorecida que, em resumo, dispõe que toda vantagem dada por um país A aos direitos de propriedade intelectual do país B deve ser estendida aos direitos de todos os demais países-membros da OMC. Por exemplo, se o Brasil resolve aumentar a proteção para as patentes norte-americanas de 20 para 50 anos, este mesmo prazo deve ser estendido para a proteção das patentes registradas nos demais países.
4) O art. 7º trata objetivamente da finalidade última do acordo:

"A proteção e a aplicação de normas de proteção dos direitos de propriedade intelectual devem contribuir para a promoção da inovação tecnológica e para a transferência e difusão de tecnologia, em benefício mútuo de produtores e usuários de conhecimento tecnológico e de uma forma conducente ao **bem-estar social e econômico** e a um equilíbrio entre direitos e obrigações."

Cabe frisar que, antes do acordo de TRIPS, já existiam acordos internacionais tratando de direitos de propriedade intelectual, os quais não foram revogados pelo acordo de TRIPS, mas, ao contrário, foram expressamente confirmados. São eles: a Convenção de Berna para a Proteção das Obras Literárias e Artísticas (1971), a Convenção de Paris para a Proteção da Propriedade Intelectual (1967), Convenção de Roma – Convenção Internacional para Proteção aos Artistas Intérpretes ou Executantes, aos Produtores de Fonogramas e aos Organismos de Radiodifusão – (1961) e o Tratado sobre a Propriedade Intelectual em Matéria de Circuitos Integrados (1989).

5.3.2. Os Sete Direitos de Propriedade Intelectual

Os direitos de propriedade intelectual cobertos pelo acordo de TRIPS são:

1) direitos de autor (ou direitos autorais)
2) marcas
3) indicações geográficas
4) desenhos industriais
5) topografias de circuitos integrados
6) informação confidencial
7) patentes

Direitos de Autor

Este direito abrange expressões e não ideias, procedimentos, métodos de operação ou conceitos matemáticos. É o que dispõe o art. 9º do acordo.

Sobre o prazo de proteção, assim dispõe o art. 12: "Quando a duração da proteção de uma obra, não fotográfica ou de arte aplicada, for calculada em base diferente à da vida de uma pessoa física, esta duração não será inferior a 50 anos, contados a partir do fim do ano civil da publicação autorizada da obra ou, na ausência dessa publicação autorizada nos 50 anos subsequentes à realização da obra, a 50 anos, contados a partir do fim do ano civil de sua realização."

No caso brasileiro, a proteção dada pela Lei nº 9.610/1998 é por um prazo equivalente à da vida do autor. E a proteção subsiste ainda por setenta anos contados de 1º de janeiro do ano seguinte ao do seu falecimento.

Marcas

O conceito de marca no acordo de TRIPS é "qualquer sinal, ou combinação de sinais, capaz de distinguir bens e serviços de um empreendimento daqueles de outro empreendimento..." O detentor de uma marca tem o direito de exigir dos governos a proteção, evitando que seja usada por terceiros não autorizados.

No acordo de TRIPS, a duração mínima exigida para proteção é de 7 anos. Já no Brasil, como vimos, o prazo de proteção é de 10 anos, superior à exigência internacional.

Indicações Geográficas

As indicações geográficas são aquelas que identificam um produto como originário do território de um membro, ou região ou localidade deste território, quando determinada qualidade, reputação ou outra característica do produto seja essencialmente atribuída à sua origem geográfica (art. 22).

Existem algumas indicações geográficas bastante conhecidas, como as constantes em: vinho **do Porto**, bebida **Champagne**, presunto **de Parma** ou tapete **persa**. Ao se tornar parte no acordo de TRIPS, o Brasil e todos os demais países assumiram o compromisso de não permitirem que firmas nacionais usem essas indicações geográficas em seus produtos. Se alguma firma brasileira começar a produzir um vinho e rotulá-lo como "do Porto", o governo brasileiro está obrigado, por força do acordo de TRIPS, a fazer cessar[4] essa atividade, visto que tal indicação geográfica só pode ser utilizada em vinhos produzidos naquela região de Portugal. Talvez o leitor se lembre de que, no passado, o guaraná da Antarctica se chamava guaraná Champagne. Este nome teve que deixar de ser usado porque Champagne é indicação geográfica que somente pode ser usada pelos produtores daquela região da França.

Obviamente, a indicação geográfica não possui prazo mínimo de proteção como as demais categorias de propriedade intelectual. Seria inusitado dizer que a denominação Champagne tem um prazo de proteção de 5, 10 ou 20 anos. Enquanto aquela região da França se chamar Champagne (provavelmente até o fim do mundo), a proteção está assegurada.

Desenhos Industriais

O conceito de desenhos industriais não aparece no acordo de TRIPS, mas pode ser buscado na lei brasileira nº 9.279/1996: "Considera-se desenho industrial a forma plástica ornamental de um objeto ou o conjunto ornamental de linhas e cores que possa ser aplicado a um produto, proporcionando resultado visual novo e original na sua configuração externa e que possa servir de tipo de fabricação industrial."

Os governos dos países-membros da OMC não podem permitir que os desenhos dos automóveis e outros bens produzidos nos demais países sejam copiados pelas firmas domésticas, como infelizmente tem ocorrido.[5]

---

[4] Cessação pela via administrativa ou pela via judicial.

[5] Notícia no jornal O Estado de São Paulo, de 14 de setembro de 2007: "Protestos das montadoras alemãs Mercedes-Benz e BMW não impediram a presença, no Salão Internacional do Automóvel de Frankfurt, de veículos chineses cujos fabricantes foram acusados de plágio e violação de propriedade intelectual. Dos três veículos citados pelos fabricantes alemães, dois estão expostos no evento e serão vendidos no mercado europeu. 'Nós não gostamos nem um pouco', disse o presidente da BMW, Norbert Reithofer."

O prazo mínimo de proteção exigido internacionalmente para os desenhos industriais é de 10 anos, idêntico ao mínimo previsto na lei brasileira já citada, a qual permite ainda algumas prorrogações.

Topografias de Circuitos Integrados

O conceito de topografia não consta no acordo de TRIPS, mas a lei brasileira nº 11.484/2007 assim dispõe: "Topografia de circuitos integrados significa uma série de imagens relacionadas, construídas ou codificadas sob qualquer meio ou forma, que represente a configuração tridimensional das camadas que compõem um circuito integrado, e na qual cada imagem represente, no todo ou em parte, a disposição geométrica ou arranjos da superfície do circuito integrado em qualquer estágio de sua concepção ou manufatura." A mesma lei define que a proteção será concedida por 10 anos contados da data do depósito do pedido de registro junto ao INPI (Instituto Nacional de Propriedade Industrial), sendo igual ao prazo mínimo exigido pelo acordo de TRIPS.

Informação Confidencial

A informação confidencial também é um direito a ser preservado. O acordo de TRIPS impõe aos países que respeitem o direito que possuem as pessoas físicas e jurídicas de evitarem que suas informações confidenciais "sejam divulgadas, adquiridas ou usadas por terceiros, sem seu consentimento e de maneira contrária a práticas comerciais honestas". Fica ainda determinado que os países, caso exijam das pessoas físicas e jurídicas a apresentação de dados confidenciais "como condição para aprovar a comercialização de produtos farmacêuticos ou de produtos agrícolas químicos que utilizem novas entidades químicas", irão proteger os dados recebidos contra seu uso comercial desleal.

Patentes

Dispõe o acordo que "qualquer invenção, de produto ou de processo, em todos os setores tecnológicos, será patenteável, desde que seja nova, envolva um passo inventivo e seja passível de aplicação industrial". Os países podem considerar como não patenteáveis invenções cuja exploração em seu território seja necessário evitar para proteger a ordem pública, a moralidade, a saúde humana, animal ou vegetal ou o meio ambiente.

O acordo internacional dispõe que a vigência da patente não será inferior a um prazo de 20 anos, contados a partir da data do depósito. A lei brasileira nº 9.279/1996 define que o prazo de vigência da patente é de exatos 20 anos, contados a partir da data do depósito.

Na seção do acordo de TRIPS referente a patentes, existe a previsão de **licenciamento compulsório**, que não se confunde com a **quebra de patente**, como veremos. O art. 31 do acordo permite o licenciamento compulsório, desde que esteja previsto na legislação interna do país e que sejam respeitadas várias condições, sendo as principais:

a) O licenciamento compulsório só poderá ser permitido se o usuário tiver previamente buscado obter autorização do titular, em termos e condições comerciais razoáveis, e que esses esforços não tenham sido bem-sucedidos num prazo razoável. Essa condição pode ser dispensada por um Membro em caso de emergência nacional ou outras circunstâncias de extrema urgência ou em casos de uso público não comercial; e

b) O titular da patente será adequadamente remunerado nas circunstâncias de cada uso, levando-se em conta o valor econômico da autorização.

O art. 31 do acordo de TRIPS foi, por exemplo, invocado pelo governo brasileiro, em 2007, ao licenciar compulsoriamente o remédio Efavirenz, usado no combate à AIDS. O laboratório norte-americano Merck aplicava uma política de preços que gerava enormes distorções como a seguinte: O Brasil, tratando cerca de 75.000 pessoas, comprava o medicamento a US$ 1,59/comprimido, enquanto a Tailândia, tratando cerca de 17.000 pessoas, conseguia o preço de US$ 0,65/comprimido. Após propor pagar o mesmo preço que a Tailândia e não obter sucesso, o governo brasileiro declarou o interesse público, para aguardar nova proposta da Merck. Considerada insuficiente, o governo declarou licenciada a patente do remédio, ou seja, a partir daí, terceiros poderiam explorar a patente sem o consentimento da Merck. Inicialmente, não havendo ainda produção interna, o Brasil passou a importar o medicamento genérico de laboratórios indianos, pré-qualificados pela Organização Mundial de Saúde. Em fevereiro de 2009, a Fundação Oswaldo Cruz passou a produzir o remédio. Para respeitar o acordo de TRIPS, o governo brasileiro paga à Merck royalties de 1,5% quando adquire o remédio qualquer que seja o vendedor. Para esses casos, os royalties sugeridos pela Organização Mundial de Saúde variam entre 0,5% a 4%.

A quebra de patente se diferencia do licenciamento compulsório, por ser um rompimento do acordo de TRIPS e, logicamente, por não prever pagamento de royalties ao detentor da patente. Em suma, a quebra de patente é ilegal.

5.4. ACORDO SOBRE MEDIDAS DE INVESTIMENTO RELACIONADAS AO COMÉRCIO (TRIMS)

O acordo de TRIMS (*Agreement on Trade-Related Investment Measures*) foi criado na Rodada Uruguai e entrou em vigor em 1º de janeiro de 1995, juntamente com a OMC.

Inicialmente, cabe frisar que o acordo de TRIMS se encontra no anexo 1A do Acordo Constitutivo da OMC, ou seja, é um acordo sobre o comércio de bens. Objetiva, conforme consta no preâmbulo, "facilitar o investimento através das fronteiras internacionais, a fim de aumentar o crescimento econômico de todos os parceiros comerciais, em particular dos países em desenvolvimento, garantindo ao mesmo tempo a livre competição".

O art. 2º resume todo o acordo:

Art. 2º – Tratamento Nacional e Restrições Quantitativas

1. Sem prejuízo de outros direitos e obrigações sob o GATT 1994, nenhum membro aplicará qualquer medida de investimento relacionada ao comércio de bens ("TRIM") incompatível com as disposições do art. III ou do art. XI do GATT 1994.
2. Uma lista ilustrativa de TRIMS incompatíveis com a obrigação de tratamento nacional prevista no § 4º do art. III do GATT 1994 e com a obrigação de eliminação geral de restrições quantitativas prevista no § 1º do art. XI do GATT 1994 se encontra no Anexo ao presente Acordo.

O art. 2º define que as normas governamentais acerca de investimentos relacionados ao comércio de bens devem observar o disposto nos arts. III (Princípio do Tratamento Nacional ou Princípio da Não Discriminação) e XI (Eliminação das Restrições Quantitativas) do GATT, ou seja, as medidas impostas sobre os investimentos não podem ser discriminatórias nem impor limitações de quantidade.

À primeira vista, quando se fala em investimentos no país, alguns podem pensar, por exemplo, nos recursos investidos para se comprar uma firma brasileira ou aumentar filiais no Brasil, na forma de Investimento Direto, ou mesmo para adquirir ações, como investimento em portfólio. As duas formas de investimento são registradas no Balanço de Pagamentos. Portanto, um acordo que venha impor regras relativas a investimentos pode levar à ideia de não se poder discriminar nem restringir a entrada no Brasil de capital de investidores.

Entretanto, como se pode constatar por meio da "lista ilustrativa" citada no § 2º do art. 2º, o acordo trata das importações de **bens** voltados para investimentos das empresas e não da entrada de dinheiro no país. Essa interpretação pode ser ainda reforçada pelo fato de que, em Economia, comprar insumos e máquinas é sinônimo de investir. Não é à toa que o acordo de TRIMS é um acordo constante no Anexo 1A que trata do comércio de **bens**.

Portanto, o acordo, em resumo, dispõe que não pode ser discriminada nem restringida a importação de bens voltados para investimento produtivo. Para não ferir o art. XI do GATT, os países não podem restringir a aquisição de insumos ou bens de capital estrangeiros. Por exemplo, o governo brasileiro não pode criar leis dispondo que só obterão um benefício fiscal as firmas brasileiras que deixarem de importar insumos ou que diminuírem as importações de máquinas. Leis desse tipo restringem importações de maneira indireta e evidenciam medidas protecionistas não toleradas pelo GATT.

Para não ferir o art. III do GATT, os países também não podem criar normas que discriminem a utilização interna de bens importados. Por exemplo, se o governo alemão cria uma lei dispondo que um benefício fiscal só será concedido às firmas do país que usarem insumos alemães em sua produção, estará havendo discriminação contra os insumos estrangeiros.

Não se pode confundir o art. III com o art. XI: se o país descumprisse o art. XI, ele estaria restringindo a entrada de bens estrangeiros; se o país estivesse descumprindo o art. III, ele não estaria restringindo a entrada, mas a sua utilização interna, ou seja, um país descumpre o art. III deixando os bens importados entrarem para depois os discriminar.

Segue a "lista ilustrativa" mencionada:

---

1. As TRIMS incompatíveis com a obrigação de tratamento nacional prevista no § 4º do **Art. III** do GATT 1994 incluem as mandatórias ou aquelas aplicáveis sob a lei nacional ou decisões administrativas, ou cujo cumprimento é necessário para se obter uma vantagem e que **determinam**:

a) que uma empresa **adquira ou utilize** produtos de origem nacional ou de qualquer fonte nacional especificadas em termos de produtos individuais, em termos de volume ou valor de produtos, ou em termos de uma proporção do volume ou valor de sua produção local;

b) que a **aquisição ou utilização** de produtos importados por uma empresa limite-se a um montante relacionado ao volume ou valor de sua produção local.

2. As TRIMs incompatíveis com a obrigação de eliminação geral das restrições quantitativas prevista no § 1º do Art. XI do GATT 1994 incluem as mandatórias, aquelas aplicáveis sob a lei nacional ou mediante decisões administrativas, ou aquelas cujo cumprimento é necessário para se obter uma vantagem e que **restringem**:

a) a **importação** por uma empresa de produtos utilizados ou relacionados com sua produção local em geral ou a um montante relacionado ao volume ou valor de sua produção local destinada à exportação;

b) a **importação** por uma empresa de produtos utilizados em sua produção local ou relacionados com a mesma mediante a restrição de seu acesso a divisas estrangeiras em um montante equivalente à entrada de divisas estrangeiras atribuíveis a essa empresa;

c) a **exportação** ou venda para exportação de produtos por uma empresa, restrição especificada em termos de produtos individuais, em termos de volume ou valor de produtos, ou em termos de uma proporção do volume ou valor de sua produção local.

5.5. ACORDO SOBRE MEDIDAS SANITÁRIAS E FITOSSANITÁRIAS (SPS) E ACORDO SOBRE BARREIRAS TÉCNICAS AO COMÉRCIO (TBT)

Como dispõe o art. XX do GATT, os países podem impor barreiras comerciais com o intuito de proteger a saúde e a vida das pessoas, animais e vegetais. Nesse sentido, na Rodada Uruguai foram criados dois acordos internacionais: o Acordo sobre Medidas Sanitárias e Fitossanitárias (*Sanitary and Phytosanitary Measures Agreement* – SPS) e o Acordo sobre Barreiras Técnicas ao Comércio (*Technical Barriers to Trade Agreement* – TBT). Tais acordos substituíram o *Standards Code* (Código de Padrões) criado na Rodada Tóquio.

Em linhas gerais, pode-se dizer que o SPS e o TBT permitem que os países criem suas próprias barreiras comerciais, mas elas não podem ser discriminatórias[6] nem restrições disfarçadas ao comércio internacional e devem, na medida do possível, ser baseadas em normas internacionais. Encontram-se tais disposições nos preâmbulos e artigos de ambos os acordos, mas, por desnecessário, são transcritos apenas trechos do SPS:

[6] Aplica-se o Princípio do Tratamento Nacional, presente em ambos os acordos.

Os Membros,

Reafirmando que **nenhum Membro deve ser impedido** de adotar ou aplicar medidas necessárias à proteção da vida ou da saúde humana, animal ou vegetal, desde que tais medidas não sejam aplicadas de modo a constituir **discriminação arbitrária ou injustificável** entre Membros em situações em que prevaleçam as mesmas condições, ou uma **restrição velada ao comércio internacional**;

(...)

Desejando estimular o uso de medidas sanitárias e fitossanitárias entre os Membros, **com base em normas, guias e recomendações internacionais** elaboradas pelas organizações internacionais competentes, entre elas a Comissão do Codex Alimentarius, o Escritório Internacional de Epizootias e as organizações internacionais e regionais competentes que operam no contexto da Convenção Internacional sobre Proteção Vegetal, sem que com isso se exija dos Membros que modifiquem seu nível adequado de proteção da vida e saúde humana, animal ou vegetal;

(...)

Acordam o seguinte:

(...)

O SPS e o TBT possuem outras características comuns:

1) As normas não podem discriminar injustificadamente os produtos importados de dois países distintos (Cláusula da Nação Mais Favorecida).
2) O Princípio da Equivalência consiste em os países-membros da OMC aceitarem as medidas sanitárias, fitossanitárias e técnicas dos demais países como equivalentes às suas. Por exemplo, consideremos que os governos alemão e francês imponham normas sanitárias distintas na produção de carne. Obviamente, o objetivo tanto das normas alemãs quanto das francesas é resguardar a saúde do consumidor local, sendo, portanto, equivalentes. Digamos que uma firma alemã produza carnes cumprindo as normas sanitárias alemãs. Ainda que não cumpra as normas sanitárias francesas, a França permitirá a importação da carne alemã, por considerar que o objetivo final, que é a proteção à saúde humana, ficou garantido com o cumprimento das equivalentes normas da Alemanha.
3) Pelo Princípio da Transparência, os países-membros da OMC assumiram o compromisso de publicar todos os regulamentos sanitários, fitossanitários e técnicos com razoável antecedência em relação à

respectiva entrada em vigor, para que haja tempo de adaptação por parte dos demais países.

O SPS e o TBT também possuem diferenças entre si:

1) Pela leitura dos preâmbulos, percebe-se que as medidas sanitárias e fitossanitárias permitidas pelo SPS têm por objetivo tão somente a "proteção da vida ou da saúde humana, animal ou vegetal", ao passo que as barreiras técnicas permitidas pelo TBT podem ser usadas para assegurar a qualidade das exportações, para proteger o meio ambiente, os interesses essenciais de segurança, a vida ou saúde humana, animal ou vegetal ou, ainda, para prevenir práticas enganosas.
2) Pelo art. 2º do SPS, exige-se justificativa científica para a criação e manutenção das medidas sanitárias e fitossanitárias. Essas medidas não poderão ser criadas sem um estudo científico que comprove a sua necessidade.[7] No acordo TBT, a justificativa científica é apenas uma das informações que podem ser levadas em consideração para a criação da barreira técnica, tendo em vista que os atos, por exemplo, de prevenir práticas enganosas obviamente dispensam justificativas científicas.

Normas Brasileiras

Em consulta à legislação da Agência Nacional de Vigilância Sanitária – ANVISA – órgão subordinado ao Ministério da Saúde, verifica-se que devem ser cumpridas normas **sanitárias** nas importações de medicamentos, cosméticos, perfumes, produtos de higiene, alimentos, saneantes, produtos médicos e produtos de diagnóstico *in vitro*.

Também o Ministério da Agricultura, Pecuária e Abastecimento, por meio do Sistema de Vigilância Agropecuária Internacional – VIGIAGRO – define normas **sanitárias** a serem observadas na importação e na exportação dos seguintes bens: animais (vivos ou não), produtos do reino animal e produtos destinados

[7] Excepcionalmente, uma norma sanitária ou fitossanitária pode ser criada sem a comprovação científica de sua necessidade, mas, neste caso, a criação deve estar condicionada à existência de informações pertinentes disponíveis em organizações internacionais ou em outros países-membros, comprometendo-se o país a buscar informações complementares para realizar uma avaliação mais objetiva do risco. São medidas preliminares adotadas por questão de prudência.

à alimentação animal. Define também normas **fitossanitárias** na importação e na exportação de plantas, partes e seus produtos, embalagens de madeira, agrotóxicos, fertilizantes e afins, derivados da uva e produtos de origem vegetal destinados à alimentação animal.

Já em relação às **barreiras técnicas**, a ABNT (Associação Brasileira de Normas Técnicas) define várias normas. Por exemplo, os brinquedos importados devem observar algumas características de segurança. Também as lâmpadas, os plugues e tomadas, entre inúmeros produtos industriais e agropecuários. Além de criar as barreiras técnicas, a ABNT cria também os **procedimentos de avaliação de conformidade**, que são os roteiros a serem seguidos para se verificar se um determinado produto cumpre uma norma técnica. Por exemplo, no procedimento de avaliação de conformidade dos brinquedos, são listados os testes que devem ser feitos sobre o produto para que se conclua que ele cumpre as condições de segurança exigidas na norma técnica.

5.6. ACORDO SOBRE REGRAS DE ORIGEM

Este acordo administrado pela OMC entrou em vigor em 1995 e tem dois objetivos: evitar o uso protecionista das regras de origem e harmonizá-las em nível mundial. Mas, inicialmente, cabe perguntar: o que são tais regras?

5.6.1. Regras de Origem: O que São e para que Servem

As regras de origem são os critérios utilizados para se indicar qual é o país de origem do produto comercializado. Consideremos, por exemplo, uma mercadoria que sofre etapas de industrialização nos países A, B e C, sendo posteriormente exportada para o país D. Qual dos três países será considerado como o de origem da mercadoria? O primeiro, o último, os três? São as regras de origem do país importador que dão a resposta.[8]

Mas para qual finalidade se busca descobrir o país de origem de um produto importado? Ora, em muitos casos, existem barreiras comerciais mais rigorosas em função da origem do bem e, portanto, esta deve ser muito bem investigada.

[8] É importante, desde logo, frisar que a origem de um produto não se confunde com sua procedência. Simplificadamente, o país de origem é o país em que a mercadoria foi produzida, e o país de procedência é aquele de onde vem a mercadoria (esses conceitos podem ser encontrados no art. 557 do Regulamento Aduaneiro – Decreto nº 6.759/2009). Uma mercadoria produzida no país A pode ser exportada para o país B e deste ser exportada para o resto do mundo. Caso importemos o bem, seu país de origem é o país A, sendo B o país de procedência.

Por exemplo, se o Brasil impõe medidas de defesa comercial (analisadas no próximo capítulo) contra brinquedos chineses, o fato de um brinquedo ter sido apenas montado na China permite ao Brasil considerá-lo como chinês para então impor a medida compensatória? E os produzidos metade na Índia metade na China? E os produzidos na China e exportados para o Brasil por intermédio da Tailândia? Devem existir regras objetivas para que se identifique precisamente o país de origem do produto e não se cometam injustiças.

A identificação do país de origem também pode levar a vantagens comerciais. No Mercosul, por exemplo, se o Brasil importa um bem de origem argentina, paraguaia ou uruguaia, não há cobrança de imposto de importação, salvo pouquíssimas exceções a serem analisadas no Capítulo 8. As regras de origem que visam a um tratamento favorecido (preferencial) são chamadas regras preferenciais.

5.6.2. Objetivos do Acordo sobre Regras de Origem

O GATT 1947 não dispôs sobre regras de origem. Por consequência, cada país foi criando suas próprias regras. Consideremos, por exemplo, um bem produzido pelos países A, B e C. O país A industrializa o produto e o vende ao país B por US$ 150,00. O país B recebe o bem, industrializa-o e o vende ao país C por US$ 200,00. O país C o industrializa e exporta por US$ 250,00. Caso o destino do bem seja a Inglaterra e este país identifique a origem como sendo o país que promove a última etapa de industrialização, então o bem será considerado originário do país C. Por outro lado, se o destino do produto for o Canadá e este considerar o país de origem como sendo aquele que tiver a maior participação percentual no bem importado, então o país A, com 60% (=150/250) de participação, será considerado o país de origem.

A disparidade das regras nacionais de origem prejudicava o comércio mundial, pois um produtor alemão, ou de qualquer outro país, sempre se preocupava: "Como será que meu produto será tratado pelo governo do país importador? Será que o produto que estou vendendo será considerado de origem alemã pela Inglaterra? E pelos EUA? E pelo Canadá?" Os exportadores do mundo inteiro, desejando auferir benefícios ou se precaver de limitações impostas em função da origem dos bens, precisavam conhecer as regras de origem de todos os países para os quais exportavam. E esse trabalho exaustivo diminuía, ou podia diminuir, o ânimo de potenciais exportadores.

Além da diversidade de regras, notou-se um segundo problema para o comércio mundial: muitas regras de origem escondiam interesses abusivamente protecionistas. Considere, por exemplo, uma hipotética regra criada pelo Brasil e escrita da seguinte forma: "País de origem de um produto é aquele que tenha tido qualquer grau de participação na industrialização deste." Considere também que o Brasil tenha investigado subsídio chinês à produção de brinquedos e, por fim, criado medidas compensatórias contra tais brinquedos. Pela hipotética regra de origem, haveria tantos países de origem do brinquedo quantos fossem os países de origem das suas peças. Assim, um brinquedo inglês produzido com um parafuso chinês seria simultaneamente identificado como chinês e, por isso, seria penalizado com a cobrança de medida compensatória. Esta medida, que deveria ser aplicada apenas aos brinquedos chineses, seria aplicada a todo brinquedo que possuísse qualquer peça chinesa, ainda que esta representasse uma fração ínfima do valor do produto final. Nota-se aí o protecionismo disfarçado: pela aplicação da regra de origem hipotética, brinquedos de diversas origens, não só os genuinamente chineses, passariam a sofrer com a cobrança de medidas compensatórias.

Para se eliminarem os dois problemas, foi criado o Acordo sobre Regras de Origem (ARO), que dispôs, no art. 9º, que a OMC iria trabalhar para a elaboração de regras de origem harmonizadas, a serem utilizadas pelos membros da OMC. Seriam regras do tipo: "Os animais vivos são considerados originários dos países onde tenham nascido" ou "os vegetais são considerados originários dos países onde tenham sido colhidos". Estas regras passariam a ser obrigatoriamente seguidas por todos os signatários do ARO, sendo extintas as regras nacionais que dispusessem sobre a origem desses tipos de bens. É certo também que a montagem de regras universais de origem eliminaria o uso protecionista das regras por parte dos vários países. Tais objetivos podem ser lidos no preâmbulo do ARO:

Os Membros,

(...)

Reconhecendo que a existência de regras de origem claras e previsíveis e sua aplicação **facilitam o fluxo** do comércio internacional;

Desejosos de tomar medidas no sentido de que as regras de origem não criem **obstáculos desnecessários** ao comércio;

(...)

Reconhecendo ser desejável que as leis, regulamentos e práticas relativos às regras de origem sejam transparentes;

Desejosos de tomar medidas no sentido de que as regras de origem sejam elaboradas e aplicadas de forma imparcial, transparente, previsível, consistente e neutra;

(...)

Desejosos de **harmonizar** e tornar claras as regras de origem;

Acordam o seguinte:

(...)

5.6.3. Regras de Origem Preferenciais vs. Não Preferenciais

Como analisado no tópico 5.6.1, as regras de origem **preferenciais** são regras criadas por um país ou um bloco comercial para, ao se identificar a origem do produto, ser concedido um tratamento preferencial. No Mercosul, por exemplo, caso o Brasil conclua que o país de origem de um bem importado é a Argentina, não haverá cobrança de imposto de importação. Identificou-se a origem **para se liberar o comércio**.

Já as regras de origem **não preferenciais** são aplicadas não para se reduzir imposto, mas para fins estatísticos ou até para imposição de barreiras comerciais. Usando o exemplo dos brinquedos chineses: caso o Brasil detecte que a origem de um brinquedo importado é a China, haverá a cobrança de medida compensatória. Neste caso, identificou-se a origem **para se aplicar uma barreira comercial**.

A harmonização das regras de origem será apenas para as não preferenciais, como dispõe o art. 1º transcrito a seguir. A lógica é simples: como as regras de origem preferenciais são usadas para se liberar o comércio, elas não precisam ser "amarradas" ou "engessadas", mas, pelo contrário, elas devem ser estimuladas. Afinal, se dois países quiserem criar centenas de regras preferenciais, estarão fazendo um enorme bem ao liberalismo, pois haverá centenas de possibilidades para se considerar uma mercadoria originária de um país e assim se obter a redução ou eliminação tarifária.

Já as regras de origem não preferenciais devem ter limite, pois, se assim não fosse, o Brasil poderia criar regras absurdas como aquela vista anteriormente: "País de origem de um produto é aquele que tenha tido qualquer grau de participação na industrialização do mesmo."

Segue o art. 1º citado:

Art. 1º – Regras de Origem

§ 1º – Para os fins das Partes I a IV deste Acordo, as regras de origem serão definidas como as leis, regulamentos e determinações administrativas de aplicação geral aplicados por qualquer Membro na determinação do país de origem de mercadorias, **desde que essas regras de origem não estejam relacionadas a regimes comerciais contratuais ou autônomos que prevejam a concessão de preferências tarifárias mais amplas do que os limites de aplicação do § 1º do Art. I do GATT 1994**.

§ 2º – As regras de origem mencionadas no § 1º incluirão todas as regras de origem utilizadas em instrumentos **não preferenciais** de política comercial, como na aplicação de: tratamento de nação mais favorecida no âmbito dos Arts. I, II, III, XI e XIII do GATT 1994; direitos *antidumping* e direitos compensatórios no âmbito do Art. VI do GATT 1994; medidas de salvaguarda no âmbito do Art. XIX do GATT 1994; exigências de marcação de origem no âmbito do Art. IX do GATT 1994; e quaisquer restrições quantitativas discriminatórias ou quotas tarifárias. Incluirão também regras de origem usadas nas compras do setor público e estatísticas comerciais.

Analisando o § 1º, constata-se que toda referência às regras de origem deve ser entendida como referência às regras não preferenciais. Em outras palavras, a harmonização é somente para as regras de origem não preferenciais.

No § 2º são indicados exemplos de aplicação das regras não preferenciais:

i. Cláusula da Nação Mais Favorecida, que dispõe que "todo favor, franquia, imunidade ou privilégio concedido ao produto **originário** de um país deve ser estendido, imediata e incondicionalmente, aos produtos **originários** dos demais países".

   Os produtos serão considerados originários de um ou de outro país a partir da aplicação das regras de origem harmonizadas.

ii. Direitos *antidumping*, direitos compensatórios e salvaguardas: exemplo já analisado. Para se cobrarem medidas *antidumping*, medidas compensatórias e salvaguardas, o país importador tem que identificar o país de origem por meio das regras universais de origem. Assim, não vão poder ser criadas regras nacionais absurdas, como aquela hipotética criada pelo Brasil no exemplo do brinquedo inglês, que seria considerado "chinês" só por causa de um ou dois parafusinhos chineses.

iii. Marcação de origem. Quando compramos um produto importado, seja azeite, seja relógio, ou qualquer outro produto, encontramos, no rótulo ou diretamente no produto, a indicação: "*Made in* ...". Esta é a marcação de origem. Só pode aparecer no produto aquele que seja, de fato, identificado como país de origem, sendo essa identificação feita a partir das regras universais de origem. Não dá para ser liberal neste ponto. Não é possível, por exemplo, produzir um azeite no Brasil e, pingando uma gotinha de azeite português dentro dos 1.000 litros de azeite brasileiro, chamar o produto final de "azeite português", estendendo ao produto brasileiro toda a tradição e a qualidade portuguesas. Por dois motivos, o governo brasileiro não pode ter regras de origem que estimulem ou aceitem essa farsa. Em primeiro lugar, a farsa equivaleria a uma medida protecionista, pois seria diminuída a importação de azeites verdadeiramente portugueses. Em segundo lugar, os consumidores brasileiros seriam enganados. Com regras de origem criadas em nível mundial, identificações fraudulentas de origem seriam evitadas.

iv. O setor público pode discriminar produtos em função de sua origem, como vimos nos tópicos 3.2.8 e 5.2.4, desde que os produtos sejam destinados a consumo do Governo e não para ser usados em bases comerciais. Para fins de apuração do país de origem, devem ser utilizadas as regras de origem harmonizadas.

v. Quantos produtos importamos da Inglaterra? E dos EUA? E da França? Ao apresentarem as estatísticas oficiais, os governos não podem informar erradamente as origens dos bens. Por isso, tais origens devem ser identificadas a partir das regras harmonizadas.

vi. Enfim, em relação às regras não preferenciais, os países devem sempre usar as regras de origem harmonizadas e não regras nacionais que camuflem protecionismo ou que tornem o comércio internacional algo complexo em função da diversidade de regras.

5.6.4. Harmonização das Regras Não Preferenciais

A Parte IV do Acordo sobre Regras de Origem tem por título "Harmonização de Regras de Origem" e é composta unicamente pelo art. 9º.[9] Por meio deste, decidiu-se que o Comitê para Regras de Origem (criado no art. 4º, sendo órgão da OMC) e o Comitê Técnico sobre Regras de Origem (criado a partir do art. 4º, mas sob os auspícios da Organização Mundial das Alfândegas) iriam implementar um programa de trabalho dividido por setor de produtos, representados por capítulos ou seções do Sistema Harmonizado (SH)[10]. Seriam assim criadas, em nível mundial, as regras de origem produto a produto (ou por conjunto de produtos).

---

[9] PARTE IV – HARMONIZAÇÃO DE REGRAS DE ORIGEM

Art. 9º – Objetivos e Princípios

§ 1º – Visando **harmonizar regras de origem** e, *inter alia*, criar um ambiente mais previsível na condução do comércio mundial, a Conferência Ministerial desenvolverá o **programa de trabalho** descrito adiante juntamente com o CCA, com base nos seguintes princípios:

(a) as regras de origem deverão ser igualmente aplicadas para todos os fins estabelecidos no Art. 1º;

(b) as regras de origem deverão prever que o país a ser identificado como a origem de uma determinada mercadoria seja o país onde a mercadoria em questão tenha sido produzida em sua totalidade ou, quando mais de um país estiver envolvido na produção da mercadoria, o país onde a última transformação substancial tenha sido efetuada;

(c) as regras de origem deverão ser objetivas, compreensíveis e previsíveis;

(d) independentemente da medida ou instrumento ao qual possam estar vinculadas, as regras de origem não deverão ser utilizadas como instrumentos para a consecução direta ou indireta de objetivos comerciais. **Não deverão, elas mesmas, criar efeitos restritivos, distorcivos ou desorganizadores do comércio internacional.** Elas não implicarão exigências excessivamente rigorosas e não exigirão a observância de condições não relacionadas à fabricação ou ao processamento como um pré-requisito para a determinação do país de origem. No entanto, custos não diretamente relacionados à fabricação ou ao processamento poderão ser incluídos para fins de aplicação de um critério de percentagem *ad valorem*;

(e) as regras de origem deverão ser administradas de forma consistente, uniforme, imparcial e razoável;

(f) as regras de origem deverão ser coerentes;

(g) as regras de origem deverão basear-se numa regra positiva. As regras negativas poderão ser usadas para fins de esclarecer uma regra positiva.

Programa de Trabalho

§ 2º – (a) O programa de trabalho será iniciado na maior brevidade possível após a entrada em vigor do Acordo Constitutivo da OMC e será concluído três anos após o seu início.

(b) O Comitê e o Comitê Técnico previstos no Art. 4 serão os órgãos adequados para desenvolver esse trabalho.

(...)

[10] O Sistema Harmonizado (SH) é, simplificadamente, uma lista codificada de bens. O sistema foi criado pelo Conselho de Cooperação Aduaneira, atual Organização Mundial das Alfândegas, sendo utilizado atualmente por cerca de 190 países. No SH, cada mercadoria é identificada com um código de seis dígitos, utilizado para facilitar o preenchimento e a conferência das declarações aduaneiras e para aprimorar as estatísticas comerciais. Os dois primeiros dígitos indicam o **capítulo** em que a mercadoria se encontra (por exemplo, o capítulo 01 é o de animais vivos; logo, um bovino vivo importado deve ser declarado com um código que se inicia com os dígitos "01"), os dois dígitos seguintes indicam a **posição** dentro do capítulo ("0101" se refere aos cavalos vivos, "0102", aos bovinos vivos, "0103", aos suínos vivos, etc.), o quinto e o sexto dígitos indicam a **subposição** (o 5º dígito é a subposição simples, o 6º é a subposição composta). Para aprofundamento no estudo do SH, sugiro a leitura de LUZ, Rodrigo. *Comércio Internacional e Legislação Aduaneira*. 3. ed. Campus-Elsevier: Rio de Janeiro, 2009.

O programa de trabalho seria "iniciado na maior brevidade possível após a entrada em vigor do Acordo Constitutivo da OMC" e "concluído três anos após o seu início", ou seja, o prazo final era julho de 1998. Tal prazo chegou a ser prorrogado para novembro de 1999, mas, até o fechamento desta edição, o trabalho ainda estava longe de ser concluído.

Portanto, o período de transição, que deveria durar três anos, já está durando quinze. Mas a falta de regras de origem harmonizadas não significa que as regras atualmente usadas pelos países sejam muito diferentes. Há um certo grau de harmonização desde o momento em que os países assumiram, para o período de transição, os compromissos do art. 2º, o qual analisaremos no próximo tópico.

Pela leitura do art. 9º, podemos identificar as seguintes características das futuras regras de origem harmonizadas:

1) Haverá, no mínimo, os dois seguintes critérios:
   a. Será considerado país de origem aquele que tiver produzido a mercadoria "em sua totalidade"; e
   b. Será considerado país de origem aquele que tiver promovido a "última transformação substancial".[11]

   Portanto, para um país ser considerado o de origem de um produto, não há necessidade de o ter produzido 100%. Por exemplo, se o Brasil importa madeira da África e a usa na produção de uma cama a ser posteriormente exportada, o Brasil será considerado o país de origem da cama, apesar de esta não ser formada exclusivamente por insumos brasileiros.

   Quando se pode considerar que a industrialização promoveu uma "transformação substancial"? O programa de trabalho prevê que o Comitê Técnico deve decidir se a transformação substancial será considerada quando houver mudança na posição ou na subposição tarifária da mercadoria dentro do Sistema Harmonizado.[12]

2) a parte final da alínea (d) indica que as regras harmonizadas poderão também ser definidas com critérios de percentagem *ad valorem*.

---

[11] São expressões equivalentes: "promover uma transformação substancial", "promover o salto tarifário" e "conferir nova individualidade à mercadoria".

[12] Somente se muda a posição ou a subposição de uma mercadoria no Sistema Harmonizado (SH) industrializando-a. A mercadoria passa a ser um novo produto, classificado em um código do SH diferente do inicial. Mudar a posição é passar a ter um novo código de 4 dígitos. Mudar a subposição é passar a ter um novo código de 6 dígitos.

Por exemplo, consideremos que a Holanda, em vez de comprar madeira do Brasil, compre a cama pronta. Em seguida, trabalhe a madeira artesanalmente criando um *design* próprio, embutindo detalhes em ouro. Ora, apesar de não ter havido mudança substancial (a cama continuou sendo uma cama), pode ser criado um critério dispondo, por exemplo, que, se um país agrega mais de 50, 60 ou 70% do valor da exportação, ele será considerado como o país de origem do produto. Mas isto é apenas uma possibilidade a ser explorada opcionalmente pelos Comitês, ao criarem as regras de origem harmonizadas.

3) Os Comitês devem criar um sistema em que as regras de origem sejam definidas de forma positiva, ou seja, os critérios devem ser escritos da seguinte forma: "Um produto *será* considerado originário de um país, se ocorrer uma das seguintes situações: ..."

   Regras negativas são muito imprecisas, por isso as regras de origem não podem ser definidas assim: "Um produto *não será* considerado originário de um país, se ocorrer uma das seguintes situações: ..." Afinal, todos querem saber quando um país "é" origem de um produto, e não quando "não é" origem. A alínea g até admite o uso de regras negativas, mas apenas para ajudar a interpretar as regras positivas.

5.6.5. Regras Não Preferenciais no Período de Transição

Como mencionado, ainda não haviam sido concluídos pelos Comitês, em agosto de 2010, os trabalhos de harmonização de regras de origem não preferenciais. Mas os países assumiram compromissos no art. 2º enquanto durasse o período de transição. Com isso se garantiria o uso de regras de origem razoáveis e sem conotação protecionista:

Art. 2º – Disciplinas Durante o Período de Transição

Até que o programa de trabalho para a harmonização de regras de origem previsto na Parte IV esteja concluído, os Membros assegurarão que:

(a) quando baixarem portarias de aplicação geral, as exigências a serem cumpridas sejam claramente definidas. Em particular:

(i) quando for aplicado o critério de **mudança de classificação tarifária**, essa regra de origem, bem como quaisquer exceções a essa regra, deverão especificar claramente os subtítulos ou títulos da nomenclatura tarifária abrangidos pela regra;

(ii) quando for aplicado o critério da **percentagem *ad valorem***, o método utilizado para calcular essa percentagem deverá também ser indicado nas regras de origem;

(iii) quando for indicado o critério de **operação de fabricação ou processamento**, a operação que confere origem à mercadoria em questão deverá ser especificada com precisão;

(b) independentemente da medida ou instrumento de política comercial ao qual estão vinculadas, as regras de origem **não sejam utilizadas** como instrumentos para a consecução direta ou indireta de objetivos comerciais;

(c) as regras de origem **não criem**, elas mesmas, efeitos restritivos, distorcivos ou desorganizadores do comércio internacional. Elas não implicarão exigências indevidamente rigorosas nem exigirão a observância de condições não relacionadas à fabricação ou ao processamento como um pré-requisito para a determinação do país de origem. No entanto, custos não diretamente relacionados à fabricação ou ao processamento poderão ser incluídos para fins de aplicação de um critério de percentagem *ad valorem* compatível com o disposto no subparágrafo (a);

(d) as regras de origem que se aplicarem às importações e às exportações **não sejam mais rigorosas** do que aquelas aplicadas para determinar se uma mercadoria é nacional ou não e que as mesmas não discriminem entre outros Membros, independentemente da afiliação dos fabricantes da mercadoria em questão;

(e) suas regras de origem sejam administradas de forma consistente, uniforme, imparcial e razoável;

(f) que suas regras de origem sejam baseadas numa **regra positiva**. As regras de origem que definem o que não confere origem (regra negativa) serão permitidas para fins de esclarecimento de uma regra positiva ou em casos individuais em que não seja necessária uma determinação positiva de origem;

(g) suas legislações, regulamentos e normas judiciais e administrativas de aplicação geral relacionadas a regras de origem sejam publicadas como se estivessem sujeitas às disposições do § 1º do Art. X do GATT 1994 e em conformidade com as mesmas;

(h) ...

(i) ao introduzirem mudanças em suas regras de origem ou elaborarem novas regras de origem, essas mudanças não sejam aplicadas retroativamente como previsto em suas leis ou regulamentos e sem prejuízo dos mesmos;

...

Os compromissos assumidos para o período de transição continuam válidos. Vejamos exemplos de aplicação de alguns deles:

1) Item (a).(i): hipoteticamente, a Holanda pode dispor que, para as mercadorias do Capítulo 10 do Sistema Harmonizado, o país de origem será aquele que promover alteração na subposição tarifária (5º e 6º dígitos). Já para as mercadorias do Capítulo 11, a origem será

reconhecida, por exemplo, somente se houver mudança na posição tarifária (3º e 4º dígitos).

2) Item (a).(ii): os EUA podem criar uma regra dispondo que será considerado como país de origem aquele que responder por mais de 50% do valor FOB ("*Free on Board*" – "Livre a Bordo") do produto, ou seja, desconsiderando-se o valor do frete e do seguro. Portanto, as contas devem ser feitas sobre o valor da mercadoria a bordo do navio no porto de embarque, antes de embutidas as duas parcelas citadas.
3) Item (a).(iii): a Inglaterra pode criar uma regra dispondo que o processo de gravação de dados em um *compact disc* (CD) ou o processo de lapidação de uma pedra preciosa confere ao país que o executa a condição de país de origem do produto final.
4) Item (d): por exemplo, se o Brasil considera um produto como sendo alemão por ter sido produzido em mais de 60% na Alemanha, então o Brasil terá que reconhecer como espanhol um produto similar que tenha sido produzido em mais de 60% na Espanha.
5) Item (g): nenhum país pode usar regras de origem secretas, ou seja, não publicadas.
6) Item (i): as mudanças nas regras de origem não podem ser utilizadas retroativamente.

5.6.6. Regras Preferenciais – Compromissos

Apesar de o Acordo sobre Regras de Origem e seu principal objetivo, a harmonização, somente se aplicarem às regras não preferenciais, os países decidiram emitir uma "Declaração Comum sobre Regras de Origem Preferenciais", que consta como Anexo II ao Acordo.

Como vimos, as regras preferenciais não devem ser limitadas ou "engessadas". Por isso, não se quis fazer a harmonização dessas regras. A lógica foi: quanto mais regras preferenciais os países criarem, mais liberalização comercial haverá. Os países assumiram tão somente o compromisso de usarem regras preferenciais transparentes, claras, objetivas, escritas de forma positiva, não retroativas, entre outros compromissos razoáveis:

ANEXO II – DECLARAÇÃO COMUM SOBRE REGRAS DE ORIGEM PREFERENCIAIS

1. Reconhecendo que alguns Membros aplicam regras de origem preferenciais, distintas das regras de origem não preferenciais, os Membros acordam o seguinte.

2. Para os fins da presente Declaração Comum, as regras de origem preferenciais serão definidas como as leis, regulamentos e determinações administrativas de aplicação geral adotadas por qualquer Membro para verificar se determinadas mercadorias poderão ter um **tratamento preferencial** no âmbito de regimes comerciais contratuais ou autônomos que impliquem a concessão de preferências tarifárias mais amplas do que o âmbito de aplicação do § 1º do Art. I do GATT 1994.

3. Os Membros concordam em assegurar que:

(a) quando emitirem determinações administrativas de aplicação geral, as exigências a serem cumpridas sejam claramente definidas, particularmente as seguintes:

(i) quando for aplicado o critério de **mudança de classificação tarifária**, tal regra de origem preferencial, bem como quaisquer exceções da mesma, deverão especificar claramente as posições ou subposições da nomenclatura tarifária abordadas pela regra;

(ii) quando for aplicado o critério de **percentagem *ad valorem***, o método a ser utilizado no cálculo dessa percentagem deverá ser indicado também nas regras de origem preferenciais;

(iii) quando for prescrito o critério de **operação de fabricação ou processamento**, a operação que confere origem preferencial deverá ser especificada com precisão;

(b) suas regras de origem preferenciais sejam baseadas numa **regra positiva**. As regras de origem preferenciais que declaram o que não confere origem preferencial (regra negativa) serão permissíveis como parte do esclarecimento de uma regra positiva ou em casos individuais que uma determinação positiva de origem preferencial não seja necessária;

(c) suas leis, regulamentos e decisões judiciais e administrativas de aplicação geral relativos a regras de origem preferenciais sejam publicados como se estivessem sujeitos às disposições do § 1º do Art. X do GATT 1994 e em conformidade com as mesmas;

(d) ...

(e) ao introduzirem mudanças em suas regras de origem preferenciais ou elaborarem novas regras de origem preferenciais, essas mudanças não sejam aplicadas retroativamente como previsto em suas leis ou regulamentos e sem prejuízo dos mesmos;

...

Nota-se que os compromissos relativos às regras preferenciais são praticamente iguais aos relativos às regras não preferenciais. Entre as diferenças, pode-se destacar que não aparecem nesta Declaração os compromissos para não se usarem as regras de origem como barreiras protecionistas, os quais foram assumidos nas regras não preferenciais. Isto é óbvio já que regras não preferenciais poderiam ser teoricamente usadas para levantar barreiras comerciais, enquanto regras preferenciais são usadas somente para se reduzirem ou eliminarem barreiras.

5.7. SISTEMA DE SOLUÇÃO DE CONTROVÉRSIAS

5.7.1. Considerações Iniciais

Analisaremos neste tópico o sistema de solução de controvérsias definido no Anexo 2 do Acordo Constitutivo da OMC. Mas cabe preliminarmente registrar que, desde 1947, já havia no GATT um procedimento para se resolverem as controvérsias surgidas entre os países signatários.

Da análise dos arts. XXII e XXIII do GATT 1947,[13] nos quais estava indicado o processo de solução de controvérsias, extraem-se suas várias deficiências, dentre as quais se destacam:

---

[13] **Art. XXII – Consultas**

1. Cada Parte Contratante examinará com compreensão as representações que lhe sejam encaminhadas por qualquer outra Parte Contratante e deverá se prestar a consultas a respeito daquelas representações, desde que elas digam respeito a questões relativas à aplicação do presente Acordo.

2. As Partes Contratantes poderão, a pedido de uma das Partes Contratantes, entrar em entendimentos com uma ou várias Partes Contratantes sobre questões para as quais a solução satisfatória não seja alcançada através das consultas previstas no parágrafo primeiro.

Art. XXIII – Proteção de Concessões e Vantagens

1. No caso de uma Parte Contratante considerar que uma vantagem qualquer resultante para ela, direta ou indiretamente, do presente Acordo, está sendo anulada ou reduzida, ou que um dos objetivos do Acordo está sendo dificultado, em consequência:

(a) do não cumprimento por outra Parte Contratante dos compromissos assumidos pela mesma em virtude do presente Acordo;

(b) da aplicação por outra Parte Contratante de uma medida, contrária ou não às disposições do presente Acordo; ou

(c) da existência de qualquer outra situação,

dita Parte Contratante, a fim de obter solução satisfatória para a questão, poderá dirigir representações ou propostas por escrito à outra ou outras Partes Contratantes que lhe parecerem interessadas. Qualquer Parte Contratante, por essa forma interpelada, examinará, com boa vontade, as representações ou propostas que lhe tenham sido dirigidas.

2. Se as Partes Contratantes interessadas não chegarem a um Acordo satisfatório dentro de um prazo razoável, ou se a dificuldade for uma das previstas no § 1º, (c), deste artigo, a questão poderá ser submetida às Partes Contratantes. As Partes Contratantes iniciarão, sem demora, uma investigação sobre qualquer assunto que lhes seja submetido e, se julgarem conveniente, dirigirão recomendações especiais e apropriadas às Partes Contratantes que julguem interessadas, ou baixarão normas sobre a questão. As Partes Contratantes, quando acharem necessário, poderão efetuar consultas com as outras Partes Contratantes, com o Conselho Econômico e Social das Nações Unidas e com qualquer outra organização intergovernamental competente. Se elas consideram que as circunstâncias são **suficientemente graves** para justificar uma tal medida, poderão autorizar uma ou várias Partes Contratantes a suspender, com respeito a tal outra ou tais outras Partes Contratantes, a aplicação de qualquer concessão ou outra obrigação resultantes do Acordo Geral cuja suspensão justificada elas examinarão, levando em conta as circunstâncias. Se uma tal concessão ou outra obrigação for efetivamente suspensa com respeito a uma Parte

1) Não havia prazos fixados para as etapas de solução da controvérsia;
2) Pela inexistência de prazos, era comum o procedimento ser bloqueado indefinidamente;
3) O sistema de sanções aos que infringissem o GATT era muito frágil, pois somente se as partes contratantes considerassem que as circunstâncias eram "suficientemente graves", poderiam permitir a sanção, que deveria ser previamente avaliada. Havia muita subjetividade e isso tornava corriqueiras a não aceitação e a não adoção das decisões tomadas; e
4) Não havia previsão de apelação, ou seja, o caso era decidido em instância única. Caso o país não aprovasse a sanção autorizada contra ele, sugeria-se que ele poderia denunciar o GATT, ou seja, "não gostou, pode sair", o que, convenhamos, não é uma política multilateral eficiente.

Para sanar tantas deficiências, decidiu-se pela criação do "Entendimento relativo às normas e procedimentos sobre solução de controvérsias", que entrou em vigor em 1º de janeiro de 1995, juntamente com a OMC.

O novo sistema de solução de controvérsias, publicado como Anexo 2 do Acordo Constitutivo da OMC, tem por escopo as divergências entre países no que se refere aos acordos administrados pela OMC. Portanto, caso o Brasil reclame que os EUA estão descumprindo o Acordo sobre Agricultura, o procedimento a ser adotado para se resolver a controvérsia é o mesmo que se adotará se os EUA reclamarem que o Japão está descumprindo o Acordo sobre Propriedade Intelectual (TRIPS). Em suma, o direito processual a ser aplicado às controvérsias surgidas entre os países é o mesmo para os vários acordos comerciais multilaterais.

Deve-se notar ainda que, no texto de muitos destes acordos, existem disposições especiais ou adicionais sobre solução de controvérsias. Por exemplo, no art. 11, § 2º, do Acordo sobre Medidas Sanitárias e Fitossanitárias (SPS), está escrito:

Contratante, será permitido à referida Parte Contratante, no prazo de 60 dias, a contar da data da aplicação desta suspensão, notificar por escrito ao Diretor-Geral das Partes Contratantes sua intenção de **denunciar o Acordo geral**; esta denúncia se efetivará ao término do prazo de 60 dias, contados a partir da data em que o Diretor-Geral das Partes Contratantes tiver recebido a aludida notificação.

No caso de controvérsia sob este Acordo [SPS] envolvendo temas técnicos ou científicos, um grupo especial deverá buscar assessoria de peritos escolhidos pelo grupo especial, em consulta com as partes envolvidas na disputa.

Tais disposições especiais ou adicionais são reconhecidas e aceitas no Entendimento sobre Solução de Controvérsias. Aplica-se o procedimento geral do Anexo 2 e, adicionalmente, as disposições especiais. Esta é a inteligência do art. 1º do Entendimento: "As regras e procedimentos do presente Entendimento se aplicam sem prejuízo das regras e procedimentos especiais ou adicionais sobre solução de controvérsias contidos nos acordos abrangidos ..."

Antes de analisarmos as etapas do sistema atual de solução de controvérsias, cabe lembrar o que já foi dito sobre o Conselho Geral: uma de suas atribuições, constantes no Acordo Constitutivo da OMC, é a de atuar como o Órgão de Solução de Controvérsias (OSC). É ele, portanto, quem implementa as providências para que as controvérsias sejam solucionadas.

Podem ser citadas como funções do OSC, as quais serão aprofundadas no tópico seguinte: estabelecer grupos especiais, acatar relatórios dos grupos especiais e do Órgão de Apelação, supervisionar aplicação das decisões e recomendações e autorizar a suspensão de concessões.

5.7.2. Etapas da Solução de Controvérsias

Em qualquer das etapas do sistema de solução de controvérsias, o objetivo será sempre o de agradar a todas as partes envolvidas. Em primeiro lugar, antes de qualquer outra medida, as partes devem tentar negociar uma situação diretamente, ou seja, "uma solução mutuamente acordada". Esta é a melhor saída, dispensando-se o envolvimento de árbitros ou outros intermediários. No entanto, nem sempre isto é possível.

Não havendo acordo e sendo o processo de solução de controvérsias invocado, pode ser que, **ao fim do processo**, fique decidido que houve de fato um descumprimento de um dos acordos comerciais administrados pela OMC. Neste caso, a medida a ser tomada pelo país reclamado deve ser, em primeiro lugar, a supressão da prática condenada, que, certamente, é a solução por excelência para o país reclamante.

Caso o país reclamado não suprima a prática nociva de comércio, deve ser oferecida ao país reclamante uma compensação aceitável. E, se isto também não for realizado, a última alternativa a este país é pedir ao OSC autorização para deixar de cumprir acordos comerciais com aquele.

Mas, antes, para se chegar à decisão final, existem as seguintes etapas:

1) A primeira delas, como já analisado, são as **Consultas** entre as partes interessadas. Sobre elas, dispõe o art. 4º:

Art. 4º – Consultas

(...)

§ 2º – Cada Membro se compromete a examinar com compreensão a argumentação apresentada por outro Membro e a conceder oportunidade adequada para consulta com relação a medidas adotadas dentro de seu território que afetem o funcionamento de qualquer acordo abrangido.

§ 3º – Quando a solicitação de consultas for formulada com base em um acordo abrangido, o Membro ao qual a solicitação for dirigida deverá respondê-la, salvo se mutuamente acordado de outro modo, dentro de um prazo de 10 dias contados a partir da data de recebimento da solicitação, e deverá de boa-fé proceder a consultas (...) com o objetivo de chegar a uma solução mutuamente satisfatória.

(...)

§ 7º – Se as consultas não produzirem a solução de uma controvérsia no prazo de 60 dias contados a partir da data de recebimento da solicitação, a parte reclamante poderá requerer o **estabelecimento de um grupo especial**. (...)

(...)

É importante salientar que as consultas podem ser facilitadas com mediadores e conciliadores, nos termos do art. 5º:

Art. 5º – Bons Ofícios, Conciliação e Mediação

§ 1º – Bons ofícios, conciliação e mediação são procedimentos adotados voluntariamente se as partes na controvérsia assim acordarem.

(...)

§ 3º – Bons ofícios, conciliação e mediação poderão ser solicitados a qualquer tempo por qualquer das partes envolvidas na controvérsia. Poderão iniciar-se e encerrar-se a qualquer tempo. ...

(...)

§ 6º – O Diretor-Geral da OMC, atuando *ex officio*, poderá oferecer seus bons ofícios, conciliação ou mediação com o objetivo de auxiliar os Membros a resolver uma controvérsia.

---

2) O **estabelecimento do Grupo Especial** é a segunda etapa do processo de solução de controvérsias. Poderá ser solicitado, caso não tenha havido acordo nas consultas. O Grupo Especial também é conhecido como Painel. Portanto, esta etapa também é conhecida como **Abertura de um Painel**.

Pela leitura do art. 6º, nota-se que, caso seja solicitada a criação do Grupo Especial, é quase impossível negar-se este pedido. Na prática, o máximo que acontece é a criação ser postergada para a reunião seguinte do OSC, pois só pode ser bloqueada uma única vez pelo país reclamado, sem que possa voltar a fazê-lo quando o OSC se reunir pela segunda vez, a não ser que haja consenso contra a constituição do grupo especial. Convenhamos que atingir o consenso no OSC, que é composto por todos os 153 países-membros da OMC, é tarefa praticamente impossível, já que pelo menos um país (o reclamante) terá interesse na criação do grupo:

Art. 6º – Estabelecimento de Grupos Especiais

§ 1º – Se a parte reclamante assim o solicitar, um grupo especial será estabelecido **no mais tardar** na reunião do OSC seguinte àquela em que a solicitação aparece pela primeira vez como item da agenda do OSC, a menos que nessa reunião o OSC decida, **por consenso**, não estabelecer o grupo especial. (...)

O Grupo Especial é um grupo de especialistas, "pessoas qualificadas, funcionários governamentais ou não", e que "deverão ser escolhidos de modo a assegurar a independência dos membros, suficiente diversidade de formações e largo espectro de experiências" (art. 8º). Normalmente são três especialistas, mas, se as partes desejarem, podem ser cinco.

Os nomes dos especialistas que irão compor o grupo são propostos pelo Secretariado da OMC, sendo que as partes poderão a eles se opor se houver "motivos imperiosos". De onde o Secretariado escolhe tais nomes? De uma lista mantida pelo próprio órgão, em que constam aqueles que reúnem as condições mínimas exigidas. Muitas dessas pessoas foram sugeridas pelos próprios países-membros da OMC e, salvo exceções, não podem atuar em controvérsias que envolvam seu país.

Após todo o processo de investigação, acusações e defesas, réplicas e tréplicas, o Grupo Especial, tendo tomado uma decisão técnica, emite um Relatório, que, teoricamente, pode até ser derrubado. Mas, para isso, o OSC deve, por consenso, rejeitá-lo. Como dito anteriormente, consenso de 153 países, na prática, não é algo simples de se obter.

Se não for derrubado nem impugnado, o Relatório é adotado pelo OSC como a decisão final do processo. Caso seja derrubado, deverá ser elaborado novo Relatório. Caso seja impugnado, o Relatório será julgado pelo Órgão de Apelação.

Dispõe o art. 16, § 4º:

Art. 16 – Adoção de Relatórios dos Grupos Especiais

(...)

§ 4º – Dentro dos 60 dias seguintes à data de distribuição de um relatório de um grupo especial a seus Membros, o relatório será adotado em uma reunião do OSC a menos que uma das partes na controvérsia notifique formalmente ao OSC de sua decisão de apelar ou que o OSC decida por consenso não adotar o relatório. Se uma parte notificar sua decisão de apelar, o relatório do grupo especial não deverá ser considerado para efeito de adoção pelo OSC até que seja concluído o **processo de apelação**.

(...)

---

3) A terceira etapa da solução de controvérsias é o **processo de apelação**. É o julgamento em segunda instância. A apelação é julgada pelo **Órgão Permanente de Apelação**, também estabelecido pelo OSC, mas com duas diferenças básicas em relação ao grupo especial: é composto por 7 pessoas e, como o próprio nome indica, é um órgão permanente. As pessoas integrantes deste órgão possuem mandatos fixos de 4 anos, podendo ser renovados uma única vez.

   O órgão somente irá avaliar a apelação sobre as questões de direito, não sobre as questões de fato, ou seja, considera-se que o fato ocorrido já foi suficientemente apurado e descrito no relatório. A apelação só poderá levantar questões de direito, como, por exemplo, a discussão sobre uma nova interpretação jurídica de um artigo aplicado ou a invocação de um princípio jurídico não levado em conta no relatório.

   Depois do julgamento, é emitido o Relatório do Órgão de Apelação, o qual, de forma análoga ao Relatório do Grupo Especial, somente pode ser derrubado por consenso dos 153 países que compõem o OSC. Caso não exista tal consenso, o Relatório passa a ser a posição oficial do OSC. E o órgão passa a fiscalizar o cumprimento das decisões tomadas: "O OSC deverá manter sob vigilância a aplicação das recomendações e decisões" (art. 21).

5.7.3. Aplicação da Decisão Tomada

Ao final das etapas de solução de controvérsias, caso tenha sido condenado, quais as medidas a serem tomadas pelo reclamado?

Consideremos um exemplo **hipotético**: o governo venezuelano quebrou as patentes norte-americanas de remédios e passou a permitir que as firmas venezuelanas produzam bens similares, sem pagar quaisquer royalties aos EUA.

Após negociações diretas, consideremos que não houve acordo entre os dois países. Criado o grupo especial, o relatório reconhece o direito das firmas norte-americanas às suas patentes, com base no acordo sobre Propriedade Intelectual (TRIPS).

A Venezuela apela: ela não quer reconhecer o direito norte-americano. Julgada a apelação por parte do Órgão Permanente de Apelação, o relatório do grupo especial e, consequentemente, a posição norte-americana são ratificados.

Cabe agora saber as medidas que serão adotadas pela Venezuela. Como vimos resumidamente no início do tópico anterior:

1) a Venezuela, condenada, deverá **ajustar** sua política para adequação à decisão final do OSC, ou seja, terá que restaurar o direito dos norte-americanos sobre suas patentes;
2) a Venezuela, caso não tenha feito o ajuste em um prazo razoável, deverá oferecer uma **compensação** aos EUA até que cumpra a decisão do OSC. Por exemplo, poderá reduzir o imposto de importação sobre produtos originários dos EUA;
3) caso a compensação não seja oferecida ou não seja satisfatória, os EUA poderão pedir ao OSC a permissão para impor **sanções comerciais** sobre a Venezuela. Esta é a principal vantagem do sistema de soluções de controvérsias em relação a todos os demais existentes: a sanção é imposta pelo próprio vencedor e não por árbitros ou tribunais.

Este é o procedimento geral previsto no art. 3º, § 7º, do Acordo:

Art. 3º – (...)

§ 7º – Antes de apresentar uma reclamação, os Membros avaliarão a utilidade de atuar com base nos presentes procedimentos. O objetivo do mecanismo de solução de controvérsias é garantir uma solução positiva para as controvérsias. Deverá ser sempre dada preferência a **solução mutuamente aceitável** para as partes em controvérsia e que esteja em conformidade com os acordos abrangidos. Na impossibilidade de uma solução mutuamente **acordada**, o primeiro objetivo do mecanismo de solução de controvérsias será geralmente o de conseguir a **supressão das medidas** de que se trata, caso se verifique que estas são incompatíveis com as disposições de qualquer dos acordos abrangidos. Não se deverá recorrer à **compensação** a não ser nos casos em que não seja factível a supressão imediata das medidas incompatíveis com o acordo abrangido e como solução provisória até a supressão dessas medidas. O último recurso previsto no presente Entendimento para o Membro que invoque os procedimentos de solução de controvérsias é a possibilidade de **suspender**, de maneira discriminatória contra o outro Membro, a aplicação de concessões ou o cumprimento de outras obrigações no âmbito dos acordos abrangidos, caso o OSC autorize a adoção de tais medidas.

(...)

Em particular, o art. 22 regulamenta o funcionamento das compensações e das sanções comerciais. No caso hipotético EUA vs. Venezuela, consideremos que a Venezuela, condenada, não adeque sua política nem ofereça uma compensação satisfatória. Assim os EUA decidem impor uma sanção comercial cuja implementação deve observar a sequência a seguir:

1) **Sanção imposta sobre o mesmo setor.**

No caso de propriedade intelectual, setor significa "quaisquer das categorias de direito de propriedade intelectual compreendidas nas Seções 1, 2, 3, 4, 5, 6 ou 7 da Parte II ou ...". Considerando que as patentes são a categoria de direito de propriedade intelectual prevista na Seção 5 da Parte II, elas são consideradas um setor.

Logo, os EUA, em primeiro lugar, devem avaliar se podem impor sanções no setor de patentes. Por exemplo, vão avaliar se existem patentes venezuelanas que possam ser quebradas para serem usadas no território norte-americano, sem pagamento de quaisquer royalties, o que coincidiria com a medida praticada pela Venezuela.

2) **Sanção imposta em diferente setor dentro do mesmo Acordo.**

Caso não haja patentes venezuelanas a serem quebradas, os EUA devem avaliar outros setores dentro do mesmo Acordo. Em se tratando de propriedade intelectual, quais seriam esses outros setores?

São os setores previstos, por exemplo, nas Seções 1, 2, 3, 4, 6 e 7 da Parte II, ou seja, as marcas, direitos de autor, indicações geográficas, topografias de circuito integrado, desenhos industriais ou informações confidenciais.

Portanto, os EUA podem, por exemplo, quebrar os direitos dos autores venezuelanos, tirando-lhes a proteção legal, ou podem quebrar as marcas venezuelanas, estatizando-as ou deixando que tais marcas sejam utilizadas por firmas norte-americanas.

3) **Sanção imposta em diferente Acordo.**

Caso não haja qualquer direito de propriedade intelectual venezuelano que possa ser quebrado pelos EUA, então este país pode retaliar suspendendo concessões sobre produtos amparados nos Acordos de Bens (do Anexo 1A do Acordo Constitutivo da OMC) ou sobre serviços amparados no Acordo sobre Serviços (GATS). Por exemplo, os EUA podem impor quotas à importação de produtos venezuelanos (descumprindo o GATT) ou restringir o funcionamento de bancos venezuelanos no território norte-americano (descumprindo o GATS, referente a serviços financeiros).

É o art. 22 que dispõe sobre o procedimento descrito:

Art. 22 – Compensação e Suspensão de Concessões

§ 1º – A compensação e a suspensão de concessões ou de outras obrigações são medidas **temporárias** disponíveis no caso de as recomendações e decisões não serem implementadas dentro de prazo razoável. No entanto, nem a compensação nem a suspensão de concessões ou de outras obrigações é preferível à total implementação de uma recomendação com o objetivo de adaptar uma medida a um acordo abrangido. A compensação é voluntária e, se concedida, deverá ser compatível com os acordos abrangidos.

§ 2º – Se o Membro afetado **não adaptar** a um acordo abrangido a medida considerada incompatível ou não cumprir de outro modo as recomendações e decisões adotadas, dentro do prazo razoável determinado conforme o § 3º do art. 21, tal Membro deverá, se assim for solicitado, e em período não superior à expiração do prazo razoável, entabular negociações com quaisquer das partes que hajam recorrido ao procedimento de solução de controvérsias. Se, dentro dos 20 dias seguintes à data de expiração do prazo razoável, não se houver acordado uma **compensação satisfatória**, quaisquer das partes que hajam recorrido ao procedimento de solução de controvérsias poderá solicitar autorização do OSC para **suspender a aplicação** de concessões ou de outras obrigações decorrentes dos acordos abrangidos ao Membro interessado.

§ 3º – Ao considerar quais concessões ou outras obrigações serão suspensas, a parte reclamante aplicará os seguintes princípios e procedimentos:

a) o princípio geral é o de que a parte reclamante deverá procurar primeiramente suspender concessões ou outras obrigações relativas ao(s) **mesmo(s) setor(es)** em que o grupo especial ou órgão de Apelação haja constatado uma infração ou outra anulação ou prejuízo;

b) se a parte considera impraticável ou ineficaz a suspensão de concessões ou outras obrigações relativas ao(s) mesmo(s) setor(es), poderá procurar suspender concessões ou outras obrigações em **outros setores abarcados pelo mesmo acordo** abrangido;

c) se a parte considera que é impraticável ou ineficaz suspender concessões ou outras obrigações relativas a outros setores abarcados pelo mesmo acordo abrangido, e que as circunstâncias são suficientemente graves, poderá procurar suspender concessões ou outras obrigações abarcadas por **outro acordo** abrangido;

(...)

f) para efeito do presente parágrafo, entende-se por **"setor"**:

i) no que se refere a bens, todos os bens;

ii) no que se refere a serviços, um setor principal dentre os que figuram na versão atual da "Lista de Classificação Setorial dos Serviços" que identifica tais setores;

iii) no que concerne a direitos de propriedade intelectual relacionados com o comércio, quaisquer das categorias de direito de propriedade intelectual compreendidas nas Secções I, 2, 3, 4, 5, 6 ou 7 da Parte II, ou as obrigações da Parte III ou da Parte IV do Acordo sobre TRIPS.

g) para efeito do presente parágrafo, entende-se por **"acordo"**:

i) no que se refere a bens, os acordos enumerados no Anexo IA do Acordo Constitutivo da OMC, tomados em conjunto, bem como os Acordos Comerciais Plurilaterais na medida em que as partes em controvérsia sejam partes nesses acordos;

ii) no que concerne a serviços, o GATS; e

iii) no que concerne a direitos de propriedade intelectual, o Acordo sobre TRIPS.

(...)

Questões de Provas

01. (ACE/1997) O seguinte Acordo não faz parte do Acordo Geral de Comércio e Tarifas - GATT 1994:

a) Disposições sobre Balanço de Pagamentos;
b) Acordo sobre Agricultura;
c) Assistência para ajuste estrutural a fim de auxiliar o produtor a cessar suas atividades;
d) Acordo sobre Livre Comércio;
e) Fim dos subsídios à exportação.

02. (AFTN/1998) Um tratado comercial segue uma série de princípios jurídicos. Indique o princípio que não constitui uma base corrente para tratados comerciais:

a) Paridade;
b) Reciprocidade;
c) Salvaguarda;
d) Nação Mais Favorecida;
e) Equivalência.

03. (AFRF/2002-1) Nas últimas décadas, por meio de sucessivas rodadas de negociação conduzidas no âmbito do Acordo Geral de Tarifas e Comércio, em especial a partir das duas últimas - a Rodada Tóquio e a Rodada Uruguai -, as barreiras tarifárias foram gradualmente reduzidas. Nesse período, produziram-se normas, regras e acordos específicos que hoje conformam o sistema multilateral de comércio. Sobre o alcance das disciplinas comerciais ora vigentes no âmbito da OMC é correto afirmar que:

a) estão contempladas apenas questões tarifárias, o tratamento das barreiras não tarifárias e as práticas desleais de comércio;
b) além da liberalização do comércio de bens e de serviços, os compromissos firmados no âmbito da OMC incorporam temas relativos aos vínculos entre comércio, investimentos e propriedade intelectual;
c) restringem-se tais disciplinas às práticas desleais de comércio e à resolução de disputas comerciais;
d) a normativa multilateral não se aplica ao comércio de produtos agrícolas;
e) estão contemplados, além dos temas comerciais, compromissos estritos sobre desenvolvimento sustentável.

04. (AFRF/2002-1) Assinale a opção correta.

a) O texto do GATT 1994 será autêntico em inglês, francês e alemão.
b) O texto do GATT 1994 será autêntico em inglês, espanhol e alemão.
c) O texto do GATT 1994 será autêntico em inglês, alemão e português.
d) O texto do GATT 1994 será autêntico em inglês, francês e espanhol.
e) O texto do GATT 1994 será autêntico em inglês, francês e português.

05. (AFRF/2002-2) O sistema multilateral de comércio, conformado pela Organização Mundial de Comércio (OMC), está amparado em um conjunto de acordos em que se definem normas e compromissos dos países quanto à progressiva liberalização do comércio internacional. Sobre tais acordos, é correto afirmar-se que:

a) abrangem o comércio de bens e de serviços e compromissos relacionados a investimentos;
b) abrangem o comércio de bens e de serviços e compromissos em matéria de propriedade intelectual;
c) são conhecidos como Acordos Plurilaterais, por envolver a totalidade dos membros da OMC e abrangem o comércio de bens e de serviços;
d) embora conhecidos como Acordos Plurilaterais, não são necessariamente firmados por todos os membros da OMC;
e) são conhecidos como Acordos Plurilaterais e abrangem o comércio de bens, serviços e compromissos em matéria de propriedade intelectual.

06. (AFRF/2003) Com o surgimento do Acordo Geral de Comércio e Tarifas (GATT), iniciou-se um movimento de progressiva liberalização das trocas comerciais em escala global; ainda, após mais de cinco décadas, o protecionismo subsiste e apresenta-se sob novas roupagens. São exemplos de formas contemporâneas de protecionismo observadas no âmbito da Organização Mundial do Comércio (OMC):

a) restrições ao investimento e cláusulas sociais nos acordos de integração;
b) o recurso abusivo a medidas *antidumping* e à concessão de subsídios à produção e à exportação;
c) a adoção de quotas e outras restrições de natureza quantitativa;
d) arranjos preferenciais bilaterais e acordos regionais de integração;
e) direitos compensatórios e regras sobre direitos de propriedade intelectual.

07. (ATRFB[14]/2009) Sobre a Organização Mundial do Comércio (OMC) e os acordos firmados em seu âmbito, pode-se afirmar que:

a) a OMC foi originada nos Acordos de Bretton Woods, juntamente com o Fundo Monetário Internacional (FMI) e Banco Mundial.
b) o processo decisório da OMC tem sua maior instância nas conferências ministeriais, e baseia-se geralmente no consenso entre seus Membros.
c) o Acordo sobre Barreiras Técnicas ao Comércio (TBT) contém as regras que permitem aos países Membros a aplicação de medidas *antidumping*, desde que verificada a existência de subsídios.
d) o Acordo sobre Medidas de Investimento Relacionado a Comércio (TRIMS) regulamenta extensivamente a proteção ao investimento estrangeiro nos países Membros da OMC, pela aplicação da Cláusula do Tratamento Nacional.
e) ao sistema de solução de controvérsias da OMC têm acesso os Membros, os investidores sediados em seus territórios e, em situações excepcionais, os países em processo de acessão.

---

[14] Analista-Tributário da Receita Federal do Brasil.

08. (ATRFB/2009) Um dos mais significativos avanços advindos da criação da Organização Mundial de Comércio está relacionado ao mecanismo de solução de controvérsias comerciais. Sobre o mesmo é correto afirmar que:

a) o sistema de solução de controvérsias é acionado por comum acordo entre as partes litigantes que somente podem fazê-lo após terem tentado chegar a acordo por negociações diretas.

b) qualquer das partes tem direito a apelar das conclusões do Relatório Final emitido pelo Painel constituído para analisar a controvérsia, sendo a decisão do Órgão de Apelação irrecorrível e sua implementação obrigatória para a parte que tenha perdido a causa.

c) o processo se inicia com a consulta, pelo Órgão de Solução de Controvérsias, a especialistas sobre a questão que dá origem ao litígio comercial, os quais, na fase seguinte, ouvem as alegações das partes e elaboram um parecer, que é encaminhado ao Painel, que o acata ou não e comunicam o resultado às partes litigantes.

d) o atual Órgão de Solução de Controvérsias é originado do Acordo Geral de Tarifas e Comércio (GATT) de 1947, tendo sido ampliado e aperfeiçoado durante a Rodada Uruguai e incorporado, finalmente, à Organização Mundial do Comércio a partir de 1995.

e) à diferença do procedimento de solução de controvérsias existente no marco do GATT, o atual mecanismo é mais flexível quanto aos prazos limites a serem observados em cada etapa, sendo que o parecer final de um painel prescinde de ter a aprovação de todos os membros para ser aplicado, facilitando assim sua efetiva aplicação.

09. (ATRFB/2009) O Acordo sobre Regras de Origem compôs o pacote de acordos fechados no marco da Rodada Uruguai e integra, consequentemente, o marco normativo da Organização Mundial do Comércio. Sobre o mesmo, é correto afirmar que:

a) o Acordo estabelece os princípios e as condições segundo as quais as normas de origem possam ser legitimamente empregadas como instrumentos para a consecução de objetivos comerciais e estabelece como objetivo tornar uniformes os critérios empregados pelos países individualmente para a determinação da nacionalidade de um bem importado.

b) o Acordo, visando a efetiva implementação dos compromissos e obrigações nele previstos, estabeleceu um prazo de três anos para que os países membros harmonizem entre si as regras de origem que aplicam, instaurando, para coordenar essa tarefa, o Comitê de Regras de Origem, vinculado diretamente ao Conselho para o Comércio de Bens.

c) o Acordo abrange primordialmente as regras de origem empregadas em instrumentos preferenciais, como acordos de livre comércio e o Sistema Geral de Preferências Comerciais, não alcançando instrumentos comerciais não preferenciais como salvaguardas, direitos *antidumping* e acordos de compras governamentais.

d) a supervisão da aplicação do Acordo pelos países parte é feita diretamente pelo Conselho de Comércio de Bens da Organização Mundial do Comércio, no que é assistido por um Comitê Técnico constituído especificamente para tal fim.

e) são objetivos essenciais do Acordo harmonizar as regras de origem e criar condições para que sua aplicação seja feita de forma imparcial, transparente e previsível e para que as mesmas não representem obstáculos desnecessários ao comércio.

Capítulo 6

Defesa Comercial

As medidas de defesa comercial previstas na OMC são três: medidas *anti-dumping*, compensatórias e cláusulas de salvaguarda. As medidas *antidumping* e as compensatórias são utilizadas na defesa, respectivamente, contra *dumping* e subsídios danosos e foram definidas no art. VI do Acordo Geral sobre Tarifas e Comércio – GATT 1947. A proteção por cláusula de salvaguarda foi definida no art. XIX do acordo.

Com o passar do tempo, os países perceberam que era necessário criar mecanismos para regulamentar tais artigos, que não foram suficientemente precisos e detalhados – nem o poderiam ser, tendo em vista o caráter geral do GATT. Surgiriam assim três acordos de regulamentação, que são atualmente encontrados no rol dos multilaterais administrados pela OMC, no Anexo 1A do seu Acordo Constitutivo:

- Acordo sobre a Implementação do art. VI do GATT, mais conhecido como Acordo *Antidumping*;
- Acordo sobre Subsídios e Medidas Compensatórias; e
- Acordo sobre Salvaguardas.

Neste capítulo, são analisados os arts. VI e XIX do GATT e os três acordos internacionais que os regulamentam. Também se analisam as normas brasileiras que dispõem sobre toda a operacionalização adotada pelo governo brasileiro para imposição e cobrança das medidas de defesa comercial. Por último, são abordados os procedimentos realizados no Mercosul com vistas a tornar a defesa comercial algo harmonizado entre os quatro países do bloco.

6.1. *DUMPING* E MEDIDAS *ANTIDUMPING*

6.1.1. Artigo VI do GATT

O conceito de *dumping* é definido no § 1º do art. VI do GATT: *dumping* é a exportação de uma mercadoria por um preço abaixo do valor normal de venda interna no país exportador.

Ocorre *dumping* se a firma alemã exporta um bem para o Brasil por € 8,00, sendo que, na Alemanha, um produto similar é vendido por € 10,00, sem se considerarem os tributos.[1] Note que o § 1º, transcrito à frente, dispõe que a comparação deve levar em conta as diferenças na tributação e em outras condições que influam na comparação de preços. É justo que a comparação seja feita com os preços líquidos de impostos, pois no Brasil, por exemplo, não há cobrança de IPI e ICMS nas exportações de bens, mas somente nas vendas para o mercado interno. Por isso, o preço final de venda de uma exportação brasileira é, em tese, sempre menor do que o preço final de venda para o mercado brasileiro. Se a questão da tributação não fosse levada em conta, poder-se-ia dizer que o Brasil exporta tudo com *dumping* e é um país desleal o tempo inteiro.

É comum a confusão de preço inferior ao "valor normal de venda" com preço inferior ao "custo de produção". Para se detectar a existência do *dumping*, o valor da mercadoria exportada não precisa ser inferior ao custo de produção, mas sim inferior ao valor de venda no mercado interno do país de exportação. O custo de produção pode até ser calculado para se detectar a existência do *dumping*, mas isto apenas como método alternativo, como analisado a seguir.

Consideremos que a firma espanhola exporte um bem por € 30,00 para o Brasil. Quando as autoridades brasileiras começam a investigar a existência do *dumping*, descobrem que aquele produto não é vendido no mercado espanhol, ou seja, as firmas espanholas exportam toda a produção. Ainda assim, pode estar havendo *dumping*? Como se pode fazer a comparação se não há venda no mercado interno do país exportador?

No § 1º do art. VI do GATT, são definidos dois métodos alternativos de cálculo nas situações de inexistência de venda interna. As autoridades brasileiras podem concluir pela existência do *dumping* se:

a) as firmas espanholas venderem produtos similares a terceiros países por preço superior ao utilizado nas vendas para o Brasil. Por exemplo,

[1] O preço final do produto na Alemanha, considerando-se os tributos, talvez seja de € 12,00 ou € 13,00.

as firmas espanholas exportam um bem para o Brasil por € 30,00, mas exportam bens similares para a Itália por € 50,00; ou

b) o preço do produto exportado da Espanha para o Brasil for inferior ao custo de produção acrescido de um valor razoável a título de lucro e despesas gerais. Por exemplo, a firma espanhola gastou € 40,00 para produzir o bem. Considerando que as despesas gerais (despesas administrativas e de comercialização, entre outras) sejam de € 10,00 e o percentual normal de lucro praticado pela firma seja de 20% sobre o total dos custos e despesas, conclui-se que normalmente este produto seria vendido por € 60,00 (€ 50,00 de custos e despesas mais € 10,00 de lucro). Portanto, considerando estes números hipotéticos, considerar-se-á a existência do *dumping* se a firma espanhola exportar o bem por um valor inferior a € 60,00.

Em regra, o *dumping* praticado contra um país, Brasil como exemplo, traz implícita a intenção de a firma estrangeira levar os concorrentes brasileiros à falência, pois estes não teriam condições de competir com o preço aviltado. Após quebrar as empresas concorrentes do país de importação, a firma estrangeira imporia qualquer preço, pois estaria monopolizando o mercado. Mas esta é uma regra que admite exceções, pois teoricamente pode haver exportações com *dumping* para países que não produzem nem querem produzir mercadorias similares. E, portanto, não há desejo algum de se quebrarem firmas concorrentes. Neste caso, o país importador nem tem motivos para se defender, já que não está havendo prejuízo para ele. Enfim, medidas *antidumping* somente podem ser criadas se um *dumping* estiver causando prejuízo à indústria do país importador.

Uma modalidade especial de *dumping* é o ***dumping* social**, que consiste em se utilizar mão de obra com salários baixíssimos e poucos direitos sociais na produção de bens exportados. Atualmente, o governo dos EUA tem insistido na tese de que, no Brasil, o preço dos produtos agrícolas é baixo por incentivarmos o *dumping* social. E, com base nesta alegação, os EUA continuam a manter várias barreiras comerciais em relação a nossos produtos.

---

§ 1º – As partes contratantes reconhecem que o *dumping*, que permite a introdução dos produtos de um país no mercado de outro país a um **preço inferior a seu valor normal**, é condenável quando causa ou ameaça causar um **dano significativo** à indústria estabelecida no território de uma parte contratante **ou se retarda sensivelmente** a instalação de tal indústria. Para os efeitos deste artigo, um produto exportado de um país a outro deve ser considerado como introduzido no mercado de um país importador a um preço inferior ao seu valor normal se seu preço é:

a) **menor que** o preço comparável, nas operações comerciais nacionais, de um **produto similar** destinado ao consumo no país exportador; ou

b) na falta de tal preço, **menor que:**

i. o preço mais alto comparável para a exportação de um produto similar a terceiros países em operações comerciais normais; ou

ii. o custo de produção do produto no país de origem, acrescido de um valor razoável a título de lucro e despesas gerais.

Deverão ser tomadas em conta, em cada caso, as diferenças nas condições de venda, de tributação e outras que influam na comparação de preços.

§ 2º – Com o fim de prevenir ou impedir o *dumping*, toda parte contratante **poderá impor**, sobre qualquer produto objeto de *dumping*, um direito *antidumping* que não exceda a margem de *dumping* relativa a tal produto. Para os efeitos deste artigo, entende-se por **margem de *dumping*** a diferença de preço determinada de conformidade com as disposições do § 1º.

(...)

§ 4º – Nenhum produto do território de uma parte contratante, importado por outra parte contratante, estará sujeito a direitos *antidumping* ou a direitos compensatórios pelo fato de estar **isento** de direitos ou tributos que gravem o produto similar quando destinado ao consumo no país de origem ou no de exportação, ou em virtude de esses direitos ou tributos serem restituídos.

§ 5º – Nenhum produto do território de uma parte contratante, importado por outra parte contratante, estará sujeito **simultaneamente** a direitos *antidumping* e a direitos compensatórios para remediar uma mesma situação de *dumping* ou subsídio à exportação.

§ 6º – As partes contratantes não imporão direitos *antidumping* ou compensatórios na importação de qualquer produto das demais partes contratantes, a menos que defina que o efeito do *dumping* ou do subsídio, conforme o caso, seja tal que cause ou ameace causar um dano material à indústria doméstica estabelecida ou retarde substancialmente a implantação de tal indústria.

6.1.2. Acordo *Antidumping*

No tópico 3.3, relativo às rodadas de negociação do GATT 1947, foi visto que as duas primeiras versões do acordo *antidumping* foram criadas na 6ª e na 7ª Rodadas (Kennedy e Tóquio, respectivamente). A versão atual é a terceira e está anexada ao Acordo Constitutivo da OMC.

O Acordo *Antidumping* complementa o art. VI do GATT 1947 naquilo em que este silencia. Seguem as principais questões não abordadas pelo GATT, mas elucidadas pelo Acordo *Antidumping*:

1) Como analisado, os custos de produção talvez tenham que ser calculados como método alternativo para se detectar a existência do dumping. Como se apuram tais custos de produção? O art. 2º, § 3º, responde:

> Os custos deverão ser normalmente calculados com base em registros mantidos pelo exportador ou pelo produtor objeto de investigação, desde que tais registros estejam de acordo com os princípios contábeis geralmente aceitos no país exportador e reflitam razoavelmente os custos relacionados com a produção e a venda do produto em causa.

2) Considerando que, para se detectar a existência do *dumping*, deve ser feita uma comparação entre o valor de exportação e o valor de venda interna e considerando que podem existir inúmeras vendas internas, qual delas fornecerá o valor para comparação? O art. 2º, § 5º, responde:

> Comparação justa será efetuada entre o preço de exportação e o valor normal. Essa comparação deverá efetuar-se no mesmo nível de comércio [NOTA do autor: ex. preço de exportação no atacado comparado com preço interno no atacado, preço de exportação no varejo comparado com preço interno no varejo], normalmente no nível ex fabrica [NOTA do autor: INCOTERM EXW – Ex Works], e considerando vendas realizadas tão simultaneamente quanto possível.

3) Para se constatar a existência do *dumping*, é necessário comparar o preço de exportação com o preço de bens similares vendidos no mercado interno do país de exportação. Mas o que pode ser considerado "produto similar"? O art. 2º, § 8º, dispõe que:

> o termo 'produto similar' (*like product, produit similaire*) deverá ser entendido como produto idêntico, i.e., igual sob todos os aspectos ao produto que se está examinando, ou, na ausência de tal produto, outro produto que, embora não exatamente igual sob todos os aspectos, apresenta características muito próximas as do produto que se está considerando.

4) Para se aplicar uma alíquota *antidumping*, é necessário provar a existência do dano causado pelo *dumping*. Como se faz a prova do dano? O art. 3º, § 1º, responde:

A determinação de **dano** ... deverá basear-se em **provas materiais** e incluir **exame objetivo**: (a) do **volume** das importações a preços de *dumping* e do seu **efeito sobre os preços** de produtos similares no mercado interno; e (b) do consequente impacto de tais importações sobre os produtores nacionais desses produtos.

O exame do volume de importações leva em conta se houve aumento em termos absolutos e, também, em relação à produção nacional. Portanto, se o volume de importações com *dumping* é irrisório em relação à produção interna, fica claro que, apesar de o *dumping* existir, este não está causando dano à indústria doméstica.

Para se caracterizar o dano, deve também haver investigação em relação ao preço no mercado do país de importação. Por exemplo, se uma mercadoria importada entrar no Brasil ao preço de € 20,00 (no país de origem é vendida por € 25,00, caracterizando então o *dumping*) e as mercadorias similares aqui produzidas forem vendidas ao preço de € 10,00, então, apesar de o *dumping* existir, ele, em tese, não estará causando dano à indústria doméstica.

Em suma, são duas coisas distintas:

a) Para se apurar o *dumping*, compara-se o preço de exportação com o preço interno no país de exportação; e

b) Para se apurar o dano, levam-se em conta, principalmente:

a. o volume de importações comparado com o volume de produção nacional; e

b. o preço do importado comparado com o preço do similar nacional.

5) Como se inicia uma investigação para se aplicarem medidas *anti-dumping*? O art. 5º dispõe que deve ser feita uma petição pela indústria doméstica que se acha prejudicada pela existência do *dumping*. Tal petição deve ser instruída com elementos de prova do *dumping*, do dano e do nexo causal entre o *dumping* e o dano, ou seja, não basta provar a existência do *dumping* e do dano, tem que provar que o dano está sendo causado pelo *dumping*.

6) Qualquer reclamação da indústria doméstica será investigada pelo governo do país importador? O mesmo art. 5º define que a petição deve ser assinada por produtores nacionais que respondam por, pelo menos, 25% da produção total do similar nacional. Em seguida, o governo deve abrir uma consulta para que os demais produtores possam manifestar sua concordância ou rejeição. Nesta consulta geral, os que apoiam a petição devem representar mais da metade da produção gerada pelos que expressamente manifestarem apoio ou rejeição à petição.

   Por exemplo, consideremos que 10 firmas brasileiras de sapatos produzam, cada uma, 10% do total nacional. Três firmas assinam a petição inicial, cumprindo-se o primeiro requisito, ou seja, os peticionários respondem por mais de 25% da produção nacional. Em seguida, o governo consulta os outros sete produtores, sendo que apenas quatro resolvem se manifestar. Caso os quatro votem em bloco pela rejeição à investigação, esta não será iniciada, pois a maioria dos que se manifestaram (maioria em termos de produção) rejeitou a petição (resultado de 40% contra e 30% a favor).

   Prevê ainda o Acordo *Antidumping* que, excepcionalmente, as autoridades responsáveis do país importador podem, de ofício, dispensada qualquer petição, iniciar uma investigação "se tiverem suficiente comprovação de *dumping*, dano e nexo causal".

7) Há alguma margem de *dumping* tolerável? O art. 5º, § 8º, dispõe que deverá ser "imediatamente encerrada a investigação naqueles casos em que as autoridades determinem que a margem de *dumping* é *de minimis*", ou seja, "quando for inferior a 2%, calculados sobre o preço de exportação."

8) Há um prazo máximo para se encerrarem as investigações visando à aplicação de medidas *antidumping*? Sim. O art. 5º, § 10, dispõe: "As investigações, exceto em circunstâncias especiais, deverão ser concluídas no prazo de um ano após seu início, e nunca em mais de 18 meses."

9) Já que as investigações podem chegar a 18 meses existe a possibilidade de se adotarem medidas provisórias, análogas às liminares em mandado de segurança ou às antecipações de tutela em ações ordinárias?

A resposta positiva é dada no art. 7º e as condições equivalem às liminares judiciais: tem que estar presente o *fumus boni juris* e o *periculum in mora*, ou seja, deve existir "uma determinação preliminar afirmativa de *dumping* e respectivo dano à indústria nacional" e já terem decorrido mais de 60 (sessenta) dias nas investigações.

10) As investigações podem ser suspensas ou encerradas sem conclusão? Sim, o art. 8º trata dos "compromissos sobre preços", por meio dos quais o exportador assume, junto ao governo do país importador, o compromisso de rever seus preços ou cessar as exportações a preços de *dumping*.
11) Há prazo máximo para a aplicação de medidas *antidumping*? O art. 11 dispõe que "direitos *antidumping* só permanecerão em vigor enquanto perdurar a necessidade de contrabalançar a prática de *dumping* causadora de dano." E complementa: "Todo direito *antidumping* será extinto em data não posterior a 5 (cinco) anos a contar de sua imposição ... a menos que as autoridades determinem ... que a extinção dos direitos levaria muito provavelmente à continuação ou retomada do *dumping* e do dano."
12) Quando forem vários exportadores do mesmo país praticando o *dumping*, é obrigatório definir uma medida *antidumping* para os produtos exportados por cada um deles? Em regra, sim, mas o artigo 9º assim dispõe: "se se tratar de diversos fornecedores do mesmo país e se for impraticável designá-los a todos pelo nome, as autoridades poderão limitar-se a indicar o nome do país fornecedor respectivo."

Para concluir a análise do acordo internacional, cabe registrar algo interessante presente no art. 14:

Art. 14 – Medidas *Antidumping* em Nome de Terceiro País

§ 1º – Petição para adoção de medidas *antidumping* em nome de terceiro país será apresentada pelas autoridades do terceiro país que solicite a adoção de tais medidas.

§ 2º – Essa petição deverá ser substanciada por informações sobre preços que permitam demonstrar que as importações estão se realizando a preços de *dumping* e por informações pormenorizadas que demonstrem que o *dumping* alegado está causando dano à indústria nacional respectiva **no terceiro país.** O Governo do terceiro país deverá oferecer toda assistência às autoridades do país importador para que obtenha quaisquer informações adicionais que este último requeira.

§ 3º – As autoridades do país importador, ao analisar petição dessa natureza, deverão levar em consideração os efeitos do alegado *dumping* sobre a indústria em apreço como um todo no território do terceiro país; isso significa que o dano não deverá ser avaliado apenas em relação ao efeito do alegado *dumping* sobre as exportações da produção destinadas ao país importador, nem tampouco em relação às exportações totais do produto.

§ 4º – A decisão sobre dar ou não andamento ao caso é de responsabilidade do país importador. Se este decide que está disposto a tomar semelhantes medidas, competirá a ele a iniciativa de dirigir-se ao Conselho para o Comércio de Bens para obter-lhe a aprovação.

Este artigo define, por exemplo, que a França, caso se sinta prejudicada pelo *dumping* praticado por firmas alemãs, pode pedir ao Brasil e aos demais membros da OMC que imponham medidas *antidumping* sobre os produtos alemães. Isto é inusitado, pois, apesar de as firmas brasileiras não estarem sendo prejudicadas, o Brasil (e demais países que criarem as barreiras) estará restringindo as importações dos bens similares. O artigo somente pode ser entendido a partir do princípio de mútua colaboração entre os países.

6.1.3. Medidas *Antidumping* no Brasil

Ao se tornar signatário do Acordo *Antidumping*, era necessário que o Brasil definisse todo o procedimento interno de aplicação do acordo. Foram então publicados a Lei nº 9.019, de 30 de março de 1995, e o Decreto nº 1.602, de 23 de agosto de 1995 ("Decreto *Antidumping*").

A lei possui a seguinte ementa: "Dispõe sobre a aplicação dos direitos previstos no Acordo *Antidumping* e no Acordo sobre Subsídios e Medidas Compensatórias."

Alterada pela Medida Provisória nº 2.158/2001, a redação atual da lei dispõe que cabe à **SECEX** (Secretaria de Comércio Exterior, do Ministério do Desenvolvimento, Indústria e Comércio Exterior) apurar a existência do *dumping*. Dependendo do resultado, a SECEX arquiva o processo ou propõe à **CAMEX** (Câmara de Comércio Exterior, do Conselho do Governo) a aplicação da alíquota *antidumping*:

Art. 5º – Compete à SECEX, mediante processo administrativo, apurar a margem de *dumping* ou o montante de subsídio, a existência de dano e a relação causal entre esses. (Redação dada pela Medida Provisória nº 2.158-35, de 2001)

Art. 6º – Compete à CAMEX fixar os direitos provisórios ou definitivos, bem como decidir sobre a suspensão da exigibilidade dos direitos provisórios, a que se refere o art. 3º desta Lei. (Redação dada pela Medida Provisória nº 2.158-35, de 2001)

Parágrafo único – O ato de imposição de direitos *antidumping* ou compensatórios, provisórios ou definitivos, deverá indicar o prazo de vigência, o produto atingido, o valor da obrigação, o país de origem ou de exportação, as razões pelas quais a decisão foi tomada, e, quando couber, o nome dos exportadores.

A medida *antidumping* é criada na forma de uma alíquota *ad valorem* ou específica, ou seja, será um percentual ou um valor fixado em dólares norte-americanos. É o que dispõe o art. 45 e parágrafos do Decreto *Antidumping*:

Art. 45 – Para os efeitos deste Decreto, a expressão "direito *antidumping*" significa um montante em dinheiro igual ou inferior à margem de *dumping* apurada, calculado e aplicado, em conformidade com este artigo, com o fim exclusivo de neutralizar os efeitos danosos das importações objeto de *dumping*.

§ 1º – O direito *antidumping* será calculado mediante a aplicação de **alíquotas** *ad valorem* ou específicas, fixas ou variáveis, ou pela conjugação de ambas.

§ 2º – A alíquota *ad valorem* será aplicada sobre o valor aduaneiro da mercadoria, em base CIF, apurado nos termos da legislação pertinente.

§ 3º – A alíquota específica será fixada em dólares dos Estados Unidos da América e convertida em moeda nacional, nos termos da legislação pertinente.

Vejamos um exemplo numérico. Considerando que a mercadoria custe € 100,00 na Alemanha e esteja sendo vendida por € 70,00 para o Brasil, a margem de *dumping*[2] é € 30,00. Este é o valor máximo que pode ser estabelecido como direito *antidumping*, conforme dispõe o *caput* do art. 45, transcrito anteriormente. O mesmo artigo define que a alíquota *antidumping* pode assumir uma das duas formas:

1) Caso seja na forma de alíquota específica, terá o valor máximo de € 30,00; e

[2] Decreto nº 1.602/1995, art. 11: "A margem de *dumping* será a diferença entre o valor normal e o preço de exportação."

2) Caso seja na forma de alíquota *ad valorem*, deve ser apurado o valor aduaneiro[3] para, a partir dele, ser calculada a alíquota.[4] Por exemplo, se o valor aduaneiro da mercadoria atingir o valor de € 80,00, então a alíquota *ad valorem* será de, no máximo, 37,5% (= 30/80), que, aplicada sobre € 80,00, leva o importador brasileiro a pagar € 30,00 de direito *antidumping*.

A medida *antidumping* não se confunde com o imposto de importação, mas a cobrança de ambos ocorre no mesmo instante, ou seja, os dois valores são debitados automaticamente da conta corrente bancária do importador quando ele registra a Declaração de Importação no SISCOMEX.

6.1.4. Medidas *Antidumping* no Mercosul

As medidas *antidumping* no Mercosul podem ser abordadas sob duas óticas distintas:

1) as medidas levantadas pelos países do Mercosul entre si; e
2) as medidas levantadas pelos países do Mercosul em relação a importações extrabloco, ou seja, de países extra-Mercosul.

Sob a **primeira ótica** e considerando que o Mercosul é atualmente uma união aduaneira, como será detalhado no Capítulo 8, aplica-se o disposto no art. XXIV, § 8º, do GATT 1947:

8º – Para fins de aplicação do presente Acordo:

(a) estende-se por união aduaneira a substituição, por um só território aduaneiro, de dois ou mais territórios aduaneiros, de modo que:

[3] Simplificadamente, o valor aduaneiro pode ser entendido como a soma do preço da mercadoria com o valor do frete, do seguro e da descarga. As regras de valoração estão previstas no Acordo de Valoração Aduaneira, da OMC. Para aprofundamento acerca de tais regras e do cálculo e cobrança de tributos no comércio exterior brasileiro, sugiro a leitura de LUZ, Rodrigo. *Comércio Internacional e Legislação Aduaneira*, 3. ed. Rio de Janeiro: Elsevier, 2009.

[4] Em todas as bases eletrônicas de dados que podem ser consultadas na Internet como, por exemplo, www.mdic.gov.br e www.planalto.gov.br (acessados em agosto de 2010), encontra-se o art. 45 do Decreto nº 1.602/1995 redigido da seguinte forma: "§ 2º A alíquota *ad valorem* será aplicada sobre o valor da mercadoria, em base CIF, apurado nos termos da legislação pertinente."

No entanto, ao analisar o Diário Oficial da União, do dia 24/08/1995, disponível no endereço eletrônico www.in.gov.br, encontramos a redação correta do § 2º: "A alíquota *ad valorem* será aplicada sobre o valor **aduaneiro** da mercadoria, em base CIF, apurado nos termos da legislação pertinente." Este equívoco nas páginas eletrônicas oficiais do governo brasileiro se refletiu nas explicações da edição anterior deste livro.

(i) os direitos aduaneiros e outras regulamentações restritivas das trocas comerciais (com exceção, na medida necessária, das restrições autorizadas nos termos dos arts. XI, XII, XIII, XIV, XV e XX) sejam **eliminados** para a maior parte das trocas comerciais entre os territórios constitutivos da união, ou ao menos para a maioria das trocas comerciais relativas aos produtos originários desses territórios;
(ii) à exceção das disposições do § 9º, cada um dos membros da união aduaneira aplique, no comércio com os territórios não compreendidos nela, direitos aduaneiros e demais regulamentações de comércio **substancialmente iguais**;
(...)

Portanto, entre os países do Mercosul, devem ser eliminadas todas as restrições comerciais, sendo admitidas apenas aquelas previstas nos arts. XI, XII, XIII, XIV, XV e XX do GATT 1947. Como as medidas de defesa comercial (antidumping, compensatórias e salvaguardas) são previstas em artigos não excepcionados (VI e XIX), então elas **devem ser eliminadas** entre os países do Mercosul. Esta conclusão não é consensual entre os doutrinadores[5] nem entre os países ou na OMC. No entanto, é a posição oficial brasileira, como se depreende do Relatório nº 020/2001, do Ministério das Relações Exteriores, cujas principais disposições são transcritas a seguir:

> Na doutrina do direito do comércio internacional consideram-se as medidas compensatórias — no que se refere a subsídios — e as medidas *antidumping* como recursos aplicáveis a um comportamento de comércio desleal (*unfair trade*), enquanto as salvaguardas permitem proteger um setor da produção nacional gravemente afetado por importações, mesmo que estas configurem expressão de *fair trade*. No Mercosul, as salvaguardas estão proibidas desde janeiro de 1995, conforme estipulado nos arts. 1º e 5º do Anexo IV do Tratado de Assunção e reiterado pelo laudo arbitral (de 10/3/2000) emitido na controvérsia sobre salvaguardas têxteis entre Brasil e Argentina. O Acordo Geral de Tarifas e Comércio (GATT 1947), em seu art. XXIV, § 8º, estabelece que uma união aduaneira pressupõe que 'tarifas e outras regulamentações restritivas ao comércio (exceto, quando necessário, aquelas permitidas pelos arts. XI, XII, XIII, XIV, XV e XX) sejam eliminadas com respeito a substancialmente todo o comércio entre os territórios que constituem a união ou pelo me-

[5] "No entendimento de boa parte da doutrina, a ausência desses dispositivos [artigos VI e XIX do GATT] na lista do § 8º do artigo XXIV do GATT 1994 significa que, uma vez constituída a união aduaneira ou a zona de livre comércio, não seria mais possível que um membro do bloco aplicasse uma medida *antidumping* ou uma salvaguarda contra as importações de outro parceiro do bloco." (PRAZERES, 2008, p. 289)

nos com respeito a substancialmente todo o comércio de produtos originários de tais territórios'.
As medidas *antidumping* (art. VI do GATT) constituem, por um lado, evidente regulamentação restritiva ao comércio e, por outro, não são mencionadas entre as exceções do art. XXIV que, como norma excepcional, não poderiam ser interpretadas extensivamente. À luz do sistema multilateral de comércio, portanto, tais medidas estão entre as restrições que **devem ser eliminadas** em uniões aduaneiras (como ocorre, de modo efetivo, na União Europeia).
Em relação às medidas *antidumping*, o Mercosul — como união aduaneira em consolidação — já tomou a **decisão política** de sua eliminação gradual. Tal objetivo já estava expresso no art. 1º do Tratado de Assunção de 1991, que prevê a eliminação de todas as restrições tarifárias e não tarifárias. O art. 4º do mesmo tratado estabelece o dever dos Estados-partes em coordenar suas políticas nacionais com vistas a elaborar normas comuns sobre concorrência comercial.
Desde então, realizam-se esforços paralelos no Mercosul para avançar na eliminação do *antidumping* intrazona e para harmonizar as regras de defesa da concorrência na região. Tal paralelismo explica-se, pois a garantia de instrumentos eficazes para a manutenção de condições adequadas de concorrência na região, com a necessária prevenção de condutas e práticas restritivas (abuso de posição dominante, preços predatórios), é circunstância relevante para a definitiva eliminação.[6]

No entanto, apesar de a "decisão política" de eliminação das alíquotas *antidumping* e das medidas compensatórias já terem sido tomadas,[7] a realidade é que tais medidas continuam sendo aplicadas, bastando observar que continuava vigente, em agosto de 2010, a Decisão CMC nº 13, de 5 de julho de 2002, que dispõe:

O Conselho do Mercado Comum (CMC) decide:
Art. 1º – Adotar, no âmbito do Mercosul, o Acordo Relativo à Implementação do Art. VI do GATT, da Organização Mundial do Comércio, **para aplicação de medidas *antidumping* no comércio intrazona.**
(...)

[6] *Correio Braziliense*, 26 de março de 2001.
[7] A Decisão CMC nº 26/2003 dispôs que "...a Comissão de Comércio do Mercosul deverá definir os mecanismos e as condições para a eliminação dos instrumentos de defesa comercial [intrabloco] a partir de 2006."

Em relação às medidas *antidumping* **extrabloco**, os países do Mercosul editaram, em 15 de dezembro de 1997, a Decisão CMC nº 11/1997, cujo objetivo último é fazer com que as alíquotas *antidumping* sejam criadas em bloco e não mais por cada país do Mercosul individualmente. Em outras palavras, desejaram coordenar as medidas de defesa em relação ao *dumping*, passando a usar o "Regulamento Comum *Antidumping*".

Até agosto de 2010, ainda não havia consenso no texto do "Regulamento Comum *Antidumping*" (o grande problema alegado é a perda de autonomia dos países na imposição das medidas, que somente passariam a ser aplicadas se houvesse consenso no bloco). Por isso, as medidas *antidumping* aplicadas pelos países do Mercosul em relação aos países extrabloco continuam sendo normas de alcance apenas nacional, tal como o decreto brasileiro nº 1.602/1995, estudado no tópico anterior. Certamente, também a Argentina, o Paraguai e o Uruguai possuem normas nacionais para investigar *dumping* que gere danos às suas próprias indústrias.

Seguem os principais trechos da Decisão CMC nº 11/1997:

Considerando

A continuidade do processo de consolidação da União Aduaneira do MERCOSUL e a necessidade de adotar medidas que outorguem suficiente solidez à política comercial comum;

Que nesse sentido é necessário estabelecer um **tratamento harmonizado** das importações provenientes de terceiros países, em matéria de defesa comercial;

(...)

O Conselho do Mercado Comum decide:

Art. 1º – Aprovar o "Marco Normativo do Regulamento Comum Relativo à Defesa contra as Importações Objeto de *Dumping* Provenientes de Países Não membros do Mercado Comum do Sul", em suas versões em espanhol e português, idênticas e igualmente válidas, que constam como Anexo à presente Decisão e é parte integrante da mesma.

(...)

Art. 3º – **Até que se aprove o "Regulamento Comum *Antidumping*"**, os Estados-partes aplicarão medidas *antidumping* de acordo com sua legislação nacional, de conformidade com as disposições do "Marco Normativo do Regulamento Comum Relativo à Defesa contra as Importações Objeto de *Dumping* Provenientes de Países Não membros do Mercado Comum do Sul". Os Estados-partes efetuarão ajustes em sua legislação nacional, caso seja necessário, com o objetivo de sua harmonização com o "Marco Normativo".

Art. 4º – O Estado-parte que inicie investigação para aplicação de medida *antidumping* contra as importações originárias dos países não membros do MERCOSUL remeterá aos demais Estados-partes, para seu conhecimento, os atos publicados em cumprimento às disposições do Art. 12 do Acordo relativo à Aplicação do Art. VI do GATT ("Acordo *Antidumping*"), do Acordo Constitutivo da Organização Mundial do Comércio, assim como cópia dos relatórios apresentados ao Comitê de Práticas *Antidumping* da OMC, no cumprimento do Art. 16, § 4º do referido Acordo. Estas comunicações se efetuarão por meio do Comitê de Defesa Comercial e Salvaguardas – CDCS.

(...)

6.2. SUBSÍDIOS E MEDIDAS COMPENSATÓRIAS

6.2.1. Artigos VI e XVI do GATT

O art. VI do GATT 1947 dispõe sobre subsídios e medidas compensatórias (direitos compensatórios):

Art. VI – Direitos *antidumping* e direitos compensatórios

(...)

§ 3º – Não incidirá sobre qualquer produto de uma parte contratante, importado do território de outra parte, qualquer **direito compensatório** que exceda o montante estimado de subsídio que tenha sido concedido, direta ou indiretamente, à fabricação, à produção ou à exportação do produto no país de origem ou de exportação, incluindo qualquer subsídio especial para o transporte do produto. O termo "direito compensatório" deve ser entendido como um direito especial **cobrado para compensar subsídio** concedido, direta ou indiretamente, à fabricação, à produção ou à exportação de um produto.

§ 4º – Nenhum produto do território de uma parte contratante, importado por outra parte contratante, estará sujeito a direitos *antidumping* ou a direitos compensatórios pelo fato de estar isento de direitos ou tributos que gravem o produto similar quando destinado ao consumo no país de origem ou no de exportação, ou em virtude de esses direitos ou tributos serem restituídos.

(...)

§ 6º – As partes contratantes não imporão direitos *antidumping* ou compensatórios na importação de qualquer produto das demais partes contratantes, a menos que defina que o efeito do *dumping* ou do subsídio, conforme o caso, seja tal que cause ou ameace causar um **dano** material à indústria doméstica estabelecida ou retarde substancialmente a implantação de tal indústria.

(...)

§ 7º – **Presume-se que um sistema** destinado a estabilizar o preço interno de um produto primário (*commodity*) ou a receita bruta dos produtores nacionais destes bens, independentemente dos movimentos dos preços de exportação, o que, às vezes, resulta na exportação deste produto a um preço inferior ao praticado nas vendas internas, **não causa** um dano substancial no sentido do § 6º, se se determina, mediante consultas entre as partes contratantes interessadas:

a) que o sistema também resulta na exportação deste produto a um preço superior ao praticado nas vendas internas; e

b) que este sistema funciona ... de modo que não estimula indevidamente exportações, nem traz outros prejuízos sérios aos interesses das demais partes contratantes.

Da interpretação dos parágrafos do art. VI, conclui-se que:

1) Os países que estiverem sofrendo danos em decorrência de subsídios concedidos no país de origem ou de exportação podem se proteger impondo direitos compensatórios, cujo montante não poderá ser superior ao valor subsidiado. Portanto, em uma análise simplista, a ser aprofundada posteriormente, se, a cada sapato exportado pela China, o governo daquele país entregar US$ 10,00 ao produtor chinês para baratear o produto a ser exportado, o governo brasileiro e os dos demais países que se sentirem prejudicados podem cobrar direitos compensatórios no valor de até U$ 10,00 por unidade de sapato importado que tenha sido produzido na China.

2) No nosso país, as mercadorias exportadas possuem imunidade de IPI, ICMS, PIS e COFINS, ou seja, são tributos cobrados nas operações internas, mas não nas exportações. Esta desoneração não é considerada subsídio, conforme dispõem o § 4º e o Acordo sobre Subsídios e Medidas Compensatórias (a ser analisado no tópico seguinte), ou seja, nenhum país pode invocar a existência dessas imunidades tributárias para impor direitos compensatórios sobre os produtos brasileiros exportados para o território deles.

3) Consideremos que o governo brasileiro crie uma lei que disponha o seguinte:

> "Art. 1º – A União se compromete em adquirir todo o excesso de produção interna de feijão, com a finalidade de manter a renda dos produtores.
>
> Art. 2º – O valor a ser pago aos produtores será o valor exato para que fique garantida a renda de R$ 100,00 por saca de grãos, tomando-se em conta todas as operações no período de janeiro a dezembro/2007.

Art. 3º – O Ministério da Agricultura, Pecuária e Abastecimento disporá sobre a operacionalização do sistema.

Art. 4º – Esta lei entra em vigor em 1º de janeiro de 2007."

Esta lei hipotética é uma espécie de seguro para os produtores de feijão, que passam a ter a garantia do escoamento integral de sua produção, ainda que esta seja muito alta. Estimula, portanto, a produção interna, eliminando ou diminuindo os medos dos produtores agrícolas.

Note que o preço que o governo irá pagar por saca depende de todas as operações do agricultor durante o período de um ano. Por exemplo, digamos que alguém tenha produzido 200 sacas de grãos e tenha conseguido vender para os supermercados, durante o período coberto pela lei, 180 sacas pelo preço unitário de R$ 105,00. Portanto, a renda já obtida pelo agricultor foi de R$ 18.900,00.

Para ficar garantida a renda de R$ 100,00 por saca, conforme dispõe o hipotético art. 2º, o governo só pode desembolsar R$ 1.100,00, completando o total de R$ 20.000,00 (200 sacas a R$ 100,00). Logo, as 20 sacas restantes serão vendidas ao governo, se o agricultor quiser, pelo valor total de R$ 1.100,00, o que resulta em um valor unitário de R$ 55,00.

Tendo ficado com as sacas, o que o governo brasileiro vai fazer com elas?

Entre as opções principais, destaco as três seguintes: pode vender para um atacadista; pode repassar para as escolas públicas, para servir de merenda; ou pode armazená-lo, mantendo-o como estoque regulador, para ofertar no mercado interno nas épocas de escassez, segurando os preços e, consequentemente, a inflação.

Considerando que as sacas tenham sido vendidas a um atacadista, é possível que ele exporte estes bens, já que o mercado brasileiro talvez esteja saturado. E, se vender, provavelmente o fará por um preço mais baixo do que o preço normal no mercado interno, visto que adquiriu num preço também bem baixo, que tomou por base os R$ 55,00 originalmente pagos pelo governo ao produtor.

Concluindo: caso o atacadista exporte as sacas de feijão por R$ 70,00, R$ 80,00 ou R$ 90,00, por exemplo, considera-se, nos termos do § 7º do art. VI do GATT 1947, que não se configura **dano** aos demais países. Logo, nenhum deles poderá impor medidas para compensar este preço do feijão, reduzido em decorrência de um subsídio concedido na lei brasileira.

Para encerrar, pode-se ver que a lei hipotética, que acabou indiretamente gerando uma exportação por um valor inferior ao de venda no mercado interno, cumpre as duas condições inseridas no § 7º:

- pode ocorrer de as exportações saírem por um preço superior ao preço do mercado interno. Por exemplo, se o agricultor das 200 sacas de feijão tivesse vendido 180 sacas por R$ 95,00, em vez de R$ 105,00, sua renda total teria alcançado R$ 17.100,00. Logo, o governo poderia pagar pelas 20 sacas restantes um valor de R$ 2.900,00 para se completarem os R$ 20.000,00 (200 sacas a R$ 100,00). Desta forma, o preço unitário da saca teria sido de R$ 145,00, SUPERIOR ao preço de venda no mercado interno, o que implicaria preços de exportação também superiores aos preços no mercado interno; e
- não estimula indevidamente as exportações: As exportações são apenas uma das várias possibilidades para as sacas de feijão. Elas também poderiam ter sido armazenadas, entregues para escolas públicas ou vendidas internamente.

Além do art. VI, também o art. XVI do GATT 1947 trata de subsídios, dispondo que os países devem informar às demais partes contratantes (os atuais países-membros da OMC) as espécies de subsídio, os montantes destinados, os efeitos esperados e as justificativas para sua existência:

Art. XVI – Subsídios

§ 1º – Se uma parte contratante concede ou mantém um subsídio, incluída toda forma de sustentação de renda ou de preços, que tenha direta ou indiretamente como efeito **aumentar as exportações** de um produto qualquer deste País ou **reduzir as importações** para seu território, esta parte contratante notificará, por escrito, as demais partes contratantes sobre **a importância, a natureza do subsídio, os efeitos estimados sobre as quantidades dos produtos em questão, importados ou exportados por ela, e as circunstâncias que tornam o subsídio necessário**. Em todos os casos em que se determine que tal subsídio causa ou ameaça causar um prejuízo grave aos interesses de outra parte contratante, aquela que concedeu o subsídio, caso seja consultada, examinará, com as partes contratantes interessadas, a possibilidade de limitar o subsídio. (...)

6.2.2. Acordo sobre Subsídios e Medidas Compensatórias

Apesar de permitir a imposição de medidas compensatórias, o GATT 1947 deixou várias perguntas sem resposta, sendo necessária uma regulamentação, que veio no Acordo sobre Subsídios e Medidas Compensatórias, que entrou em vigor em 1/1/1995. Esse acordo é análogo ao "Acordo sobre a Implementação do art. VI do GATT", analisado no tópico 6.1.2, que é a regulamentação do GATT 1947 no que diz respeito ao *dumping*.

Inicialmente, cabe analisar o conceito de subsídio previsto no Acordo sobre Subsídios, já que o GATT 1947 silenciou em relação a isso.

6.2.2.1. Conceito de Subsídio

Se o governo deixa de cobrar imposto, isto é considerado subsídio? E se, em vez de dar dinheiro à firma, o governo emprestar este valor ou for mero avalista? Enfim, qual é o conceito de subsídio?

O art. 1º do acordo assim dispõe:

Art. 1º – Definição de Subsídio

§ 1º – Para os fins deste Acordo, considerar-se-á a ocorrência de subsídio quando:

a.1) haja contribuição financeira por um governo ou órgão público no interior do território de um Membro (denominado, a partir daqui, "governo"), isto é:

i) quando a prática do governo implique **transferência direta de fundos** (por exemplo, doações, empréstimos e aportes de capital), **potenciais transferências diretas de fundos ou obrigações** (por exemplo, garantias de empréstimos);

ii) quando receitas públicas devidas são **perdoadas** ou deixam de ser recolhidas (por exemplo, incentivos fiscais tais como bonificações fiscais);

iii) quando o governo **forneça bens ou serviços** além daqueles destinados à infraestrutura geral, **ou quando adquire bens**;

iv) quando o governo **faça pagamentos a um sistema de fundo**, ou confie ou instrua **órgão privado** a realizar uma ou mais das funções descritas nos incisos "i" a "iii" acima, as quais seriam normalmente incumbência do Governo e cuja prática não difira, de nenhum modo significativo, da prática habitualmente seguida pelos governos;

OU

a.2) haja qualquer forma de receita ou sustentação de preços no sentido do art. XVI do GATT 1994;

E

b) com isso se confira uma vantagem.

(...)

Se a firma alemã vende no mercado alemão uma mercadoria por € 10,00, mas cobra € 8,00 para vender ao Brasil, está configurado o *dumping*. Mas, se ela vende a € 8,00 porque está recebendo do seu governo € 2,00 para completar o valor de € 10,00, então não se trata de *dumping*, mas de **subsídio**.

Como visto no tópico anterior, não se considera subsídio quando o governo deixa de cobrar sobre produtos exportados os tributos cobrados nas vendas para o mercado interno. São exemplos as imunidades de IPI, ICMS, PIS e Cofins. Também a não cobrança de imposto de exportação (IE) não é considerada subsídio.

O art. 1º do Acordo sobre Subsídios e Medidas Compensatórias dispõe que o governo está subsidiando uma firma quando:

- Entrega dinheiro público (por doação, empréstimo, aporte de capital social etc.);
- É garantidor da entrega de dinheiro. Por exemplo, se o banco Itaú condicionar o empréstimo de recursos a uma firma a uma determinada taxa, exigindo que a União seja o avalista do empréstimo. O subsídio será considerado a diferença em relação à taxa de juros que o Itaú cobraria se a União não fosse garantidora do empréstimo;
- Perdoa dívidas ou dispensa seu pagamento;
- Entrega bens ou presta serviços públicos, além do considerado essencial. Por exemplo, quando o governo faz o asfaltamento de uma rua ou cria uma estação de esgoto em um município, está prestando serviços destinados à infraestrutura geral. No entanto, se o governo entregar bens ou serviços especificamente para uma ou algumas empresas, como reformar e promover a pintura das instalações de uma firma, então isto será considerado subsídio se o governo receber menos do que o preço normal;
- Adquire bens de alguma firma, caso esteja sendo pago um preço superior ao normal;
- Faz todas as operações anteriores usando um intermediário, seja um fundo de valores, de onde sairão depois os pagamentos às firmas, seja um órgão privado que atue por delegação governamental; ou
- Promove sustentação de renda ou de preços.

O artigo indica, adicionalmente, que o subsídio somente estará caracterizado se for obtida uma vantagem pela firma que recebe o favor governamental.

Para esclarecer o que foi escrito no art. 1º, dispõe o art. 14 do mesmo Acordo:

Art. 14 – Cálculo do valor de um subsídio em termos da vantagem percebida pelo beneficiário

(...)

Além disso, qualquer método dessa natureza deverá ser compatível com as seguintes diretrizes:

a) não se considerará que **aporte de capital social** constitua vantagem, a menos que se possa considerar que a decisão de investir seja incompatível com as práticas de investimento habituais (inclusive para o aporte de capital de risco) de investidores privados no território daquele Membro;

b) não se considerará que **empréstimo do governo** constitua vantagem, a menos que haja diferença entre o montante que a empresa recebedora do empréstimo deva pagar pelo empréstimo e o montante que essa empresa pagaria por empréstimo comercial equivalente que poderia normalmente obter no mercado. Nesse caso, a vantagem será a diferença entre esses dois montantes;

c) não se considerará que **garantia creditícia** fornecida pelo governo constitua vantagem, a menos que haja diferença entre o montante que a empresa recebedora da garantia paga pelo empréstimo assim garantido e o montante que a empresa pagaria por empréstimo comercial sem garantia do governo. Nesse caso, constitui vantagem a diferença entre esses dois montantes, calculada de molde a levar em conta quaisquer diferenças por taxas ou comissões;

d) não se considerará que o **fornecimento de bens ou serviços ou a compra de mercadorias pelo governo** constitua vantagem, a menos que o fornecimento seja realizado por valor inferior ao da remuneração adequada, ou que a compra seja realizada por valor superior ao da remuneração adequada. A adequação da remuneração será determinada em relação às condições mercadológicas vigentes para a mercadoria ou o serviço em causa no país de fornecimento ou compra (aí incluídos preço, qualidade, disponibilidade, comerciabilidade, transporte e outras condições de compra ou venda).

6.2.2.2. Demais Disposições

Além de definir o conceito de subsídio, o Acordo sobre Subsídios complementa o GATT 1947 em outros pontos. Seguem as principais questões não abordadas pelo GATT, mas elucidadas pelo acordo internacional:

1) Existem subsídios legais, ou seja, existem subsídios que devem ser aceitos incondicionalmente pelos demais países? A resposta é SIM. No

acordo internacional, os subsídios foram classificados em Proibidos, Recorríveis e Irrecorríveis, como será analisado no tópico 6.2.2.3.

2) Como se inicia uma investigação para se aplicarem medidas compensatórias? O art. 11 dispõe, de forma análoga à investigação do *dumping*, que deve ser feita uma petição pela indústria doméstica que se acha prejudicada pela existência do subsídio. Tal petição deve ser instruída com elementos de prova do subsídio, do dano e do nexo causal entre o subsídio e o dano.

3) Qualquer reclamação da indústria doméstica será investigada pelo governo do país importador? De forma análoga à investigação do *dumping*, o art. 11 define que a petição deve ser assinada por produtores nacionais que respondam por, pelo menos, 25% da produção total do similar nacional. Em seguida, o governo deve abrir uma consulta para ver o grau de apoio à petição. A investigação somente será iniciada se os que apoiam forem maioria dos que tiverem se manifestado (maioria medida em termos de volume de produção).[8] Prevê também o Acordo sobre Subsídios que, excepcionalmente, as autoridades responsáveis do país importador podem, de ofício, dispensada qualquer petição, iniciar uma investigação "se dispuserem de provas suficientes de existência de subsídio, dano e nexo causal".

4) Há alguma margem de subsídio tolerável? O art. 11, § 9º, dispõe que deverá ser "imediatamente encerrado o caso em que o valor do subsídio seja *de minimis*", ou seja, "montante de subsídio inferior a 1 por cento *ad valorem*."

5) Há um prazo máximo para se encerrarem as investigações visando à aplicação de medidas compensatórias? Sim. O art. 11, § 11, dispõe: "A investigação será concluída no prazo de um ano, exceto em circunstâncias especiais, e nunca em prazo superior a 18 meses após seu início."

6) Já que as investigações podem chegar a 18 meses, existe a possibilidade de se adotarem medidas provisórias, análogas às liminares em mandado de segurança ou às antecipações de tutela em ações ordinárias?

---

[8] Um exemplo de cálculo foi apresentado no tópico 6.1.2, referente ao *dumping*, e pode ser adaptado para a investigação relativa a subsídios.

A resposta positiva é dada no art. 17 e as condições equivalem às liminares judiciais: tem que estar presente o *fumus boni juris* e o *periculum in mora*, ou seja, deve existir "uma determinação preliminar afirmativa de existência de subsídio e de dano à indústria nacional" e devem ter transcorrido mais de 60 (sessenta) dias do início das investigações.

7) As investigações podem ser suspensas ou encerradas sem conclusão? Sim, o art. 18 trata dos "compromissos sobre preços", por meio dos quais "o governo do Membro exportador concorda em eliminar ou reduzir o subsídio" ou "o exportador concorda em rever seus preços".
8) Há prazo máximo para a aplicação de medidas compensatórias? O art. 21 dispõe que "um direito compensatório permanecerá em vigor apenas pelo tempo necessário para contra-arrestar o subsídio causador de dano." E complementa: "Todo direito compensatório será extinto em data não posterior a 5 (cinco) anos a contar da sua aplicação (...) a menos que as autoridades determinem (...) que a extinção do direito muito provavelmente levaria à continuação ou à reincidência do subsídio e do dano."

6.2.2.3. Classificação de Subsídios

Conforme disposto no Acordo sobre Subsídios e Medidas Compensatórias, existem três tipos de subsídios: os proibidos, os recorríveis e os irrecorríveis.

Os **subsídios irrecorríveis** são assim chamados por não permitirem reclamação por parte dos demais países, ou seja, não há qualquer possibilidade de alegação de dano a suas firmas. Eles são de quatro espécies:

1) Os voltados a atividades de pesquisa. É o caso, por exemplo, de o governo financiar pesquisas privadas sobre novos medicamentos ou tecnologias. É importante notar que este tipo de subsídio, para ser considerado irrecorrível, tem que cumprir algumas condições elencadas no art. 8º do acordo internacional, transcrito à frente;
2) Os concedidos a regiões menos favorecidas dentro do país. No Brasil, o sertão nordestino e o Vale do Jequitinhonha, em Minas Gerais, por exemplo, são considerados regiões menos desenvolvidas. Por isso, o governo brasileiro pode criar subsídios para essas regiões, não tendo

os demais países o direito de reclamar, caso as condições previstas no acordo internacional sejam observadas;

3) Os concedidos para que as firmas se adaptem a novas exigências ambientalistas. Consideremos que o governo brasileiro crie uma lei impondo que "fica proibido, a partir de hoje, o uso de telhas de amianto", cuja produção causa danos à saúde e ao meio-ambiente, ou "o uso de ar-condicionado que use o gás clorofluorcarboneto (CFC)", que danifica a camada de ozônio. Obviamente, uma nova exigência ambientalista como essa gera custos para as firmas que precisarão substituir suas telhas ou seus aparelhos de ar-condicionado. Caso o governo cubra uma parte desses custos de adaptação e desde que as condições previstas no acordo internacional sejam observadas, nenhum país pode reclamar do subsídio concedido.
4) Os genéricos. O que é um subsídio genérico? É aquele que não é específico, nos termos do art. 2º do acordo internacional, ou seja, aquele que não for direcionado para uma empresa ou para um conjunto delas. Em resumo, subsídio genérico é aquele que pode ser usufruído por toda e qualquer empresa.

Art. 2º – Especificidade

§ 1º – Com vistas a determinar se um subsídio, tal como definido no § 1º do art. 1º, destina-se especificamente a uma empresa ou produção, ou a um grupo de empresas ou produções (denominadas neste Acordo de "determinadas empresas") dentro da jurisdição da autoridade outorgante, serão aplicados os seguintes princípios:

a) o subsídio será considerado **específico** quando a autoridade outorgante ou a legislação pela qual essa autoridade deve reger-se explicitamente limitar o acesso ao subsídio a apenas determinadas empresas.

b) não ocorrerá especificidade ***[nota do autor: será considerado genérico]*** quando a autoridade outorgante ou a legislação pela qual essa autoridade deve reger-se estabelecer **condições ou critérios objetivos** que disponham sobre o direito de acesso e sobre o montante a ser concedido, desde que o direito seja automático e que as condições e critérios sejam estritamente respeitados. As condições e critérios deverão ser claramente estipulados em lei, regulamento ou qualquer outro documento oficial, de tal forma que se possa proceder à verificação.

c) se, apesar de haver aparência de não especificidade resultante da aplicação dos princípios estabelecidos nos subparágrafos (a) e (b), houver razões para acreditar-se que o subsídio em consideração seja de fato específico, poder-se-ão considerar outros fatores como: uso predominante de um programa de subsídios por número limitado de empresas; concessão de parcela desproporcionalmente grande do subsídio a determinadas empresas apenas e o modo pelo qual a autoridade outorgante exerceu seu poder discricionário na decisão de conceder um subsídio. Na aplicação deste subparágrafo será levada em conta a diversidade das atividades econômicas dentro da jurisdição da autoridade outorgante, bem como o período de tempo durante o qual o programa de subsídios esteve em vigor.

§ 2º – Será considerado específico o subsídio que seja limitado a determinadas empresas localizadas dentro de uma região geográfica situada no interior da jurisdição da autoridade outorgante. Fica entendido que não se considerará subsídio específico, para os propósitos do presente Acordo, o estabelecimento ou a alteração de taxas geralmente aplicáveis por todo e qualquer nível de governo com competência para fazê-lo.

§ 3º – Quaisquer subsídios compreendidos nas disposições do art. 3º serão considerados específicos.

§ 4º – Qualquer determinação de especificidade ao abrigo do disposto neste Artigo deverá estar claramente fundamentada em provas positivas.

Resumidamente, subsídio específico é aquele disponibilizado a apenas uma ou algumas empresas. É o exemplo da lei que dispõe: "Terão direito à redução de 50% do Imposto de Renda Pessoa Jurídica as seguintes empresas: ..."

Já o subsídio genérico é aquele aberto a qualquer empresa, sendo listadas na lei as condições de obtenção do mesmo. É o exemplo da lei que dispõe: "Terão direito à redução de 50% do Imposto de Renda Pessoa Jurídica as empresas que contratarem funcionários com idade superior a 65 anos ou funcionários com deficiência física". Neste caso, qualquer empresa pode ter acesso ao subsídio, sob a forma de redução de imposto. Sendo "genérico", esse subsídio não pode ser atacado por nenhum outro país.

Note que a alínea (c) do artigo antes transcrito dispõe da especificidade "disfarçada". Por exemplo, se a lei trouxer a seguinte redação: "Terão direito ao subsídio as pessoas jurídicas que possuam entre 120 e 135 funcionários, que tenham tido um faturamento entre R$ 1,4 e R$ 1,5 milhão no ano anterior, que possuam mais de quatro filiais, ..." Apesar de as condições e os critérios serem objetivos, até ao extremo, uma lei assim parece ter sido criada "sob encomenda", tendo todo o "cheiro" de um subsídio direcionado a uma ou algumas empresas. Assim, de acordo com a alínea (c), esse subsídio poderá ser considerado específico e proibido.

Para frisar, nem todo subsídio específico é proibido: por exemplo, os três primeiros subsídios tratados neste tópico, apesar de considerados específicos, são irrecorríveis.

Encerrando a análise dos subsídios irrecorríveis e suas premissas, transcrevo o art. 8º do Acordo sobre Subsídios:

Art. 8º – Identificação de subsídios irrecorríveis

§ 1º – Serão considerados irrecorríveis os seguintes subsídios:

a) os que **não são específicos** [NOTA do autor: os genéricos] no sentido do art. 2º;

b) os que **são específicos** no sentido do art. 2º, mas que preenchem todas as condições enumeradas nos §§ 2.**a**, **2.b e 2.c** abaixo.

§ 2º – A despeito do disposto nas Partes III e V, os seguintes subsídios serão considerados irrecorríveis:

a) assistência para **atividades de pesquisa** realizadas por empresas ou estabelecimentos de pesquisa ou de educação superior vinculados por relação contratual, se: a assistência cobre até o máximo de 75 por cento dos custos da pesquisa industrial ou de 50 por cento dos custos das atividades pré-competitivas de desenvolvimento; e desde que tal assistência seja limitada exclusivamente a:

i) despesas de pessoal (pesquisadores, técnicos e outro pessoal de apoio empregado exclusivamente na atividade de pesquisa);

ii) despesas com instrumentos, equipamentos, terra e construções destinados exclusiva e permanentemente à atividade de pesquisa (exceto quando tenham sido arrendados em base comercial);

iii) despesas com consultorias e serviços equivalentes usados exclusivamente na atividade de pesquisa, incluindo-se aí a aquisição de resultados de pesquisas, de conhecimentos técnicos, patentes, etc.;

iv) despesas gerais adicionais em que se incorra diretamente em consequência das atividades de pesquisa;

v) outras despesas correntes (como as de materiais, suprimentos e assemelhados) em que se incorra diretamente em consequência das atividades de pesquisa.

b) assistência a uma **região economicamente desfavorecida** dentro do território de um Membro, concedida no quadro geral do desenvolvimento regional, e que seja inespecífica (no sentido do art. 2º) no âmbito das regiões elegíveis, desde que:

i) cada região economicamente desfavorecida constitua área geográfica contínua claramente identificada, com identidade econômica e administrativa definível;

ii) seja a região considerada economicamente desfavorecida a partir de critérios neutros e objetivos, que demonstrem serem suas dificuldades originárias de outros fatores além de circunstâncias temporárias; tais critérios serão claramente expressos em lei, regulamento ou outro documento oficial, de forma a permitir-lhe a verificação;

iii) os critérios incluirão medida do desenvolvimento econômico, baseada em pelo menos um dos seguintes fatores:

– renda *per capita*, ou renda familiar *per capita*, ou Produto Nacional Bruto *per capita*, que não deverá ultrapassar 85 por cento da média do território em causa;

– taxa de desemprego, que deverá ser pelo menos 110 por cento da média do território em causa;

apurados por um período de três anos; tal medida, porém, poderá resultar de uma composição de diferentes fatores e poderá incluir outros não indicados acima.

c) assistência para promover a **adaptação de instalações existentes a novas exigências ambientalistas** impostas por lei e/ou regulamentos, de que resultem maiores obrigações ou carga financeira sobre as empresas, desde que tal assistência:

i) seja excepcional e não recorrente;

ii) seja limitada a 20 por cento do custo da adaptação;

iii) não cubra custos de reposição e operação do investimento, que devem recair inteiramente sobre as empresas;

iv) esteja diretamente vinculada e seja proporcional à redução de danos e de poluição prevista pela empresa e que não cubra nenhuma economia de custos eventualmente verificada; e

v) seja disponível para todas as firmas que possam adotar o novo equipamento e/ou os novos processos produtivos.

A **segunda categoria** de subsídios é a dos **proibidos**, listados no art. 3º do Acordo sobre Subsídios:

Art. 3º – Proibição

§ 1º – Com exceção do disposto no Acordo sobre Agricultura, serão proibidos os seguintes subsídios, conforme definidos no art. 1º.

a) subsídios vinculados, de fato ou de direito, ao desempenho exportador, quer individualmente, quer como parte de um conjunto de condições, inclusive aqueles indicados a título de exemplo no Anexo I;

b) subsídios vinculados, de fato ou de direito, ao uso preferencial de produtos nacionais em detrimento de produtos estrangeiros, quer individualmente, quer como parte de um conjunto de condições.

§ 2º – O Membro deste Acordo não concederá ou manterá os subsídios mencionados no § 1º.

Caso uma lei brasileira dispusesse: "Terão direito à isenção de ITR (Imposto sobre a Propriedade Territorial Rural) as unidades rurais que exportarem pelo menos 80% de sua produção", este subsídio seria considerado proibido, por estar vinculado ao desempenho das exportações. A lógica na proibição se baseia na constatação de que condicionar um benefício ao desempenho exportador estimula práticas predatórias no comércio exterior. Afinal, para as empresas obterem os benefícios terão que exportar e, consequentemente, não medirão esforços, sob pena de não conseguirem as vantagens ofertadas.

Neste caso, os demais países nem precisam fazer prova do dano em seu território, pois o dano é implícito. Para reforçar este entendimento, pelo § 2º do artigo, os países acordam que não concederão nem manterão, a qualquer título, subsídios assim.

O outro exemplo de subsídio proibido é aquele em que a lei define: "Terão direito à isenção de ITR as unidades rurais que importarem, no máximo, 30% dos fertilizantes agrícolas utilizados na unidade."

Neste segundo caso, o governo impõe como condição ao subsídio o uso preferencial de fertilizantes nacionais em detrimento de fertilizantes estrangeiros, os quais não poderão representar mais de 30% do total dos fertilizantes usados na unidade rural. O subsídio é considerado proibido, pois é uma medida protecionista camuflada. Afinal, se as empresas do país quiserem as vantagens oferecidas pelo governo, elas devem reduzir importações. Medidas protecionistas, conforme analisado no Capítulo 2, somente são toleradas em algumas situações excepcionais.

Para finalizar, pode-se ver que os dois exemplos de lei criados nos parágrafos anteriores não trouxeram os nomes das empresas, mas apenas condições ("exportarem mais de 80% ..." e "importarem, no máximo, 30%..."). Portanto, à primeira vista, ambos os subsídios seriam considerados genéricos e não específicos. Mas, se assim o fosse, estaria criada uma incongruência, pois, como vimos anteriormente, os subsídios genéricos são considerados irrecorríveis. Ora, os subsídios dos exemplos são então subsídios irrecorríveis ou proibidos?

Para acabar com qualquer dúvida, o art. 2º, § 3º, do Acordo sobre Subsídios (já transcrito neste tópico) dispõe que todo subsídio proibido é considerado específico.

A **terceira categoria** de subsídios é a dos **Recorríveis**, tratados na Parte III do Acordo sobre Subsídios.[9]

---

[9] **Parte III – Subsídios Recorríveis**

Art. 5º – Efeitos danosos

Nenhum Membro deverá causar, por meio da aplicação de qualquer subsídio mencionado nos §§ 1º e 2º do art. 1º, efeitos danosos aos interesses de outros Membros, isto é:

a) dano à indústria nacional de outro Membro;

b) anulação ou prejuízo de vantagens resultantes, para outros Membros, direta ou indiretamente do GATT 1994, em especial as vantagens de concessões consolidadas sob o art. II do GATT 1994;

c) grave dano aos interesses de outro Membro.

Este Artigo não se aplica aos subsídios mantidos para produtos agrícolas, conforme o disposto no art. 13 do Acordo sobre Agricultura.

Art. 6º – Grave dano

§ 1º – Ocorrerá grave dano no sentido do parágrafo (c) do art. 5º quando:

a) o subsídio total, calculado *ad valorem*, ultrapassar 5 por cento;

Na prática, os subsídios recorríveis podem ser entendidos por exclusão. Por exemplo, numa época de iminente apagão energético, uma lei pode ser criada com a seguinte disposição: "Terão direito à isenção total de IRPJ, pelos próximos 20 anos, as siderúrgicas que passarem a gerar energia termelétrica para consumo próprio."

Este subsídio é proibido? Não, porque não está vinculado a aumento de exportações ou a restrição de importações.

---

b) os subsídios destinarem-se a cobrir prejuízos operacionais incorridos por uma indústria;

c) os subsídios destinarem-se a cobrir prejuízos operacionais incorridos por uma empresa, salvo se se tratar de medida isolada, não recorrente, que não possa ser repetida para aquela empresa e que seja concedida apenas para dar-lhe o tempo necessário para desenvolver soluções de longo prazo e evitar graves problemas sociais;

d) ocorra perdão direto de dívida, isto é, perdão de dívida existente com o governo, ou ocorra doação para cobrir o reembolso de dívidas.

§ 2º – Em que pese o disposto no § 1º, não ocorrerá grave dano se o Membro outorgante do subsídio demonstrar que o mesmo não produziu nenhum dos efeitos enumerados no § 3º.

§ 3º – Ocorrerá grave dano no sentido do parágrafo (c) do art. 5º sempre que ocorra um ou a combinação de vários dos seguintes efeitos:

a) deslocar ou impedir a importação de produto similar produzido por outro Membro no mercado do Membro outorgante do subsídio;

b) deslocar ou impedir a exportação de produto similar produzido por um Membro no mercado de terceiro país;

c) provocar significativa redução do preço do produto subsidiado em relação ao preço do produto similar de outro Membro no mesmo mercado, ou significativa contenção de aumento de preços, redução de preços ou perda de vendas no mesmo mercado;

d) aumentar a participação no mercado mundial de determinado produto primário ou de base subsidiado pelo Membro outorgante, quando se compara com a participação média que o Membro detinha no período de três anos anteriores e quando tal aumento se mantém como firme tendência durante algum tempo após a concessão dos subsídios.

(...)

Art. 15 – Determinação de Dano

§ 1º – A determinação de dano para as finalidades do art. VI do GATT 1994 será baseada em provas positivas e compreenderá exame objetivo:

a) do volume das importações subsidiadas e de seu efeito sobre os preços dos produtos similares no mercado nacional; e

b) o consequente impacto dessas importações sobre os produtores nacionais de tais produtos.

§ 2º – No tocante ao **volume** de importações subsidiadas, as autoridades investigadoras verificarão se ocorreu aumento significativo nas importações subsidiadas, tanto em termos absolutos quanto em termos relativos, em comparação com a produção ou o consumo no Membro importador. Com relação ao **efeito** das importações subsidiadas sobre os preços, as autoridades investigadoras examinarão se houve ou não venda do produto subsidiado a preços consideravelmente inferiores aos do produto similar do Membro importador, ou se o efeito de tais importações verifica-se pela significativa depressão dos preços, ou pelo impedimento de que os mesmos subam significativamente, como teria ocorrido na ausência dos produtos subsidiados. Nenhum desses fatores tomados isoladamente ou em grupo bastará necessariamente para permitir orientação decisiva.

(...)

Este subsídio é irrecorrível? Não, porque não é genérico (está restrito às siderúrgicas), nem diz respeito a atividades de pesquisa, adequação a novas exigências ambientalistas ou a regiões menos desenvolvidas.

Portanto, este subsídio é recorrível.

Os demais países somente poderão impor uma medida compensatória aos produtos exportados pelas siderúrgicas brasileiras se provarem que estão sofrendo um dano, cujo conceito se encontra nos arts. 5º e 6º. Da leitura desses artigos, pode-se constatar que o dano somente foi conceituado dentro da seção que trata dos subsídios recorríveis. Por quê?

Porque o conceito de dano só interessa na apuração dessa categoria de subsídios, visto que o uso dos subsídios irrecorríveis não gera nenhum dano a qualquer país e o uso dos subsídios proibidos é condenado sem que se precise provar qualquer dano. Portanto, conhecer os critérios para determinação de dano somente será necessário a um país se ele estiver sofrendo os efeitos de um subsídio recorrível, em que o dano deverá ser provado.

Em resumo:

1) os subsídios genéricos são irrecorríveis – não há dano para os demais países;
2) os subsídios específicos podem ser:
   a. Irrecorríveis (para atividades de pesquisa, para região menos desenvolvida, para adequação a novas exigências ambientalistas) – não há dano para os demais países;
   b. Recorríveis – para se defender, um país deve provar a existência do dano; e
   c. Proibidos (vinculados ao desempenho das exportações e os vinculados ao uso preferencial de produtos nacionais em detrimento de produtos importados) – o dano nem precisa ser comprovado pelos demais países.
3) Todos os subsídios proibidos são específicos, mas nem todos os específicos são proibidos.

6.2.3. Medidas Compensatórias no Brasil

Como analisado, o governo brasileiro editou a Lei nº 9.019/1995 para tratar da aplicação tanto das alíquotas *antidumping* quanto das medidas compensatórias. Portanto, como já vimos, cabe à SECEX a investigação acerca do subsídio e do dano vinculado e cabe à CAMEX a fixação da medida compensatória.

Para regulamentar a lei, foi publicado o Decreto nº 1.751, de 19 de dezembro de 1995 ("Decreto sobre Subsídios"). Este criou uma nova classificação: **subsídios acionáveis** e **subsídios não acionáveis**. Os acionáveis são aqueles listados no acordo internacional como Recorríveis e Proibidos. Receberam o nome de acionáveis, pois, caso sejam usados, os demais países podem acionar os mecanismos de defesa comercial. Já os irrecorríveis são chamados de não acionáveis, já que nada se pode fazer quando utilizados pelos demais países.

A medida compensatória será na forma de uma alíquota, que pode ser *ad valorem* ou específica, de forma idêntica às alíquotas *antidumping*. É o que dispõe o Decreto sobre Subsídios:

Art. 55 – Para os efeitos deste Decreto, a expressão "direito compensatório" significa montante em dinheiro igual ou inferior ao montante de subsídio acionável apurado, calculado nos termos do art. 14 e aplicado em conformidade com este artigo, com o fim de neutralizar o dano causado pelo subsídio acionável.

§ 1º – O direito compensatório, provisório ou definitivo, será calculado mediante a aplicação de **alíquotas** *ad valorem* ou específicas, fixas ou variáveis, ou pela combinação de ambas.

§ 2º – A alíquota *ad valorem* será aplicada sobre o valor aduaneiro da mercadoria, em base CIF, apurado nos termos da legislação pertinente.

§ 3º – A alíquota específica será fixada em dólares dos Estados Unidos da América e convertida em moeda nacional, nos termos da legislação pertinente.

A cobrança da medida compensatória é idêntica à cobrança de medida *antidumping*: ocorre no momento do registro da Declaração de Importação.

6.2.4. Medidas Compensatórias no Mercosul

É desnecessário abordar especificamente as medidas compensatórias **intrabloco** no Mercosul, visto que pode ser aproveitada toda a explicação apresentada no tópico 6.1.4. – Medidas *Antidumping* no Mercosul, fazendo-se as adaptações necessárias.

Em resumo, em relação às medidas compensatórias intrabloco:

a. pela ótica brasileira, elas devem ser eliminadas para cumprir o disposto no art. XXIV, § 8º, do GATT 1947;

b. os países do Mercosul já tomaram a decisão política de as eliminar; e
c. na prática, as medidas compensatórias intrabloco continuam sendo aplicadas, por conta do disposto na Decisão CMC nº 14, de 5 de julho de 2002:

O Conselho do Mercado Comum decide:

Art. 1º – Adotar, no âmbito do Mercosul, o Acordo sobre Subsídios e Medidas Compensatórias, da OMC, para o tratamento dos **subsídios e medidas compensatórias** no comércio **intrazona.**

(...)

Em relação às medidas compensatórias **extrabloco**, os países do Mercosul editaram, em 29 de junho de 2000, a Decisão CMC nº 29/2000, cujo objetivo último é fazer com que os países do Mercosul criem as medidas compensatórias em bloco, perdendo os países o direito de impor as medidas unilateralmente. Em outras palavras, desejaram coordenar as medidas de defesa em relação aos subsídios extrabloco, passando a usar o "Regulamento Comum contra Subsídios".

Até agosto de 2010, ainda não havia consenso no texto do "Regulamento Comum sobre Subsídios" (o maior problema alegado é a perda de autonomia dos países na imposição das medidas, que somente passariam a ser aplicadas se houvesse consenso no bloco). Por isso, as medidas compensatórias aplicadas pelos países do Mercosul em relação aos países extrabloco continuam sendo normas de alcance apenas nacional, tal como o Decreto brasileiro nº 1.751/1995, estudado no tópico anterior. Certamente, também a Argentina, o Paraguai e o Uruguai possuem normas nacionais para investigarem a ocorrência de subsídios que gerem danos às suas indústrias.

Seguem os principais trechos da Decisão CMC nº 29/2000:

Considerando

A continuidade do processo de consolidação da União Aduaneira do MERCOSUL e a necessidade de adotar medidas que outorguem suficiente solidez à política comercial comum;

Que nesse sentido é necessário estabelecer um **tratamento harmonizado** das importações provenientes de terceiros países, em matéria de defesa comercial;

(...)

O Conselho do Mercado Comum decide:

Art. 1º – Aprovar o "Marco Normativo do Regulamento Comum Relativo à Defesa contra Subsídios Concedidos por Países Não Membros do Mercado Comum do Sul", que consta como Anexo à presente Decisão e é parte integrante da mesma.

Art. 2º – Os Estados-partes adotarão as medidas necessárias para adequar sua normativa interna vigente ao Marco Normativo indicado no Artigo anterior.

Art. 3º – O Estado-parte que inicie investigação para aplicação de medida compensatória contra as importações originárias dos países não membros do Mercosul remeterá aos demais Estados-partes, para acompanhamento e intercâmbio de opiniões, os atos publicados em cumprimento às disposições do Art. 22 do Acordo sobre Subsídios e Medidas Compensatórias do Acordo Geral sobre Tarifas e Comércio 1994 do Acordo Constitutivo da Organização Mundial do Comércio – Acordo sobre a OMC, assim como cópia dos relatórios apresentados ao Comitê de Subsídios e Medidas Compensatórias da OMC, no cumprimento do Art. 25, § 11 do referido Acordo. Estas comunicações se efetuarão por meio do Comitê de Defesa Comercial e Salvaguardas – CDCS.

(...)

6.3. SALVAGUARDAS

6.3.1. Artigo XIX do GATT

O art. XIX do GATT 1947 trata das salvaguardas. Seu uso não se confunde com o das alíquotas *antidumping* nem o das medidas compensatórias. Nestes dois últimos, o país impõe uma barreira tendo em vista que existe uma atitude desleal de algum outro país, ou seja, está sendo praticado um *dumping* danoso ou um subsídio acionável.

Já o uso das salvaguardas, apesar de ser uma medida de defesa comercial, não é defesa contra deslealdade. Seu uso decorre das próprias concessões que o país fez em virtude do GATT 1947, cujos principais compromissos analisamos no Capítulo 3. Em virtude das concessões feitas ou das obrigações assumidas pelo governo no citado acordo, pode ser que surja um prejuízo ou ameaça de prejuízo grave à indústria do país, e, por conta disso, o governo poderá suspender a obrigação assumida ou modificar ou retirar a concessão.

Para exemplificar e a título de curiosidade, vejamos um caso real na legislação brasileira. Em agosto de 2010, o único produto importado pelo Brasil sujeito a salvaguarda eram os cocos secos. A salvaguarda foi criada por meio da Resolução CAMEX nº 19/2002, em que se definiu o volume máximo de importações para o período de setembro/2002 a agosto/2006:

Art. 2º – As quotas serão estabelecidas para períodos de doze meses, com início em 1º de setembro de 2002, e flexibilizadas em 5%, 10% e 15% da quota do primeiro período, como segue: 3.957 toneladas no primeiro período; 4.154,9 toneladas no segundo período; 4.352,7 toneladas no terceiro período; e 4.550,6 toneladas no último período de vigência da medida.

Posteriormente, outra Resolução CAMEX, a de nº 19/2006, prorrogou o uso das quotas até agosto de 2010.

Ao criar a referida salvaguarda, a CAMEX apresentou, no Anexo à Resolução, o histórico do processo de investigação e a análise pormenorizada do caso. Em síntese:

1) Em março de 2001, o Sindicato Nacional dos Produtores de Coco do Brasil pediu a abertura da investigação visando à imposição de salvaguardas na importação de cocos.
2) Escreve a CAMEX: "Apesar de o coco ser cultivado em toda a zona intertropical, em uma área de quase 11 milhões de hectares, a maior parte da produção pertence ao continente asiático, com mais de 80%. A produção asiática da noz de coco está concentrada em três países: Filipinas, Indonésia e Índia, que respondem por mais de 70% da produção regional. A cultura do coco nessas regiões visa à produção de óleo, produto que atualmente vem enfrentando dificuldades em razão da competição com outros produtos, não só por preço, mas também por serem mais recomendáveis para a saúde, tais como os óleos de soja ou de girassol."
3) Ainda: "Os maiores fornecedores mundiais de coco ralado são países em desenvolvimento, situados no sudeste asiático, os quais estiveram sujeitos às consequências da crise da Coreia ocorrida no final de 1997. Esses países vêm tendo sua atuação no mercado internacional fortemente marcada pelos efeitos dessa crise sobre suas economias e pela premência de obtenção de divisas para fazer frente às suas necessidades de importação. Além disso, em termos mundiais, ocorreu queda da demanda por óleo de coco, em decorrência da substituição desses produtos por outros de menor conteúdo de gordura. Essa tendência

de substituição de consumo ocasionou o aumento da oferta de coco ralado no mercado internacional.

Tal fato, certamente, implicou excesso de oferta do produto no mercado internacional, favorecendo o aparecimento de novos exportadores do produto para o Brasil."

4) "Em síntese, a situação prevista – de expansão do mercado de óleo de coco, a qual, inclusive, corroborou para que fosse concedido financiamento para aumento/recuperação da produção do principal produtor mundial (Filipinas) pelo Banco Mundial – não se confirmou. A mudança de hábitos de consumo, imprevisível àquela ocasião, na busca de uma dieta menos calórica e mais saudável, veio de encontro àquela previsão, acarretando excesso de oferta do produto no mercado internacional.

Da evolução dessas circunstâncias, imprevistas, decorreu o aumento das importações brasileiras de coco ralado. Isso encontra explicação no fato de ser o Brasil o maior mercado consumidor de leite de coco e coco ralado, em razão de hábitos alimentares.

O Brasil é membro originário da OMC. Por meio do Acordo Constitutivo dessa Organização, o país assumiu, dentre outros, **o compromisso de não restringir quantitativamente suas importações**, salvo nas hipóteses previstas no próprio Acordo e seus Anexos, e em conformidade com os procedimentos ali estabelecidos. Isso equivale dizer que o Brasil não poderia restringir suas importações de coco ralado. Esse impedimento, associado à evolução imprevista das circunstâncias, **acarretou um prejuízo grave** à indústria doméstica."

Neste exemplo, podem-se ver os principais pontos:

1) Houve um aumento de importações por parte do Brasil, em decorrência de aumento de oferta internacional de cocos;
2) O excesso de oferta internacional decorreu de dois fatores:
   a. a crise asiática de 1997, que levou os principais produtores de coco a aumentarem exportações, visto que o mercado interno se comprimiu para os produtores e que os governos desses países precisavam incentivar a entrada de recursos de exportação para fazerem frente a seus gastos de importação; e

b. um hábito mundial mais saudável, em busca de óleos menos calóricos, como os de soja ou de girassol.

3) Frisando: o aumento de importações não decorreu de deslealdade nem dos produtores estrangeiros nem dos seus governos, mas de outros fatores.

4) Como o Brasil assumiu o compromisso no art. XI do GATT de não impor restrições quantitativas sobre as importações de bens, mas a realidade era que o aumento destas estava causando prejuízo aos produtores brasileiros de coco, estava justificada a imposição das salvaguardas.

Vejamos detidamente o conceito e o processo de imposição de salvaguarda no art. XIX do GATT:

Art. XIX – Medidas de urgência sobre a importação de produtos determinados

§ 1º –

a) Se, como consequência da evolução imprevista das circunstâncias e por **efeito das obrigações**, incluídas as **concessões** tarifárias, contraídas por uma parte contratante em virtude do presente Acordo, as importações de um produto no território desta parte contratante tenham **aumentado** em tal quantidade e sob determinadas condições que **causam ou ameaçam causar um prejuízo grave** aos produtores nacionais de produtos similares ou diretamente concorrentes no território, a parte contratante **poderá**, na medida e no tempo necessários para prevenir ou reparar esse dano, **suspender** total ou parcialmente a obrigação contraída com respeito a tal produto, **ou retirar ou modificar** a concessão.

b) (...)

§ 2º – Antes que uma parte contratante tome as medidas previstas para a aplicação das disposições do § 1º do presente artigo, avisará por escrito às partes contratantes com a maior antecedência possível. Proporcionará às partes contratantes, assim como a todas as outras partes contratantes que tenham interesse substancial como exportadoras do produto em questão, oportunidade de examinar, com ela, as medidas que se propõe tomar. (...)

§ 3º –

a) Se as partes contratantes interessadas não chegarem a um acordo sobre essas medidas, **nada impedirá** uma parte contratante, se o desejar, de adotar as medidas em questão ou de continuar a sua aplicação. Nesse caso, em até 90 dias contados de sua aplicação, será facultado às **partes contratantes lesadas por essas medidas** suspender, após prévio aviso de trinta dias dirigido às partes contratantes, a aplicação, ao comércio da parte contratante que tomou essas medidas, (...) de concessões ou outras obrigações substancialmente equivalentes, resultantes do presente acordo, desde que a suspensão não seja desaprovada pelas demais partes contratantes.

b) Sem prejuízo das disposições da alínea *a* do presente parágrafo, quando essas medidas forem tomadas sem consulta prévia, de acordo com o § 2º do presente artigo e determinem ou ameacem determinar grave prejuízo aos produtores nacionais de produtos por elas afetados sobre o território de uma parte contratante, será facultado a essa parte contratante, quando qualquer prazo a esse respeito determinar um prejuízo dificilmente reparável, suspender, a partir da aplicação dessas medidas e durante o período dessa consulta, as concessões ou outras obrigações que julgar necessárias para prevenir ou reparar o prejuízo.

O § 1º trata das premissas para imposição de salvaguardas, as quais já foram analisadas.

A salvaguarda é uma medida de defesa comercial imposta sem que tenha havido deslealdade nem do exportador nem do governo de seu país, ou seja, sua imposição acaba ferindo os interesses legítimos daqueles, que prefeririam a manutenção da abertura comercial. Por este motivo, foi definido nos §§ 2º e 3º do art. XIX, que o país que criar a salvaguarda deve oferecer compensações aos demais países, diversamente do que ocorre na criação das medidas *anti-dumping* e compensatórias. Caso não se chegue a um acordo satisfatório acerca das compensações, os países que se sentirem prejudicados com a salvaguarda poderão retaliar.

6.3.2. Acordo sobre Salvaguardas

Obviamente, o art. XIX do GATT precisou de regulamentação, pois deixou inúmeras questões em aberto. O Acordo sobre Salvaguardas, que entrou em vigor em 1º de janeiro de 1995, juntamente com a OMC, trouxe as respostas, como seu próprio preâmbulo indica:

Os Membros,

...

Reconhecendo a necessidade de **esclarecer e reforçar** as disciplinas do GATT 1994, e, **em especial, as do seu art. XIX** (Medidas de urgência sobre a importação de produtos determinados), de restabelecer o controle multilateral sobre as salvaguardas e de eliminar as medidas que escapem a tal controle,

...

Acordam o seguinte:

Dentre as várias questões respondidas pelo Acordo sobre Salvaguardas, cabe destacar as seguintes:

1) O aumento nas importações para que se permita uma salvaguarda deve ser em termos absolutos ou pode ser caracterizado em termos relativos?
   O art. 2º, § 1º, dispõe que, para se aplicar a salvaguarda, o aumento das importações é essencial, "seja em termos absolutos, seja em proporção à produção nacional".
   Portanto, se importávamos 10 toneladas de soja e passamos a importar 11, este aumento, se estiver causando dano aos produtores nacionais de soja, legitima a criação de uma salvaguarda.

   Mas, se importávamos 10 toneladas de soja no início de um determinado período e passamos a importar 9 ao final, talvez ainda haja a possibilidade de se impor uma salvaguarda. Basta que, para isso, o Brasil que produzia, por hipótese, 20 toneladas no início do mesmo período, passe a produzir menos de 18 ao final. Exemplificando: se as importações caírem de 10 para 9 e a produção nacional cair de 20 para 9, os importados terão tido um aumento na participação do mercado brasileiro: antes respondiam por 33,3% (10 de 30) do total consumido, hoje respondem por 50% (9 de 18).
2) As salvaguardas incidirão sobre as mercadorias de todos os países ou podem ser selecionadas as mercadorias de apenas alguns deles?
   A resposta dada pelo Acordo sobre Salvaguardas é óbvia. O problema por que passam nossas firmas não foi criado por deslealdade de nenhum governo nem produtor estrangeiro. Antes, o problema para as firmas brasileiras foi "criado" pelo próprio governo brasileiro ao assumir obrigações ou fazer concessões. Logo, as salvaguardas não podem discriminar países, devendo ser cobradas de forma objetiva (sobre o produto) e não de forma subjetiva. Outra não é a inteligência do art. 2º, § 2º, do Acordo: "Medidas de Salvaguarda serão aplicadas ao produto importado independentemente de sua procedência."
3) As cláusulas de salvaguarda serão na forma de alíquotas ou quotas? Se for quota, como será feita a distribuição entre os vários países exportadores?

Vejamos o que dispõe o art. 5º do Acordo:

Art. 5º – Aplicação de medidas de salvaguarda

1. Um membro aplicará medidas de salvaguarda unicamente na medida do necessário para prevenir ou reparar um prejuízo grave e facilitar o ajustamento. **Caso se recorra a uma restrição quantitativa**, essa medida não reduzirá as quantidades importadas para um nível inferior ao registrado num período recente, que corresponderá à média das importações efetuadas durante os últimos três anos representativos relativamente aos quais existam estatísticas disponíveis, a menos que seja claramente demonstrada a necessidade de um nível diferente para prevenir ou reparar um prejuízo grave. Os membros deverão escolher as medidas mais adequadas para a realização destes objetivos.

2.

a) nos casos em que um contingente seja repartido ente países fornecedores, o membro que aplica as restrições pode procurar chegar a acordo, relativamente à repartição das partes do contingente, com todos os outros membros que tenham um interesse considerável no fornecimento do produto em questão. Nos casos em que esse método não seja razoavelmente exequível, o membro em causa atribuirá, aos membros que tenham um interesse considerável no fornecimento do produto, partes calculadas com base nas percentagens de fornecimento por esses mesmos membros durante um período representativo anterior, da quantidade ou do valor totais das importações do produto, tomando devidamente em conta qualquer fator especial que possa ter afetado ou vir a afetar o comércio do produto.

b) (...)

Portanto, o acordo internacional afirma que a salvaguarda pode ter a forma de restrições quantitativas, ou seja, quotas. E não dispõe sobre nenhuma outra forma, mas se pode concluir que as salvaguardas podem tomar a forma de elevação do imposto de importação. Isto porque:

i. a salvaguarda é, nos termos do art. XIX do GATT, uma forma de "suspender uma obrigação ou retirar ou modificar uma concessão (tarifária)". Ora, retirar uma concessão tarifária é restaurar a alíquota anterior de imposto de importação; e

ii. como a imposição da salvaguarda não ocorre como sanção de ato ilícito, ela pode assumir a forma de um tributo, como o imposto de importação.[10]

---

[10] Código Tributário Nacional, art. 3º: "*Tributo é toda prestação pecuniária compulsória, em moeda ou cujo valor nela se possa exprimir, que não constitua sanção de ato ilícito, instituída em lei e cobrada mediante atividade administrativa plenamente vinculada.*"

Caso a opção seja pelo estabelecimento de uma quota, esta deve ser fixada, em regra, como a média dos três anos mais recentes, cujos dados estejam disponíveis para consulta.

A quota assim fixada deve ser, em seguida, repartida entre os vários países exportadores. A primeira tentativa é fechar acordo com todos os países. Se isto não for conseguido, o país deve, em regra, fazer o rateio conforme as proporções que os países tinham antes da criação da salvaguarda.

Por exemplo, caso o Brasil, decidido a criar uma quota como salvaguarda, verificasse que, nos últimos 3 anos, as unidades importadas de um produto X foram de 10, 13 e 22, a quota será de, no mínimo, 15 unidades. Se, das 45 unidades importadas no total pelo Brasil, os EUA responderam por 66,6% (30 unidades), então, da quota fixada em 15 os EUA terão direito a 10.

4) Podem ser criadas salvaguardas provisórias, como ocorre com as alíquotas *antidumping* e medidas compensatórias?

   Sim, desde que presentes os mesmos dois elementos das outras medidas, quais sejam, o *fumus boni juris* ("fumaça do bom Direito") e o *periculum in mora* ("perigo na demora").

5) Há um prazo máximo para a aplicação de uma salvaguarda?

   A resposta se encontra nos arts. 7º e 9º:

Art. 7º – Duração e Revisão das Medidas de Salvaguarda

§ 1º – Um membro aplicará medidas de salvaguarda unicamente durante o período necessário para prevenir ou reparar um prejuízo grave e para facilitar o ajustamento. Esse período não ultrapassará **quatro** anos, a menos que seja prorrogado em conformidade com o disposto no § 2º.

§ 2º – O período referido no § 1º poderá ser prorrogado, na condição de as autoridades competentes do membro importador terem determinado, em conformidade com os procedimentos referidos nos arts. 2º, 3º, 4º e 5º, que a medida de salvaguarda continua a ser necessária para prevenir ou reparar um prejuízo grave, que existam elementos de prova de que o ramo de produção procede a ajustamentos, e na condição de serem observadas as disposições pertinentes dos arts. 8º e 12.

§ 3º – O período total de aplicação de uma medida de salvaguarda, contados o período de aplicação de qualquer medida provisória, o período de aplicação inicial e de qualquer prorrogação deste, não será superior a **oito** anos.

(...)

Art. 9º – Países em Desenvolvimento Membros

(...)

§ 2º – Todo país em desenvolvimento terá o direito de prorrogar o período de aplicação de uma medida de salvaguarda por um prazo de até **dois anos além do período máximo estabelecido no § 3º do art. 7º.**

(...)

Concluindo a análise do Acordo sobre Salvaguardas, cabe fazer três registros:

1) os Acordos Voluntários de Restrição às Exportações – AVRE (analisados no tópico 2.4.2.4) são expressamente condenados no art. 11, § 1º:

(...)

b) ademais, nenhum Membro procurará adotar nem manterá **restrições voluntárias às exportações**, acordos de organização de mercado ou quaisquer outras medidas similares no que respeita às exportações ou às importações. Entre estas medidas estão incluídas as adotadas por um Membro individualmente ou mediante acordos, arranjos e entendimentos firmados por dois ou mais Membros. Qualquer medida deste tipo, aplicada à data da entrada em vigor do Acordo Constitutivo da OMC, devem ser adaptadas ou gradualmente eliminadas.

(...)

2) Foi criada a Cláusula da Paz no art. 8º, § 3º, por meio da qual uma salvaguarda não pode ser retaliada durante os três primeiros anos de vigência, desde que ela "tenha sido adotada como resultado de um aumento em termos absolutos das importações e desde que tal medida se conforme com as disposições do presente Acordo". Criou-se, portanto, uma exceção ao oferecimento de compensações.

3) Foi criada a Cláusula do Pôr-do-Sol no art. 7º, § 5º, por meio da qual nenhuma medida de salvaguarda voltará a ser aplicada no período igual ao da sua duração. Por exemplo, caso uma salvaguarda tenha subsistido por três anos, será necessário aguardar outros três anos após o fim da sua vigência, para que possa voltar a ser aplicada. Essa regra, contudo, admite exceções, não analisadas neste livro por serem muito específicas.

6.3.3. Salvaguardas no Mercosul

As salvaguardas no Mercosul podem ser analisadas sob dois pontos de vista:

1) as salvaguardas criadas entre os países do Mercosul; e

2) as salvaguardas criadas em relação aos países extra-Mercosul.

O Tratado de Assunção, assinado em 1991 entre Brasil, Argentina, Paraguai e Uruguai, analisado em detalhes no Capítulo 8, dispôs que os países do bloco poderiam "aplicar, até 31 de dezembro de 1994, cláusulas de salvaguarda à importação dos produtos que se beneficiem do programa de liberação comercial estabelecido no âmbito do Tratado". Assim, somente se permitiu o uso de **salvaguardas intrabloco** até o final de 1994 e a criação da medida estava condicionada à existência de um aumento de importações que estivesse causando ou ameaçando causar um prejuízo grave às indústrias domésticas.

Apesar de o prazo para o uso de salvaguardas intrabloco ter vencido, a Argentina, em 1999,[11] voltou a fazer uso de tais medidas. Como seu Balanço de Pagamentos tinha se deteriorado demasiadamente, o país começou a restringir importações do Brasil, seu maior fornecedor. Foram criadas salvaguardas, visto que as importações pela Argentina aumentaram, não por deslealdade brasileira, mas por problemas no seu regime cambial e pelas mudanças no regime cambial brasileiro ocorridas em janeiro daquele ano. Foram embarreiradas as entradas de frango, têxteis, sapatos, fogões, geladeiras, máquinas de lavar roupa, aço, papel e celulose, entre outros produtos brasileiros.

As primeiras salvaguardas impostas pela Argentina foram sobre fios de algodão em julho de 1999. O Brasil levou a reclamação ao sistema de solução de controvérsias do Mercosul, e o Tribunal Arbitral decidiu que, diferentemente do que a Argentina alegava, as salvaguardas intramercosul não podiam mais ser usadas. Mas a Argentina insistia no seu uso. Chegaram a propor salvaguardas com "gatilho", isto é, salvaguardas acionadas automaticamente depois que as importações de alguns bens excedessem determinado volume. Isto não foi aceito pelos parceiros do Mercosul, mas...

Em 1º de fevereiro de 2006, Brasil e Argentina firmaram, no âmbito da ALADI, o Protocolo Adicional ao Acordo de Complementação Econômica nº 14 (ACE 14) sobre "Adaptação Competitiva, Integração Produtiva e Expansão Equilibrada e Dinâmica do Comércio". Por meio dele, foi criado o Mecanismo de Adaptação Competitiva (MAC), que, em síntese, serviu para legalizar o que vinha sendo

[11] A crise na Argentina é analisada no tópico 13.3.

usado ilegalmente. Foi restaurada a permissão para o uso de salvaguardas, mas apenas no comércio Brasil-Argentina.

Como funciona o MAC? É um mecanismo por meio do qual Brasil e Argentina criaram um regime de salvaguardas que consiste no seguinte:

1) os empresários do país, responsáveis por mais de 35% da produção nacional, endereçam uma reclamação ao governo de seu país, contendo a descrição dos fatos, tais como o aumento das importações e o dano gerado para as indústrias domésticas;
2) caso as autoridades nacionais concluam que a reclamação procede, é elaborado um relatório a ser apresentado a uma comissão bilateral (Comissão de Monitoramento do Comércio Bilateral) para que promova uma reunião dos empresários concorrentes dos dois países; e
3) caso não se chegue a uma solução por consenso das partes, no prazo máximo de 120 dias, o país importador poderá adotar um MAC, que consiste em:
   a. definição de uma quota anual de importação do produto, dentro da qual os produtos não são tributados com o imposto de importação;
   b. imposição de tarifa de importação igual a 90% da alíquota da TEC, ou seja, as importações entre os dois países serão tarifadas somente quando excederem a quota, mas a tarifa não será igual à tarifa cobrada de terceiros países: haverá um "desconto" de 10%.

A principal crítica que se tem feito atualmente ao MAC é que a Argentina impõe barreiras sobre os nossos produtos, alegando dano às suas indústrias, mas tem importado bens similares de terceiros países. Tem havido, portanto, desvio de comércio.

Relativamente às **salvaguardas extra-Mercosul**, foi editada, em 1996, a Decisão CMC nº 17. Por meio dessa norma, os países do Mercosul criaram o "Regulamento Relativo à Aplicação de Medidas de Salvaguarda às Importações Provenientes de Países Não Membros do Mercosul", mais conhecido como "Regulamento Comum sobre Salvaguardas". Pelo regulamento, as salvaguardas no Mercosul poderiam ser aplicadas de uma das duas formas:

i. criação conjunta pelos quatro países do bloco em relação às importações extra-Mercosul ("adoção de medida de salvaguarda pelo Mercosul como entidade única"); ou
ii. criação por parte de apenas um país ("adoção de medida de salvaguarda pelo Mercosul em nome de um Estado-parte").

No primeiro caso, o Comitê de Defesa Comercial e Salvaguardas, órgão do Mercosul, conduzirá toda a investigação para avaliar se há um aumento de importações causando dano à indústria do Mercosul, tomada em conjunto. No final, haverá o encerramento do processo ou a imposição conjunta da salvaguarda. Por exemplo, se as indústrias de calçados dos quatro países estão sofrendo prejuízo com o aumento de importações, não haverá necessidade de se abrirem quatro processos de investigação, um em cada país. Haverá a abertura de um único processo de investigação no âmbito regional e uma única decisão a ser tomada e aplicada pelos quatro países conjuntamente.

No segundo caso, um país do Mercosul investiga isoladamente. Neste caso, a indústria de apenas um país está sendo prejudicada e, por isso, somente ele irá investigar e, se for o caso, criar a medida de salvaguarda. Nisto o "Regulamento Comum sobre Salvaguardas" difere do "Regulamento Comum *Antidumping*" e do "Regulamento Comum sobre Subsídios", analisados nos tópicos 6.1.4. e 6.2.4. Estes dois preveem a perda de autonomia dos países e esta perda é o principal motivo para que eles nem tenham sido concluídos.

O "Regulamento Comum sobre Salvaguardas" já foi internalizado no Brasil, Paraguai e Uruguai. No entanto, a Argentina, até agosto de 2010, ainda não havia feito a internalização.[12] Portanto, a criação de salvaguardas para o Mercosul como entidade única ainda carece de vigência em nível regional e as salvaguardas têm sido criadas por cada país isoladamente.

Antes de o Regulamento Comum sobre Salvaguardas ter sido editado em 1996, o Brasil já possuía regras internas sobre o uso de salvaguardas, definidas no Decreto nº 1.488/1995. Depois que o Brasil internalizou o Regulamento Comum, por meio do Decreto nº 2.667/1998, a parte que tratava das salvaguardas criadas no âmbito nacional passaram a ter algumas pequenas diferenças em relação ao Decreto nº 1.488. Apesar de o Regulamento Comum não ter entrado em vigor regionalmente, o Brasil passou a aplicar internamente o Decreto nº 2.667/1998 nas investigações em nível nacional, revogando tacitamente as disposições divergentes do Decreto nº 1.488/1995 (FARIA, 2002, p. 48; BARRAL, 2006, p. 180).

---

[12] Cf. Kume, Honório, coord. *Crecimiento economico, instituiciones, política comercial y defensa de la competencia en el Mercosur*. Montevideo: Siglo Veintiuno, 2008.

6.3.4. Normas Brasileiras sobre Salvaguardas

A principal norma brasileira que regulamenta o funcionamento do Acordo sobre Salvaguardas é o Decreto nº 2.667/1998, que difere muito pouco do que já dispunha o Decreto nº 1.488/1995.[13]

Da mesma forma como ocorre no *dumping* e no subsídio, cabe à SECEX investigar a ocorrência do aumento de importações, em termos absolutos ou relativos, a existência do dano e do nexo causal. Nas funções da CAMEX, inseridas no Decreto nº 4.732/2003, consta também a fixação das salvaguardas, assim como das alíquotas *antidumping* e das medidas compensatórias.

Seguem as principais disposições nas normas brasileiras:

1) Sobre a abertura da investigação, o art. 3º do Decreto nº 1.488/1995 assim dispõe:

> Art. 3º – A solicitação de aplicação de medida de salvaguarda poderá ser apresentada:
>
> I – pela SECEX;
>
> II – pelos demais órgãos e entidades interessadas do Governo Federal;
>
> III – por empresas ou associações representativas de empresas que produzam o produto objeto da solicitação.
>
> § 1º – Os pedidos de aplicação de medidas de salvaguarda deverão ser formulados por escrito, de acordo com roteiro elaborado pela SECEX, instruídos com elementos suficientes de prova, demonstrativos do aumento das importações, do prejuízo grave ou da ameaça de prejuízo grave por elas causado e da relação causal entre ambas as circunstâncias.
>
> § 2º – A decisão sobre início de investigação, destinada a deliberar acerca da aplicação de medidas de salvaguarda, será objeto de Circular da SECEX, publicada no Diário Oficial da União, cabendo ao Ministério das Relações Exteriores transmitir as informações pertinentes ao Comitê de Salvaguardas da Organização Mundial de Comércio – OMC.

2) Ambos os decretos brasileiros definem a forma da salvaguarda, o que não tinha sido feito nem no GATT 1947 nem no Acordo sobre Salvaguardas. A salvaguarda pode assumir a forma de elevação do imposto de importação ou de uma quota. No caso de quota, o decreto repete as várias condições a que os países devem se submeter, analisadas anteriormente no acordo internacional:

[13] Ambos os decretos são aplicados nas investigações para a imposição de salvaguardas em nível brasileiro.

As medidas de salvaguarda definitivas serão aplicadas na extensão necessária para prevenir ou reparar o prejuízo grave e facilitar o ajustamento da indústria doméstica, da seguinte forma: (art. 8º do Decreto nº 1.488/1995 com redação dada pelo Decreto nº 1.936/1996)

I – elevação do imposto de importação, por meio de adicional à Tarifa Externa Comum – TEC, sob a forma de alíquota *ad valorem*, de alíquota específica ou da combinação de ambas;

II – restrições quantitativas.

§ 1º – No caso de utilização de restrições quantitativas, tais medidas não reduzirão o volume das importações abaixo do nível de um período recente, como tal considerado a média das importações nos últimos três anos representativos para os quais se disponha de dados estatísticos, a não ser que exista uma justificativa clara de que é necessário um nível diferente para prevenir a ameaça de prejuízo grave ou reparar o prejuízo grave.

§ 2º – Nos casos de utilização de quotas, o Governo brasileiro poderá celebrar acordo com os Governos dos países diretamente interessados no fornecimento do produto, sobre a distribuição das quotas entre os mesmos.

§ 3º – Não sendo viável o acordo, será fixada quota para cada país diretamente interessado, tomando por base a participação relativa de cada um, em termos de valor ou de quantidade, na importação do produto, considerando um período representativo anterior e levando em conta fatores especiais que possam estar afetando o comércio deste produto.

Questões de Provas

01. **(AFTN/1996) Nem sempre o *dumping* é um mal. Há casos em que o país tem grande interesse em importar certos produtos pelo menor preço possível. Se os produtores de petróleo decidissem baixar os preços desse insumo através de subsídios, provavelmente nenhum importador iria tomar alguma medida *antidumping*. Indique a circunstância em que o *dumping* é considerado predatório:**

a) quando os subsídios embutidos no preço do produto importado ultrapassam os limites estabelecidos pelo GATT;
b) quando o produto importado concorre diretamente com produtos nacionais e quando se percebe a clara intenção de estabelecer o domínio sobre o mercado;
c) quando o mercado é restrito e não existe concorrente nacional;
d) quando o volume das importações é suficiente para alterar os preços no mercado interno;
e) quando se trata de produto industrializado e que é objeto de regulamentação específica.

02. **(AFTN/1996) Entende-se por "*dumping* social":**

a) as vantagens comerciais decorrentes dos fluxos migratórios;
b) a exportação deliberada de excedentes de mão de obra;
c) o estabelecimento de subsídios aos produtos exportados de elevado custo social;
d) a venda de produtos no mercado internacional a preços muito baixos, em razão da existência de um mercado de trabalho doméstico aviltado;
e) a utilização de mecanismos de subsídios à produção e comercialização de bens cuja produção é feita com mão de obra intensiva.

03. **(AFTN/1998) Nas afirmativas abaixo mencionadas há uma declaração incorreta acerca do conceito e/ou do processo de *dumping*. Identifique-a:**

a) trata-se de uma prática desleal de comércio;
b) não basta provar a existência do *dumping*, é necessário provar que houve dano à produção doméstica;
c) *dumping* é a introdução de um bem no mercado doméstico por um preço de exportação inferior ao valor normal, isto é, ao seu preço de custo;
d) a empresa que se sentir prejudicada deve endereçar uma petição à Secretaria de Comércio Exterior (SECEX) solicitando uma ampla investigação;
e) caso os resultados da investigação concluam pela procedência da reclamação, as autoridades fixarão direitos *antidumping*.

04. (AFRF/2000) Acerca do *Dumping* não é correto afirmar:

a) caso não haja a venda de produto similar no mercado doméstico, deve-se comparar com vendas de produtos similares em outros mercados;

b) para uma medida *antidumping* ser adotada é preciso que haja uma investigação de acordo com o Acordo *Antidumping*;

c) o GATT e a OMC não proíbem práticas de *dumping* se elas forem voltadas para o mercado interno;

d) um produto é exportado com preço de *dumping* se é introduzido no comércio exterior de outro país por um valor inferior ao vendido no mercado doméstico;

e) os custos devem ser calculados com base no registro do país importador do bem.

05. (AFRF/2000) Para a determinação de dano, é incorreto afirmar:

a) com relação aos efeitos das importações sobre os preços, deve-se observar se o preço dos produtos importados não é superior ao preço do produto similar nacional e a qualidade de ambos;

b) a determinação de dano deve estar baseada em evidência positiva;

c) a determinação de dano deve implicar um exame objetivo de volume de importações subsidiadas e o efeito destas sobre os preços no mercado doméstico para produtos similares;

d) o termo deve significar dano material a uma indústria doméstica, ameaça de dano material ou o retardamento material do estabelecimento de uma indústria;

e) medidas de salvaguarda aplicadas a um produto.

06. (AFRF/2000) Entre as afirmativas abaixo, indique aquela que não constitui subsídio permitido pela Organização Mundial do Comércio (OMC).

a) Apoio para atividades de pesquisa.

b) Subsídios genéricos.

c) Assistência para regiões desfavorecidas.

d) Apoio para promover adaptações de instalações existentes para novas exigências de ambiente impostas por lei que resultem em carga financeira desde que, entre outras, esse apoio seja único e não ultrapasse a 20% do custo de adaptação.

e) Tarifas de Transporte e Fretes mais favoráveis para produtos destinados à exportação.

07. (AFRF/2002-1) A venda de uma mercadoria no exterior a preços inferiores aos normalmente praticados no mercado de origem configura prática comercial denominada:

a) *Dumping;*

b) *Drawback;*

c) Direito compensatório;

d) *Clearance;*

e) Subsídio.

08. (AFRF/2002-2) O tratamento fiscal aplicável na valoração aduaneira das mercadorias objeto de *dumping*:

a) assemelhando-se a uma importação de mercadorias a um preço inferior aos preços correntes de mercado para mercadorias idênticas, é o da rejeição pelo Fisco do valor declarado;

b) é o mesmo reservado às mercadorias importadas a um preço inferior aos preços correntes de mercado para mercadorias idênticas, ou seja, o valor declarado deve ser admitido pelo Fisco, sem prejuízo de seu direito à confirmação do valor de transação;

c) consiste em acrescer ao valor de transação a parcela correspondente à margem de *dumping* necessária a tornar o valor de transação igual ao do preço corrente de mercado para mercadorias idênticas;

d) é o mesmo reservado às mercadorias objeto de subfaturamento, ou seja, a diferença entre o preço corrente de mercado para mercadorias idênticas e o valor de transação deverá ser tributado à alíquota fixada na Tarifa Externa Comum, com aplicação das multas fiscais e administrativas previstas nos arts. 524 e 526, III, do Regulamento Aduaneiro;

e) visto tratar-se o *dumping* de uma prática desleal no comércio exterior, consiste na rejeição do valor declarado, selecionando-se a mercadoria para o canal cinza de conferência aduaneira e aplicando-se à mercadoria um valor baseado no preço das mercadorias vendidas para exportação para um terceiro país.

09. (AFRF/2002-2) Sobre direitos compensatórios é correto afirmar-se que:

a) objetivam corrigir danos causados à produção doméstica pelo aumento súbito de importações;

b) são aplicados pelo país importador quando comprovada a prática de *dumping* pelo país exportador e após estimado o dano causado à indústria doméstica;

c) são aplicados pelo país exportador para corrigir danos causados por medidas restritivas e outras práticas desleais de comércio impostas pelo país importador sempre que caracterizado o dano à produção nacional deste último;

d) associam-se à neutralização de medidas restritivas ao comércio como normas sanitárias, barreiras técnicas e regras de origem quando não compatíveis com acordos multilaterais;

e) envolvem a aplicação, pelo país importador, de gravames às importações com o propósito de neutralizar efeitos distorcivos sobre o comércio decorrentes de medidas de apoio às exportações implementadas no país de que procedem e que ferem a normativa multilateral.

10. (AFRF/2002-2) Quando vinculados às exportações, os subsídios distorcem as condições de concorrência internacional, o que, de acordo com as normas da Organização Mundial de Comércio (OMC), faculta ao país afetado adotar medidas restritivas. Tais medidas são denominadas:

a) medidas *antidumping;*

b) salvaguardas;

c) barreiras não tarifárias;

d) medidas compensatórias;

e) medidas suspensivas.

11. (ACE/2002) Com base no conhecimento econômico contemporâneo a respeito do comércio internacional e subsídios a exportações, pode-se dizer que:

a) subsídios a exportações produzem resultados positivos em uma economia nacional e na economia internacional, na medida em que implicam expandir as exportações líquidas e, com isso, aumentar o PIB nacional, por conseguinte o global, no longo prazo;

b) subsídios a exportações podem produzir resultados positivos em uma economia nacional no curto prazo, por expandir as exportações líquidas, mas, no longo prazo, implicam distorções que dificultam a alocação eficiente de fatores de produção tanto internamente como, dependendo do tamanho da economia, em âmbito global;

c) subsídios a exportações podem produzir resultados positivos em uma economia nacional no curto prazo, por expandir as exportações líquidas; além disso, encerram incentivos à formação bruta de capital, assegurando o crescimento no longo prazo;

d) subsídios a exportações contribuem para o crescimento do PIB mundial no curto e no longo prazo, por implicarem o aumento das exportações brutas. Uma vez expandido o produto global, a distribuição dos benefícios dá-se de forma homogênea, em função inversa aos subsídios concedidos;

e) subsídios a exportações contribuem para o crescimento do PIB apenas no curto prazo, por implicarem o aumento das exportações líquidas; no longo prazo, são eficazes apenas indiretamente, por atraírem investimentos estrangeiros, usualmente alocados a economias cujos governos estabelecem rígidos controles sobre os fluxos comerciais e financeiros sob sua jurisdição.

12. (AFRF/2003) Sobre a prática do *dumping* no comércio internacional, é correto afirmar-se que:

a) é considerada prática desleal de comércio e define-se como a determinação do preço de exportação de uma mercadoria, com base nas diferenças entre os custos de produção nos mercados de origem e de destino;

b) é admissível na normativa da Organização Mundial do Comércio desde que devidamente mensurado em sua magnitude e impacto sobre os fluxos de comércio e sempre que almeje a conquista de mercados, onde não há condições equitativas de concorrência;

c) é incongruente com a normativa da Organização Mundial do Comércio na medida em que define a formação do preço de um bem exportável em patamares inferiores aos custos de produção desse mesmo bem, nos mercados a que se destina;

d) é prática de formação de preços que, caso implique o deslocamento de competidores em mercados de exportação, passa a ser considerada desleal, consistindo na concessão de subsídios à produção e à exportação com vistas a elevar a competitividade preço de um bem exportado;

e) representa medida considerada distorcida das condições de competição, consistindo na fixação de um preço de exportação para um determinado bem menor que aquele praticado no mercado em que este mesmo bem é produzido.

13. (AFRF/2005) Assinale a opção correta.

a) A medida de salvaguarda, quando aplicada, deve incidir tão somente em relação aos países responsáveis pelo surto de importação no país que adota a medida. A esse respeito, segundo o Acordo sobre Salvaguardas da OMC, a medida somente pode ser aplicada em relação aos países cuja participação no mercado do país importador seja igual ou superior a 30% (trinta por cento) em relação ao produto investigado.

b) Os pressupostos de aplicação das medidas de salvaguarda são: (i) surto de importações, (ii) existência de prejuízo grave à indústria nacional e (iii) nexo causal entre o surto de importações e o prejuízo grave à indústria nacional. A ameaça de prejuízo grave não é suficiente para dar ensejo à aplicação de uma medida de salvaguarda.

c) A China, que faz parte da Organização Mundial do Comércio, está sujeita à incidência de salvaguardas transitórias. Com base no Protocolo de Acessão do país à Organização, não é necessário o prejuízo grave para que se justifique uma salvaguarda contra a China, bastando, sob este quesito, a ocorrência ou ameaça de desorganização de mercado provocada pelo surto de importações chinesas.

d) Como medida de defesa comercial que é, a salvaguarda não dá ensejo à compensação comercial para os países que vierem a ser prejudicados por sua aplicação.

e) O surto de importações, para que possa justificar a salvaguarda, precisa ser verificado em termos absolutos. Nesse sentido, não basta que o aumento significativo das importações se verifique apenas em comparação com a produção nacional.

14. (AFRF/2005) A respeito de defesa comercial, assinale a opção correta.

a) Caso não seja possível o cálculo do preço de exportação, ou caso o preço seja duvidoso segundo os parâmetros da legislação aplicável, o preço de exportação do produto investigado pode ser construído pela autoridade investigadora para fins de constatação da prática do *dumping*.

b) Para neutralizar a prática do *dumping*, o país prejudicado pode aplicar uma medida *antidumping*, respeitando o princípio da não seletividade, ou seja, a aplicação da medida deverá atingir todas as importações do produto em questão, não importando sua procedência.

c) Segundo as normas da OMC, pratica *dumping* a empresa que vende no mercado de outro país abaixo do seu preço de custo.

d) Para a aplicação da medida *antidumping* é necessária a comprovação do dolo específico, ou seja, do objetivo da empresa estrangeira de eliminar ou restringir a ação da concorrência no país importador.

e) A aplicação da medida *antidumping* pode ser feita de modo tanto qualitativo, por meio de um direito *antidumping ad valorem* ou específico, ou de modo quantitativo, ou seja, por meio da definição de uma cota que restrinja o ingresso do produto no mercado do país importador.

15. (TRF/2005) A medida de defesa comercial que restringe as importações de um determinado produto, cujo surto de importações esteja causando dano ou ameaça de dano à indústria doméstica, é denominada:

a) medida *antidumping*;
b) medida compensatória;
c) salvaguarda;
d) *drawback*;
e) cota às importações.

16. (AFRFB/2009) Acerca das práticas desleais de comércio e respectivas medidas de defesa, e tomando por base a normativa da Organização Mundial do Comércio, é correto afirmar que:

a) a prática do *dumping* consiste na venda de um produto por preço inferior ao custo de produção de seu similar no mercado de exportação e enseja, de parte do país importador, como forma de defesa, a imposição de salvaguardas comerciais.
b) a adoção de restrições quantitativas às importações, embora proibida pelo Acordo Geral de Tarifas e Comércio (GATT), é lícita como medida prévia de defesa à prática do *dumping*, vigorando provisoriamente até o início de investigação por parte do Órgão de Solução de Controvérsias da Organização Mundial do Comércio.
c) a imposição de salvaguardas comerciais é justificada quando comprovada a concessão, pelo país exportador, de subsídios específicos em favor da produção de um bem a ser exportado, mas é condicionada à efetiva comprovação e determinação do dano causado pelos subsídios à produção doméstica no país importador.
d) o aumento abrupto de importações provocando grave prejuízo à indústria doméstica faculta a adoção, pelo país importador, de direitos compensatórios, envolvendo a implementação de restrições quantitativas e/ou a redução de direitos aduaneiros aplicados às suas exportações na medida e no tempo necessários para sanar o dano original.
e) a concessão de subsídios que sejam vinculados diretamente ao desempenho das exportações ou ao uso preferencial de insumos e bens domésticos àqueles importados pode ensejar a abertura de investigação no marco da OMC e a subsequente aplicação de direitos compensatórios.

Capítulo 7

Integração Regional

Neste capítulo são abordados a teoria e os principais blocos de integração econômica existentes, com destaque para a União Europeia. Por sua relevância, sob o ponto de vista brasileiro, o Mercosul será analisado separadamente no capítulo seguinte.

A União Europeia é o mais antigo dos atuais blocos econômicos. Analisando-se suas origens, descobre-se que a integração econômica teve raízes mais fortemente vinculadas a desejos de paz do que a interesses econômicos propriamente ditos.

7.1. ORIGENS

Cansados das atrocidades de duas guerras mundiais, alguns países europeus começaram a discutir formas de evitarem futuros conflitos bélicos.[1] Além do

---

[1] O desejo de paz não era exclusivo dos países europeus, cujos territórios serviram de palco para as duas guerras mundiais. Por exemplo, no preâmbulo da Carta das Nações Unidas, assinada em 1945 por cinquenta e um países dos cinco continentes, consta a referência às guerras e um desejo expresso de paz:

"NÓS, OS POVOS DAS NAÇÕES UNIDAS, RESOLVIDOS

a preservar as gerações vindouras do flagelo da guerra, que, por duas vezes, no espaço da nossa vida, trouxe sofrimentos indizíveis à humanidade, e a reafirmar a fé nos direitos fundamentais do homem, na dignidade e no valor do ser humano, na igualdade de direito dos homens e das mulheres, assim como das nações grandes e pequenas, e a estabelecer condições sob as quais a justiça e o respeito às obrigações decorrentes de tratados e de outras fontes do direito internacional possam ser mantidos, e a promover o progresso social e melhores condições de vida dentro de uma liberdade ampla.

E PARA TAIS FINS,

praticar a tolerância e viver em paz, uns com os outros, como bons vizinhos, e unir as nossas forças para manter a paz e a segurança internacionais, e a garantir, pela aceitação de princípios e a instituição dos métodos, que a força armada não será usada a não ser no interesse comum, e a empregar um mecanismo internacional para promover o progresso econômico e social de todos os povos.

RESOLVEMOS CONJUGAR NOSSOS ESFORÇOS PARA A CONSECUÇÃO DESSES OBJETIVOS.

temor de novas guerras, havia a guerra fria, que colocava de um lado os EUA e do outro, a extinta URSS. Esta bipolarização acabava por reduzir a influência europeia em nível mundial.

Buscando criar laços que dificultassem futuros conflitos e que aumentassem seu poder de influência no mundo bipolarizado, começaram a surgir movimentos europeus de integração. O primeiro deles foi a constituição, em 1948, de um bloco formado por Bélgica, Holanda e Luxemburgo, o BENELUX.[2] Em 1952, os objetivos de se usar a integração regional como instrumento para a paz ficaram mais evidentes com a criação da Comunidade Europeia do Carvão e do Aço (CECA).

A CECA surgiu como aplicação da Declaração Schuman. Em 9 de maio de 1950,[3] o ministro francês dos Negócios Estrangeiros, Robert Schuman, apresentou um plano que pretendia unir fortemente os países europeus. Pela proposta, França e Alemanha iriam submeter suas produções de aço e ferro (principais materiais da indústria de guerra) a um órgão composto de forma paritária por representantes dos dois países, a que se deu o nome de Alta Autoridade. Com a implementação do plano, a produção conjunta de carvão e de aço eliminou ou, ao menos, diminuiu sensivelmente as desconfianças recíprocas dos dois países, que possuíam secular oposição.[4] Passou a haver integração não só na

Em vista disso, nossos respectivos Governos, por intermédio de representantes reunidos na cidade de São Francisco, depois de exibirem seus plenos poderes, que foram achados em boa e devida forma, concordaram com a presente Carta das Nações Unidas e estabelecem, por meio dela, uma organização internacional que será conhecida pelo nome de Nações Unidas."

[2] Sigla formada com as iniciais de Bélgica, Netherlands (Holanda) e Luxemburgo.

[3] O dia 9 de maio é uma data festiva na União Europeia, por nele terem sido lançadas as bases da integração atual. Esse dia é comemorado como "O Dia da Europa".

[4] Trechos do discurso de Schuman, em 1950:

"A paz mundial não poderá ser salvaguardada sem esforços criadores equiparáveis aos perigos que a ameaçam. A contribuição que uma Europa organizada e viva pode dar à civilização é indispensável para a manutenção de relações pacificas. A França, ao se assumir, há mais de 20 anos, como defensora de uma Europa unida, teve sempre por objetivo essencial servir a paz.

...

A união das nações europeias exige que seja eliminada a secular oposição entre a França e a Alemanha. Com esse objetivo, o Governo francês propõe atuar imediatamente num plano limitado, mas decisivo. O Governo francês propõe subordinar o conjunto da produção franco-alemã de carvão e de aço a uma Alta Autoridade, numa organização aberta à participação dos outros países da Europa.

...

A comunitarização das produções de carvão e de aço assegura imediatamente o estabelecimento de bases comuns de desenvolvimento econômico, primeira etapa da federação europeia, e mudará o destino das regiões durante muito tempo condenadas ao fabrico de armas de guerra, das quais constituíram as mais constantes vítimas.

A solidariedade de produção assim alcançada revelará que qualquer guerra entre a França e a Alemanha se tornará não apenas impensável como também materialmente impossível. O estabelecimento desta poderosa unidade de produção daqueles bens, mas também no comércio, tendo em vista a livre circulação implementada intrabloco.

Com o passar do tempo e com os objetivos políticos de paz alcançados, os passos seguintes na integração foram no sentido de se aprofundarem os objetivos econômicos propriamente ditos, como analisaremos no tópico relativo à União Europeia.

7.2. ESTÁGIOS DE INTEGRAÇÃO

Quando dois ou mais países decidem integrar suas economias, podem fazê-lo com mais superficialidade, como, por exemplo, somente eliminando entre si os impostos aduaneiros, ou de forma mais profunda, como no caso de se unificar a política monetária, passando a se usar uma única e mesma moeda.

Existem assim vários níveis de integração econômica, agrupados em basicamente dois sistemas de classificação. O mais tradicional foi criado, nos anos 1960, pelo economista húngaro Bela Balassa[5] e se baseia em cinco estágios de integração:

1º) área (ou zona) de livre comércio
2º) união aduaneira
3º) mercado comum
4º) união econômica
5º) integração econômica total

O outro sistema de classificação utilizado pela doutrina possui apenas quatro estágios:

1º) área (ou zona) de livre comércio
2º) união aduaneira
3º) mercado comum
4º) união econômica e monetária

---

produção, aberta a todos os países que dela queiram participar, que permitirá o fornecimento a todos os países que a compõem dos elementos fundamentais da produção industrial em idênticas condições, lançará os fundamentos reais da sua unificação econômica.

...

A circulação do carvão e do aço entre países aderentes será imediatamente isenta de qualquer direito aduaneiro e não poderá ser afetada por tarifas de transportes distintas. Criar-se-ão progressivamente as condições para assegurar espontaneamente a repartição mais racional da produção ao nível de produtividade mais elevada."

[5] BALASSA, Bela. *Teoria da Integração Econômica*. Lisboa: Clássica, 1964, p. 13.

Os três primeiros estágios são comuns nos dois sistemas de classificação. Assim, não há maiores dificuldades em se classificarem o Mercosul e o Pacto Andino como uniões aduaneiras, e o NAFTA (*North American Free Trade Area*), como área de livre comércio. O problema consiste em se categorizarem os blocos que passaram do estágio de mercado comum, ou, para ser mais exato, o único bloco nesta situação: a União Europeia. Para os autores que utilizam o segundo sistema de classificação, não há divergência de que o estágio do bloco europeu é o de União Econômica e Monetária.

Entretanto, para os autores que utilizam o primeiro sistema de classificação,[6] há divergência de interpretação. Há autores que situam a União Europeia no estágio de Integração Econômica Total,[7] assim como há os que consideram não haver integração total, tendo em vista, por exemplo, que nem todos os países utilizam a moeda única.

7.2.1. Área de Livre Comércio (ou Zona de Livre Comércio)

Da leitura do § 8º do art. XXIV do GATT, pode-se extrair o conceito de área de livre comércio: acordos firmados entre dois ou mais países por meio do qual são eliminadas as barreiras tarifárias e não tarifárias sobre o substancial do comércio recíproco.

ART. XXIV – APLICAÇÃO TERRITORIAL – TRÁFICO FRONTEIRIÇO – UNIÕES ADUANEIRAS E ZONAS DE LIVRE COMÉRCIO

...

8. Para fins de aplicação do presente Acordo:

...

(b) entende-se por **zona de livre comércio** um grupo de dois ou mais territórios aduaneiros entre os quais os direitos aduaneiros e outras regulamentações restritivas das trocas comerciais (com exceção, na medida necessária, das restrições autorizadas nos termos dos arts. XI, XII, XIII, XIV, XV e XX) são **eliminados em substancialmente todo o comércio** de produtos originários dos territórios constitutivos da zona de livre comércio.

---

[6] Como o Tratado de Maastricht, acordo constitutivo da União Europeia, cita expressamente o objetivo de se estabelecer uma União Econômica e Monetária, poucos autores utilizam, para o bloco europeu, a classificação de Bela Balassa.

[7] Cf. PRAZERES, Tatiana. *A OMC e os Blocos Regionais*. São Paulo: Aduaneiras, 2008, p. 154.

Não há nas normas da Organização Mundial do Comércio a definição do que seja "substancialmente todo o comércio", ou seja, não há um percentual mínimo de comércio livre a partir do qual se possa considerar que dois países formam uma área de livre comércio. Em relação a esse ponto, existem algumas formas de abordagem.

Há autores que consideram que "a maioria" das trocas comerciais deve ser considerada como superior a 85% do comércio.[8] Por outro lado, há aqueles que entendem que não se deve medir a liberalização apenas quantitativamente, mas também qualitativamente. Por exemplo, para os que defendem uma abordagem qualitativa, a área de livre comércio somente se configuraria se todos os setores importantes estivessem incluídos na liberalização. De nada adiantaria uma liberalização de 90% do comércio, se dela fosse excluído, por exemplo, o setor agrícola ou o setor têxtil.[9]

Outro ponto de discussão importante é a lista de artigos presente na alínea *b* transcrita. As barreiras previstas nos arts. XI, XII, XIII, XIV, XV e XX do GATT 1947 foram expressamente permitidas no comércio intrabloco.[10] A discussão gira em torno da natureza desta lista: ela é exaustiva ou meramente exemplificativa?

A resposta é determinante para que saibamos se outras barreiras são permitidas no comércio intrabloco. Por exemplo, o GATT permite barreiras nos casos de: (a) proteção à indústria nascente (art. XVIII); (b) promoção da segurança nacional (art. XXI); e (c) defesa comercial (arts. VI e XIX). Em consulta ao art. XXIV, vê-se que os arts. XVIII, XXI, VI e XIX não foram listados. Logo, à primeira vista, os três casos citados não poderiam ser invocados para criação de barreiras intrabloco. Esta é a questão principal: se a lista do art. XXIV for exaustiva, as três situações não podem ser invocadas intrabloco. Se a lista for

---

[8] COSTA, Lígia Maura. *Comércio Exterior: Negociações e Aspectos Legais*. Rio de Janeiro; Elsevier, 2005, p. 87: "A expressão 'maior parte do comércio' tem sido interpretada como a desgravação total de pelo menos 85% do comércio, sempre medido em termos de valor."

[9] BROGINI, Gilvan Damiani. *Medidas de Salvaguarda e Uniões Aduaneiras*. São Paulo: Aduaneiras, 2000, p. 67: "Assim é que, no passado, chegou-se a expor a opinião segundo a qual 'o essencial das trocas comerciais' representava 80% ou 90% do comércio... Só que, em alguns casos, as regulamentações comerciais existentes impediam a quase totalidade de alguns tipos de comércio, de modo que a cifra de 90% ou qualquer outra não significaria grande coisa. Por essa razão, seria mais esclarecedor algum outro instrumento de aferição, por exemplo, no número de capítulos abarcados do Sistema Harmonizado, que indicaria quais setores estariam excluídos."

[10] A análise dos principais artigos do GATT 1947 se encontra nos Capítulos 2 e 3. Exemplos de aplicação: (i) o art. XI permite protecionismo para proteger escassez aguda de alimentos; (ii) o art. XII permite medidas de proteção no caso de desequilíbrio no Balanço de Pagamentos; (iii) o art. XV permite que os países imponham barreiras cambiais, desde que aprovadas pelo Fundo Monetário Internacional; e (iv) o art. XX permite que sejam impostas barreiras sobre o comércio de drogas ilícitas, animais e vegetais doentes e armas. Os arts. XIII e XIV do GATT são desdobramentos do art. XI.

meramente exemplificativa, não haveria impedimento para criação das barreiras intrabloco baseadas nas três situações.

Existem duas correntes para responder à questão levantada:

1) Para a primeira, a lista de exceções prevista no art. XXIV é exaustiva, não exemplificativa. E, portanto, nenhuma outra barreira poderia ser utilizada intrabloco além daquelas expressamente citadas. Esta corrente se baseia no fato de que, por ser uma lista de exceções à regra geral, ela não poderia ser meramente exemplificativa. Não poderia ser interpretada extensivamente. Esta é a posição brasileira, inclusive apresentada no capítulo anterior.
2) Para a segunda, a lista do art. XXIV é exemplificativa, podendo ser adotadas barreiras previstas em outros artigos do GATT além daqueles expressamente citados. Para reforçar esta corrente, seus defensores exemplificam que, apesar de o art. XXI do GATT (que prevê barreiras visando à segurança nacional) não estar expressamente citado, a maior parte dos países concorda que ele pode ser invocado no comércio intrabloco.

Na OMC, essa discussão permanece em aberto, sem se privilegiar qualquer das correntes. Entretanto, mesmo os países que seguem a primeira corrente concordam que o art. XXI pode ser invocado intrabloco, por entenderem que tudo não passou de um erro de redação. Nas palavras de Prazeres (2008, p. 293):

> De fato, é intrigante, à primeira vista, perceber que o art. XX, por exemplo, está listado no dispositivo em análise *[art. XXIV]*, mas o art. XXI não. A rigor, isso significaria que os membros do acordo regional podem manter obstáculos necessários para proteger a saúde humana, animal ou vegetal (art. XX), mas não poderiam adotar barreiras necessárias para garantir a segurança nacional (art. XXI).

A autora resgata o histórico da negociação do GATT e, citando James Mathis,[11] conclui que a falta de indicação do art. XXI no rol do art. XXIV se deu por falha na incorporação dos artigos da Carta de Havana para o texto do GATT. E, para reforçar o entendimento, relembra que o art. XXI dispõe, em outras palavras, que "nenhuma disposição do presente acordo deverá ser interpretada como impedindo qualquer país de tomar as medidas que julgue necessárias para sua segurança." Não poderia então o art. XXIV vedar a imposição de barreiras para promoção da segurança nacional.

---

[11] MATHIS, James H. *Regional Trade Agreements in the GATT/WTO: article XXIV and the internal trade requirement*. The Hague: Asser Press, 2002.

Em relação às medidas de defesa comercial (*antidumping*, compensatórias e salvaguardas), previstas nos arts. VI e XIX do GATT, foi analisado, no capítulo anterior, que boa parte da doutrina entende que não podem ser utilizadas entre membros de um acordo regional. Também os países possuem interpretações divergentes, frisando-se que não há posição fechada na OMC. Encontram-se, por exemplo, as seguintes posições sobre salvaguardas:[12]

i. Para a Austrália, as salvaguardas até poderiam ser utilizadas intrabloco, mas somente no período de transição do acordo regional.[13]
ii. Para o Japão, o uso de salvaguardas intrabloco poderia acontecer a qualquer tempo, baseando-se nos seguintes fatos: (a) o Acordo Sobre Salvaguardas indica que a natureza destas é não discriminatória, ou seja, devem ser utilizadas contra as importações originárias de todos os países da OMC, o que inclui obviamente as dos parceiros regionais; e (b) as salvaguardas possuem efeitos semelhantes aos gerados pelas barreiras previstas nos arts. XI e XII do GATT, listados no art. XXIV.

O desenho a seguir apresenta as características gerais da área de livre comércio criada entre os países A e B: o substancial do comércio intrabloco livre de barreiras e, em relação a terceiros países, diferentes políticas comerciais, que implicam, entre outras coisas, diferentes alíquotas de imposto de importação.

7.2.1.1. Artigo XXIV do GATT

O art. XXIV do GATT, além de conceituar a área de livre comércio (e a união aduaneira), possui outras disposições relativas aos acordos regionais. Em primeiro lugar, foi por meio do § 4º que se reconheceu o direito de formação dos blocos comerciais, permitindo, consequentemente, que os benefícios criados regionalmente não sejam estendidos para os países extrabloco. Em outras pala-

[12] As posições de vários países podem ser encontrados nas atas dos encontros do Comitê sobre Acordos Regionais de Comércio, no âmbito da OMC, intituladas WT/REG/M/14 e WT/REG/M/15.

[13] No Mercosul, por exemplo, o período de transição se estendeu de novembro de 1991, início da vigência do Tratado de Assunção, a 31/12/1994.

vras, os membros de um bloco comercial não precisam cumprir a Cláusula da Nação Mais Favorecida (art. I do GATT) em relação aos países não membros.

ART. XXIV – APLICAÇÃO TERRITORIAL – TRÁFICO FRONTEIRIÇO – UNIÕES ADUANEIRAS E ZONAS DE LIVRE COMÉRCIO

...

4. As Partes Contratantes reconhecem que é **recomendável aumentar a liberdade do comércio desenvolvendo, através de acordos livremente concluídos**, uma integração mais estreita das economias dos países participantes de tais acordos. Reconhecem igualmente que o estabelecimento de uma união aduaneira ou de uma zona de livre comércio deve ter por **finalidade facilitar o comércio entre os territórios constitutivos e não opor obstáculos ao comércio de outras Partes Contratantes com esses territórios.**

...

O estímulo aos blocos comerciais decorre do fato de que é mais fácil liberalizar o comércio mundial gradualmente, a partir da integração entre dois ou mais países, do que conseguir a liberalização simultânea entre todos os signatários do GATT. De forma figurada, é mais fácil liberalizar o comércio "comendo pelas beiradas".

A permissão de criação dos blocos comerciais divide as opiniões dos liberais. O pensamento dominante, que inclusive levou à criação do art. XXIV, foi de que, sem a obrigação de estender os benefícios para todos os signatários do GATT, os países-membros se sentiriam mais estimulados para concederem as vantagens aos parceiros do bloco comercial. E essa liberalização regional, gerando economias mais abertas e eficientes, seria o primeiro passo para a liberalização do comércio em nível mundial.

Por outro lado, há os liberais que consideram que a permissão para não se estenderem os benefícios aos países extrabloco acaba frustrando os ideais do livre comércio. Alegam que, se não houvesse o direito de se criarem blocos regionais, a liberalização seria generalizada.

A verdade é que ambas as posições são razoáveis. Se é correto afirmar que a existência de blocos comerciais frustra o sonho da liberalização mundial, também há razão em se dizer que, sem os blocos, poucos ou nenhum país se sentiria estimulado a derrubar barreiras. É certo que muitas barreiras comerciais só são eliminadas dentro de um bloco comercial pelo fato de não ser necessária a extensão do benefício para os países extrabloco.

Enfim, independentemente de haver críticas dos teóricos, o GATT, como vimos, autoriza e até estimula a criação dos blocos comerciais. Mas há limites. Para que um bloco comercial seja "autorizado" a existir (o que gera benefícios para seus membros, que poderão negociar benefícios regionalmente), algumas regras devem ser observadas.

No § 4º, é imposta a condição de que o bloco comercial deve ser criado para derrubada de barreiras entre os membros, não para imposição de obstáculos para os não membros. Para complementar, o § 5º impõe que as barreiras aplicadas sobre os países não participantes da união aduaneira ou da área de livre comércio não podem ser maiores do que as anteriormente existentes para estes países.

O § 5º dispõe ainda que todo acordo provisório visando à formação de uma área de livre comércio ou de uma união aduaneira deve incluir um planejamento e um cronograma para o atingimento do objetivo "com um prazo razoável de tempo".

7.2.1.2. Entendimento sobre a Interpretação do Artigo XXIV do GATT

Para esclarecer e tornar mais objetivas as regras relativas a blocos comerciais, foi criado, na Rodada Uruguai, o "Entendimento sobre a Interpretação do Art. XXIV do GATT 1994". Tal Entendimento, que entrou em vigor em 1995, esclarece algumas incertezas na aplicação do art. XXIV. Por exemplo:

1) para que se saiba se as barreiras aplicadas sobre as partes que não fazem parte do acordo de integração aumentou a partir da criação deste, a avaliação "deverá basear-se no exame global da média ponderada das tarifas e taxas alfandegárias cobradas"; e
2) "O prazo razoável de tempo referido no § 5º do art. XXIV [para o estabelecimento da área de livre comércio ou da união aduaneira] só deve exceder dez anos em casos excepcionais."

7.2.2. União Aduaneira

Os países-membros de uma união aduaneira, além de liberalizarem o comércio intrabloco, utilizam uma política comercial comum em relação a terceiros países. Isto implica, por exemplo, que os países-membros cobrarão tarifas de importação substancialmente iguais no comércio com terceiros países.

Para se viabilizar a união aduaneira, é necessária a montagem consensual de uma tabela com as alíquotas para cada espécie de produto importado extrabloco. Esta tabela é chamada Tarifa Externa Comum.

Como exemplo de união aduaneira, há o Mercosul, em que Brasil, Argentina, Paraguai e Uruguai cobram, salvo exceções, tarifas idênticas na importação de produtos de terceiros países.[14]

Nota-se, pela redação do art. XXIV, que a união aduaneira se caracteriza por:

i) **eliminação** de barreiras intrabloco para o "substancial do comércio"; e

ii) **igualdade** de barreiras extrabloco para o "substancial do comércio".

ART. XXIV – APLICAÇÃO TERRITORIAL – TRÁFICO FRONTEIRIÇO – UNIÕES ADUANEIRAS E ZONAS DE LIVRE COMÉRCIO

...

8. Para fins de aplicação do presente Acordo:

(a) entende-se por **união aduaneira**, a substituição, por um só território aduaneiro, de dois ou mais territórios aduaneiros, de modo que:

(i) os direitos aduaneiros e outras regulamentações restritivas das trocas comerciais (com exceção, na medida necessária, das restrições autorizadas nos termos dos arts. XI, XII, XIII, XIV, XV e XX) sejam **eliminados para substancialmente todo o comércio** entre os territórios constitutivos da união, ou, no mínimo, para substancialmente todo o comércio de produtos originários desses territórios;

(ii) e, salvo as disposições do § 9, os direitos aduaneiros e outras regulamentações sejam aplicados, por qualquer membro da união aduaneira, **de forma substancialmente igual** no comércio com os territórios não compreendidos na união;

...

Para concluir, o desenho a seguir apresenta as características gerais da união aduaneira criada entre os países A e B: o substancial do comércio intrabloco livre de barreiras e, em relação a terceiros países, cobrança de alíquotas essencialmente iguais de imposto de importação.

[14] A TEC do Mercosul foi originalmente internalizada no ordenamento jurídico brasileiro por meio do Decreto nº 1.343/1994, o qual já foi revogado. Deve-se ainda frisar que a TEC é composta pelas alíquotas cobradas de produtos extrabloco, pois o comércio intrabloco é substancialmente livre.

7.2.3. Mercado Comum

No mercado comum, além das características da união aduaneira, há livre movimentação dos fatores de produção (capital e mão de obra), sendo esta factível somente com harmonização das políticas trabalhista, previdenciária e de capitais. Consideremos, por exemplo, que um brasileiro trabalhe cinco anos no Brasil, quinze na Argentina, dez no Uruguai e cinco no Paraguai. Como será calculada sua aposentadoria? Qual(is) dos países desembolsará(ão) o benefício para o sujeito? Uma política previdenciária harmonizada pelos quatro países é essencial. Sem isso, a livre movimentação da mão de obra não se viabiliza.

Livre movimentação dos fatores de produção (mão de obra e capital)

7.2.4. União Econômica

Na união econômica, além das características do mercado comum, há **harmonização** das **políticas econômicas nacionais**, ou seja, tais políticas passam a seguir os princípios ditados por uma política econômica regional.

Uma coisa importante a se fixar é a respeito da harmonização de políticas. Nas formas anteriores de integração, já havia alguns graus de harmonização, mas não de política econômica. Por exemplo, na área de livre comércio, a política comercial intrazona, aquela utilizada no comércio recíproco, é harmonizada. Na união aduaneira, existe harmonização da política comercial intrazona e também extrazona. E, no mercado comum, harmonizam-se as políticas comerciais, trabalhistas, previdenciárias e de capitais.

Portanto, quando se menciona a harmonização na união econômica, está-se falando da harmonização de política macroeconômica, compreendendo as políticas monetária, cambial e fiscal.

7.2.5. Integração Econômica Total

A integração econômica total vai além da união econômica, pois enquanto esta busca a harmonização das políticas econômicas nacionais, aquela se refere à

equalização entre tais políticas. Como consequência desta unidade de políticas, a moeda é única e as políticas econômicas e sociais são formuladas por uma autoridade supranacional com representantes de cada país-membro. Os países delegam poderes a esta autoridade, submetendo-se às suas decisões.

Se a política monetária é única, as emissões de moeda, as taxas de juros e as demais variáveis monetárias são idênticas. Portanto, em vez de haver várias moedas obedecendo às mesmas condições, é mais razoável que a moeda seja uma só. Daí surge a primeira característica da integração econômica total: a moeda única.

Como a moeda é única, deverá haver apenas um órgão responsável pelo seu controle. Apenas um Banco Central para decidir sobre a taxa de juros, emissões e demais variáveis da política monetária. Surge então a segunda característica desta forma de integração, a existência de autoridades supranacionais, cujas decisões devem ser cumpridas pelas pessoas físicas e jurídicas dos Estados-parte, incluindo seus governantes. Os países delegam poderes a estas autoridades supranacionais em determinadas áreas.

7.3. ZONAS PREFERENCIAIS

Pode-se dizer que, num estágio anterior ao da Área de Livre Comércio, existem as Zonas Preferenciais. Elas não são consideradas uma forma de integração, mas apenas um tratamento especial entre países e/ou blocos.

Como "preferência tarifária" é equivalente a "redução tarifária", diz-se que existe uma zona preferencial quando um acordo entre países implica a redução recíproca de tarifas. Atualmente, por exemplo, Mercosul e Índia possuem um acordo preferencial com redução de imposto de importação para cerca de 450 produtos de cada lado.[15]

Em um acordo comercial, a **margem de preferência** representa o percentual acordado de redução do imposto de importação. Normalmente tais acordos definem a margem de preferência em termos relativos e não em termos absolutos. Assim ocorre, por exemplo, na ALADI e no acordo Mercosul-Índia. Neste acordo, as margens de preferência se concentram na faixa de 10% a 20%. Então,

[15] Este acordo entrou em vigor em 1º de junho de 2009, tendo sido internalizado pelo Brasil por meio do Decreto nº 6.864, de 29 de maio de 2009. O acordo objetiva que, no futuro, haja o estabelecimento de uma área de livre comércio entre as partes. Para isso, serão necessárias duas coisas: eliminação de tarifas, não apenas meras reduções, aplicando-se aquela ao "substancial do comércio", não apenas sobre uma quantidade limitada de produtos.

considerando que um determinado produto da Alemanha ou da Inglaterra é tributado pelo Brasil em 50% e que foi definida uma preferência relativa de 20% para produtos de origem indiana, o Brasil irá cobrar apenas 40% (50% – 20% × 50%) sobre a importação destes.

Nada impede que, em determinado acordo, o conceito de margem de preferência seja usado em termos absolutos. Se a margem de preferência com a Índia fosse de 20% em termos absolutos, então, usando-se os dados do parágrafo anterior, o Brasil iria cobrar apenas 30% (50% – 20%) de imposto de importação. Deve-se frisar que a definição de margens de preferência em termos absolutos não é comum nos acordos comerciais.

7.4. EFEITOS DA INTEGRAÇÃO

Os efeitos resultantes da integração regional podem ser classificados em dinâmicos e estáticos. Os efeitos dinâmicos foram apresentados no tópico 2.1.1: aumento de oferta, barateamento dos produtos, melhoria na qualidade dos bens, aumento na remuneração do fator de produção abundante do país, complementaridade industrial, entre outros. Os efeitos estáticos são a criação e o desvio de comércio.

7.4.1. Criação e Desvio de Comércio

Como aplicação das teorias de comércio internacional, a liberalização comercial traz vantagens econômicas para ambos os países comerciantes. Aliado a isso, o desejo político de paz já mencionado provocou entusiasmo com a criação dos blocos de integração regional. Foi quando começaram a surgir estudos mais específicos sobre os efeitos da integração.

Na década de 50, **Jacob Viner** definiu os conceitos de **criação e desvio de comércio**. Por esses conceitos, definia-se que talvez a criação de um bloco regional não trouxesse vantagem para um país, mas prejuízo. Por exemplo, vamos considerar três países: Brasil, Itália e Alemanha. Os preços por eles cobrados por um mesmo bem estão na tabela a seguir:

Brasil	Itália	Alemanha
100,00	90,00	80,00

Consideremos que o Brasil cobre tarifas de importação de 50%. Os preços finais acrescidos do imposto de importação seriam os constantes da tabela a seguir:

Preços em R$	Brasil	Itália	Alemanha
Com Tarifa de 50% para os dois países	100,00	90,00 + 50% = 135,00	80,00 + 50% = 120,00
Área de Livre Comércio com a Itália	100,00	90,00	80,00 + 50% = 120,00

No caso em que se tem uma alíquota de 50%, ocorre **criação de comércio** caso seja instituída uma zona de livre comércio (ou outra forma de integração superior) com a Itália, pois, se esta não fosse criada, o consumidor brasileiro iria comprar o produto brasileiro, o mais barato dos três. Porém, com a área de livre comércio, o produto da Itália custaria apenas R$ 90,00 e seria o escolhido. Haveria criação de comércio.

O Consumidor tem um ganho (ao economizar) de R$ 10,00 (R$ 100,00 – R$ 90,00). O Governo não tem ganho de imposto, pois não o cobra do produto italiano. Total de ganhos para o país: R$ 10,00 (R$ 10,00 + R$ 0,00).

Concluída a análise do primeiro caso, vejamos o que o ocorre se a alíquota do imposto de importação aplicada pelo Brasil fosse de 20%, em vez de 50%.

Preços em R$	Brasil	Itália	Alemanha
Com Tarifa de 20% para os dois países	100,00	90,00 + 20% = 108,00	80,00 + 20% = 96,00
Área de Livre Comércio com a Itália	100,00	90,00	80,00 + 20% = 96,00

No caso em que se tem uma alíquota de 20%, ocorre **desvio de comércio** caso seja criada uma zona de livre comércio com a Itália. Se esta não fosse criada, o consumidor brasileiro iria comprar o produto da Alemanha, o mais barato dos três. Porém, com a área de livre comércio, o produto da Itália fica mais barato que o produto alemão e é escolhido. Note que já havia um fluxo comercial, mas ele é **desviado** da Alemanha para a Itália.

Neste caso, o consumidor ganha R$ 10,00 (R$ 100,00 – R$ 0,00), e o Governo não obtém imposto de importação sobre o produto italiano. Se não criasse a área de livre comércio, o consumidor ganharia R$ 4,00 (R$ 100,00 – R$ 96,00), e o Governo receberia R$ 16,00 de imposto sobre o produto alemão. Com a área de livre comércio, o país diminui seus ganhos de R$ 20,00 para R$ 10,00.

Concluindo, pode-se afirmar que, havendo desvio de comércio, o país, no seu conjunto, perde.

A análise anterior foi feita para somente um produto. Deve-se verificar o que acontece com todos os produtos consumidos no país. Cada produto tem a sua própria tabela de preços. Na integração econômica, para alguns produtos haverá criação de comércio. Para outros, porém, o desvio de comércio. Cabe verificar se, no conjunto dos produtos de um país, ocorre mais desvio ou mais criação de comércio. Havendo mais desvio do que criação, o resultado final para o país será prejuízo.

Usando os preços da mercadoria antes apresentados: R$ 100,00 (Brasil), R$ 90,00 (Itália) e R$ 80,00 (Alemanha) e considerando a integração com a Itália, vejamos o que acontece para vários níveis de tarifa externa:

a) Tarifa até 12,5%:

   Caso a tarifa seja de 1%, o produto alemão custa R$ 80,80 e o italiano, R$ 90,90. Caso seja promovida a integração com a Itália, não haverá o desvio nem a criação de comércio, pois o italiano não se torna mais barato que o alemão.

   Caso a tarifa seja de 2%, o produto alemão custa R$ 81,60, continuando mais barato que o italiano. E se for 12%, o produto alemão tem o valor de R$ 89,60.

   Neste nível de tarifas, a integração com a Itália **não** gera criação nem desvio de comércio, pois não há alteração neste: o produto alemão continuou sendo o escolhido, por se manter o mais barato.

b) Tarifa entre 12,5% até 25%:

   Se, por exemplo, a alíquota for de 20%, o produto alemão, como já vimos, custa R$ 96,00. Surge então o **desvio de comércio**, no caso da integração com a Itália, pois o produto alemão deixará de ser comprado para dar lugar ao produto italiano que passará a custar apenas R$ 90,00.

c) Tarifa acima de 25%:

   Se a tarifa for superior a 25%, por exemplo, 50%, como já vimos, o produto alemão custa R$ 120,00 e a área de livre comércio com a Itália gera **criação de comércio**, não havendo desvio de comércio, já que o produto alemão já não era mesmo comprado.

Como se interpretam as constatações anteriores?

Se a tarifa externa do país exceder 25%, haverá a criação de comércio ao se criar um arranjo de integração regional com a Itália. E entre 12,5% e 25%, haverá desvio.

Então, à primeira vista, parece melhor manter uma alíquota superior a 25% com o resto do mundo para obter ganhos na integração com um ou outro país. Mas esta é a leitura errada. O que se deve ter em conta é que, caso um país **já** use uma tarifa alta para o resto do mundo, criar arranjos de integração será vantajoso. Mas a melhor opção seria liberar o comércio de forma mundial para obter maior eficiência na alocação dos fatores de produção, algo que os teóricos Adam Smith e David Ricardo pregavam nos séculos XVIII e XIX, respectivamente.

Mas, para o país que use uma tarifa média (12,5% até 25%), o melhor a ser feito é reduzir as tarifas de forma generalizada e não apenas para um único país. Fazer discriminação, promovendo o livre comércio com apenas alguns países, será prejudicial para o país.

Em resumo, para quem tem altos níveis de tarifa, criar arranjos de integração é vantajoso. Mas para quem já tem níveis mais baixos de tarifa, as vantagens virão com a eliminação generalizada das barreiras.

Nos dizeres de Jacob Viner, a integração regional só será vantajosa como uma segunda melhor alternativa (*second best*), caso a melhor (*first best*) – a redução generalizada das tarifas – não seja possível de ser aplicada.

Para se comprovar que o desvio de comércio sempre traz prejuízo para o país importador, deve-se fazer a análise com variáveis, em vez de constantes:

Preços	País A (Brasil)	País B	País C
Sem tarifa	a	b	c
Com tarifa	a	b'	c'
Área de Livre Comércio com País B	a	b	c'

Somos o país A.

Por hipótese, considere a > b > c.

É imposta uma alíquota de imposto de importação tal que:

b' = (b + tarifa sobre b) e

c' = (c + tarifa sobre c)

Como b > c, por hipótese, então b' > c'.

Para ver o que acontece quando há o desvio de comércio, devemos considerar que:

a > b' > c' e

c' > b

Ou seja, na 2ª linha da tabela, *c'* é o menor dos valores. Na terceira linha da tabela, *b* é o menor dos valores, como fizemos no exemplo numérico entre Brasil, Itália e Alemanha.

Quando havia a alíquota cobrada dos países B e C, antes de criar a área de livre comércio, qual era o ganho do Brasil (Governo + consumidor)?

Governo = c' – c, que é o tributo calculado sobre c.

Consumidor = a – c', que é a economia que o consumidor tem ao não pagar o valor *a* do seu país e pagar o valor *c'*.

Ganho total: (c' – c) + (a – c') = a – c

Após a criação da área de livre comércio com o país B, qual é o ganho do Brasil (Governo + consumidor)?

Governo = 0 (não estará cobrando imposto do produto do país B)

Consumidor = a – b, que é a economia que o consumidor tem ao não pagar o valor *a* do seu país e pagar o valor *b*.

Ganho total: (0) + (a – b) = a – b

Antes da área de livre comércio, o ganho era (a – c). Após a criação, passou a ser (a – b).

Como, por hipótese inicial, b > c, então (a – b) < (a – c), ou seja, o ganho após a criação da área de livre comércio é menor do que o ganho antes da criação. Em outras palavras, o Brasil teve uma perda com a criação do bloco comercial.

7.5. BLOCOS COMERCIAIS

7.5.1. ALALC (Associação Latino-Americana de Livre Comércio)

Raúl Prebisch apresentou, no âmbito da CEPAL, o "Modelo de Substituição das Importações", abordado no tópico 2.2.5. Das ideias pregadas por Prebisch, surgiu a ALALC em 1960, formada por Argentina, Bolívia, Brasil, Chile, Colômbia, Equador, México, Paraguai, Peru, Uruguai e Venezuela.

O bloco tinha os objetivos propostos pelo economista: aumentar o tamanho do mercado consumidor, para gerar ganhos de escala, restringir a entrada de produtos estrangeiros similares, aproveitar as vantagens comparativas de cada país e gerar complementaridade industrial.

Havia o objetivo expresso de se criar uma área de livre comércio em um prazo máximo de 12 (doze) anos. Um dos instrumentos para isso era a Cláusula da Nação Mais Favorecida (NMF), análoga à definida no GATT, ou seja, todo e qualquer benefício feito a um país, membro da ALALC ou não, deveria ser estendido aos demais membros do bloco.

Era, no entanto, uma época conturbada, quando vários países passavam por problemas internos graves. Era a época do surgimento de algumas ditaduras no continente. Inflação alta e tecnologia defasada também atrapalhavam o processo de integração. A ALALC tendia a fracassar. Ainda foi feita uma tentativa de mantê-la, aumentando de 12 para 20 anos o prazo para a conformação da área de livre comércio, mas as dificuldades do continente sepultaram o bloco. Em 1980, surgiu a ALADI com adaptações percebidas como necessárias.

7.5.2. ALADI (Associação Latino-Americana de Integração)

Em agosto de 1980, foi assinado o novo Tratado de Montevidéu, substituindo-se a ALALC pela ALADI. Os países signatários da ALADI são os mesmos da ALALC, além de Cuba, que aderiu no ano de 1999.

Dispõe o art. 1º do Tratado de Montevidéu: "Esse processo de integração terá como objetivo, a longo prazo, o estabelecimento, em forma gradual e progressiva, de um mercado comum latino-americano." Eis a primeira diferença: enquanto a ALALC pretendia atingir o nível de área de livre comércio, a ALADI pretende atingir o nível de mercado comum.

De acordo com o art. 4º do Tratado de Montevidéu, os países-membros, visando atingir o nível de mercado comum, estabeleceram uma área de preferências econômicas, composta por uma preferência tarifária regional, por acordos de alcance regional e por acordos de alcance parcial.

Por **preferência tarifária regional**, compreende-se que as barreiras incidentes sobre as importações de países da ALADI serão sempre inferiores às incidentes sobre países de fora do bloco. Por este mecanismo estão previstas reduções tarifárias considerando-se o nível de desenvolvimento dos países comerciantes, os quais foram assim classificados:

> Grupo 1 – países de menor desenvolvimento econômico relativo: Bolívia, Equador e Paraguai;
>
> Grupo 2 – países de desenvolvimento intermediário: Chile, Colômbia, Cuba, Peru, Uruguai e Venezuela;
>
> Grupo 3 – países de maior desenvolvimento econômico relativo: Argentina, Brasil e México.

Posteriormente, Paraguai e Bolívia (considerados mediterrâneos) receberam um tratamento ainda mais favorecido como se pode ver na tabela a seguir. Note que esses dois países têm um tratamento diferenciado quando exportam, mas continuam a ter o tratamento de Grupo 1 quando importam. Agindo como exportadores, ganharam benefícios adicionais; agindo como importadores, não.

Exportador / Importador	Grupo 1	Grupo 2	Grupo 3	Mediterrâneos
Grupo 1	20	12	8	24
Grupo 2	28	20	12	34
Grupo 3	40	28	20	48

Para exemplificar: quando o Brasil (Grupo 3) importa da Bolívia (Mediterrâneo), a tarifa sofre uma redução de 48%. Quando o Chile (Grupo 2) importa do México (Grupo 3), a redução é de apenas 12%.[16]

Os outros instrumentos da ALADI são os acordos de alcance regional e os acordos de alcance parcial. De acordo com o art. 6º do tratado, "os **acordos de alcance regional** são aqueles dos quais participam todos os países-membros."

Os **acordos de alcance parcial**[17] são sub-blocos, em que os benefícios neles concedidos não precisam ser estendidos para os demais países da ALADI. Essa flexibilização[18] da Cláusula da Nação Mais Favorecida é a principal diferença da ALADI em relação à extinta ALALC, tendo sido permitida por haver a consciência de que é mais fácil começar a integração com dois ou

---

[16] O Mercosul possui acordos complementares com cada um dos países da ALADI (ver tópico 8.8). Na década de 1990, por exemplo, foram assinados acordos Mercosul-Chile e Mercosul-Bolívia, que levaram à eliminação quase completa das tarifas entre os países signatários. Portanto, na prática, as preferências tarifárias previstas na tabela apresentada são pouco utilizadas pelos membros do Mercosul, prevalecendo as preferências decididas nos acordos complementares.

[17] Art. 7º – Os acordos de alcance parcial são aqueles de cuja celebração não participa a totalidade dos países-membros e propenderão a criar as condições necessárias para aprofundar o processo de integração regional, através de sua progressiva multilateralização. Os direitos e obrigações que forem estabelecidos nos acordos de alcance parcial regerão exclusivamente para os países-membros que os subscrevam ou que a eles adiram.

[18] Art. 3º – Na aplicação do presente tratado e na evolução para seu objetivo final, os países-membros levarão em conta os seguintes princípios:

...

b) **Convergência**, que se traduz na multilateralização progressiva dos acordos de alcance parcial, através de negociações periódicas entre os países-membros, em função do estabelecimento do mercado comum latino-americano;

c) **Flexibilidade**, caracterizada pela capacidade para permitir a celebração de acordos de alcance parcial, regulada de forma compatível com a consecução progressiva de sua convergência e pelo fortalecimento dos vínculos de integração;

...

três países do que com doze. Autorizada a criação dos acordos de alcance parcial, exigia-se tão somente que eles estivessem abertos à entrada dos outros membros da ALADI, para que houvesse uma "multilateralização progressiva" levando à convergência[19] e consequente implementação da ampla integração latino-americana.

Os acordos de alcance parcial podem ser de cinco tipos: comerciais, de complementação econômica, agropecuários, de promoção do comércio ou outras modalidades definidas pelos países, as quais levarão em conta, entre outros fatores, a cooperação cientifica e tecnológica, a promoção do turismo e a preservação do meio ambiente. O Mercosul foi registrado na ALADI como o décimo oitavo Acordo de Alcance Parcial de Complementação Econômica, tecnicamente referenciado como ACE Nº 18.[20]

7.5.2.1. Regime de Origem

Como o Brasil iria reconhecer que uma mercadoria tem o Equador como país de origem e assim reduzir em 48% o imposto de importação? E o Equador, como iria reconhecer a mercadoria como sendo brasileira para reduzir o imposto de importação em 8%? A resposta consta no regime de origem da ALADI, consolidado pela Resolução nº 252 do Comitê de Representantes, de agosto de 1999.

Por esse regime, são consideradas originárias de um país as mercadorias que cumprirem um dos seguintes critérios **gerais**:

i. que sejam colhidas, apanhadas ou integralmente produzidas no país;

ii. que recebam no país uma nova individualidade, caracterizada esta pela mudança na posição NALADI/SH. A NALADI é a Nomenclatura da ALADI, baseada no Sistema Harmonizado (SH),[21] da mesma forma que a NCM é a Nomenclatura Comum do Mercosul, baseada no SH; ou

iii. que as mercadorias resultem de operações de industrialização, realizadas no território de um país participante, utilizando materiais originários dos países participantes do acordo e de terceiros países, quando o valor CIF porto de destino ou CIF porto marítimo dos materiais

[19] Ver nota anterior.

[20] Esta nomenclatura pode ser encontrada no Decreto brasileiro nº 550, de 27 de maio de 1992.

[21] Uma breve explicação do SH consta no tópico 5.6.

originários de terceiros países não exceda 50 (cinquenta) por cento do valor FOB de exportação dessas mercadorias. Em outras palavras, para que o país da ALADI seja considerado como o país de origem, ele deve ser responsável por mais de 50% do produto final exportado.[22]

Para os países de menor desenvolvimento econômico relativo (Equador, Paraguai e Bolívia), as exigências são menores, ou seja, ganham o direito de serem considerados o país de origem do produto, se responderem por, pelo menos, 40% do produto exportado para o parceiro da ALADI.[23]

Além de critérios gerais, há alguns produtos que devem observar critérios **específicos** para que sejam considerados originários de um país da ALADI. Não os iremos analisar por serem específicos demais e fugirem ao escopo deste livro. Apenas para exemplificar uma das centenas de mercadorias nesta situação: manteigas somente são consideradas originárias de um país da ALADI se, além de cumprirem um dos critérios gerais anteriormente descritos, tiverem sido produzidas com leite originário do bloco.

A Resolução nº 252 indica ainda: "Para que as mercadorias originárias se beneficiem dos tratamentos preferenciais, as mesmas devem ter sido expedidas diretamente do país exportador para o país importador."

A Portaria SECEX nº 10, de 24 de maio de 2010, dispõe sobre a emissão brasileira do Certificado de Origem – ALADI, o qual deve ser apresentado nas transações intrabloco para obtenção do tratamento preferencial:

II – Certificado de Origem – ALADI – documento preenchido pelo exportador e emitido por entidades credenciadas pelo Ministério do Desenvolvimento, Indústria e Comércio Exterior, junto a ALADI, para amparar a exportação de produtos que gozam de tratamento preferencial, outorgado pelos países membros da Associação Latino-Americana de Integração (ALADI).

[22] Por exemplo, caso a Colômbia adquira uma mercadoria da Inglaterra por US$ 100,00 CIF (*cost, insurance and freight*: mercadoria, US$ 80, seguro, US$ 10,00 e frete, US$ 10,00) e, após um processo de industrialização, venda o produto ao Brasil por US$ 300,00 (sem contar frete nem seguro), a Colômbia será considerada como país de origem do produto já que o preço CIF da importação do produto inglês corresponde a apenas 33,33% (menos de 50%) do preço FOB da exportação colombiana para o Brasil, ou seja, a Colômbia respondeu por 66,67% do produto que exportou.

[23] Por exemplo, se o Equador importar um bem dos EUA por US$ 60,00 CIF e, após industrializar, exportá-lo para o Brasil por US$ 100,00 FOB, o Equador será considerado país de origem deste produto, pois terá agregado 40% do preço da exportação.

7.5.3. NAFTA (Acordo Norte-Americano de Livre Comércio)

Em 1988, Estados Unidos e Canadá firmaram um acordo com o objetivo de se criar uma área de livre comércio, prevendo-se eliminação recíproca dos impostos aduaneiros até 1º de janeiro de 1998. O acordo, chamado CUSFTA (*Canada–United States Free Trade Area*), entrou em vigor em 1º de janeiro de 1989.

Em 1990, em função de interesses econômicos e sociais[24], começou a ser discutida a criação de uma área de livre comércio que incluísse o México. O acordo foi assinado em agosto de 1992. O principal objetivo nele indicado foi a eliminação de tarifas aduaneiras entre os três países dentro de prazos predeterminados.

Nas eleições presidenciais norte-americanas ocorridas no final de 1992, o democrata Bill Clinton derrotou o então presidente republicano George Bush. A partir daí, negociações adicionais foram travadas acerca de questões defendidas pelo presidente eleito. Surgiram dois acordos suplementares ao NAFTA: um criando princípios trabalhistas a serem observados pelos três países (*NAALC – North American Agreement on Labor Cooperation*) e outro tratando de matéria ambiental (*NAAEC – North American Agreement on Environmental Cooperation*). Com esses acordos adicionais, foi facilitada a aprovação do NAFTA pelo Congresso dos EUA, ocorrida então em novembro de 1993. Em 1º de janeiro de 1994, os três acordos entraram em vigor.

Pelo texto do NAFTA, a área de livre comércio seria atingida em 2003 com a eliminação das barreiras tarifárias e não tarifárias. Pelo cronograma definido, a maior parte das barreiras tarifárias seria eliminada até 1º de janeiro de 2003.[25] As tarifas remanescentes, somente em 2008. Os prazos foram cumpridos e, desde 1º de janeiro de 2008, todas as alíquotas de imposto de importação no comércio intrabloco estão zeradas, sem exceção.

Em relação às barreiras não tarifárias, não se assumiu compromisso para a total eliminação, até pelo fato de que algumas são expressamente permitidas pelo GATT, como as medidas sanitárias, fitossanitárias e técnicas. Também são

---

[24] O desejo de se incluir o México na área de livre comércio teve vários motivos. Por exemplo, o desenvolvimento econômico do México era visto como necessário para se reduzir a imigração ilegal, e o tamanho do mercado consumidor mexicano e suas importantes reservas de petróleo atraíam os interesses de EUA e Canadá.

[25] Entre EUA e Canadá havia uma regra própria decorrente do acordo bilateral predecessor do NAFTA. Entre os dois países, as tarifas aduaneiras foram eliminadas em 1º de janeiro de 1998.

utilizadas no NAFTA as medidas de defesa comercial[26] e as relativas à importação de automóveis.[27]

Além da liberalização comercial, foram eliminadas as barreiras às remessas de capital entre os três países. Por consequência, praticamente todos os bancos mexicanos foram adquiridos por bancos norte-americanos e canadenses.

Os objetivos do NAFTA foram listados no art. 102:

São objetivos do NAFTA:

I – eliminar barreiras ao comércio e facilitar movimentos fronteiriços de bens e serviços entre os territórios das partes;

II – promover condições para uma competição justa na área de livre comércio;

III – crescer substancialmente as oportunidades de investimento nesses territórios;

IV – prover adequada e efetiva proteção e implementação dos direitos de propriedade intelectual no território de cada parte;

V – criar procedimentos efetivos para a implementação e aplicação deste Acordo, e de sua administração conjunta e solução de disputas; e

VI – estabelecer uma estrutura para que cooperações futuras trilaterais, regionais e multilaterais se expandam e ampliem os benefícios desse acordo.

7.5.4. Pacto Andino

O Pacto Andino é, junto com o Mercosul, um Acordo de Alcance Parcial da ALADI.

Foi criado em 1969 pelo Acordo de Cartagena, assinado por Bolívia, Colômbia, Chile, Equador e Peru. Em 1973, Venezuela aderiu ao bloco e, em 1976, o Chile dele se retirou.

A **Área de Livre Comércio** se formou em fevereiro de 1993, quando Bolívia, Colômbia, Equador e Venezuela derrubaram as barreiras intrabloco, abrindo reciprocamente seus mercados, mas mantendo suas próprias tarifas em relação a terceiros países. O Peru começou a entrar na área de livre comércio em julho de 1997 e se incorporou totalmente em janeiro de 2006.

A Comunidade Andina atualmente é uma **União Aduaneira** porque, em seu território, circulam livremente as mercadorias de seus países-membros sem

[26] Como vimos no Capítulo 6, boa parte da doutrina entende que as medidas de defesa comercial não poderiam ser utilizadas no comércio intrabloco.

[27] Segundo o texto do NAFTA, os automóveis somente obterão a livre circulação intrabloco a partir de 2019.

gravames de nenhum tipo, sendo que as importações procedentes de fora do bloco pagam uma tarifa comum.

A União Aduaneira está funcionando desde 1º de fevereiro de 1995, ano em que entrou em vigência a Tarifa Externa Comum (TEC) adotada apenas por Colômbia, Equador e Venezuela em níveis básicos de 5, 10, 15 e 20%. A Bolívia tem um tratamento especial mediante o qual aplica apenas alíquotas de 5 e 10%. O Peru não subscreveu esse acordo e, portanto, não usa a TEC do bloco.

Através da Declaração de Santa Cruz, em janeiro de 2002, os presidentes andinos dispuseram que "Bolívia, Colômbia, Equador, Peru e Venezuela aplicarão, no mais tardar, em 31/12/2003, uma Tarifa Externa Comum." Seria o momento a partir do qual o Peru passaria a usar a TEC. No entanto, este prazo foi adiado sem definição de nova data.

Atualmente, a união aduaneira está fragilizada, tendo em vista que, em setembro de 2009, invocando-se a necessidade de flexibilidade, os países-membros foram dispensados de cumprir a TEC até 31/12/2011. Para esse período, cada país tem o direito de dispor livremente sobre as alíquotas de imposto de importação aplicáveis aos produtos extrabloco. Essa liberdade estimula os países-membros a fecharem acordos de comércio com países extrabloco, como os recém-celebrados Colômbia-EUA e Peru-EUA. Certamente, os acordos individuais irão dificultar muito o retorno à utilização obrigatória da TEC, a qual impõe o uso de alíquotas idênticas pelos países-membros. É fácil notar que o Pacto Andino está indo na contramão dos seus objetivos. Em vez de avançar para o estágio de mercado comum, como previsto no acordo constitutivo, o bloco está minando sua situação de união aduaneira.

Apesar do retrocesso na política tarifária extrabloco, há avanços em outras áreas. Já existem normas versando sobre a livre movimentação da mão de obra, característica de um mercado comum. Foram criados o "Instrumento Andino de Migração Trabalhista", o "Instrumento Andino de Segurança Social" e o "Instrumento Andino de Segurança e Saúde no Trabalho".

Já foi citado que o Chile saiu do bloco em 1976. A novidade é que, em 24 de novembro de 2006, foi assinada a "Ata de Constituição da Comissão Mista entre a Comunidade Andina e o Chile", por meio da qual o país volta a integrar o bloco, mas na condição de "país-associado", juntando-se a Brasil, Argentina, Paraguai e Uruguai. Os países-associados nada mais são do que observadores privilegiados das reuniões e discussões travadas entre os países-membros.

7.5.5. União Europeia

7.5.5.1. Antecedentes

No início deste capítulo, abordou-se a motivação política para a integração europeia no pós-II Guerra Mundial. As animosidades e desconfianças, principalmente entre Alemanha e França, diminuíram sensivelmente com a criação da Comunidade Europeia do Carvão e do Aço (CECA), em 1952. A CECA reunia França, Alemanha, Itália, Bélgica, Holanda e Luxemburgo.

Com o sucesso atingido na liberalização comercial do carvão e do aço, os seis países decidiram ampliar a integração para os demais produtos. Criaram, em 1957, a Comunidade Econômica Europeia (CEE), que entrou em vigor no ano seguinte. O Tratado de Roma, acordo constitutivo da CEE, tinha como objetivo implementar, em um prazo de doze a quinze anos, um mercado comum entre os seis países. Por esse motivo, a CEE também é conhecida como Mercado Comum Europeu (MCE). Em 1968, configurou-se o mercado comum, cerca de um ano e meio antes do prazo previsto.

Começou então a haver as adesões ao bloco econômico:

i. Em 1º de janeiro de 1973, Reino Unido, Dinamarca e Irlanda passaram a fazer parte do bloco.
ii. Em 1º de janeiro de 1981, a Grécia também se tornou membro.
iii. Em 1982, a Groenlândia – que entrou junto com a Dinamarca – decidiu, através de plebiscito, sair da CEE.
iv. E, em 1º de janeiro de 1986, entrou em vigor o tratado de adesão de Portugal e Espanha.

A esses países que se incorporaram ao MCE foram concedidos prazos para se adequarem à situação de mercado comum, prevendo-se a liberalização progressiva da circulação de bens, serviços e fatores de produção. E adoção também progressiva da tarifa externa comum.

7.5.5.2. Surgimento e Composição

Em 7 de fevereiro de 1992, foi firmado o Tratado de Maastricht entre os doze países-membros da CEE: Bélgica, Holanda e Luxemburgo, Alemanha, Itália e França, Reino Unido, Dinamarca e Irlanda, Grécia, Portugal e Espanha. Foi prevista a implementação de uma União Econômica e Monetária, a ser analisada no próximo tópico. O Tratado de Maastricht é também conhecido como Tratado da União Europeia (UE).

O avanço na composição do bloco pode ser assim resumido:

i. Em 1º de janeiro de 1995, entrou em vigor o tratado de adesão de Áustria, Finlândia e Suécia.

ii. Em 1º de maio de 2004, passaram a fazer parte da CEE: Chipre, Eslováquia, Eslovênia, Estônia, Hungria, Letônia, Lituânia, Malta, Polônia e República Tcheca.

iii. E, em 1º de janeiro de 2007, a UE passou a contar com 27 países com a entrada da Bulgária e da Romênia.

Atualmente, Macedônia, Croácia e Turquia são candidatas a entrar no bloco.

7.5.5.3. União Econômica e Monetária

Em 1º de janeiro de 1993, o bloco, então com doze países, atingiu o nível de mercado comum, mas o objetivo previsto no Tratado de Maastricht era mais amplo. De acordo com o art. 3º, seria buscada a formação da união econômica e monetária entre os países-membros:

> **Art. 3º**
>
> A União atribui-se os seguintes objetivos:
>
> a promoção de um progresso econômico e social equilibrado e sustentável, nomeadamente mediante a criação de um espaço sem fronteiras internas, o reforço da coesão econômica e social e **o estabelecimento de uma União Econômica e Monetária**, que incluirá, a prazo, a adoção de uma moeda única, de acordo com as disposições do presente Tratado;
>
> (...)

A união econômica e monetária não é um estágio previsto na classificação de Bela Balassa, analisada no tópico 7.2, mas seu conceito pode ser deduzido: é uma união econômica, em que as políticas econômicas nacionais devem seguir os parâmetros definidos pelo bloco, acrescida da unificação monetária e cambial entre os membros. Do art. 119 do Tratado de Funcionamento da União Europeia, extraem-se tais características:

Título VIII – A Política Econômica e Monetária

Art. 119

1. Para alcançar os fins enunciados no artigo 3º do Tratado da União Europeia, a ação dos Estados-Membros e da União implica ... a adoção de uma política econômica baseada na **estreita coordenação das políticas econômicas dos Estados-Membros**, no mercado interno e na definição de objetivos comuns, e conduzida de acordo com o princípio de uma economia de mercado aberto e de livre concorrência.

2. Paralelamente, nos termos e segundo os procedimentos previstos nos Tratados, essa ação implica uma **moeda única**, o euro, e a definição e condução de uma **política monetária e de uma política cambial únicas**, cujo objetivo primordial é a manutenção da estabilidade dos preços e, sem prejuízo desse objetivo, o apoio às **políticas econômicas gerais na União**, de acordo com o princípio de uma economia de mercado aberto e de livre concorrência.

3. Essa ação dos Estados-Membros e da União implica a observância dos seguintes princípios orientadores: preços estáveis, finanças públicas e condições monetárias sólidas e balança de pagamentos sustentável.

7.5.5.4. Estrutura

A União Europeia possui características incomuns aos outros blocos comerciais. Neste bloco existem instituições supranacionais, que funcionam como um governo comunitário, tendo recebido parcela da soberania dos Estados-partes. As normas emanadas dessas instituições devem ser observadas pelos Estados e pelas pessoas, físicas e jurídicas. Como exemplo, as políticas monetária e cambial saíram da competência dos Estados que utilizam o euro e foram assumidas pelo Banco Central Europeu.[28]

As sete instituições da UE, expressamente listadas no Tratado de Lisboa de 2007, são:

i. Conselho Europeu, órgão eminentemente político;

ii. Conselho, que representa os Estados-membros;

iii. Parlamento Europeu, que representa os cidadãos da UE;

iv. Comissão Europeia (ou, simplesmente, Comissão), cujo objetivo é defender os interesses do bloco tomado em conjunto;

[28] Nos demais blocos comerciais, destacam-se as instituições intergovernamentais, sendo incomum a existência da supranacionalidade. Por exemplo, os órgãos atuais do Mercosul (analisados no próximo capítulo) não têm poder de vincular os habitantes ou as pessoas jurídicas do bloco de forma automática. As decisões tomadas por tais órgãos entram em vigor somente se forem internalizadas (incorporadas) aos ordenamentos jurídicos dos países-membros, não sendo, portanto, autoaplicáveis.

v. Tribunal de Justiça da União Europeia;
vi. Tribunal de Contas;
vii. Banco Central Europeu.

Conselho Europeu

O Conselho Europeu foi criado em 1974, muito tempo antes de se pensar em União Europeia, mas somente se tornou uma instituição da União Europeia em 2009, com a entrada em vigor do Tratado de Lisboa de 2007.

O Tratado de Lisboa assim dispõe:

Art. 9º-B

1. O Conselho Europeu dá à União os impulsos necessários ao seu desenvolvimento e define as orientações e prioridades políticas gerais da União. O Conselho Europeu não exerce função legislativa.

2. O Conselho Europeu é composto pelos Chefes de Estado ou de Governo dos Estados-membros, bem como pelo seu Presidente e pelo Presidente da Comissão.

...

Conselho

O Conselho não se confunde com o Conselho Europeu. O Conselho é a principal fonte de decisões da UE, sendo composto por um ministro de cada país-membro. Suas principais competências são:

- legislar, sendo este poder compartilhado com o Parlamento Europeu para um grande conjunto de assuntos;
- coordenar as políticas econômicas gerais dos Estados-membros, viabilizando a instituição da união econômica;
- celebrar acordos internacionais em nome da UE;
- decidir o orçamento da UE, em conjunto com o Parlamento Europeu; e
- desenvolver a Política Externa e de Segurança Comum (PESC), com base nas orientações gerais definidas pelo Conselho Europeu.

Parlamento Europeu

É composto por deputados eleitos diretamente pela população para mandatos de 5 anos e proporcionalmente às populações dos Estados-membros. De acordo com o Tratado de Lisboa, "o Parlamento Europeu exerce, juntamente com o Conselho, a função legislativa e a função orçamentária. Exerce funções de controle político e funções consultivas. Compete-lhe eleger o presidente da Comissão."

Em junho de 2009, ocorreram as eleições dos 736 deputados do Parlamento[29], divididos da seguinte forma: Alemanha (99), Áustria (17), Bélgica (22), Bulgária (17), Chipre (6), Dinamarca (13), Eslováquia (13), Eslovênia (7), Espanha (50), Estônia (6), Finlândia (13), França (72), Grécia (22), Holanda (25), Hungria (22), Irlanda (12), Itália (72), Letônia (8), Lituânia (12), Luxemburgo (6), Malta (5), Polônia (50), Portugal (22), Reino Unido (72), República Tcheca (22), Romênia (33) e Suécia (18).

Em dezembro de 2009, entrou em vigor o Tratado de Lisboa de 2007, aumentando as competências do Parlamento Europeu e elevando o número de deputados para 754.[30]

Comissão Europeia

É o órgão **executivo** da União Europeia. Possui, entre outras, as seguintes funções: apresentar propostas legislativas ao Parlamento e ao Conselho, executar o orçamento da União, fiscalizar a aplicação do direito comunitário e representar a União Europeia em nível internacional, exceto em matéria de política externa e de segurança comum.

No total são 27 comissários, indicados pelos governos dos países-membros.

Tribunal de Justiça da União Europeia

Além de fiscalizar a legalidade das normas criadas pelas instituições da União Europeia (o chamado "direito comunitário"), o Tribunal tem por missão garantir a interpretação e aplicação uniformes dessas normas por parte dos Estados-membros. O Tribunal atua também nas ações particulares, quando a norma invocada é do direito comunitário. Neste caso, o juiz nacional, a quem cabe o julgamento de determinada lide, pode (ou, dependendo do caso, deve) consultar o Tribunal para que este dê sua interpretação em relação à norma comunitária invocada.

---

[29] Na legislatura anterior (2004-2009), havia 785 deputados. Para a legislatura de 2009-2014, o número de cadeiras do Parlamento foi reduzido para 736, conforme previsto no Tratado de Nice, de 2000.

[30] Por meio de decisão do Conselho Europeu, de 17 de junho de 2010, as dezoito novas cadeiras para o restante da legislatura 2009-2014 foram assim distribuídas: Espanha (4), Áustria (2), França (2), Suécia (2), Bulgária (1), Itália (1), Letônia (1), Malta (1), Holanda (1), Polônia (1), Eslovênia (1) e Reino Unido (1). Em agosto de 2010, essa distribuição ainda não havia sido implementada, pois necessitava de ratificação pelos 27 países-membros.

O Tribunal é composto por 27 juízes e 8 advogados-gerais. A estes cabe a elaboração de pareceres.

Tribunal de Contas

O Tribunal de Contas é o órgão responsável por controlar a gestão do orçamento da UE, o qual é formado por contribuições nacionais e recursos próprios oriundos de taxas e impostos. É formado por 27 membros, indicados pelos países da UE e aprovados pelo Conselho.

Banco Central Europeu

O Banco Central Europeu (BCE) é o órgão responsável por definir e executar a política econômica e monetária da União Europeia e assegurar o bom funcionamento dos sistemas de pagamento. Manter a estabilidade dos preços é a função principal de todo Banco Central, inclusive do BCE.

7.5.5.5. O Euro – A Moeda Única

Antecedentes

A CEE, em 1979, criou o Sistema Monetário Europeu (SME), que se caracterizava pela existência de uma moeda escritural, a ECU (*European Currency Unit*). Esta era calculada a partir de uma cesta das moedas dos doze países-membros, e cada membro definia a paridade de sua moeda em relação à ECU.

Esse sistema tinha por objetivo fazer com que as moedas europeias não oscilassem muito entre si, promovendo, assim, estabilidade de preços entre os membros. Não cabia falar em moeda única no SME, mas sim em moeda comum, sendo uma moeda a mais utilizada pelos países-membros. O SME funcionou bem até 1992, quando então se decidiu aprofundar a integração monetária.

Implantação do Euro

Em 1992, foi assinado o Tratado de Maastricht, que consagrava os objetivos da União Europeia, incluindo a implantação da moeda única, o euro. Somente são (ou foram) admitidos na união monetária os países que cumprirem (ou cumpriram) as seguintes metas:

i. A taxa de inflação, no ano anterior à avaliação, não pode exceder em mais de 1,5% a média dos três países-membros da união monetária que apresentarem as menores taxas;

ii. A taxa de juros, no ano anterior à avaliação, não pode exceder em mais de 2% a média da taxa de juros dos três países-membros da união monetária que apresentarem as menores taxas de inflação;

iii. O déficit orçamentário não pode exceder 3% do PIB;

iv. A dívida pública não pode exceder 60% do PIB ou, caso ultrapasse tal limite, deve se manter em queda constante até se atingi-lo; e

v. A taxa de câmbio do país não pode variar demasiadamente.[31]

Antes que chegassem ao ano de 1997, houve problemas de inflação generalizada na Europa, levando ao adiamento do início da implantação do euro para o ano de 1999. Os problemas na Europa persistiram e, em 1997, começou a se discutir um novo adiamento. Pelas previsões, a grande maioria dos países-membros não conseguiria cumprir as condições impostas. O resultado das discussões foi a celebração, em junho de 1997, do Tratado de Maastricht II (o chamado Pacto de Estabilidade), que confirmou para 1999 o início da implantação da moeda única. Esse tratado definiu também algumas políticas sociais com vistas à redução do desemprego, que crescia de forma preocupante e aumentava a rejeição e o ceticismo em relação à união monetária.

Dos quinze países-membros da UE somente doze quiseram iniciar sua implantação: Bélgica, Holanda e Luxemburgo, Itália, Alemanha e França, Irlanda, Portugal e Espanha, Áustria, Finlândia e Grécia. Reino Unido, Suécia e Dinamarca resolveram, naquele tempo, não adotar o euro, situação que se mantinha até agosto de 2010. Em relação à Suécia e Dinamarca, houve rejeição da população em plebiscito. E, no caso do Reino Unido, a rejeição veio do próprio governo.

Antes de se iniciar a implantação do euro em 1999, os doze países foram avaliados para verificação do cumprimento das metas[32] do Tratado de Maastricht. A Grécia não as cumprira e ficou de fora do processo de implantação até que ajustasse sua economia. Foi somente em 2001 que o país iniciou a implantação do euro.

De 1999 até o final de 2001, o euro foi uma moeda meramente escritural, ou seja, ele não circulou fisicamente, sendo utilizado apenas nos registros dos Bancos Centrais dos países-membros. Foi um período de transição também

---

[31] No Tratado de Maastricht, os limites de flutuação das taxas de câmbio eram baseados no Sistema Monetário Europeu. Este sistema foi revogado pelo MTC II (Mecanismo de Taxas de Câmbio), em 1999. Por este mecanismo, ficou definida uma tolerância de 15% de variação da taxa de câmbio, para cima ou para baixo, em relação a taxas chamadas "centrais", cuja análise foge ao objetivo deste livro. Em síntese, pode-se afirmar que, para admissão à união monetária, o país deve provar ser um país monetariamente estável.

[32] As metas então calculadas tinham sido de inflação (até 2,6% a.a.) e taxa de juros (até 8,7% a.a.). Além dessas, ainda havia as metas com percentuais fixos: déficit orçamentário (até 3% do PIB) e dívida pública (até 60% do PIB).

utilizado para que as populações e as empresas dos países da zona do euro se acostumassem com a ideia de substituição de moeda e a ela se adaptassem.

Finalmente em 1º de janeiro de 2002, o euro passou a circular fisicamente, tendo os países encerrado, em 28 de fevereiro de 2002, a circulação das suas moedas nacionais. Somente a partir de 1º de março de 2002, pode-se falar da existência da moeda **única**.

Além dos 12 países iniciais, passaram também a usar a moeda única a Eslovênia (2007), Chipre e Malta (2008) e Eslováquia (2009). Portanto, do total de vinte e sete países-membros, dezesseis já substituíram suas moedas. A Estônia, em 1º de janeiro de 2011, será o décimo-sétimo país a fazer tal substituição.

7.6. CONSIDERAÇÕES FINAIS ACERCA DOS ACORDOS REGIONAIS EXISTENTES

Todos os blocos comerciais são avaliados pelo Comitê sobre Acordos Regionais de Comércio, órgão da OMC, para verificação de conformidade com as regras do art. XXIV e do "Entendimento sobre as Disposições do Art. XXIV". O grande problema nessa análise é que nem mesmo a OMC chegou a consenso sobre muitos dos pontos previstos nas suas próprias normas. Thorstensen (2001, p. 244) lista vários casos de incerteza de interpretação por parte da organização, podendo ser destacados:

i. quanto e o que é "substancialmente todo o comércio", citado nos conceitos de área de livre comércio e de união aduaneira?
ii. medidas de defesa comercial podem ser utilizadas no comércio intrabloco ou isto violaria a exigência de eliminação das barreiras não tarifárias?
iii. considerando que determinado bloco comercial possua medidas *antidumping* contra importações de países extrabloco, o que deve acontecer quando um novo país passa a ser membro do bloco? Ele passa a aplicar automaticamente as medidas *antidumping* contra os terceiros países ou deve ser realizada nova investigação de dano?
iv. deveria ser permitida, nos blocos comerciais, a utilização de sistemas regionais de solução de controvérsias ou isto deve ser considerado incompatível com as regras da OMC? Afinal, a sobreposição de sistemas existência de sistemas regionais poderia criar jurisprudência conflitante com a jurisprudência da OMC...

Como a própria organização não possui critérios objetivamente definidos para que se julguem os acordos regionais, a consequência não poderia ser outra: todas (ou quase todas) as análises feitas pela OMC resultaram inconclusivas, como a da União Europeia, do Mercosul e do NAFTA. Em apenas um caso, a OMC afirmou que o acordo estava em conformidade com as regras da organização. Segundo Prazeres (2008, p. 303),

> em apenas uma situação em toda a história do regime GATT/OMC houve manifestação de mérito sobre um acordo regional. Em 1994, o GATT aprovou o acordo entre e República Checa e a Eslováquia. A união aduaneira entre esses países resultou da dissolução da Checoslováquia e, de fato, implicava a criação de um bloco altamente coeso. Não havia barreiras tarifárias ou não tarifárias à circulação de bens intrabloco, porque se mantiveram as mesmas políticas existentes antes da dissolução do país (...) A criação de barreiras ao comércio dos dois países foi proibida pelo acordo. E ambos os países mantiveram o imposto de importação que a Checoslováquia aplicava (passou apenas a haver duas pautas tarifárias idênticas).
>
> Este acordo, absolutamente *sui generis* no universo dos ARCs [*Acordos Regionais de Comércio*] notificados ao GATT/OMC, pôde finalmente obter o aval do regime quanto a sua compatibilidade com as regras do GATT. Vale notar, contudo, que o acordo previa a possibilidade de se aplicarem salvaguardas e medidas *antidumping* intrazona, o que, a rigor, não deveria ser possível. Isso, contudo, não foi o bastante para impedir que, diante de fatores tão favoráveis à união aduaneira, ela deixasse de ser aprovada pelos membros do GATT.
>
> Além desse, nenhum outro acordo regional – dos mais de 200 acordos notificados – obteve aval, tampouco foi rechaçado pelos membros do GATT/OMC, a despeito da preocupação crescente com eles.

Questões de Provas

01. (AFTN/1996) União aduaneira e mercado comum são duas formas de integração econômica regional. O que diferencia essas duas formas é a(o):

a) inclusão dos fatores de produção no tratamento das relações econômicas entre os países-membros;
b) número de países participantes;
c) nível de diversificação dos produtos que fazem parte do acordo regional;
d) fato de que, na união aduaneira, somente os países-membros são beneficiados pela retirada das tarifas, enquanto que, no mercado comum, mesmo países não membros podem gozar de benefícios semelhantes;
e) existência ou não de barreiras não tarifárias.

02. (AFTN/1996) Um dos princípios fundamentais do Acordo Geral sobre Tarifas e Comércio da Organização Mundial do Comércio (GATT/OMC) é o da não discriminação. De que maneira este princípio se harmoniza com a constituição de sistemas regionais de integração, que partem do princípio do tratamento diferenciado entre os países que integram e os que não fazem parte destes sistemas de integração?

a) o princípio da não discriminação do GATT refere-se basicamente a produtos, de acordo com a cláusula da nação mais favorecida, e não a países, como é o caso dos arranjos de integração regional;
b) o GATT possui muitas cláusulas de escape, que permitem que os países optem por regras regionais ou gerais;
c) Em todo arranjo regional, os países participantes se obrigam a oferecer concessões compensatórias;
d) não há contradição entre uma coisa e outra, pois todos os países, por serem soberanos no plano internacional, possuem igual direito de constituir sistemas regionais, competindo a cada país tomar a iniciativa de fazê-lo;
e) o objetivo maior do GATT/OMC é o fomento à expansão do comércio internacional. Assim sendo, uma organização que seja criada com o objetivo de reduzir e, no limite, eliminar as tarifas entre os participantes do sistema regional de integração, ampliando o volume de comércio entre estes países, será aceita e mesmo estimulada pelo GATT/OMC.

03. (AFTN/1998) São fases da integração econômica, em ordem de complexidade e profundidade:

a) União Aduaneira, Mercado Comum, União Econômica, Integração Total;
b) União Econômica, Zona de Livre Comércio, União Aduaneira, Mercado Comum, Integração Total;
c) Zona de Livre Comércio, União Aduaneira, Região Preferencial, Mercado Comum, União Econômica, Integração Total;

d) Zona de Livre Comércio, Mercado Comum, União Aduaneira, União Econômica;
e) Zona de Livre Comércio, Mercado Comum, Integração Total, União Econômica.

04. (ACE/1997) O princípio segundo o qual as alíquotas aplicadas dentro da Zona de livre comércio serão sempre diferentes e inferiores àquelas praticadas com países de fora da Zona é:
a) nação mais favorecida;
b) privilégio tarifário;
c) margem de preferência;
d) tratamento especial e diferenciado;
e) redução tarifária.

05. (ACE/1997) São Fases do Processo de Integração, em ordem crescente de complexidade:
a) Zona de Livre Comércio, Mercado Comum, União Aduaneira, União Econômica;
b) Área de Livre Comércio, União Econômica, Mercado Comum, União Aduaneira;
c) Zona de Livre Comércio, União Aduaneira, União Econômica, Mercado Comum;
d) União Aduaneira, Zona de Livre Comércio, Mercado Comum, União Econômica;
e) Zona de Preferência Tarifária, Área de Livre Comércio, União Aduaneira, Mercado Comum.

06. (AFRF/2000) Dois países, ao reduzirem suas tarifas de importação entre si ao nível mais baixo possível com vistas a uma liberalização integral do comércio recíproco dentro de dez anos, sem, entretanto, estabelecerem uma tarifa externa comum para as importações de terceiros países, pretenderam criar:
a) uma união monetária;
b) uma zona de livre comércio;
c) uma união aduaneira;
d) uma ZPE (Zona de Processamento de Exportações);
e) uma zona franca.

07. (ACE/1997) O NAFTA representa o que é considerado como um dos modelos mais bem sucedidos de liberalização comercial, sem desvio de comércio, em nível regional. A respeito do NAFTA, podem-se fazer as seguintes afirmações, exceto:
a) teve como principal antecedente o Tratado de Livre Comércio entre EUA e Canadá, de 1988;
b) o NAFTA, como uma área de livre comércio, tem como meta maior a eliminação de barreiras tarifárias;
c) os entendimentos entre EUA e México iniciaram-se em 1990;
d) o NAFTA promove a harmonização de legislações nacionais;
e) o acordo foi concluído durante a administração Clinton, em 1993.

08. (AFTN/1996) Em fins dos anos 50, disseminou-se, no mundo, a ideia de promover o crescimento econômico por meio da integração econômica regional. Um marco deste fenômeno foi a assinatura do Tratado de Roma, em 1957. Neste tratado, foram estabelecidas as bases contratuais para a organização que, no futuro, viria a se transformar na União Europeia. A organização estruturada pelo Tratado de Roma foi:

a) Associação Europeia de Livre Comércio;
b) Comunidade Europeia do Carvão e do Aço;
c) Comunidade Econômica Europeia;
d) Organização Europeia de Cooperação Econômica;
e) Conselho de Assistência Econômica Mútua.

09. (ACE/1997) Dentro de um processo de integração regional é fundamental a existência de instituições para assegurar um mínimo de organização ao processo. No caso da União Europeia, não é diferente. A União Europeia utiliza todos os mecanismos abaixo, exceto:

a) Parlamento Europeu;
b) Tribunal de Justiça;
c) Reunião de Ministros Europeus;
d) Comissão das Comunidades;
e) Conselho Europeu.

10. (AFTN/1998) De acordo com o Tratado de Maastricht, não é organismo da União Europeia, o(a):

a) Conselho de Ministros Europeus;
b) Conselho Europeu;
c) Parlamento Europeu;
d) Grupo do Mercado Comum Europeu;
e) Comissão Europeia.

11. (AFRF/2002-1) O que define, essencialmente, uma união aduaneira é a:

a) livre circulação de bens e serviços através das fronteiras;
b) adoção de uma tarifa externa comum e a harmonização das políticas comerciais dos países-membros;
c) concessão mútua, pelos países-membros, de preferências comerciais;
d) livre circulação do capital e da mão de obra entre os países;
e) coordenação das políticas macroeconômicas.

12. (AFRF/2002-1) A Associação Latino-Americana de Integração (ALADI) foi criada em 1980 com o objetivo de estabelecer, em forma gradual e progressiva, um mercado comum latino-americano com base em:

a) acordos de cooperação setorial;
b) uma união aduaneira;
c) uma união econômica;
d) área de livre comércio;
e) uma área de preferências econômicas.

13. **(AFRF/2002-1) A recente introdução do Euro como moeda comum entre doze dos quinze países-membros da União Europeia representou importante avanço em direção à formação de um(a):**
   a) mercado comum;
   b) união aduaneira;
   c) zona de preferências tarifárias;
   d) área de livre comércio;
   e) união econômica total.

14. **(AFRF/2002-2) Segundo as teorias de integração econômica, a liberalização do comércio entre um número restrito de países produz efeitos comerciais e econômicos que permitem avaliar o desempenho, desde o ponto de vista da eficiência econômica, dos acordos regionais. A esse respeito, é correto afirmar que a integração regional é economicamente benéfica se:**
   a) preponderar o desvio de comércio e os efeitos estáticos;
   b) os efeitos estáticos suplantarem os efeitos dinâmicos;
   c) ocorrerem efeitos dinâmicos, independentemente dos efeitos sobre o comércio;
   d) prevalecer a criação sobre o desvio de comércio e ocorrerem efeitos dinâmicos;
   e) houver criação de comércio somente.

15. **(AFRF/2002-2) A Associação Latino-Americana de Integração (ALADI) foi estabelecida em 1980, sucedendo à Associação Latino-Americana de Livre Comércio (ALALC). Ao longo de pouco mais de duas décadas de funcionamento, a ALADI logrou estabelecer:**
   a) uma área de preferências tarifárias alcançando a totalidade dos países-membros;
   b) uma área de livre comércio que alcança apenas o comércio de bens e da qual participam todos os países-membros;
   c) uma união aduaneira da qual participam todos os países-membros, exceto Cuba;
   d) um mercado comum com várias disciplinas ainda por serem aperfeiçoadas, do qual tomam parte apenas os países que integram iniciativas sub-regionais de integração, a exemplo do Mercado Comum do Sul (Mercosul);
   e) uma união econômica que envolve apenas os países de maior desenvolvimento relativo pertencentes à Associação.

16. **(AFRF/2003) Uma união aduaneira pressupõe:**
   a) a livre movimentação de bens, capital e mão de obra e a adoção de uma tarifa externa comum entre dois ou mais países;
   b) a uniformização, por dois ou mais países, do tratamento aduaneiro a ser dispensado às importações de terceiros países, mesmo sem a adoção de um regime de livre comércio internamente;
   c) a existência de uma área de preferências tarifárias entre um grupo de países e a harmonização das disciplinas comerciais aplicáveis ao comércio mútuo;
   d) a liberalização do comércio entre os países que a integram e a adoção de uma tarifa comum a ser aplicada às importações provenientes de terceiros países;
   e) a completa liberalização dos fluxos de comércio entre um grupo de países e a coordenação de políticas macroeconômicas.

17. (AFRF/2003) O Tratado de Livre Comércio da América do Norte, conhecido por NAFTA, foi firmado pelos Estados Unidos, Canadá e México em 1992, representando o primeiro grande acordo preferencial de que tomavam parte os Estados Unidos. Sobre o mesmo, é correto afirmar que:

a) prevê a criação de um mercado comum entre seus membros a fim de fazer frente ao projeto de integração da Comunidade Econômica Europeia;
b) foi precedido de acordo bilateral entre os Estados Unidos e o Canadá, o qual apresentou o primeiro grande acordo preferencial de que tomavam parte os Estados Unidos;
c) compreende a totalidade dos bens e serviços comercializados pelos três países, além de disciplinas complementares relacionadas ao meio ambiente e a direitos trabalhistas;
d) prevê prazo de doze anos para a total liberalização do comércio de bens entre Estados Unidos e Canadá e de quinze para a total abertura do mercado mexicano às exportações desses dois países;
e) representa um acordo totalmente conforme à normativa da Organização Mundial do Comércio (OMC).

18. (AFRF/2003) A integração no marco da União Europeia tem como um de seus importantes e controversos pilares a Política Agrícola Comum (PAC). Entre os objetivos da PAC pode-se apontar:

a) exercer controle de preços no mercado regional e no mercado global mediante a concessão de subsídios à produção e às exportações;
b) estimular a produção de gêneros agrícolas orientada para as exportações como forma de auferir receitas;
c) incrementar a produtividade agrícola, estabilizar mercados e garantir a segurança do abastecimento;
d) promover a substituição de importações de alimentos pela produção regionalmente planejada;
e) organizar, mediante planejamento, distribuição da produção e controle de preços, o mercado agrícola em escala regional.

19. (AFRF/2003) Sobre a Comunidade Andina (CAN), é correto afirmar que:

a) foi criada no âmbito da Associação Latino-Americana de Livre Comércio (ALALC), estando, no presente, integrada por Bolívia, Chile, Equador, Peru, Colômbia e Venezuela;
b) conforma uma união aduaneira, uma vez que teve sua tarifa externa comum implementada em todos os países-membros a partir de 1995;
c) contempla o livre comércio para bens e serviços entre todos os países-membros, estando a Colômbia temporariamente suspensa em razão do conflito interno que atravessa;
d) instaurou, desde 1993, uma área de livre comércio para bens da qual participam todos os países-membros, exceto o Peru que a ela está se incorporando gradualmente;
e) conforma um mercado comum, na medida em que foram abolidas as restrições ao comércio de bens e de serviços e à movimentação dos fatores de produção.

20. (ACE/2002) A gradual evolução do processo de construção da União Europeia conduziu à unificação monetária dos países que atenderam aos critérios de convergência em matéria de políticas monetária e fiscal estabelecidos no Tratado de Maastricht. Entre estes critérios destacam-se os compromissos referentes a:

a) índices de inflação, taxas de câmbio, taxas de juros e índices de desemprego, todos medidos em função dos melhores resultados alcançados pelos países envolvidos no processo de unificação monetária;
b) índices de inflação, taxas de câmbio, taxas de juros e índices de desemprego, todos medidos em função dos melhores resultados alcançados pelos países membros das Comunidades Europeias;
c) índices de inflação, taxas de câmbio, taxas de juros e déficits fiscais, todos medidos em função dos melhores resultados alcançados pelos países envolvidos no processo de unificação monetária;
d) índices de inflação, taxas de câmbio, taxas de juros e déficits fiscais, todos medidos em função dos melhores resultados alcançados pelos países membros das Comunidades Europeias;
e) índices de inflação, taxas de câmbio, taxas de juros e índice de concentração de renda, todos medidos em função dos melhores resultados alcançados pelos países envolvidos no processo de unificação monetária.

21. (ATRFB/2009) Sobre a Associação Latino-Americana de Integração (ALADI), é incorreto afirmar que:

a) por ter como membros países das três Américas, a ALADI constitui, no presente, o mais importante e ativo fórum de negociações comerciais regionais.
b) por não se pautar pela aplicação estrita da Cláusula da Nação Mais Favorecida, a ALADI oferece marco jurídico para acordos de integração bilaterais bem como para iniciativas de integração econômica de caráter sub-regional, como o Mercado Comum do Sul e a Comunidade Andina de Nações.
c) os principais instrumentos para a integração concebidos no marco da Associação são os Acordos de Complementação Econômica, os Acordos de Alcance Parcial e a Preferência Tarifária Regional.
d) criada em 1980 em substituição à Associação Latino-Americana de Livre Comércio (ALALC), a ALADI incorporou princípios e instrumentos para a integração econômica mais flexíveis que sua antecessora, abandonando a abordagem eminentemente multilateralista que marcou o processo de integração regional desde o início dos anos sessenta.
e) em razão dos princípios da gradualidade e flexibilidade, os acordos celebrados no marco da ALADI não necessariamente devem estipular prazos para a consecução dos objetivos a que se reportam.

Capítulo 8

Mercosul

8.1. ANTECEDENTES

Em julho de 1986, em Buenos Aires, foi assinada pelos presidentes Raúl Alfonsín e José Sarney a Ata para Integração Argentino-Brasileira, instituindo-se o Programa de Integração e Cooperação Econômica (PICE). O programa previa o aumento da cooperação econômica, sem ter sido definido nenhum estágio de integração como objetivo.[1]

Em 1988, aprofundando as relações bilaterais, foi assinado o Tratado de Integração, Cooperação e Desenvolvimento,[2] que objetivava, em uma primeira etapa, a instituição de uma área de livre comércio no prazo máximo de dez anos.[3]

Em julho de 1990, os presidentes Fernando Collor (Brasil) e Carlos Menem (Argentina) assinaram a Ata de Buenos Aires, fixando o prazo de 31 de dezembro de 1994 para que o mercado comum entre os dois países estivesse implementado. Em 26 de março de 1991, tendo Paraguai e Uruguai sido convidados a participar do processo de integração, os quatro países assinaram o Tratado de Assunção para a constituição do Mercado Comum do Sul – MERCOSUL.

8.2. OBJETIVOS E PRINCÍPIOS

Os objetivos do Mercosul foram indicados no art. 1º do Tratado de Assunção:

> Art. 1º – Os Estados-partes decidem constituir um **Mercado Comum**, que deverá estar estabelecido a **31 de dezembro de 1994**, e que se denominará "Mercado Comum do Sul" (MERCOSUL).

[1] Sobre estágios de integração, ler o tópico 7.2.

[2] No Brasil, a internalização do tratado foi por meio do Decreto nº 98.177, de 22 de setembro de 1989.

[3] Pelo texto do tratado, depois de concluída a primeira etapa, seria buscada a formação de um mercado comum entre os dois países, mas sem datas preestabelecidas.

Este Mercado Comum implica:
– A livre circulação de bens, serviços e fatores produtivos entre os países, através, entre outros, da eliminação dos direitos alfandegários, restrições não tarifárias à circulação de mercadorias e de qualquer outra medida de efeito equivalente;
– O estabelecimento de uma tarifa externa comum e a adoção de uma política comercial comum em relação a terceiros Estados ou agrupamentos de Estados e a coordenação de posições em foros econômico-comerciais regionais e internacionais;
– A coordenação de políticas macroeconômicas e setoriais entre os Estados-partes – de comércio exterior, agrícola, industrial, fiscal, monetária, cambial e de capitais, de serviços, alfandegária, de transportes e comunicações e outras que se acordem, a fim de assegurar condições adequadas de concorrência entre os Estados-partes; e
– O compromisso dos Estados-partes de harmonizar suas legislações, nas áreas pertinentes, para lograr o fortalecimento do processo de integração.

O art. 1º é rico em informações:

i. Fica definida a forma de integração desejada pelos países – o mercado comum – e é relembrada a teoria da integração econômica acerca da livre circulação de bens, serviços e fatores de produção (mão de obra e capital). Também seria estabelecida uma tarifa externa comum, sendo as alíquotas de imposto de importação essencialmente iguais nas importações extrabloco. Assim, se o Brasil cobrasse uma alíquota de imposto de importação de 15% sobre camisas, a Argentina, o Paraguai e o Uruguai estariam cobrando os mesmos 15% na importação de tais produtos.

ii. O período compreendido desde a entrada em vigor do tratado até 31 de dezembro de 1994 foi denominado o período de transição do Mercosul, para que gradualmente fossem eliminadas as barreiras intrabloco e harmonizadas as políticas comerciais extrabloco, as políticas trabalhistas, previdenciárias e de capitais.

iii. Apesar de haver referência no Tratado de Assunção às políticas macroeconômicas, estas não serão harmonizadas, pois, se assim o fosse, o objetivo seria o estabelecimento de uma união econômica e não de um mercado comum. Está escrito no art. 1º do Tratado de Assunção que haverá a coordenação das políticas macroeconômicas e não a harmonização. Nisto repousa uma diferença fundamental. Harmonizar significa tornar similares as políticas econômicas. Coordenar significa torná-las não conflitantes, conforme se depreende do próprio artigo: "... *a fim de assegurar condições adequadas de concorrência...*" As políticas econômicas dos quatro países podem ser totalmente diferentes (como foi, por exemplo, em relação à política cambial do Brasil e Argentina a partir de 1999 e até 2002: câmbio fixo na Argentina com o *currency board* e câmbio flutuante no Brasil), mas não podem ser conflitantes.

iv. As políticas setoriais se referem àqueles setores econômicos que não se podem sujeitar à concorrência dos demais países por motivos de sensibilidade das firmas. Há, por exemplo, acordos no setor automotivo, com regras específicas para o comércio intrabloco dos bens desse setor.

v. Como já foi dito, haverá harmonização de legislação no Mercosul, especialmente em relação às políticas comerciais intra e extrazona, políticas trabalhistas, previdenciárias e de capitais.

Para atingimento dos seus objetivos, alguns princípios foram definidos no Tratado de Assunção:

i. Gradualidade: uma etapa somente será iniciada após o cumprimento da etapa anterior, promovendo-se uma transição tranquila;

ii. Flexibilidade: são permitidas exceções às regras gerais. Com base neste princípio, por exemplo, são dados prazos maiores ao Paraguai e ao Uruguai para o cumprimento de determinadas metas.

iii. Equilíbrio: consagra-se a permissão do uso das cláusulas de salvaguarda para defesa das indústrias afetadas negativamente pelo processo de integração.

iv. Reciprocidade: "O Mercado Comum estará fundado na reciprocidade de direitos e obrigações entre os Estados-partes." (art. 2º)

v. Princípio do Tratamento Nacional: "Em matéria de impostos, taxas e outros gravames **internos**, os produtos originários do território de um Estado-parte gozarão, nos outros Estados-partes, do mesmo tratamento que se aplique ao produto nacional." (art. 7º)

vi. Cláusula da Nação Mais Favorecida: "Os Estados-partes... estenderão automaticamente aos demais Estados-partes qualquer vantagem, favor, franquia, imunidade ou privilégio que concedam a um produto originário de ou destinado a terceiros países não membros da Associação Latino-Americana de Integração" (art. 8º, alínea *d*).

8.3. SITUAÇÃO ATUAL

O objetivo de se conformar um mercado comum até 31/12/1994 não foi cumprido. Atualmente, há livre circulação de bens entre os países e o uso de uma tarifa externa comum (TEC), caracterizando-se o bloco como uma união aduaneira.[4]

Os serviços e os capitais ainda não têm liberdade de circulação entre os países-membros. A mão de obra também não circula livremente, tendo havido apenas um tímido avanço para um conjunto restrito de profissionais.[5]

Em agosto de 2010, estava em curso o processo de adesão da Venezuela ao Mercosul, faltando a ratificação somente por parte do Paraguai.[6]

8.3.1. Comércio Intrabloco

Em 31/12/1994, os países do Mercosul eliminaram as **barreiras tarifárias** intrabloco sobre o substancial do comércio de bens. No entanto, a eliminação (quase) completa somente ocorreu em 1º de janeiro de 2000, quando Paraguai e Uruguai concluíram o cumprimento do "Regime de Adequação Final à União Aduaneira".[7]

---

[4] Como existem exceções tanto ao livre comércio intrabloco quanto à igualdade de tarifas extrabloco, a união aduaneira é chamada "imperfeita".

[5] A Decisão CMC nº 16/2003 dispõe sobre "Acordo para a Criação do Visto Mercosul", aplicável a "gerentes e diretores executivos, administradores, diretores, gerentes-delegados ou representantes legais, cientistas, pesquisadores, professores, artistas, desportistas, jornalistas, técnicos altamente qualificados ou especialistas e profissionais de nível superior". O visto é restrito a esses profissionais e permite o trabalho remunerado por um prazo máximo de quatro anos. A livre circulação dessa mão de obra especializada ainda não entrou em vigor no bloco, faltando apenas a ratificação da Argentina. No Brasil, a ratificação ocorreu em fevereiro de 2009, amparada no Decreto Legislativo nº 346/2008.

[6] No Brasil, a ratificação se deu em março de 2010, amparada no Decreto Legislativo nº 934, de 16/12/2009.

[7] O Regime de Adequação foi criado pela Decisão CMC nº 5/1994, definindo-se um cronograma para a eliminação das tarifas então remanescentes. Brasil e Argentina puderam aplicar tarifas até 31/12/1998, mas sobre um conjunto pequeno de produtos. A data final para utilização das tarifas por parte de Paraguai e Uruguai foi 31/12/1999.

Atualmente há apenas dois setores cujos bens ainda estão sujeitos a tributação no comércio intrabloco: o automotivo e o açucareiro. Em relação ao primeiro caso, Brasil e Argentina celebraram o "Acordo sobre a Política Automotiva Comum",[8] dispondo que:

i. o comércio bilateral de bens do setor automotivo estará plenamente livre de barreiras em 1º de julho de 2013. Até essa data, haverá limite quantitativo de importações. Caso este seja observado, não haverá cobrança do imposto de importação. Caso contrário, o imposto será de 70% a 75% do valor cobrado nas importações extrabloco; e

ii. os dois países "buscarão entendimentos com os demais sócios do Mercosul com vistas a estabelecer um Acordo Automotivo do Mercosul."

Em relação ao setor açucareiro, a Decisão CMC nº 16/1996 dispôs que a liberalização gradual do comércio intrabloco deveria estar implementada até 2001. No entanto, tendo em vista o protecionismo do setor argentino,[9] nem mesmo o cronograma de desgravação foi decidido. Todos os prazos foram perdidos e, atualmente, não há data prevista para a liberalização.

Além dos bens dos dois setores citados, que nunca chegaram a ter tarifas eliminadas, outros bens podem voltar a ser tarifados, em virtude do Mecanismo de Adaptação Competitiva (MAC), analisado no tópico 6.3.3. Brasil e Argentina concordaram com a criação de salvaguardas no comércio bilateral, as quais assumem a forma de alíquota de imposto de importação de 90% da Tarifa Externa Comum (TEC), aplicável somente sobre as importações que excederem quotas predefinidas.

Em relação às barreiras tarifárias, pode-se concluir que foram praticamente eliminadas no comércio intrabloco. E as barreiras **não tarifárias** incidentes sobre os bens, tais como as proibições e as quotas? Qual a situação delas?

Pelo art. XXIV do GATT, algumas barreiras não tarifárias são expressamente permitidas em acordos de integração, como as medidas sanitárias, técnicas e aquelas que visam promover controle de qualidade. Além dessas, há, no Mercosul, medidas *antidumping* e compensatórias que, pela ótica brasileira, não poderiam ser utilizadas no comércio intrabloco.[10]

---

[8] Internalizado no Brasil por meio do Decreto nº 6.500/2008.

[9] "Os argentinos, pressionados por seus produtores de açúcar, têm sistematicamente apontado a existência de assimetrias que impediriam a integração no açúcar. Essas têm sido baseadas no argumento de que a produção brasileira de etanol estaria calcada num mercado cativo, determinado pela mistura de etanol à gasolina, e que o etanol subsidiaria indiretamente a produção de açúcar." (Plínio Nastari, em *Folha de São Paulo*, de 16 de julho de 2010)

[10] Ver tópicos 6.1.4 e 6.2.4.

Apesar das barreiras tarifárias e não tarifárias ainda existentes no comércio de bens, o Mercosul é considerado uma união aduaneira.

Em relação aos **serviços**, o Tratado de Assunção também prevê a livre circulação, o que ainda não foi implementado. Tome-se como exemplo uma importação brasileira para a qual se deseje contratar um seguro de transporte. Neste caso, a Lei Complementar nº 126/2007 impõe que, em regra, seja contratada uma seguradora brasileira, vedada a contratação com seguradoras argentinas, paraguaias e uruguaias.

Além do serviço de seguro, o de frete também é discriminado intrabloco, pois, pelo Regulamento Aduaneiro (Decreto nº 6.759/2009), uma mercadoria só recebe um benefício fiscal, em regra, se tiver sido transportada em navio de bandeira brasileira. Caso seja utilizado um navio argentino, uruguaio ou paraguaio, o benefício fiscal fica prejudicado.

Nota-se, com os exemplos dos serviços de seguro e de frete, que a liberalização comercial ainda não ocorreu. No entanto, há compromissos em relação a isso. O Protocolo de Montevidéu sobre o Comércio de Serviços[11] "tem por objetivo promover o livre comércio de serviços no Mercosul". No seu art. XIX, dispôs que "os Estados-partes manterão sucessivas rodadas de negociações para efeitos de completar, em um prazo máximo de 10 (dez) anos, contados a partir da entrada em vigência do presente Protocolo, o Programa de Liberalização do comércio de serviços". Como a vigência se iniciou em dezembro de 2005, a liberalização do comércio de serviços intramercosul é esperada para o final de 2015.

8.3.2. Comércio Extrabloco

8.3.2.1. Tarifa Externa Comum (TEC)

Para implementação da união aduaneira, os países-membros do Mercosul criaram a Tarifa Externa Comum (TEC), que passou a vigorar em 1º/1/1995. A definição das alíquotas para cada espécie de mercadoria foi objeto de consenso, apesar de se ter permitido que cada país utilizasse exceções que perduram até hoje.

---

[11] Decisão CMC nº 13/1997.

No Brasil, como as alíquotas dos tributos sobre o comércio exterior não precisam obedecer ao Princípio da Legalidade, isto é, não precisam ser fixadas por lei,[12] a TEC foi internalizada por meio do Decreto nº 1.343/1994.

Frequentemente, os órgãos do Mercosul aprovam alterações na TEC. Cabe a cada país-membro a internalização das novas alíquotas, já que os órgãos do Mercosul não possuem natureza supranacional. No Brasil, desde 2001, compete à Câmara de Comércio Exterior (CAMEX) a internalização dessas alterações.[13]

8.3.2.2. *Exceções à TEC*

Desde a implantação da TEC, exceções foram permitidas em virtude, principalmente, de assimetrias nas economias dos quatro países-membros. Atualmente há exceções à TEC:

1º) previstas nas genéricas "Listas de Exceções".

2º) previstas nas "Listas de Exceções de Bens de Informática e de Telecomunicações (BIT)".

3º) na forma de ex-tarifário.

4º) criadas para se garantir o abastecimento normal de produtos.

5º) como suspensão de concessões assumidas na OMC.

6º) decorrentes dos limites tarifários consolidados na OMC.

As Listas de Exceções

As listas de exceções à TEC foram criadas com o objetivo de os países tratarem as importações de determinados bens de forma diferenciada em relação às

---

[12] Constituição Federal/1988 – "Art. 153. Compete à União instituir impostos sobre:
I – importação de produtos estrangeiros;
II – exportação, para o exterior, de produtos nacionais ou nacionalizados;
...
§ 1º É facultado ao Poder Executivo, atendidas as condições e os limites estabelecidos em lei, alterar as alíquotas dos impostos enumerados nos incisos I, II, IV e V.
..."

[13] Decreto nº 3.981/2001 – "Art. 6º Compete à CAMEX:
...
XIV – fixar as alíquotas do imposto de importação, atendidas as condições e os limites estabelecidos na Lei nº 3.244, de 14 de agosto de 1957, no Decreto-Lei nº 63, de 21 de novembro de 1966, e no Decreto-Lei nº 2.162, de 19 de setembro de 1984;
..."

alíquotas da TEC. Por exemplo, caso a tarifa de sapatos na TEC seja de 10% e o Brasil considere que esta não é a alíquota ideal para as circunstâncias brasileiras, então o país pode incluir o sapato na sua lista de exceções e impor a alíquota que considerar adequada.

Até 31/12/2011, Brasil e Argentina podem manter até 100 itens NCM nas listas nacionais de exceções à TEC. E, por questões de tratamento diferenciado, dispostas na Decisão CMC nº 31/2003, Paraguai tem direito a uma lista de exceções com 649 itens NCM, e o Uruguai, uma lista com 225 itens NCM. Também em relação aos prazos, Paraguai e Uruguai possuem vantagens adicionais, podendo manter exceções à TEC até 31/12/2015, mas para apenas 100 itens do total de cada país.

As listas nacionais de exceções podem ser modificadas, mas há limites impostos pela Decisão CMC nº 59/2007: "Os Estados-partes poderão modificar, a cada seis meses, até 20% das posições NCM incluídas nas listas de exceções estabelecidas no âmbito da presente Decisão."[14]

As Listas de Exceções de Bens de Informática e Telecomunicações

As listas de exceções de Bens de Informática e Telecomunicações (BIT) nada mais são do que listas de exceções específicas para esses gêneros de produtos, tendo funcionamento similar ao da lista geral de exceções, analisada anteriormente.

Conforme a Decisão CMC nº 58/2008, as listas de exceções de BIT poderão ser utilizadas até 31/12/2010, por Brasil e Argentina, e até 31/12/2016, por Paraguai e Uruguai.[15]

Ex-Tarifários

Ao elaborar as listas de exceções à TEC, tanto a lista genérica, quanto a lista específica de Bens de Informática e de Telecomunicações, o país-membro do Mercosul lista os códigos NCM para os quais está impondo alíquotas de imposto de importação (II) diferentes das previstas na TEC. Muitas vezes, no entanto, o governo só deseja alterar a alíquota de II relativa a uma ou outra espécie de produto inserida em determinado código NCM.

---

[14] A lista brasileira de exceções, vigente em agosto de 2010, encontrava-se no Anexo II da Resolução CAMEX nº 43/2006.

[15] A lista brasileira de exceções de BIT, vigente em agosto de 2010, encontrava-se no Anexo III da Resolução CAMEX nº 43/2006.

Tomemos como exemplo o código 8410.90.00, como apresentado na TEC:[16]

Código NCM	Descrição	Alíquota do II
84.10	Turbinas hidráulicas, rodas hidráulicas, e seus reguladores.	
8410.1	-Turbinas e rodas hidráulicas:	
8410.11.00	--De potência não superior a 1.000kW	14%
8410.12.00	--De potência superior a 1.000kW, mas não superior a 10.000kW	14%
8410.13.00	--De potência superior a 10.000kW	14%
8410.90.00	**-Partes, incluídos os reguladores**	**14%**

A alíquota da TEC para as partes de turbinas e rodas hidráulicas é 14%. O código dessas partes não foi inserido pelo Brasil na lista genérica de exceções à TEC nem na lista de exceções de BIT (nesta nem poderia ser incluída tendo em vista que o bem não é de informática nem de telecomunicações).[17] Logo, as várias espécies de partes de turbinas são tributadas em 14%.

No entanto, quis o governo brasileiro tratar uma das partes das turbinas hidráulicas de uma forma diferenciada, sem alterar a alíquota do imposto de importação para as demais partes. A CAMEX fez publicar a Resolução nº 53, de 5 de agosto de 2010, relativa a determinados "eixos monoblocos":

> Art. 1º – Ficam alteradas para 2% (dois por cento), até 30 de junho de 2012, as alíquotas *ad valorem* do Imposto de Importação incidentes sobre os seguintes Bens de Capital, na condição de Ex-tarifários:
>
> (...)
>
> 8410.90.00 Ex 001 – Eixos monoblocos, forjados em aço "ASTM A 668" ou similar, com massa superior a 19 toneladas, para serem acoplados a rotor de turbina ou gerador, para usina hidrelétrica.
>
> (...)

A partir da Resolução indicada, os eixos monoblocos que tiverem as características citadas na Resolução passaram a ser tributados a 2%, mantendo-se a tributação em 14% para as demais partes de turbinas hidráulicas. Em suma, a criação do ex-tarifário serve para destacar uma espécie de produto de um código NCM, mantendo-se a alíquota da TEC para os demais produtos daquele código. Se o Brasil quiser tratar outras partes de turbina hidráulica com alíquota diferenciada, novas resoluções CAMEX criarão o "Ex 002", o "Ex 003" e assim sucessivamente.

---

16 Em agosto de 2010, a TEC estava definida na Resolução CAMEX nº 43/2006, anexo I.

17 Como já foi mencionado, a lista genérica de exceções e a lista específica de exceções de BIT eram encontradas respectivamente, em agosto de 2010, nos anexos II e III da resolução CAMEX nº 43/2006.

De acordo com a Decisão CMC nº 58/2008, essas exceções tarifárias conhecidas como ex-tarifários somente podem ser criadas para **bens de capital** (BK) e para **bens de informática e de telecomunicações** (BIT). E os quatro países-membros do Mercosul têm direito à sua utilização.

No Brasil, a Resolução CAMEX nº 35/2006 definiu condições para a criação e prorrogação do ex-tarifário. Antes, porém, indicou que o principal motivo para o surgimento de um ex-tarifário é o desejo brasileiro de "estimular o investimento produtivo". Em outras palavras, incentivando-se importações de novos BK e de BIT, busca-se aumentar a quantidade e a qualidade da produção nacional.

As regras definidas pela CAMEX nº podem ser assim resumidas:

– a instituição do ex-tarifário se dá a pedido das empresas brasileiras ou de associações representativas destas;

– para resguardar as indústrias nacionais produtoras de BK e de BIT, a criação do ex-tarifário é condicionada à inexistência de produção interna de bens similares;

– para "proporcionar maior previsibilidade aos investimentos", o ex-tarifário é criado com prazo de vigência;

– para resguardar as indústrias brasileiras que, posteriormente à criação do ex-tarifário, podem vir a produzir BK e BIT similares, o prazo de vigência do ex-tarifário não pode ser superior a dois anos, podendo, entretanto, ser prorrogado enquanto forem mantidas as condições que permitiram a criação.

Para concluir, pode-se constatar, pelo exemplo dos "eixos monoblocos", que o ex-tarifário é uma redução objetiva do imposto de importação, ou seja, não é vinculada à pessoa, mas ao produto,[18] o qual passou a ter um código específico ("Ex 001", no exemplo citado) dentro do código NCM. Consequentemente, o ex-tarifário pode ser usufruído não só pela empresa que o solicitou, mas por toda e qualquer empresa brasileira.

Exceções Para Garantia de Abastecimento

No ano de 2000, por meio da Resolução do Grupo Mercado Comum nº 69, foi criada no Mercosul a possibilidade de imposição de exceções à TEC quando houver desabastecimento de produtos. Reduzindo-se o imposto, estimula-se o aumento das importações e a consequente normalização de oferta.

[18] Quando o benefício é vinculado a uma pessoa e não a um bem, diz-se que o benefício tem natureza subjetiva.

A redução tarifária é condicionada à investigação do desabastecimento por parte da Comissão de Comércio do Mercosul (CCM), a qual ocorre a partir da apresentação de pedido específico por parte do país-membro. Comprovado o desabastecimento, a CCM permite que o país reduza o imposto de importação dentro de limites quantitativos predeterminados e com vigência máxima de doze meses.

Um país não pode ter simultaneamente mais do que vinte espécies de produto com esse tipo de benefício tarifário, exceto nos casos de calamidade ou risco à saúde pública.

Um exemplo de aplicação desse direito por parte do Brasil pode ser encontrado na Resolução CAMEX nº 42, de 17 de junho de 2010:

> **Art. 3º – A alíquota *ad valorem* do Imposto de Importação das mercadorias classificadas no código NCM 7612.90.19[19] fica alterada de 16% para 2% (dois por cento), ao amparo da Resolução nº 69/2000 do GMC, limitada a uma quota de 1.900.000.000 (um bilhão e novecentos milhões) de unidades e a cargas cujas Declarações de Importação sejam registradas até o dia 31 de dezembro de 2010.**

Exceções a Título de Sanções Autorizadas pela OMC

Em setembro de 2002, o Brasil entrou com um pedido de consultas na OMC acerca dos subsídios concedidos pelo governo dos EUA à produção de algodão. A reclamação brasileira prosperou e, em 2005, a OMC deu ganho de causa ao Brasil, instando os EUA a retirarem os subsídios até setembro daquele ano. Como a determinação não foi cumprida, o Brasil voltou a reclamar em 2006, sendo os EUA novamente condenados pela OMC em 2008. O novo descumprimento da decisão levou o Brasil à decisão de retaliar os EUA.[20]

---

[19] 7612. Reservatórios, barris, tambores, latas, caixas e recipientes semelhantes (incluídos os recipientes tubulares, rígidos ou flexíveis), para quaisquer matérias (exceto gases comprimidos ou liquefeitos), de alumínio, de capacidade não superior a 300 litros, sem dispositivos mecânicos ou térmicos, mesmo com revestimento interior ou calorífugo.

7612.10.00 Recipientes tubulares, flexíveis

7612.90 Outros

7612.90.1 Recipientes tubulares

7612.90.11 Para aerossóis, com capacidade inferior ou igual a 700cm³

7612.90.12 Isotérmicos, refrigerados a nitrogênio líquido, dos tipos utilizados para sêmen, sangue, tecidos biológicos e outros produtos similares

7612.90.19 Outros

7612.90.90 Outros

[20] No tópico 5.7, foi abordado que uma retaliação pode atingir outros setores que não estavam originalmente envolvidos no caso. Por exemplo, o Brasil poderia retaliar os EUA quebrando patentes ou discriminando seus produtos ou serviços.

A importância de se relembrar essa controvérsia se dá pelo fato de que, se o Brasil escolhesse retaliar os EUA por meio de elevação de tarifas sobre os produtos destes, haveria diferença em relação às alíquotas da TEC.[21] A pergunta é: essas alíquotas majoradas para os produtos norte-americanos deveriam constar na lista brasileira de exceções à TEC ou seriam exceções contadas à parte?

A utilização da "Lista de Exceções" do Brasil para punir os EUA não tem amparo normativo. Além disso, mesmo se houvesse tal previsão, este uso seria inadequado, como se constata a seguir.

Em primeiro lugar, quando um país-membro do Mercosul insere um produto em sua lista de exceções à TEC, a consequência é a definição de uma alíquota de imposto de importação diferente da alíquota da TEC, passando aquela a ser aplicada sobre as importações de todos os países extrabloco. Quando se permitiu a criação e manutenção de listas de exceções no Mercosul, não foi permitido que as alíquotas fossem discriminatórias em função do país de origem. Não há previsão normativa para se definir uma alíquota de imposto para os produtos dos países A, B e C, e outra para os produtos do país D.

Em segundo lugar, mesmo se houvesse a possibilidade de se usar a lista de exceções com discriminação por país exportador, este uso seria inadequado, tendo em vista que cada país do bloco tem um número limitado de itens NCM a inserir em sua lista. O Brasil, por exemplo, tem direito a apenas 100 itens NCM como exceções à TEC. Logo, para inserir produtos na lista de exceções com o fim de retaliar os EUA, o Brasil teria que retirar produtos da lista que vinha utilizando. E a principal motivação da lista de exceções, que é a de proteger setores menos competitivos no país, acabaria sendo deixada de lado. A lista brasileira perderia o caráter de proteção aos setores brasileiros menos competitivos, tornando-se uma lista de mera retaliação sobre os produtos mais importantes dos EUA.

Enfim, em dezembro de 2009, foi aprovada a Decisão CMC nº 18, definindo-se, na alínea *a* do art. 1º, que os países-membros do Mercosul têm o direito de contar as elevações de tarifa para cumprimento de regras da OMC como **exceções adicionais** aos itens inseridos nas suas listas de exceções:

---

[21] De fato, uma das decisões tomadas pelo Brasil foi o aumento de tarifas sobre produtos norte-americanos. Em 08/03/2010, foi publicada no Diário Oficial da União, a Resolução nº 15, de 05/03/2010, que aumentaria as alíquotas de 102 produtos dos EUA a partir de 07/04/2010. Entretanto, com um acordo fechado entre os dois países, a retaliação acabou não acontecendo.

Art. 1º – Um Estado-parte poderá elevar **acima do estabelecido na TEC**, por um prazo máximo inicial de dois anos, o direito de importação extrazona que aplica a terceiros países, **de maneira consistente com suas obrigações na Organização Mundial do Comércio**, nas seguintes situações:

a) quanto tenha sido autorizado pelo Órgão de Solução de Controvérsias da OMC a suspender concessões ou outras obrigações **como consequência de um procedimento de solução de controvérsias**; e

b) quando, em consonância com o disposto no **art. XXVIII** do GATT 1994, exerça a faculdade de retirar concessões substancialmente equivalentes que tenham sido negociadas originalmente com um membro da OMC que pretenda modificar ou retirar tais concessões.

Art. 2º – Os produtos para os quais um Estado-parte não aplique a TEC, em virtude do estabelecido no art. 1º, **não formarão parte das listas de exceções à TEC desse Estado-parte.** Os níveis tarifários aplicados a tais produtos deverão retornar aos níveis da TEC assim que cesse o motivo que originou a elevação, independentemente do prazo de dois anos, estabelecido no art. 1º.

Além do caso de retaliações autorizadas pela OMC, previsto na alínea *a*, há a previsão de se aumentar alíquota de imposto de importação com base no art. XXVIII do GATT, referido na alínea *b*. Para essa explicação é importante relembrar o que foi analisado no tópico 3.2.2. Resumidamente, cada país signatário do GATT apresentou, por força do art. II do acordo, sua "lista de concessões". Na lista, constavam (e constam) os limites máximos de alíquotas de imposto, que passaram a ser respeitados nas normas internas de fixação das alíquotas. Os limites máximos foram denominados "tarifas consolidadas". Por força do art. XXVIII, caso algum país queira modificar sua lista, aumentando o nível máximo compromissado, ele deve previamente ajustar compensações com os países-membros diretamente afetados.

Consideremos, por exemplo, que a Inglaterra decida modificar sua lista de concessões no GATT para, obviamente, ficar livre para aumentar o imposto de importação de determinada espécie de produto. Após negociações, a Inglaterra oferece compensações, permitindo que os países afetados elevem o imposto de importação em relação a determinados produtos ingleses. Caso um ou outro país-membro do Mercosul use o direito de compensação e aumente o imposto de importação para produtos da Inglaterra, essas exceções não farão parte das nacionais "Listas de Exceções à TEC". Não estarão restritas aos limites já analisados: Brasil e Argentina, 100 itens, Uruguai, 225, e Paraguai, 649.

Exceções em Virtude dos Níveis Consolidados na OMC

Os quatro países-membros do Mercosul são também signatários do GATT. Hipoteticamente, consideremos que, na lista de concessões do Brasil na OMC, a tarifa consolidada de sapato tenha sido fixada em 20%. Na lista da Argentina, em 30%. Nas listas de Uruguai e Paraguai, em 40%. Cada um dos quatro possui sua própria lista com as tarifas consolidadas na OMC, mas, em função do Mercosul, cobram essencialmente as mesmas alíquotas externas desde a criação da TEC em 1994.

Caso a alíquota do sapato venha a ser definida na TEC do Mercosul em 30%, o Brasil passaria a cobrar uma alíquota superior ao que tinha compromissado na OMC. Para não ferir tal compromisso, a Decisão CMC nº 17, de dezembro de 2009, reconheceu que os países-membros do Mercosul poderão descumprir a TEC. E essas exceções também não serão contadas nas "Listas de Exceções à TEC".

8.3.2.3. *Código Aduaneiro do Mercosul*

Em relação ao comércio extrabloco, o Mercosul já possui harmonização em matéria tributária desde o momento em que passou a utilizar uma Tarifa Externa Comum (TEC).[22] Atualmente busca-se realizar a harmonização regional também em matéria aduaneira.[23] Para isso, os países-membros aprovaram, em agosto de 2010, a Decisão CMC nº 27/2010, criando o Código Aduaneiro do Mercosul, que ainda depende da internalização dos membros para que entre em vigor. Quando isto ocorrer, as Aduanas dos quatro países passarão a trabalhar de forma semelhante não somente na cobrança do imposto de importação, mas em todo o procedimento de fiscalização sobre as mercadorias que entram no e saem do Mercosul.

O desejo de se harmonizarem as regras de controle aduaneiro aplicadas pelos quatro países não é novo. Uma primeira versão do Código Aduaneiro regional tinha sido criada pela Decisão CMC nº 25/1994, que, no entanto, não chegou a entrar em vigor, por falta de internalização pelos países-membros.

---

[22] A existência de exceções à TEC não invalida a afirmação de que há harmonização tributária no comércio extrabloco.

[23] Não se pode confundir o controle tributário com o controle aduaneiro. Apesar de ambos serem realizados no Brasil pela mesma instituição, a Receita Federal (RFB), eles possuem objetos distintos. A arrecadação de recursos é o objetivo central do controle tributário realizado pela RFB. Já o controle aduaneiro pode ser simplificadamente entendido como a verificação que a RFB faz, nos portos, aeroportos e fronteiras, sobre os bens que entram no e saem do país. Tal verificação visa evitar, por exemplo, a entrada de produtos contrabandeados, falsificados ou com declaração inexata, defendendo assim os empregos e a economia nacional.

8.4. ESTRUTURA INSTITUCIONAL – PROTOCOLO DE OURO PRETO

A estrutura institucional criada para o Mercosul pelo Tratado de Assunção, de 1991, foi enxuta. Foram criados o Conselho do Mercado Comum (CMC), como o órgão superior, o Grupo Mercado Comum (GMC), órgão executivo, e a Secretaria Administrativa, órgão de apoio, vinculada ao GMC. O art. 18 determinou que tal estrutura era provisória e "antes do estabelecimento do mercado comum, a 31/12/1994, os Estados-partes convocarão uma reunião extraordinária com o objetivo de determinar a estrutura institucional definitiva dos órgãos de administração do mercado comum, assim como as atribuições específicas de cada um deles e seu sistema de tomada de decisões."

Em 1994, surgiu o "Protocolo de Ouro Preto – Protocolo Adicional ao Tratado de Assunção sobre a Estrutura Institucional do Mercosul", cumprindo-se a determinação do Tratado de Assunção. Além disso, foi somente a partir do citado Protocolo que o Mercosul passou a ter personalidade jurídica e, portanto, passou a praticar, em nome próprio, todos os atos necessários à realização de seus objetivos, como contratar, adquirir ou alienar bens móveis e imóveis, comparecer em juízo, conservar fundos e fazer transferências.[24]

8.4.1. Órgãos do Mercosul

Neste tópico, é apresentada a estrutura institucional vigente em agosto de 2010. Esta é baseada no Protocolo de Ouro Preto, tendo sido alargada por decisões subsequentes. O Protocolo, de 1994, listava os seguintes órgãos regionais:

1º) Conselho do Mercado Comum (CMC)

2º) Grupo Mercado Comum (GMC)

3º) Comissão de Comércio do Mercosul (CCM)

4º) Comissão Parlamentar Conjunta

5º) Foro Consultivo Econômico-Social (FCES)

6º) Secretaria Administrativa do Mercosul

Em 2003, foi criado o sétimo órgão, o Tribunal Administrativo-Trabalhista (ou Tribunal Administrativo-Laboral). Em 2004, surgiram o oitavo e o nono: o

[24] REZEK, Francisco (2005, p. 268): "Com o Protocolo de Ouro Preto, vigente desde 1995, o Mercosul tornou-se uma organização internacional ... O Mercosul não foi desde logo dotado de personalidade jurídica própria, isto em função de uma política exemplarmente sóbria com que seus quatro fundadores quiseram evitar todo aparato precoce e todo dispêndio de discutível necessidade."

Centro Mercosul de Promoção de Estado de Direito e o Tribunal Permanente de Revisão. E, em 2006, dando a forma atual da estrutura institucional, a Comissão Parlamentar Conjunta foi substituída pelo Parlamento do Mercosul (Parlasul).

De acordo com o Protocolo de Ouro Preto, o **Conselho do Mercado Comum** é o órgão superior do Mercosul e o **Grupo Mercado Comum**, o órgão executivo.[25] A hierarquia entre os dois órgãos é bem ilustrada com o art. 14 do Protocolo: "São funções e atribuições do Grupo Mercado Comum: ... III. Tomar as medidas necessárias ao cumprimento das Decisões adotadas pelo Conselho do Mercado Comum; ..."

Em 1994, houve no Mercosul a harmonização das políticas comerciais intra e extrabloco. Com isso, foi necessário criar um órgão que acompanhasse e fiscalizasse o cumprimento da política comercial comum, daí surgindo a **Comissão de Comércio do Mercosul.**[26, 27]

Em 09 de dezembro de 2005, foi editada a Decisão CMC nº 23, por meio da qual foi publicado o "Protocolo Constitutivo do **Parlamento do Mercosul**". Em 2006, o Parlasul entrou em funcionamento em Montevidéu, sendo um órgão unicameral. Para a primeira legislatura (2007-2010), os 18 representantes de cada Estado-parte foram eleitos de forma indireta pelos respectivos Parlamentos nacionais. Para as legislaturas a partir de 2011, os deputados seriam eleitos em votação direta, sendo o número de parlamentares de cada país-membro fixado com base no tamanho das respectivas populações. Mas, como ainda não havia sido definida a exata composição do Parlasul, foram frustradas as eleições que deveriam ocorrer em 2010. Em agosto desse ano, ainda se buscava a definição acerca da legislatura 2011-2014. Atualmente, a principal função do Parlamento é servir como coadjuvante no processo de internalização das normas criadas pelos órgãos decisórios do Mercosul, como será analisado no tópico 8.4.3.

De acordo com o art. 28, "o **Foro Consultivo Econômico-Social** é o órgão de representação dos setores econômicos e sociais e será integrado por igual

[25] Art. 3º – O Conselho do Mercado Comum é o órgão superior do Mercosul ao qual incumbe a condução política do processo de integração e a tomada de decisões para assegurar o cumprimento dos objetivos estabelecidos pelo Tratado de Assunção e para lograr a constituição final do mercado comum.

Art. 10 – O Grupo Mercado Comum é o órgão executivo do Mercosul.

[26] Art. 16 – À Comissão de Comércio do Mercosul, órgão encarregado de assistir o Grupo Mercado Comum, compete velar pela aplicação dos instrumentos de política comercial comum acordados pelos Estados-partes para o funcionamento da união aduaneira, bem como acompanhar e revisar os temas e matérias relacionados com as políticas comerciais comuns, com o comércio intramercosul e com terceiros países.

[27] Futuramente, quando forem harmonizadas as políticas trabalhista e previdenciária dos países-membros, provavelmente será criada uma Comissão de Trabalho e Previdência do Mercosul, para fiscalizar o cumprimento daquelas. E o mesmo raciocínio vale para uma futura Comissão de Capitais do Mercosul.

número de representantes de cada Estado-parte". O Plenário do FCES é composto por trinta e seis pessoas, sendo nove de cada país-membro. Destes, quatro são representantes dos setores empresariais, outros quatro, dos trabalhadores e um, do "terceiro setor" (que pode ser um representante dos consumidores, de organizações não governamentais ou de entidades sem fins lucrativos, entre outros entes). Pelo disposto no regimento interno do FCES, "as consultas [ao FCES] serão necessárias e pertinentes, quando o tema adquirir relevância para a vida econômica e social da região."[28] As consultas visam dar legitimidade à norma que está para ser criada, apesar de os pareceres do FCES não terem força vinculante. Portanto, mesmo que o FCES sugira a não aprovação da norma, nada obsta sua criação.

O **Tribunal Administrativo-Trabalhista do Mercosul** atua como "única instância jurisdicional para resolver as reclamações de índole administrativo-trabalhista do pessoal da Secretaria do Mercosul (SM) e as pessoas contratadas pela SM para obras ou serviços determinados na SM e em outros órgãos da estrutura institucional do Mercosul".[29] Como o Mercosul é uma pessoa jurídica de direito internacional, ele possui funcionários lotados na Secretaria do Mercosul, assim como contrata o serviço de profissionais independentes. Nessas relações trabalhistas e administrativas, naturalmente surgem reclamações e controvérsias. Não há lógica em que tais reclamações sejam julgadas por tribunais nacionais, como os tribunais brasileiros ou os argentinos. É para tais julgamentos que surgiu o tribunal regional.

Por meio da Decisão CMC nº 24/2004, foi criado o **Centro Mercosul de Promoção do Estado de Direito** para que, por meio de trabalhos, seminários, reuniões acadêmicas e outras atividades, os países do Mercosul promovam o desenvolvimento de Estados democráticos de Direito.[30]

O **Tribunal Permanente de Revisão** surgiu em 2004 para ser o órgão de segunda instância no sistema de solução de controvérsias do Mercosul, a ser analisado no tópico 8.5.

Em relação à **Secretaria do Mercosul**, cabe registrar que ela era referenciada no Protocolo de Ouro Preto, de 1994, pelo nome de Secretaria Administrativa do Mercosul. E suas funções – meramente administrativas – estavam todas previstas

---

[28] Art. 8º do regimento interno do FCES, aprovado pela Resolução GMC nº 68/1996.

[29] Art. 1º da Resolução GMC nº 54, de 2003.

[30] Decisão CMC nº 24/2004, "O CMC decide: Art. 1º – Criar o Centro MERCOSUL de Promoção do Estado de Direito, com a finalidade de analisar e reforçar o desenvolvimento do Estado, a governabilidade democrática e todos os aspectos vinculados aos processos de integração regional, com especial ênfase no MERCOSUL."

no protocolo, sendo a função geral servir de apoio operacional.[31] Em 2002, foi publicada a Decisão CMC nº 30, com o título de "Transformação da Secretaria Administrativa do Mercosul em Secretaria Técnica". A Secretaria deixou de ser um órgão apenas administrativo, operacional, passando a ter um caráter mais técnico, podendo, por exemplo, promover estudos, fazer o controle da consistência jurídica das normas emanadas dos órgãos do Mercosul e elaborar relatórios de avaliação do processo de integração. Ficou até permitido, pelo art. 6º da norma, que a Secretaria "Administrativa" do Mercosul se apresentasse simplesmente como Secretaria do Mercosul, para desvincular seu nome das funções exclusivamente administrativas que então possuía.

8.4.2. Fontes Jurídicas

De acordo com o art. 41 do Protocolo de Ouro Preto, as fontes jurídicas do Mercosul são:

"I. O Tratado de Assunção, seus protocolos e os instrumentos adicionais ou complementares;

II. Os acordos celebrados no âmbito do Tratado de Assunção e seus protocolos;

III. As Decisões do Conselho do Mercado Comum, as Resoluções do Grupo Mercado Comum e as Diretrizes da Comissão de Comércio do Mercosul, adotadas desde a entrada em vigor do Tratado de Assunção."

De forma figurada, essas normas são as "leis" a serem observadas pelos países-membros. Os incisos I e II se referem a acordos assinados diretamente pelos países-membros. Em tais acordos, consta, simplificadamente, no preâmbulo: "O Brasil, a Argentina, o Paraguai e o Uruguai decidem: ..." Não há, portanto, dúvidas de sua eficácia como normas que vinculem os Estados.

Em relação ao inciso III, as normas ali criadas não o foram diretamente pelos países-membros, mas por órgãos compostos por representantes dos países. Tais órgãos são os únicos do Mercosul que possuem capacidade decisória, por força do art. 2º do Protocolo.[32] Isto significa que eles possuem

[31] Art. 31 – O Mercosul contará com uma secretaria administrativa como órgão de apoio operacional. A Secretaria Administrativa do Mercosul será responsável pela prestação de serviços aos demais órgãos do Mercosul e terá sede permanente na cidade de Montevidéu.

[32] Art. 2º – São órgãos com capacidade decisória, de natureza intergovernamental, o Conselho do Mercado Comum, o Grupo Mercado Comum e a Comissão de Comércio do Mercosul.

a capacidade de produzir normas que vincularão os países-membros, sendo por esse motivo que o art. 41 indica tais normas como fontes jurídicas. Também é importante notar que esses três órgãos têm natureza intergovernamental, ou seja, para que as normas por eles baixadas entrem em vigor, é necessária a internalização por parte dos países-membros, como será analisado no próximo tópico.[33]

O Tratado de Assunção, o Protocolo de Ouro Preto (que definiu a estrutura institucional a partir de 1994) e o Protocolo de Olivos (que trata do sistema de solução de controvérsias) são algumas das fontes normativas mais importantes do bloco, existindo atualmente mais de trinta protocolos vigentes. Em relação às decisões, resoluções e diretrizes indicadas no inciso III, elas chegam a várias centenas, pois, anualmente, são produzidas cerca de cem daquelas normas.[34]

8.4.3. Normas dos órgãos decisórios – Aprovação, Internalização e Vigência

Os órgãos com capacidade decisória – CMC, GMC e CCM – reúnem-se semestralmente, seja por imposição do Protocolo de Ouro Preto seja em função dos respectivos regimentos internos. Nessas reuniões são discutidas questões das mais diversas matérias, como, por exemplo, liberalização no comércio de bens e de serviços, exceções à TEC, circulação da mão de obra, visto Mercosul, meio ambiente, cultura, cooperação em matéria penal, acordos com outros países e adesão de novos membros.

Antes de se passar para a fase de aprovação da norma, obrigatoriamente deve ser feita uma consulta acerca do projeto ao Parlamento do Mercosul, que se manifesta por meio de um parecer, a ser analisado à frente. E, como abordado no tópico 8.4.1, caso a futura norma seja capaz de gerar reflexos relevantes para a vida econômica e social da região, também o FCES deve ser previamente consultado.

Depois das consultas realizadas, passa-se à fase da aprovação pelo órgão do Mercosul. Para isso, o Protocolo de Ouro Preto impôs a regra do consenso, sem

---

[33] Para reforçar o entendimento: o Protocolo de Ouro Preto dispõe que "as normas emanadas dos órgãos do Mercosul previstos no Art. 2º deste Protocolo *[CMC, GMC e CCM]* terão caráter obrigatório e deverão, quando necessário, ser incorporadas aos ordenamentos jurídicos nacionais mediante os procedimentos previstos pela legislação de cada país." (art. 42)

[34] A título de exemplo: no ano de 2009, foram criadas 33 Decisões CMC, 41 Resoluções GMC e 33 Diretrizes CCM.

admitir exceções: "Art. 37 – As decisões dos órgãos do Mercosul serão tomadas por consenso e com a presença de todos os Estados-partes."

Após a criação da norma jurídica, chega-se à fase da internalização,[35] cujo rito dependerá do parecer anteriormente emitido pelo Parlamento do Mercosul. Caso o Parlamento tenha concordado com o então projeto de norma, o Poder Executivo de cada um dos quatro países deverá, em até 45 dias, enviar a norma aprovada para apreciação pelo respectivo Parlamento nacional, o qual deverá promover a internalização em até 180 dias. Ao contrário, caso o projeto de norma do órgão decisório não tenha tido o aval do Parlamento do Mercosul, o rito para internalização será o rito normal de cada país, sem determinação de prazo máximo. É o que dispõe o art. 4º, § 12, do Protocolo:

Art. 4º – Competências

O Parlamento terá as seguintes competências:

(...)

§ 12 – Com o objetivo de acelerar os correspondentes procedimentos internos para a entrada em vigor das normas nos Estados-partes, **o Parlamento elaborará pareceres** sobre todos os projetos de normas do MERCOSUL que requeiram aprovação legislativa em um ou vários Estados-partes, em um prazo de noventa dias (90) a contar da data da consulta. Tais projetos deverão ser encaminhados ao Parlamento pelo órgão decisório do MERCOSUL, **antes de sua aprovação**.

Se o projeto de norma do MERCOSUL for aprovado pelo órgão decisório, de acordo com os termos do parecer do Parlamento, a norma deverá ser enviada pelo Poder Executivo nacional ao seu respectivo Parlamento, **dentro do prazo de quarenta e cinco (45) dias**, contados a partir da sua aprovação.

Nos casos em que a norma aprovada não estiver de acordo com o parecer do Parlamento, ou se este não tiver se manifestado no prazo mencionado no primeiro parágrafo do presente literal, a mesma seguirá o **trâmite ordinário** de incorporação.

Os Parlamentos nacionais, segundo os procedimentos internos correspondentes, deverão adotar as medidas necessárias para a instrumentalização ou criação de um procedimento preferencial para a consideração das normas do MERCOSUL que tenham sido adotadas de acordo com os termos do parecer do Parlamento mencionado no parágrafo anterior.

---

[35] É importante registrar que nem todas as normas aprovadas pelos órgãos decisórios do Mercosul precisam ser internalizadas. De acordo com a Decisão CMC nº 23/2000, não precisam ser internalizadas aquelas que dispuserem sobre o funcionamento interno do Mercosul nem as normas cujo conteúdo já esteja contemplado na legislação nacional.

O prazo máximo de duração do procedimento previsto no parágrafo precedente não excederá **cento e oitenta (180) dias corridos**, contados a partir do ingresso da norma no respectivo Parlamento nacional.

Se, dentro do prazo desse procedimento preferencial, o Parlamento do Estado-parte não aprovar a norma, esta deverá ser reenviada ao Poder Executivo para que a encaminhe à reconsideração do órgão correspondente do MERCOSUL.

(...)

Depois que todos os países-membros tiverem promovido a internalização, tal fato será cientificado a eles. Trinta dias após essa comunicação, será iniciada a vigência simultânea para os países-membros, como dispõe o art. 40 do Protocolo de Ouro Preto.[36] Pode-se, portanto, concluir que a unanimidade dos países-membros é exigida tanto na aprovação da norma quanto na sua posterior internalização. Por isso, na prática atual, a vigência de muitas decisões regionais é retardada ou, até mesmo, frustrada.

8.5. SISTEMA DE SOLUÇÃO DE CONTROVÉRSIAS – PROTOCOLO DE OLIVOS

É natural que, em uma relação entre países, surjam discussões acerca da interpretação, aplicação ou descumprimento das normas criadas entre eles. Para os países que são membros da OMC, existe um sistema de solução de controvérsias comerciais, já analisado no tópico 5.7. No entanto, a maioria dos acordos de integração, inclusive o Mercosul, prevê regras próprias para solução das controvérsias regionais.

A criação desses sistemas próprios tem vantagens e desvantagens. As críticas vêm principalmente daqueles que temem a criação de jurisprudência conflitante com a da OMC. As vantagens são alardeadas por aqueles que vêem os sistemas

[36] "Art. 40 – A fim de garantir a vigência simultânea nos Estados-partes das normas emanadas dos órgãos do Mercosul previstos no Art. 2 deste Protocolo, deverá ser observado o seguinte procedimento:

i) Uma vez aprovada a norma, os Estados-partes adotarão as medidas necessárias para a sua incorporação ao ordenamento jurídico nacional e comunicarão as mesmas à Secretaria Administrativa do Mercosul;

ii) Quando todos os Estados-partes tiverem informado sua incorporação aos respectivos ordenamentos jurídicos internos, a Secretaria Administrativa do Mercosul comunicará o fato a cada Estado-parte;

iii) As normas entrarão em vigor simultaneamente nos Estados-partes 30 dias após a data da comunicação efetuada pela Secretaria Administrativa do Mercosul, nos termos do item anterior. Com esse objetivo, os Estados-partes, dentro do prazo acima, darão publicidade do início da vigência das referidas normas por intermédio de seus respectivos diários oficiais."

regionais como filtros que liberam a OMC para tratar somente das questões mais complexas. Também se alega que os sistemas regionais têm condições melhores para tratamento das especificidades de cada acordo, além do que, à época da criação dos principais blocos comerciais, o procedimento previsto no GATT era ineficaz.[37]

Em relação ao Mercosul, o Tratado de Assunção, de 1991, definiu as diretrizes do sistema que seria utilizado no período de transição, ou seja, até 31 de dezembro de 1994. No mesmo ano, observando-se tais diretrizes, foi aprovado o Protocolo de Brasília, definidor do sistema regional.

Em 2004, entrou em vigor o Protocolo de Olivos, revogando-se o Protocolo de Brasília. A base do procedimento utilizado desde 1991 foi mantida, sendo a principal alteração o surgimento da possibilidade de se recorrer contra as decisões dos tribunais arbitrais, como será analisado.

8.5.1. Etapas do Atual Sistema

Ao surgir uma controvérsia entre dois ou mais países do bloco, estes devem, antes de tudo, promover **negociações diretas**, sem interferências externas. Tais negociações não podem, salvo acordo entre as partes, exceder um prazo de quinze dias.

Caso as negociações diretas não deem resultado, podem os Estados, de comum acordo, submeter a controvérsia à consideração do **Grupo Mercado Comum** (GMC), que, depois de a examinar, formula recomendações. Esta etapa, opcional, não pode se estender por mais do que trinta dias.

Caso ainda não se tenha chegado ao consenso, qualquer dos Estados na controvérsia pode recorrer ao **procedimento arbitral**, executado perante um Tribunal Arbitral *Ad Hoc*, composto por três árbitros. O laudo arbitral é aprovado por maioria e deve ser cumprido no prazo nele fixado, a menos que a parte vencida apresente pedido de revisão ao Tribunal Permanente de Revisão.[38] Em caso de omissão do prazo para cumprimento, este é de 30 dias.

A quarta etapa no sistema de solução de controvérsias é a análise do pedido de revisão. O **Tribunal Permanente de Revisão** (TPR) pode receber pedidos de qualquer dos Estados-parte na controvérsia, mas sua análise se restringe

---

[37] Ver tópico 5.7.1.

[38] Essa possibilidade de revisão do laudo arbitral é a principal novidade trazida pelo Protocolo de Olivos, que revogou o Protocolo de Brasília.

a questões de direito, como interpretação das normas jurídicas ou aplicação de princípios. Não são investigadas novamente as questões de fato como, por exemplo, se existe ou não um subsídio praticado ou se uma barreira comercial foi criada ou não. Toda a descrição dos fatos já terá sido devidamente realizada, cabendo ao TPR apenas a decisão acerca das questões jurídicas vinculadas aos fatos apurados. O laudo do TPR também é adotado por maioria, devendo ser cumprido no prazo nele fixado. Em caso de omissão, o prazo é de 30 dias.

Ao promoverem julgamentos, o Tribunal Arbitral e o TPR decidem com base nas fontes jurídicas do Mercosul, mas também podem usar a equidade no caso concreto.

8.5.2. Cumprimento da Decisão Definitiva

Definitivamente julgada a controvérsia, o laudo do TPR (ou do laudo arbitral, caso não tenha havido recurso ao TPR) deve ser cumprido. Caso isto não ocorra, o Estado-parte beneficiado pela decisão tem o direito "de iniciar a aplicação de medidas compensatórias temporárias, tais como a suspensão de concessões ou outras obrigações equivalentes, com vistas a obter o cumprimento do laudo". É o que dispõe o art. 31 do Protocolo de Olivos. O § 2º do mesmo artigo dispõe:

> § 2º – O Estado-parte beneficiado pelo laudo procurará, em primeiro lugar, suspender as concessões ou obrigações equivalentes no **mesmo setor** ou setores afetados. Caso considere impraticável ou ineficaz a suspensão no mesmo setor, poderá suspender concessões ou obrigações em **outro setor**, devendo indicar as razões que fundamentam essa decisão.

Pode-se ver que esse mecanismo de sanções sobre a parte vencida é similar ao previsto no sistema de solução de controvérsias da OMC, analisado no tópico 5.7.3.

8.5.3. Tribunal Arbitral e Tribunal Permanente de Revisão

O **Tribunal Arbitral** é composto por três árbitros. Cada país envolvido na controvérsia indica um. E o terceiro árbitro, que não pode ser nacional desses países, é designado por eles em comum acordo, passando a ser o presidente do Tribunal. Caso não haja o consenso, a Secretaria do Mercosul (SM) sorteia um dos nomes constantes nas listas que os países-membros do Mercosul mantêm na própria SM, excluindo-se previamente os nacionais dos países envolvidos na controvérsia.

O **Tribunal Permanente de Revisão** (TPR) tem sede em Assunção, Paraguai. Como analisado, o TPR é um órgão jurisdicional de segunda instância, julgador dos pedidos de revisão dos laudos arbitrais. O TPR é, como o nome indica, um órgão permanente, ao contrário do tribunal arbitral, que é um tribunal de exceção constituído para resolver uma determinada controvérsia e se dissolver em seguida.

O TPR é composto por cinco árbitros, sendo um indicado por cada país-membro do Mercosul e o quinto, que é seu presidente, indicado por consenso, sendo obrigatoriamente nacional de um dos países-membros. O presidente é nomeado por três anos, e os demais árbitros, por dois anos. Nos julgamentos dos recursos de revisão, atuam apenas três dos cinco árbitros.

Além de assumir o papel de revisor, o TPR também pode atuar como julgador em instância única, tendo em vista que é dispensável o julgamento prévio por parte do Tribunal Arbitral.[39] No caso de atuação como instância única, os cinco árbitros tomam parte no julgamento.

Fora do sistema de solução de controvérsias, até mesmo para evitar que estas surjam, decidiram os países do Mercosul prover o TPR com uma função consultiva, como dispõe o art. 3º do Protocolo de Olivos:

Capítulo III – Opiniões Consultivas

Art. 3º – Regime de Solicitação

O Conselho do Mercado Comum poderá estabelecer mecanismos relativos à solicitação de opiniões consultivas ao Tribunal Permanente de Revisão definindo seu alcance e seus procedimentos.

Pela Decisão CMC nº 37/2003 ficaram definidos os sujeitos ativos das consultas: "Poderão solicitar opiniões consultivas ao TPR todos os Estados-partes do Mercosul, atuando conjuntamente, os órgãos com capacidade decisória do Mercosul e os Tribunais Superiores dos Estados-partes com jurisdição nacional, nas condições que se estabeleçam para cada caso."

Com isso, antes de criar qualquer norma que possa vir a ser questionada pelos parceiros do bloco, um país-membro pode realizar consultas ao TPR para confirmar a validade jurídica daquela.

---

[39] As negociações diretas são a única etapa obrigatoriamente realizada para se solucionar uma controvérsia no Mercosul.

8.5.4. Considerações Finais

O sistema de solução de controvérsias do Mercosul também pode ser iniciado a partir de reclamações de **particulares** de um país-membro em relação a medidas adotadas por outro país-membro. Neste caso, o particular (pessoa física ou jurídica) reclama na Seção Nacional do Grupo Mercado Comum do seu país. O procedimento de solução da controvérsia será iniciado pela Seção Nacional, caso decida pela procedência da reclamação.

Para concluir, é importante notar que o primeiro artigo do Protocolo de Olivos dispõe que os Estados-partes do Mercosul não estão obrigados a usar o sistema de solução de controvérsias por ele criado. Podem ser utilizados outros, como, por exemplo, o da OMC. A eleição de foro é prevista no art. 1º:

Art. 1º

(...)

§ 2º – As controvérsias compreendidas no âmbito de aplicação do presente Protocolo que possam também ser submetidas ao **sistema de solução de controvérsias da Organização Mundial do Comércio ou de outros esquemas preferenciais de comércio** de que sejam parte individualmente os Estados-partes do MERCOSUL poderão submeter-se a um ou outro foro, **à escolha da parte demandante.** Sem prejuízo disso, as partes na controvérsia poderão, de comum acordo, definir o foro.

Uma vez iniciado um procedimento de solução de controvérsias de acordo com o disposto acima, nenhuma das partes poderá recorrer a mecanismos de solução de controvérsias estabelecidos nos outros foros com relação a um mesmo objeto, definido nos termos do art. 14 deste Protocolo.

8.6. REGIME DE ORIGEM

8.6.1. Conceito

Durante as negociações para a criação do Mercosul, os países-membros decidiram que as mercadorias originárias do bloco circulariam livremente entre eles. Era, portanto, necessário criar regras objetivas para aferição da origem dos bens comercializados. E isso foi feito. Ao se redigir o Tratado de Assunção, as regras de origem foram listadas no Anexo III, intitulado "Regime Geral de Origem". Posteriormente, o regime foi sendo aprimorado com a edição de novas normas. Em agosto de 2010, estava em vigor o regime previsto na Decisão CMC nº 01/2004.

8.6.2. Critérios Gerais e Específicos

O art. 3º da Decisão CMC nº 01/1994 dispõe acerca do Regime **Geral** de Origem nas alíneas *a* a *f*. E indica, na alínea *g*, os requisitos **específicos** de origem que devem ser cumpridos em relação aos produtos listados no Anexo I à Decisão.[40] Resumidamente, um produto será considerado originário do Mercosul quando:

---

[40] Art. 3º – Serão considerados originários:

a) Os produtos **totalmente** obtidos:

i) produtos do reino vegetal colhidos no território de uma ou mais Partes;

ii) animais vivos, nascidos e criados no território de uma ou mais Partes;

iii) produtos obtidos de animais vivos no território de uma ou mais Partes;

iv) mercadorias obtidas da caça, captura com armadilhas, pesca realizada no território ou nas suas águas territoriais e zonas econômicas exclusivas, de uma ou mais Partes;

v) minerais e outros recursos naturais não incluídos nos subparágrafos (i) a (iv) extraídos ou obtidos no território de uma ou mais Partes;

vi) peixes, crustáceos e outras espécies marinhas obtidos do mar fora de suas águas territoriais e das zonas econômicas exclusivas por barcos registrados ou matriculados em uma das Partes e autorizados para arvorar a bandeira dessa Parte, ou por barcos arrendados ou fretados a empresas estabelecidas no território de uma Parte;

vii) mercadorias produzidas a bordo de barcos-fábrica a partir dos produtos identificados no inciso (iv) serão consideradas originárias do país em cujo território, ou águas territoriais e zonas econômicas exclusivas se efetuou a pesca ou a captura;

viii) mercadorias produzidas a bordo de barcos-fábrica a partir dos produtos identificados no inciso (vi), sempre que estes barcos-fábrica estejam registrados, matriculados em uma das Partes e estejam autorizados a arvorar a bandeira desta Parte, ou por barcos-fábrica arrendados ou fretados por empresas estabelecidas no território de uma Parte;

ix) mercadorias obtidas por uma das Partes do leito do mar ou do subsolo marinho, sempre que essa Parte tenha direitos para explorar esse fundo do mar ou subsolo marinho;

x) mercadorias obtidas do espaço extraterrestre, sempre que sejam obtidas por uma Parte ou uma pessoa de uma Parte;

xi) resíduos e desperdícios resultantes da produção em uma ou mais Partes e matéria-prima recuperada dos resíduos e desperdícios derivados do consumo, recolhidos em um Estado-parte e que não possam cumprir com o propósito para o qual haviam sido produzidos.

b) Os produtos elaborados integralmente no território de qualquer um dos Estados-partes quando em sua elaboração forem utilizados, **única e exclusivamente**, **materiais originários dos Estados-partes**.

c) Os produtos em cuja elaboração forem utilizados materiais não originários dos Estados-partes, quando resultantes de um processo de transformação que lhes confira uma **nova individualidade**, caracterizada pelo fato de estarem classificados em uma posição tarifária (primeiros quatro dígitos da Nomenclatura Comum do MERCOSUL) diferente da dos mencionados materiais.

d) Nos casos em que o requisito estabelecido na letra (c) não possa ser cumprido porque o processo de transformação operado não implica mudança de posição tarifária (primeiros quatro dígitos da Nomenclatura Comum do MERCOSUL), será suficiente que o valor CIF porto de destino ou CIF porto marítimo dos **insumos de terceiros países não exceda 40% do valor FOB** das mercadorias de que se trate.

Na ponderação da determinação do valor CIF dos materiais não originários dos países sem litoral marítimo, será considerado como porto de destino o primeiro porto marítimo ou fluvial localizado no território dos demais Estados-partes por onde houver ingressado o produto ao MERCOSUL.

1) tiver sido colhido, caçado, pescado, capturado no ou extraído do território de qualquer dos países-membros (situações previstas na alínea *a* do art. 3º);
2) produzido integralmente pelos países do bloco comercial (previsão na alínea *b*);
3) transformado substancialmente na região (alínea *c*);
4) não transformado substancialmente na região, mas que tenha obtido o percentual de participação regional de, pelo menos, 60% do produto final (alíneas *d* a *f*); ou
5) o produto, sujeito a critérios específicos de origem, cumprir tais critérios (alínea *g*).

A **alínea *a*** é de fácil entendimento: animais caçados no Uruguai, o milho colhido na Argentina e o ferro extraído no Brasil são produtos considerados originários da região. Logo, circulam livremente entre os países-membros do Mercosul.

A **alínea *b*** também é simples. São originários do Mercosul, por exemplo, os alimentos produzidos no Uruguai, as roupas feitas na Argentina e o aço produzido no Brasil, caso sejam utilizados insumos exclusivamente da região.

A **alínea *c*** trata daqueles casos em que insumos são importados de fora do Mercosul para serem usados em um processo de industrialização. Caso o produto final possua uma posição NCM diferente das posições NCM dos insumos, o produto é considerado originário do bloco.[41] A lógica estabelecida na alínea *c* é que não basta uma "maquiagem" no produto para que ele seja

---

e) Os produtos resultantes de operações de ensamblagem ou montagem realizadas no território de um país do MERCOSUL, utilizando materiais originários de terceiros países, quando o valor CIF porto de destino ou CIF porto marítimo **desses materiais não exceda a 40% do valor FOB**.

f) Os Bens de Capital que cumprirem com um **requisito de origem de 60% de valor agregado regional**.

g) Os produtos sujeitos a **requisitos <u>específicos</u> de origem**, que figuram no Anexo I. Esses requisitos prevalecerão sobre os critérios gerais estabelecidos nas letras (c) a (f) do presente artigo. Entretanto, não serão exigíveis para os produtos totalmente obtidos da letra (a), nem para os produtos elaborados integralmente no território de qualquer um dos Estados-partes da letra (b) do presente Artigo.

[41] A Nomenclatura Comum do Mercosul (NCM) consta na Resolução CAMEX nº 43, de 22/12/2006, publicada no Diário Oficial da União de 26/12/2006, sendo baseada no Sistema Harmonizado (SH). Foi citado, em nota do tópico 5.6.4, que o SH é uma tabela internacional de mercadorias com os respectivos códigos de 6 dígitos. Na NCM, tabela criada pelo Mercosul, são utilizados códigos de 8 dígitos, sendo os seis primeiros aproveitados do SH. Os dois dígitos adicionais servem para se desmembrarem os códigos SH que forem considerados, pelo Mercosul, muito genéricos. A **posição** de uma mercadoria na NCM são os quatro primeiros dígitos do seu código.

A TEC nada mais é do que a NCM acrescida de uma terceira coluna de alíquotas de imposto de importação discriminadas por mercadoria.

considerado originário do Mercosul. A transformação tem que ser substancial, alterando-se o código em nível de posição. É claro que, se houver mudança de capítulo na NCM, mais significativa terá sido a transformação do produto.[42] Mas, se a mudança se der em nível de posição, isto já basta para a caracterização de produto originário do bloco, sem necessidade de mudança no capítulo.[43]

Exemplo 1: o Uruguai importa toras de madeira da África para a produção de camas e outros móveis. Considerando-se que as toras de madeira são classificadas na posição 4403 da NCM ("Madeira em bruto, mesmo descascada, desalburnada ou esquadriada") e as camas de madeira, na posição 9403 ("Outros móveis e suas partes"), pode-se dizer que a industrialização deu ao produto uma nova individualidade.[44] Logo, as camas são consideradas produtos originários do Mercosul.

Exemplo 2: consideremos que uma gráfica no Brasil importe da China etiquetas em branco (NCM 4821.90.00)[45] e produza, a partir delas, etiquetas personalizadas para seus clientes. Uma empresa na Argentina encomenda etiquetas impressas com seu logotipo. Ao se realizar o processo de impressão no Brasil, o produto é transformado, passando a ter um novo código (NCM 4821.10.00). Entretanto, como o processo de transformação não implicou mudança de posição tarifária (a posição continuou sendo 4821), as etiquetas impressas não são consideradas, pela aplicação da alínea *c*, como originárias do Brasil. Mas, talvez, pelas demais alíneas, analisadas à frente, o Brasil possa vir a ser considerado o país de origem desses bens.

Antes de se passar para a última regra geral de origem, cabe apontar uma modificação relativa ao critério de transformação substancial. Pela Decisão CMC nº 16/2007, vigente desde agosto de 2009, passou a ser permitido que a posição NCM do produto final seja igual à posição NCM dos insumos desde que o valor desses não ultrapasse 10% do valor do produto final. Vejamos um exemplo.

---

[42] Exemplo de mudança em nível de capítulo: importação de animal vivo (Capítulo 01 da NCM) para abate e posterior exportação das carnes e miudezas comestíveis (Capítulo 02 da NCM).

[43] Exemplo de mudança em nível de posição, mantido o capítulo: importação de toras de madeira (posição 4403) com posterior criação de caixas de madeira (posição 4415).

Observação: o Capítulo 44 é intitulado "Madeira, Carvão Vegetal e Obras de Madeira".

[44] No exemplo dado, a posição 4403 também pode ser lida como sendo a posição 03 do Capítulo 44 da NCM ("Madeira, Carvão Vegetal e Obras de Madeira"). E a posição 9403 pode ser lida: posição 03 do Capítulo 94 ("Móveis; mobiliário médico-cirúrgico; colchões, almofadas e semelhantes; ..."). Apesar de, coincidentemente, o número da posição da madeira quanto o da cama serem "03", as posições são diferentes, pois se encontram em capítulos distintos.

[45] 48.21 Etiquetas de qualquer espécie, de papel ou cartão, impressas ou não.

4821.10.00 – Impressas

4821.90.00 – Outras

Exemplo 3: o Brasil importa insumos A (posição NCM 1001), B (posição 1304) e C (posição 1607) para produzir o bem X. Antes de agosto de 2009, se a posição NCM de X fosse igual a 1001, 1304 ou 1607, ele não seria considerado originário do Brasil. A partir daquela data, se o bem X estiver, por exemplo, na posição NCM 1001, então ele só será considerado originário do Brasil se o valor CIF (custo incluindo o seguro e o frete) do insumo A (que tem a mesma posição NCM de X) não exceder 10% do valor FOB do produto X.

As alíneas *d* a *f* tratam da agregação regional de valor. Retomemos o exemplo das etiquetas. Caso o Brasil importe etiquetas em branco e as transforme em etiquetas impressas, então, pelo critério da transformação substancial, vimos que o produto não é considerado originário do Brasil. No entanto, caso um lote de etiquetas em branco tenha sido importado por US$ 100,00 (incluindo-se seguro e frete, ou seja, valor CIF – *Cost, Insurance and Freight*) e o mesmo lote, agora com etiquetas impressas, seja exportado para a Argentina por US$ 300,00 (sem incluir seguro e frete, ou seja, valor FOB – *Free On Board*), o Brasil será considerado país de origem do bem. Esse critério leva em conta os preços dos insumos e do produto final. O Mercosul, apesar de não ter promovido uma transformação substancial, foi responsável por um percentual significativo do valor final do produto. Este percentual mínimo, chamado índice de agregação regional, foi fixado pela norma em 60%. Em outras palavras, os insumos extra-bloco não podem passar de 40% do valor FOB do produto final.

Em relação ao percentual, o Paraguai tem um tratamento diferenciado. Para ele, o índice de agregação regional não precisa ser de 60%, mas de 40%. Por exemplo, se o Paraguai comprar um produto da França por US$ 60,00 CIF e, após um processo de industrialização, revendê-lo ao Brasil por US$ 100,00 FOB, o produto será considerado paraguaio, visto que este país respondeu por 40% do valor final do produto exportado. Este tratamento favorecido pode ser utilizado pelo país até 31/12/2022, segundo a já citada Decisão CMC nº 16/2007.

A alínea *g* trata dos requisitos específicos que alguns produtos precisam cumprir para serem considerados originários do bloco. São casos análogos aos analisados no tópico 7.5.2.1. Para exemplificar: na norma atual, o óleo de soja refinado somente é considerado originário do Mercosul se aqui tiver havido a transformação substancial e, cumulativamente, agregação regional de 60%.

Concluída a análise dos critérios de origem, é importante registrar que o cumprimento destes não é suficiente para se usufruírem os benefícios no comércio intramercosul. Uma condição adicional foi incluída no art. 10 da Decisão CMC nº 01/2004: "Para que as mercadorias originárias se beneficiem dos tratamentos preferenciais, elas deverão ter sido expedidas diretamente do Estado-parte exportador ao Estado-parte importador." Portanto, a mercadoria não pode ser movimentada por meio de país extrabloco, sob pena de perda dos benefícios comerciais.

As regras positivas de origem, ou seja, os critérios em que se reconhece o produto como originário do Mercosul foram listados nas alíneas *a* a *g*. Mas a Decisão CMC nº 01/1994 também indicou uma regra negativa de origem, isto é, dispôs que algumas operações não conferem origem a um produto ainda que haja, por exemplo, agregação em 80%, 90% ou 99% do valor.

Consideremos o caso de uma empresa paraguaia que importe da China, da Índia e da Malásia todos os componentes de um computador e realize tão somente a montagem do bem. Se os componentes importados custarem US$ 1.000,00 CIF e o computador for vendido para o Brasil por US$ 10.000,00 FOB, este não será considerado originário do Mercosul, apesar de o Paraguai ter sido responsável por 90% do valor final do computador. Esta regra negativa de origem é prevista no art. 4º da Decisão CMC.[46]

Um outro exemplo de negativa de origem é o caso de o Uruguai importar do Vietnã uma saca de 100 kg de arroz por US$ 50,00 CIF e fracioná-la em cem pacotes de 1 kg para exportar para o Brasil. Ainda que os cem pacotes custem, no total, US$ 300,00 FOB, eles não serão considerados originários do Mercosul.

8.6.3. Produtos Estrangeiros Tratados como Originários

Em regra, somente obtêm benefícios no comércio intramercosul as mercadorias que cumprirem os critérios de origem analisados no tópico anterior, ou, em outras palavras, somente as que tenham sido produzidas total ou parcialmente na região. No entanto, existem duas exceções previstas no art. 2º da

[46] Art. 4º – **Não** serão considerados originários os produtos resultantes de operações ou processos efetuados no território de um Estado-parte, pelos quais adquiram a forma final em que serão comercializados, quando nessas operações ou processos forem utilizados **exclusivamente materiais ou insumos não originários** dos Estados-partes e **consistam apenas** em montagens ou ensamblagens, embalagens, fracionamento em lotes ou volumes, seleção, classificação, marcação, composição de sortimentos de mercadorias ou simples diluições em água ou outra substância que não altere as características do produto como originário, ou outras operações ou processos equivalentes.

Decisão CMC nº 37/2005.[47] Conforme dispõe a norma, caso a importação de um bem produzido extrabloco não seja tributada por nenhum dos quatro membros do Mercosul, seja porque a alíquota da TEC é zero, seja porque os quatro países resolveram conceder uma redução tarifária de 100% sobre a alíquota da TEC, então este bem será tratado como originário do Mercosul. A lógica desta regra é reconhecer que, não sendo tributada a importação extrabloco do bem, ele tem o mesmo tratamento tarifário dado aos produtos originários do bloco. Daí surgiu a motivação para se criar formalmente a equiparação.

Como exemplo de aplicação, consideremos que:

i) insumos estrangeiros são importados por uma firma brasileira e utilizados em processo industrial;

ii) a composição final do bem produzido pela firma brasileira é de 90% do insumo estrangeiro e 10% de agregação nacional;

iii) o produto final possui a mesma posição NCM do insumo estrangeiro;

iv) o produto final possui alíquota de 20% na TEC; e

v) o produto final está sendo exportado do Brasil para a Argentina.

Então, em tese, o produto final não será considerado originário do Mercosul, pois não terá havido mudança de posição NCM nem agregação interna de, no mínimo, 60% sobre o valor FOB. Logo, será tributado pela Argentina com a alíquota de 20%.

No entanto, caso o insumo estrangeiro possua, por exemplo, alíquota 0% na TEC e não apareça na lista de exceções de qualquer dos países-membros do Mercosul, então, pela aplicação da Decisão CMC nº 37/2005, o insumo será tratado como originário do bloco. Consequentemente, o produto final também o será, pois composto integralmente de insumos "originários". Neste caso, a Argentina não tributará a importação do bem produzido no Brasil.

---

[47] A Decisão CMC nº 37/2005 foi internalizada no Brasil por meio do Decreto nº 5.738/2006 e assim dispõe:

"**Art. 2** – Os bens importados de terceiros países que ingressem no território de algum dos Estados-partes a partir de 1º de janeiro de 2006, **receberão o tratamento de originários**, tanto no que respeita à sua **circulação** entre os Estados-partes do MERCOSUL, quanto à sua **incorporação em processos produtivos**, sempre que a eles se aplique:

a) uma Tarifa Externa Comum de 0% em todos os Estados-partes – esses bens encontram-se incluídos no Anexo I da presente Decisão.

b) uma preferência tarifária de 100%, quadripartite e simultaneamente, e estejam sujeitos ao mesmo requisito de origem, no âmbito de cada um dos acordos subscritos pelo MERCOSUL, sem quotas nem requisitos de origem temporários, quando os mesmos sejam originários e procedentes do país ou grupos de países a que se outorga essa preferência. Os citados bens encontram-se incluídos no Anexo II e estão identificados por país ou grupos de países de origem.

Art. 3 – O Anexo I não inclui as posições tarifárias NCM que fazem parte de alguma das listas de exceções nacionais à TEC."

Por outro lado, caso o produto estrangeiro não satisfaça os requisitos previstos na Decisão CMC nº 37/2005, ele não receberá o tratamento de produto originário do bloco, podendo ocasionar múltiplas cobranças da TEC.

8.6.4. Dupla Cobrança da TEC

Consideremos que um produto chinês seja importado pelo Paraguai e tributado com alíquota da TEC de 20%. Caso este produto seja revendido para o Brasil, este cobrará outros 20% de imposto de importação, tendo em vista não ser um produto originário do bloco nem equiparado a originário. Hipoteticamente, caso este bem seja mais uma vez revendido, desta vez para a Argentina, este país irá cobrar outros 20% de imposto de importação. Esta multiplicidade de cobrança da TEC é conhecida como "dupla cobrança da TEC".

Em agosto de 2010, foi aprovada a Decisão CMC nº 10/2010, cujo preâmbulo destaca o desejo de eliminação da dupla cobrança: "Considerando que a eliminação da dupla cobrança da Tarifa Externa Comum é uma condição necessária para a livre circulação de mercadorias no Mercosul; ..."

Na norma citada, foram definidas etapas para se implementar a referida eliminação e a distribuição da renda aduaneira. Retomando o exemplo do início deste tópico, quando a eliminação da dupla cobrança estiver implementada, um produto extrabloco será tributado apenas na entrada no Paraguai, não o sendo nas posteriores movimentações intrabloco. Além disso, se o bem for revendido do Paraguai para o Brasil, o imposto de importação arrecadado naquele país deverá ser entregue a este. Significa que o Paraguai repassará ao Brasil não só a mercadoria, mas também o imposto de importação arrecadado em função dela. Nisto consiste a distribuição da renda aduaneira. Como o imposto passa a ser arrecadado apenas na entrada no Mercosul, ele deve ser distribuído para o país que for o destino final do produto importado.

A busca pela eliminação da dupla cobrança da TEC e pela distribuição de renda aduaneira não é recente. A Decisão CMC nº 26, de 2003, ao criar o "Programa de Trabalho do Mercosul 2004-2006", dispôs que "a Secretaria do Mercosul elaborará, no primeiro semestre de 2004, uma proposta de mecanismos para eliminar a dupla cobrança da TEC e resolver o tema da distribuição aduaneira." Apesar de ser um desejo antigo, ele ainda não foi cumprido, como se pode concluir com a edição de nova norma em 2010. E a principal razão para esse descumprimento tem sido a rejeição paraguaia à ideia de repasse da receita aduaneira arrecadada, que tem um peso importante na receita total arrecadada por aquele país.

8.6.5. Certificado de Origem Mercosul

Como um importador no Mercosul prova para a alfândega de seu país que a mercadoria importada é originária do bloco para, consequentemente, ter direito à alíquota *zero*? Por meio da apresentação do Certificado de Origem Mercosul, definido nos arts. 11 e 12 do Anexo II do Tratado de Assunção:

> Art. 11 – Para que a importação dos produtos originários dos Estados-partes possa beneficiar-se das reduções de gravames e restrições outorgadas entre si, na documentação correspondente às exportações de tais produtos deverá constar uma **declaração** que certifique o cumprimento dos requisitos de origem estabelecidos de acordo com o disposto no Capítulo anterior.
> Art. 12 – A declaração a que se refere o artigo precedente será expedida pelo produtor final ou pelo exportador da mercadoria, e certificada por uma repartição oficial ou entidade de classe com personalidade jurídica, credenciada pelo Governo do Estado-parte exportador.

No Brasil, a Portaria SECEX nº 10, de 24/05/2010, Anexo Q, assim dispõe acerca do Certificado de Origem – Mercosul:

> III – Certificado de Origem – Mercosul – documento preenchido pelo exportador e emitido por entidades credenciadas pelo Ministério do Desenvolvimento, Indústria e Comércio Exterior, junto à Aladi, para amparar a exportação de produtos que gozam de tratamento preferencial outorgado pelos países-membros do Mercado Comum do Sul (Mercosul).

8.7. SISTEMA DE PAGAMENTOS EM MOEDA LOCAL – SML

Em julho de 2009, foi aprovada a Decisão CMC nº 09/2009. Por meio dela, passou a ser permitida a utilização das moedas locais nos pagamentos realizados entre os países-membros do Mercosul, dependendo apenas de acordo bilateral entre os Bancos Centrais dos países interessados. Com a utilização de moedas locais, deixa de ser necessária a celebração de contratos de câmbio como era obrigatório até então. Por exemplo, numa exportação brasileira, o importador argentino era obrigado a contratar o câmbio com um banco argentino para que este recebesse pesos argentinos e liberasse dólares a serem enviados para o Brasil. E o exportador brasileiro era obrigado a contratar o câmbio junto a um banco brasileiro, que recebia os dólares e disponibilizava os reais àquele. O custo financeiro era um complicador para o comércio bilateral, principalmente para as pequenas empresas.

Atualmente, apenas um acordo bilateral para uso do SML no Mercosul está em vigência: o convênio Brasil-Argentina. Vejamos o procedimento operacional previsto no SML, considerando que, em determinado dia, várias operações comerciais podem ser fechadas entre Brasil e Argentina em moeda local. As exportações brasileiras para a Argentina são fechadas em reais e as exportações em sentido contrário são fechadas em pesos argentinos.

O procedimento operacional pode ser exemplificado cronologicamente e com números hipotéticos:

1) Em variados dias, exportações brasileiras são fechadas em reais com importadores argentinos. E várias exportações argentinas para o Brasil são fechadas em pesos.
2) No 1º dia de utilização do SML: importadores argentinos vão aos bancos de seu país para registrarem e quitarem importações fechadas com exportadores brasileiros. Os importadores entregam pesos argentinos equivalentes aos reais indicados nas faturas brasileiras. Para essa conversão, os bancos argentinos podem fixar taxas de câmbio ou pode ser utilizada a Taxa SML publicada nas páginas eletrônicas dos Bancos Centrais do Brasil e da Argentina. Também nesse 1º dia, importadores brasileiros registram operações nos bancos brasileiros e entregam a estes os reais equivalentes aos pesos argentinos indicados nas faturas das empresas daquele país. Digamos que o total das exportações Brasil-Argentina registradas neste dia tenha sido de R$ 10 mil e o total Argentina-Brasil, 8 mil pesos.
3) No 2º dia: os bancos argentinos repassam ao Banco Central da Argentina todo o montante recebido dos importadores argentinos no dia anterior (pesos equivalentes a R$ 10 mil). Analogamente, os bancos brasileiros repassam ao Banco Central do Brasil o montante recebido dos importadores brasileiros (reais equivalentes a 8 mil pesos argentinos).
4) No 3º dia: apura-se o saldo para fins de quitação. Para simplificar, consideremos que R$ 1,00 seja equivalente a um peso argentino. Sendo assim, o saldo é de R$ 2 mil. Pode-se fazer a seguinte leitura: o Banco Central do Brasil recebeu R$ 8 mil, mas o Brasil exportou R$ 10 mil. Ou então: o Banco Central da Argentina recebeu o equivalente a

R$ 10 mil, apesar de a Argentina ter exportado apenas o equivalente a R$ 8 mil. Apurado o saldo, este deve ser quitado, no 4º dia, pelo Banco Central devedor em favor do Banco Central credor. No exemplo, o Banco Central da Argentina deve entregar ao Banco Central do Brasil o equivalente a R$ 2 mil. Ficou acordado que a quitação se dá em dólares norte-americanos por meio de transferência bancária em Nova York. Após a quitação, os exportadores brasileiros e argentinos recebem dos respectivos Bancos Centrais os valores de suas vendas.

5) No 4º dia: são realizadas as transferências de um Banco Central para o outro. Os exportadores brasileiros e argentinos recebem os valores relativos a suas vendas.

8.8. ACORDOS E NEGOCIAÇÕES COMERCIAIS ENVOLVENDO O MERCOSUL

Antes de analisarmos os acordos e negociações que envolvem o Mercosul, cabe registrar que os países-associados do Mercosul, que podem participar das reuniões do Mercosul, mas como meros observadores, sem direito a voto, são Chile, Bolívia, Peru, Colômbia, Equador e Venezuela.[48]

Em agosto de 2010, estavam em vigor acordos do Mercosul com oito países, sendo seis do continente americano:

1) **Chile**: Em 1996, por meio do Acordo de Complementação Econômica nº 35 (ACE-35),[49] foi decidida a formação de uma área de livre comércio Mercosul-Chile. Em agosto de 2010, 98% do comércio de bens já era realizado sem barreiras tarifárias.

2) **Bolívia**: Também em 1996, pelo Acordo de Complementação Econômica nº 36 (ACE-36),[50] foi acordada a formação de uma área de livre comércio Mercosul-Bolívia. Em agosto de 2010, a liberalização comercial já atingia o substancial do comércio.

   A Bolívia, atualmente, é um país-associado do Mercosul. No entanto, pela Decisão CMC nº 01, de janeiro de 2007, foi criado um grupo de

---

[48] Como abordado anteriormente, a Venezuela passará a ser país-membro quando o Paraguai ratificar a adesão daquele país. Portanto, em agosto de 2010, a Venezuela ainda era considerada um país-associado, como pode ser confirmado na página eletrônica oficial www.mercosur.int, acessada em 31/08/2010.

[49] Celebrado no âmbito da ALADI e internalizado no Brasil pelo Decreto nº 2.075/1996.

[50] Internalizado no Brasil pelo Decreto nº 2.240/1997.

trabalho "...para definir os termos para a incorporação da Bolívia como Estado-parte do Mercosul."

3) **México**: Em julho de 2002, Mercosul e México assinaram o ACE-54,[51] que é um acordo-quadro. Esta espécie de acordo serve apenas para criar as bases para novas negociações. A partir do ACE, seria discutida a formação de uma área de livre comércio entre as partes, como se constata na leitura do art. 6º: "O presente acordo entrará em vigência trinta (30) dias depois que todas as Partes comuniquem à Secretaria Geral da ALADI o cumprimento dos requisitos exigidos por sua legislação para esse fim e terá vigência **até ser substituído** por um **Acordo de Livre Comércio entre o MERCOSUL e os Estados Unidos Mexicanos**."
4) **Peru**: Em novembro de 2005, foi assinado o ACE-58.[52] Pretende-se instituir uma área de livre comércio entre as partes, havendo um cronograma de desgravação tarifária que deverá estar concluído em 2019.
5) **Colômbia/Equador/Venezuela**: Em outubro de 2004, foi assinado o ACE-59.[53] Pretende-se instituir uma área de livre comércio entre os sete países, havendo um cronograma de desgravação que deverá estar concluído em 2018.[54]
6) **Cuba**: Em julho de 2006, foi assinado o ACE-62.[55] O acordo não visa à formação de uma área de livre comércio, objetivo dos acordos analisados anteriormente. Visa tão somente à conformação de uma zona preferencial entre as partes. O acordo entrou em vigor somente entre Brasil e Cuba em julho de 2007.
7) **Índia**: Em 2009, entrou em vigor o acordo preferencial Mercosul-Índia,[56] pelo qual são concedidas reduções tarifárias para aproximadamente 450 produtos de cada lado. As preferências tarifárias concentram-se na faixa dos 10% a 20%, mas há caso de eliminação das tarifas. Este acordo pretende ser o primeiro passo para uma área de livre comércio entre as partes.

---

[51] Internalizado no Brasil por meio do Decreto nº 4.598/2003.

[52] Internalizado no Brasil pelo Decreto nº 5.651/2005.

[53] Internalizado no Brasil por meio do Decreto nº 5.361/2005.

[54] Com a futura entrada da Venezuela como país-membro do Mercosul, haverá, para esse país, novos prazos para a desgravação tarifária.

[55] Internalizado no Brasil pelo Decreto nº 6.068/2007.

[56] Internalizado no Brasil por meio do Decreto nº 6.864/2009.

8) **Israel**: O Acordo de Livre Comércio Mercosul-Israel[57] entrou em vigor em 2010. O objetivo é se atingir a liberalização comercial em 2020.

Além dos oito acordos em vigor, existem dois já concluídos, mas pendentes de ratificação pelos Estados-partes:

1) **Mercosul – União Aduaneira da África Austral (*South African Customs Union – SACU*)**: O acordo foi assinado em 2009. Prevê a criação de uma zona preferencial entre as partes com reduções/eliminações tarifárias de cerca de 1.000 produtos de cada lado. Pretende-se atingir futuramente a área de livre comércio entre os blocos.

2) **Mercosul – Egito**: Em 2010, foram concluídas as negociações para se implementar uma área de livre comércio.

Em agosto de 2010, o Mercosul ainda negociava acordos com Marrocos, Turquia, Jordânia e com o Conselho de Cooperação do Golfo (Arábia Saudita, Bahrein, Qatar, Emirados Árabes Unidos, Kuwait e Omã). Em relação à União Europeia, houve, em maio de 2010, uma sinalização por parte desta para a retomada de negociações visando à formação de uma área de livre comércio entre os dois blocos. Mas, até o fechamento desta edição, não havia nenhum movimento concreto de negociação.

[57] Internalizado no Brasil pelo Decreto nº 7.159/2010.

Questões de Provas

01. (AFRF/2000) Considerando que uma importação brasileira oriunda de países-membros da ALADI – Associação Latino-Americana de Integração, e não membro do Mercosul, goza de uma margem de preferência de 30% (trinta por cento) sobre a alíquota da TEC – Tarifa Externa Comum de 10% (dez por cento), o imposto resultante alcançará o percentual de:

a) 10%;
b) 7%;
c) 40%;
d) 20%;
e) 3%.

02. (AFTN/1996) A instauração de uma união aduaneira entre o Brasil, Argentina, Paraguai e Uruguai levou à adoção, por estes países, de mecanismos e códigos comerciais comuns, entre os quais a Nomenclatura Comum do Mercosul (NCM). A aplicação desta pelo Brasil:

a) abrange todas as operações de comércio exterior;
b) restringe-se às operações de comércio exterior efetuadas pelo país no âmbito do Mercosul;
c) é facultativa para as operações de comércio exterior com outros países latino-americanos;
d) é obrigatória para as operações de comércio exterior efetuadas no âmbito do Mercosul e facultativa para o comércio com outras regiões;
e) é obrigatória para o comércio com os países do Mercosul e com os demais países da Associação Latino-Americana de Integração (ALADI) e facultativa para o comércio com outras regiões.

03. (AFTN/1996) Os instrumentos básicos de ação previstos no Tratado de Assunção para o Mercosul são:

a) redução progressiva de barreiras tarifárias e não tarifárias, até a eliminação total das barreiras entre os países-membros; o estabelecimento de uma autoridade supranacional com representantes dos países-membros e a ampliação gradativa do quadro de países-membros;
b) redução progressiva de barreiras tarifárias e não tarifárias, até a eliminação total das barreiras entre os países-membros; o estabelecimento de uma tarifa externa comum; acordos setoriais para o mercado de fatores; sistema provisório de solução de controvérsias e coordenação gradual de políticas macroeconômicas;
c) estabelecimento de prazos para a redução das barreiras tarifárias e não tarifárias, até a sua total eliminação entre os membros da união; estabelecimento de tarifa externa comum; criação de uma moeda comum, num prazo previamente acordado, a exemplo da União Europeia;

d) eliminação de barreiras tarifárias e não tarifárias entre os países-membros; estabelecimento de tarifa externa comum e ampliação gradativa do número de países-membros para que se fortaleça pela amplidão gradativa dos mercados;
e) estabelecimento de tarifa externa comum; criação de sistema de compensação para os negócios feitos no âmbito do sistema; eliminação progressiva das barreiras tarifárias e não tarifárias entre os países-membros; estabelecimento de um sistema de solução de controvérsia.

04. (ACE/1997) O Tratado de Cooperação Econômica (1986) firmado pelos ex-presidentes José Sarney (Brasil) e Raul Alfonsin (Argentina) propunha:
a) aumentar a integração econômica;
b) criar uma área de livre comércio entre Brasil e Argentina;
c) estimular o comércio em alguns setores da economia;
d) criar uma união aduaneira entre Brasil e Argentina;
e) criar um mercado comum entre Brasil e Argentina.

05. (ACE/1997) Seguindo o modelo da União Europeia, o Mercosul também procurou criar uma série de mecanismos e instituições que compõem a sua Estrutura Institucional. Todos os citados abaixo descrevem a estrutura do Mercosul, exceto:
a) Conselho do Mercado Comum;
b) Comissão do Mercado Comum;
c) Grupo do Mercado Comum;
d) Comissão Parlamentar Conjunta;
e) Foro Consultivo Econômico e Social.

06. (ACE/1997) O Regime de Origem de Produto é fundamental em um processo de integração regional, pois determina quais e de que forma os mesmos serão comercializados dentro da área de integração. São consideradas regras básicas do Regime de Origem no Mercosul as abaixo especificadas, exceto:
a) para ser considerado da região, um produto tem de ter 60% do valor agregado regionalmente;
b) para ser considerado da região, observa-se onde se inicia o processo industrial do produto;
c) um produto originário da região tem direito à tarifa zero;
d) e preciso que o produto tenha tido algum tipo de transformação ou processamento substancial na região;
e) no caso de uma união aduaneira, o controle de origem só é necessário se o produto em questão figurar em uma lista de exceções à Tarifa Externa Comum.

07. (ACE/1997) De um modo geral, um processo de integração precisa de um instrumento, ainda que flexível, de solução de controvérsias. Não é certo dizer, sobre o mecanismo de solução de controvérsias e o Mercosul, que:
a) o Protocolo de Ouro Preto dotou o Mercosul de Personalidade Jurídica Internacional;
b) o Conselho pode firmar acordos com outros países em nome do Mercosul;

c) o sistema de Controvérsias do Mercosul, adotado em 1991, foi confirmado pelo Tratado de Ouro Preto;
d) o processo de solução de controvérsias se divide nos seguintes níveis: 1) exame técnico da questão 2) exame pelo Grupo do Mercado Comum 3) negociação direta entre os países envolvidos 4) submissão do caso a um tribunal *ad hoc*;
e) o tribunal *ad hoc* é uma corte de justiça permanente formada por juristas dos quatro países.

08. (AFTN/1998) Identifique, nas opções abaixo, o órgão superior do Mercado Comum do Sul (Mercosul), ao qual incumbe a condução política do processo de integração e a tomada de decisões para assegurar o cumprimento dos objetivos estabelecidos pelo Tratado de Assunção:
a) Foro Consultivo Econômico-Social;
b) Conselho do Mercado Comum;
c) Comissão de Comércio do Mercosul;
d) Secretaria Administrativa do Mercosul;
e) Comissão Parlamentar Conjunta.

09. (AFTN/1998) Não constitui objetivo ou característica do Mercosul:
a) Eliminação de Direitos Aduaneiros e Barreiras Não Tarifárias entre os seus membros;
b) Tarifa Externa Comum (TEC);
c) Livre circulação de bens e fatores de produção, exceto pessoas;
d) Coordenação de Política Macroeconômica;
e) Realização de Acordos Setoriais.

10. (AFTN/1998) Não faz parte da estrutura jurídica do Mercosul:
a) Comissão Parlamentar Conjunta;
b) Sistema de Solução de Controvérsias;
c) Foro Consultivo Econômico-Social;
d) Comissão de Comércio do Mercosul;
e) Secretaria Administrativa do Mercosul.

11. (AFRF/2002-1) O Mercado Comum do Sul (Mercosul) foi criado em março de 1991 tendo como objetivo final:
a) o estabelecimento de um regime de comércio administrado por meio de um sistema de preferências tarifárias no âmbito da Associação Latino-Americana de Integração (ALADI);
b) a completa liberalização do comércio de bens entre os quatro países-membros no prazo de quatro anos;
c) a harmonização das políticas comerciais mediante a adoção de uma tarifa externa comum;
d) a liberalização do comércio de bens e de serviços, a livre circulação de mão de obra e de capitais e a coordenação de políticas macroeconômicas entre os quatro países-membros;
e) a unificação das políticas comerciais, cambiais, monetárias e fiscais dos quatro países-membros.

12. **(AFRF/2002-1) O Acordo de Livre Comércio da América do Norte, quando comparado ao Mercado Comum do Sul (Mercosul), configura iniciativa:**
    a) de natureza, forma e objetivos coincidentes com os do bloco do Cone Sul;
    b) mais abrangente e profunda, por envolver a livre circulação dos fatores de produção;
    c) de integração econômica menos profunda por limitar-se à liberalização do comércio de bens e de serviços;
    d) mais abrangente por constituir uma união aduaneira;
    e) cujos objetivos são contrários aos do Mercosul.

13. **(AFRF/2002-2) A partir de dezembro de 1994, o Mercado Comum do Sul (Mercosul) instituiu uma área de livre comércio e uma união aduaneira que ainda carecem de aperfeiçoamento. São medidas necessárias para tal fim:**
    a) eliminar barreiras não tarifárias ainda existentes, promover a liberalização dos fluxos de capital e de serviços e coordenar políticas macroeconômicas;
    b) aplicar integralmente o Programa de Liberalização Comercial, estabelecer regras de origem e incorporar produtos mantidos em listas de exceções à Tarifa Externa Comum;
    c) aperfeiçoar o sistema de salvaguardas intramercosul, implementar um regime de compras governamentais e introduzir mecanismo de salvaguardas comerciais;
    d) liberalizar o comércio de serviços, coordenar políticas macroeconômicas e estabelecer a livre circulação de capital e mão de obra;
    e) eliminar barreiras não tarifárias ainda existentes, promover a liberalização do comércio de serviços e incorporar à tarifa externa comum produtos mantidos à margem da mesma.

14. **(AFRF/2002-2) O Mercado Comum do Sul e a Comunidade Andina (CAN) estão negociando a formação de uma área de livre comércio entre os blocos sub-regionais.**
    Se comparada ao Mercosul, é correto afirmar sobre a Comunidade Andina que:
    a) possui objetivos diferentes, alcançou nível de integração comercial mais profundo e seu arcabouço institucional é mais avançado;
    b) possui objetivos diferentes, alcançou nível de integração comercial menos profundo e seu arcabouço institucional é menos avançado;
    c) seus objetivos, o nível de integração comercial alcançado e seu arcabouço institucional são semelhantes;
    d) possui objetivos semelhantes, alcançou o mesmo nível de integração econômica e possui arcabouço institucional mais avançado;
    e) possui objetivos semelhantes, alcançou nível de integração econômica mais profundo e possui arcabouço institucional mais avançado.

15. (AFRF/2003) O regime de livre comércio implantado no âmbito do Mercado Comum do Sul (Mercosul) a partir de 1º de janeiro de 1995 alcançou o substancial do comércio entre os quatro países-membros. Persiste como exceção, dentro de tal regime, o comércio de:

a) automóveis e açúcar;
b) gêneros agrícolas e aeronaves;
c) produtos de informática e bens de capital;
d) carnes em geral e produtos eletroeletrônicos;
e) produtos de telecomunicação e frangos.

16. (AFRF/2003) O Tratado de Assunção, que criou o Mercado Comum do Sul (Mercosul) integrado por Brasil, Argentina, Paraguai e Uruguai, enuncia como principal objetivo:

a) o estabelecimento de um mercado comum entre os quatro países até dezembro de 1994;
b) a criação de uma área de livre comércio até o ano 2000;
c) o estabelecimento de uma união aduaneira a partir de janeiro de 1995;
d) a implantação de uma área de preferências tarifárias a partir de 26 de março de 1991;
e) a imediata implantação de uma área de livre comércio que serviria de base para o estabelecimento de um mercado comum no prazo de dez anos.

17. (ACE/2002) Entre as etapas mais relevantes do processo de criação do Mercado Comum do Sul – Mercosul, está a assinatura do Protocolo Adicional ao Tratado de Assunção sobre a Estrutura Institucional do Mercosul, conhecido como o Protocolo de Ouro Preto, firmado aos 17 de dezembro de 1994. A seu respeito é correto afirmar que:

a) deu origem ao Conselho do Mercado Comum e ao Grupo do Mercado Comum, principais instâncias institucionais do Mercosul;
b) ao levar adiante a decisão de constituir uma união aduaneira, aprofundou o processo de integração do Mercosul, obrigando os governos dos Estados-parte a coordenar suas políticas macroeconômicas pertinentes à gestão do déficit fiscal e da busca de estabilidade de preços;
c) instituiu a Comissão de Comércio do Mercosul e a Secretaria Administrativa do Mercosul, e conferiu ao Conselho do Mercado Comum a faculdade de criar órgãos auxiliares, nos termos do mesmo Protocolo, considerados necessários à consecução dos objetivos do processo de integração;
d) ao instituir a representação proporcional ao número de habitantes na Comissão Parlamentar Conjunta, atendeu parcialmente aos reclamos de que haveria um "déficit democrático" no Mercosul, criando as condições para que tal Comissão evolua no sentido de se tornar um parlamento regional, a exemplo do que hoje é o Parlamento Europeu;
e) ao instituir alguns órgãos e especificar as funções de outros, avançou no desenho institucional do Mercosul, reduzindo sua dimensão intergovernamental e favorecendo a integração das economias, em particular ao prover um eficaz mecanismo de solução de controvérsias comerciais.

18. (AFRF/2005) Assinale a opção incorreta.

a) no âmbito do Mercosul, adotou-se um regime para a aplicação de medidas de salvaguarda às importações provenientes de países não membros do bloco.

b) o sistema de solução de controvérsias do Mercosul, definido pelo Protocolo de Olivos, estabelece um Tribunal Permanente de Revisão para o julgamento de recursos contra decisões dos Tribunais Arbitrais *Ad Hoc* – o que não existia no Protocolo de Brasília, antecessor do de Olivos.

c) em 2004, o Mercosul concluiu acordos comerciais, por exemplo, com a Índia e com a SACU (União Aduaneira Sul-Africana, formada por África do Sul, Botsuana, Lesoto, Namíbia e Suazilândia), e atualmente negocia acordos com outros países.

d) muito embora o Mercosul almeje à conformação de um mercado comum, atualmente o bloco se encontra no estágio de união aduaneira imperfeita (ou incompleta). Para a conclusão dessa etapa, basta a eliminação das exceções ao livre comércio intrabloco.

e) de acordo com o Protocolo de Usuhaia, a plena vigência das instituições democráticas é condição essencial para o processo de integração entre seus signatários (países do Mercosul, Bolívia e Chile). Prevê o Protocolo que a ruptura da ordem democrática em um dos países pode levar à suspensão de seus direitos e obrigações nos processos de integração entre os membros desse Protocolo.

19. (AFRF/2005) Assinale a opção incorreta (*adaptada*).

a) segundo as regras atualmente vigentes, o Brasil pode modificar, a cada seis meses, até 40% (quarenta por cento) dos produtos de sua lista de exceção à Tarifa Externa Comum.

b) atualmente, o Brasil pode manter até 100 (cem) itens da Nomenclatura Comum do Mercosul como lista de exceção à Tarifa Externa Comum.

c) a definição da lista de exceção brasileira à Tarifa Externa Comum do Mercosul é feita pela Câmara de Comércio Exterior (CAMEX).

d) compete à CAMEX orientar a política aduaneira, observada a competência específica do Ministério da Fazenda.

e) as resoluções da CAMEX poderão ter, excepcionalmente, caráter sigiloso, nos casos previstos na legislação vigente.

20. (TRF/2005) Atribua a letra (V) para as afirmativas verdadeiras e (F) para as falsas. Em seguida, marque a opção que contenha a sequência correta.

( ) No âmbito do sistema de solução de controvérsias da Organização Mundial do Comércio (OMC), caso o país que perca um litígio não cumpra a decisão do Órgão de Solução de Controvérsias, o país vencedor pode ser autorizado a aplicar-lhe sanções comerciais.

( ) É possível que dois países que façam parte do Mercosul levem um litígio à apreciação do sistema de solução de controvérsias da OMC ao invés de apresentá-lo ao mecanismo do Mercosul.

( ) Tal como o sistema de solução de controvérsias da OMC, o mecanismo do Mercosul conta com uma instância capaz de analisar recursos contra as decisões proferidas em primeiro grau por seus árbitros.

( ) As regras da OMC preveem que um país possa ser expulso da Organização caso não cumpra uma decisão do seu Órgão de Solução de Controvérsias.

( ) É possível que uma decisão do Tribunal Permanente de Revisão do Mercosul seja tomada mesmo não havendo consenso entre seus membros.

a) V, V, V, F, V.
b) F, F, V, F, F.
c) V, F, V, V, F.
d) V, V, F, F, V.
e) V, F, V, F, F.

21. (TRF/2005) O Tratado de Assunção, acordo constitutivo do Mercosul, define, em seu art. 1º, os objetivos do bloco. Entre esses objetivos, não se inclui:

a) a coordenação de políticas macroeconômicas e setoriais entre os Estados-partes – como as de comércio exterior, fiscal, monetária, cambial e alfandegária, entre outras –, a fim de assegurar condições adequadas de concorrência entre os Estados-partes;
b) o compromisso de os Estados-partes harmonizarem suas legislações nas áreas pertinentes;
c) a definição de uma moeda comum, uma vez constituído o mercado comum e harmonizadas as políticas monetária, fiscal e cambial;
d) a livre-circulação de bens, serviços e fatores produtivos entre os Estados-partes do bloco;
e) a adoção de uma política comercial comum em relação a terceiros Estados ou agrupamentos de Estados.

22. (TRF/2005) Assinale a opção correta.

a) Na qualidade de membros associados do Mercosul, Chile e Bolívia também aplicam a Tarifa Externa Comum (TEC) do bloco.
b) A Nomenclatura Comum do Mercosul (NCM) contém capítulos destinados não apenas a bens, mas também a serviços. Por sua vez, o Sistema Harmonizado (SH) diz respeito apenas à classificação aduaneira de bens.
c) O Grupo Mercado Comum, órgão máximo na estrutura do Mercosul, tem poderes para, por consenso, tomar decisões obrigatórias para os membros do bloco.
d) Atualmente, é possível que um membro do Mercosul aplique uma medida *anti-dumping* contra outro membro do bloco.
e) Ainda não foram definidas regras que tenham por objeto a defesa da concorrência no âmbito do Mercosul.

23. (AFRFB/2009) Na América Latina coexistem diferentes esquemas de integração econômica. Considerando este fato, assinale a opção que expressa corretamente as relações entre a Associação Latino-Americana de Integração (ALADI) e o Mercado Comum do Sul (Mercosul).

a) O Mercosul e a ALADI são esquemas preferenciais complementares, na medida em que perseguem distintos níveis de integração econômica.

b) Por possuírem objetivos, alcance e instrumentos distintos de integração, não há nenhuma relação funcional e jurídica entre ambos esquemas de integração.

c) O Mercosul foi constituído sob a égide da Associação Latino-Americana de Integração por meio de acordo de complementação econômica firmado por Argentina, Brasil, Uruguai e Paraguai.

d) Como os membros da ALADI estão formalmente proibidos de integrarem outros esquemas preferenciais, os países do Mercosul desligaram-se daquela associação quando firmaram o Tratado de Assunção que constituiu o Mercosul.

e) Embora sejam esquemas idênticos quanto aos propósitos e instrumentos que aplicam visando à integração econômica regional, inexistem vínculos funcionais ou jurídicos entre eles.

Capítulo 9

Organismos e Organizações Internacionais Relacionados ao Comércio

9.1. CONFERÊNCIA DAS NAÇÕES UNIDAS SOBRE COMÉRCIO E DESENVOLVIMENTO (UNCTAD)

9.1.1. Histórico

Com a pregação de Raúl Prebisch, em que apresentou a teoria da Deterioração dos Termos de Troca e o Estímulo à Substituição de Importações, analisados no tópico 2.2.5, houve duas consequências: foi convocada a primeira UNCTAD (*United Nations Conference on Trade and Development* – Conferência das Nações Unidas sobre Comércio e Desenvolvimento) e foi criada a ALALC (Associação Latino-Americana de Livre Comércio), bloco comercial analisado no Capítulo 7.

Como as teorias de Prebisch foram direcionadas para os países da América Latina, mas os países em desenvolvimento do mundo inteiro sofriam o mesmo problema, era natural buscar discutir o problema em nível mundial. Para isso, foi convocada uma conferência no âmbito das Nações Unidas, a UNCTAD – Conferência sobre Comércio e Desenvolvimento.

No curso da conferência decidiram perenizá-la. Assim, o que, a princípio, seria apenas uma reunião foi institucionalizado, ficando decidido que as sessões ocorreriam a cada quatro anos.[1] Esta transformação de enfoque se deu pela constatação da magnitude dos problemas a serem discutidos. Apesar das sessões espaçadas, a UNCTAD é considerada uma conferência permanente, visto que reuniões intergovernamentais ocorrem nos intervalos entre as sessões e existe um secretariado funcionando de forma ininterrupta.

[1] As conferências aconteceram em Genebra (I UNCTAD – 1964), Nova Délhi (II – 1968), Santiago (III – 1972), Nairobi (IV – 1976), Manila (V – 1979), Belgrado (VI – 1983), Genebra (VII – 1987), Cartagena (VIII – 1992), África do Sul (IX – 1996), Bangcoc (X – 2000), São Paulo (XI – 2004) e Gana (XII – 2008). A XIII UNCTAD está programada para realização em Doha (Qatar) em 2012.

A organização assumiu as bandeiras dos países em desenvolvimento do mundo inteiro e é seu porta-voz na luta por melhores condições de desenvolvimento, **por meio do comércio**. Como a CEPAL estava voltada a pensar formas de desenvolver a América Latina, a UNCTAD passou a ter função análoga, mas com alcance mundial, visando ao progresso de todos os países em desenvolvimento.

A UNCTAD é composta por 193 Membros (em agosto de 2010): os 192 da ONU mais a Santa Sé.[2]

9.1.2. Funções

A UNCTAD não busca o progresso dos países em desenvolvimento por quaisquer meios, como pelo aumento de empréstimos ou de investimentos. A UNCTAD, como seu nome indica, discute formas de os países em desenvolvimento progredirem a partir do seu **comércio** exterior.

A UNCTAD assim se define em seu sítio eletrônico:[3]

> Durante quatro décadas, a organização tem sido o foro nas Nações Unidas para o tratamento integrado do **comércio** e **desenvolvimento** e questões relativas nas áreas de investimento, finanças, tecnologia, desenvolvimento empresarial e desenvolvimento sustentável.
>
> Criada em 1964, a UNCTAD promove a integração dos países em desenvolvimento à economia mundial. Possui três funções principais:
>
> 1) Funciona como um foro para as negociações intergovernamentais, apoiadas com consultas a especialistas e troca de experiências, sempre na busca do consenso;
>
> 2) Desenvolve pesquisas, analisa políticas e consolida os dados para os debates entre os representantes governamentais e os especialistas; e
>
> 3) Oferece assistência técnica reconhecendo as características específicas dos países em desenvolvimento, com especial atenção para as necessidades dos países menos desenvolvidos e das economias em transição. Quando cabível, a UNCTAD coopera com outras organizações e com países, para fornecimento de assistência técnica.

No âmbito das discussões na UNCTAD, os países em desenvolvimento reclamavam que as decisões tomadas nas Rodadas de Negociações do GATT

---

[2] A Santa Sé não é considerada um membro das Nações Unidas, mas apenas um Observador Permanente.

[3] www.unctad.org, acessado em agosto de 2010.

beneficiavam exclusivamente os países desenvolvidos. Isto porque quando se tentava a redução das barreiras para os produtos primários, produtos tradicionais da pauta de exportações dos países em desenvolvimento, os países desenvolvidos alegavam os motivos de "Promoção da Segurança Nacional" e a Cláusula da Nação Mais Favorecida.

Pela "Promoção da Segurança Nacional", analisada no tópico 2.2.3, os países desenvolvidos alegavam que os produtos agrícolas eram bens estratégicos e se negavam a negociar ou a diminuir barreiras comerciais.

Pela Cláusula da Nação Mais Favorecida, qualquer concessão feita a um País deveria ser estendida incondicionalmente aos demais países. E esta obrigação era também alegada como um empecilho à redução das barreiras para os produtos dos países em desenvolvimento. Por exemplo, a Alemanha alegava que não podia reduzir barreiras para um determinado produto brasileiro, porque senão a mesma redução deveria ser estendida aos produtos franceses, japoneses e todos os demais.

Já em relação aos produtos industrializados que os países em desenvolvimento quisessem exportar, havia o problema da ineficiência e o consequente custo mais alto.

A solução então proposta pela UNCTAD para facilitar as exportações dos países em desenvolvimento, tanto de produtos primários quanto de produtos industrializados, foi a criação do Sistema Geral de Preferências.

9.1.3. Sistema Geral de Preferências (SGP)

Em 1965, o GATT 1947 foi emendado, criando-se a "Parte IV – Comércio e Desenvolvimento". Esta emenda, que entrou em vigor em junho de 1966, incorporou ao acordo os arts. XXXVI a XXXVIII, pelos quais se reconheceu a necessidade de tratamento especial e mais favorável aos países em desenvolvimento. Os países desenvolvidos assumiram compromissos genéricos de concederem "alta prioridade à redução e à eliminação das barreiras ao comércio dos produtos", primários e industrializados, exportáveis por aqueles países. Na Rodada Kennedy (1964-1967), tentou-se implementar a desoneração tarifária, mas as conquistas foram aquém do esperado.[4]

[4] Os países desenvolvidos haviam se comprometido com redução de, pelo menos, 50% dos impostos aplicados sobre os produtos mais significativos das pautas de exportações dos países em desenvolvimento. No entanto, no final da Rodada, o que se conseguiu foi uma redução média em torno de 20%.

Este era o contexto à época da II UNCTAD, ocorrida em 1968. As discussões então travadas na Conferência objetivaram avançar no processo de desoneração, o que levou à aprovação da Resolução nº 21. Em suas disposições era declarada a existência de "um acordo unânime em favor do pronto estabelecimento de um sistema mutuamente aceitável de preferências comerciais gerais, não-recíprocas e não discriminatórias[5] que beneficie os países em desenvolvimento visando aumentar a receita de exportações, promover a industrialização e acelerar as taxas de crescimento econômico desses países." Por meio da citada resolução, foi criado o Comitê Especial de Preferências, no âmbito da UNCTAD, para detalhar o funcionamento do sistema preferencial. A regulamentação foi concluída em outubro de 1970, permitindo-se enfim o início da aplicação do Sistema Geral de Preferências (SGP).[6]

Nas regras gerais do SGP, permitiu-se o descumprimento da **Cláusula da Nação Mais Favorecida (NMF)** e do **Princípio da Reciprocidade**. Em outras palavras, os países desenvolvidos poderiam, unilateralmente, conceder vantagens comerciais para os produtos dos países em desenvolvimento, sem necessidade de as estenderem aos demais países signatários do GATT. E os países em desenvolvimento não estariam obrigados a conceder nenhuma vantagem aos países desenvolvidos a título de reciprocidade.

Para viabilizar a aplicação do SGP, os países desenvolvidos precisavam ser dispensados do cumprimento da Cláusula da Nação Mais Favorecida. E isso foi feito em 1971, com a aprovação de um *waiver* pelo prazo de dez anos.[7, 8] Em 1979, no final da Rodada Tóquio e perto do fim do prazo concedido para o *waiver*, este foi prorrogado de forma permanente por meio da Cláusula de Habilitação, aprovada em novembro daquele ano e intitulada "Tratamento Diferenciado e Mais Favorável, Reciprocidade e Maior Participação dos Países em Desenvolvimento". Desde então, as concessões dos países desenvolvidos por meio do SGP e o consequente descumprimento da NMF estão autorizados por tempo indeterminado.

---

[5] A OMC já se pronunciou algumas vezes sobre o dever de não-discriminação no SGP. Este somente deve ser cumprido em relação aos países em desenvolvimento que se encontrarem em situações equivalentes. Assim, em tese, as preferências tarifárias concedidas pelos países desenvolvidos podem ser diferenciadas para os diversos países em desenvolvimento.

[6] A aprovação se deu por meio do documento TD/B/330 do "Trade and Development Board" da UNCTAD.

[7] A previsão legal dos *waivers* consta no art. XXV do GATT e foi analisada no tópico 3.2.10.

[8] O *waiver* para o SGP foi aprovado por meio da Decisão BISD 18S/24, de junho de 1971.

Os principais parágrafos da Cláusula de Habilitação se encontram a seguir:

Havendo celebrado negociações no marco das Negociações Comerciais Multilaterais, as partes contratantes decidem o seguinte:

1. **Não obstante as disposições do artigo primeiro do Acordo Geral** (art 1º do GATT – Cláusula da Nação Mais Favorecida), as partes contratantes poderão conceder um tratamento diferenciado e mais favorável aos países em desenvolvimento, sem conceder tal tratamento às outras partes contratantes.

2. As disposições do parágrafo primeiro se aplicarão:

a) Ao tratamento tarifário preferencial concedido pelas partes contratantes desenvolvidas aos produtos originários dos países em desenvolvimento em conformidade com o **Sistema Geral de Preferências**;

b) Ao tratamento diferenciado e mais favorável com respeito às disposições do Acordo Geral relativas às medidas não tarifárias regidas pelas disposições dos instrumentos negociados multilateralmente sob os auspícios do GATT;

c) Aos acordos regionais ou gerais concluídos entre partes contratantes em desenvolvimento para a redução ou a eliminação **mútua** de tarifas e, de acordo com critérios ou condições fixados pelas partes contratantes, de medidas não tarifárias aplicáveis no seu comércio mútuo;

d. Ao tratamento especial dos países de menor desenvolvimento relativo dentre os países em desenvolvimento no contexto de toda medida geral ou específica em favor dos países em desenvolvimento.

3. Todo tratamento diferencial e mais favorável outorgado de conformidade com a presente cláusula:

a) Estará destinado a facilitar e promover o comércio de países em desenvolvimento e não para criar barreiras ou dificuldades indevidas ao comércio das outras partes contratantes;

b) Não deverá constituir um impedimento para a redução ou eliminação de tarifas e outras restrições ao comércio, objetivo da Cláusula da Nação Mais Favorecida;

c) Deverá, quando tal tratamento for concedido por países desenvolvidos a países em desenvolvimento, estar concebido e, se necessário, ser alterado para que responda positivamente às necessidades de desenvolvimento, financeiras e comerciais dos países em desenvolvimento.

4. (...)

5. Os países desenvolvidos não esperam **reciprocidade** pelas concessões por eles efetuadas em negociações de comércio para reduzir ou remover tarifas e outras barreiras ao comércio com países em desenvolvimento, ou seja, os países desenvolvidos não esperam que os países em desenvolvimento, no curso de negociações comerciais, façam concessões incompatíveis com suas necessidades de desenvolvimento, financeiras e comerciais. Por conseguinte, nem as partes contratantes desenvolvidas tratarão de obter concessões que sejam incompatíveis com as necessidades de desenvolvimento, financeiras e comerciais das partes contratantes em desenvolvimento, nem estas últimas terão que fazer tais concessões.

6. (...)

Nota-se, no § 2º, alínea *a*, a permissão para utilização do SGP e o consequente descumprimento da NMF. No § 2º, alínea *c*, foi autorizada a utilização de sistemas preferenciais análogos ao SGP, mas que envolvessem apenas países em desenvolvimento, como o SGPC, a ser analisado no tópico 9.2.1.

O funcionamento do SGP no Brasil é regulamentado nos arts. 229 a 231 da Portaria SECEX nº 10, de 24/05/2010, que indica que os benefícios tarifários são redefinidos anualmente pelos países outorgantes:

Do Sistema Geral de Preferências – SGP

Art. 229 – O SGP constitui um programa de benefícios tarifários concedidos pelos países industrializados aos países em desenvolvimento, na forma de **redução ou isenção** do imposto de importação incidente sobre determinados produtos.

Art. 230 – Informações sobre as relações de produtos e as condições a serem atendidas para obtenção do benefício, divulgadas anualmente pelos países outorgantes, podem ser obtidas junto às dependências do Banco do Brasil S.A., junto ao Departamento de Negociações Internacionais – DEINT, da SECEX, bem como no sistema eletrônico deste Ministério.

Art. 231 – Para fazerem jus ao tratamento preferencial do SGP, os produtos beneficiados devem estar acompanhados do **Certificado de Origem – Formulário A**, cuja emissão está a cargo das dependências do **Banco do Brasil** autorizadas pela SECEX.

§ 1º – A solicitação da emissão do Certificado de Origem – Formulário A, quando amparada pelas normas vigentes, deverá ser efetuada logo após a efetivação do embarque, mediante a apresentação da documentação pertinente.

§ 2º – Nos casos de embarque aéreo de bens, nas condições de transporte definidas pelos países outorgantes do SGP, a dependência autorizada do Banco do Brasil emitirá o Certificado de Origem – Formulário A, com base na documentação apresentada pelo exportador, na qual seja informada a rota, contanto que o exportador se comprometa formalmente em apresentar o conhecimento de embarque *a posteriori*, no prazo máximo de 10 (dez) dias úteis a contar do embarque.

§ 3º – O exportador deverá apresentar o conhecimento de embarque ao órgão emissor do Certificado de Origem – Formulário A, no prazo de até 10 (dez) dias da data de sua emissão, para comprovação das informações constantes no referido documento.

O Anexo "Q" da Portaria SECEX dispõe ainda:

IV – Certificado de Origem – SGP (Formulário A) – documento preenchido pelo exportador e emitido pelas dependências do Banco do Brasil S.A. autorizadas pela Secretaria de Comércio Exterior, quando da exportação de produtos amparados pelo Sistema Geral de Preferências (SGP).

a) Opcionalmente, para exportações destinadas aos Estados Unidos da América, Austrália e Nova Zelândia, os documentos poderão ser preenchidos e emitidos pelo próprio exportador.

9.2. GRUPO DOS 77

Em 1964, no ato de encerramento da primeira UNCTAD, decidiu-se criar um grupo que fosse formado exclusivamente por países em desenvolvimento para melhor tratamento de suas questões específicas.[9] Por isso, foi criado o Grupo dos 77 (G-77).[10]

O G-77 é o maior organismo vinculado à ONU reunindo exclusivamente países em desenvolvimento. Suas principais funções são coordenar os interesses coletivos dos países em desenvolvimento (hemisfério Sul do planeta) nas negociações com os países desenvolvidos (hemisfério Norte) e aumentar a cooperação Sul-Sul.

A principal realização do G-77, em matéria comercial, foi a criação do Sistema Global de Preferências Comerciais (SGPC). Contudo, a organização atua em favor dos países em desenvolvimento também em outras áreas, como alimentação, agricultura, investimentos, ciência e tecnologia.

9.2.1. Sistema Global de Preferências Comerciais (SGPC)

Em 1970, por meio da UNCTAD, havia sido criado o SGP, permitindo-se que os países desenvolvidos concedessem preferências comerciais aos países em desenvolvimento sem necessidade de as estenderem aos demais signatários do GATT. Em 1976, no âmbito do G-77, começou a ser discutido um acordo semelhante ao SGP, mas para ser utilizado exclusivamente entre os países em desenvolvimento membros. Era a "semente" do SGPC.

Em 1988, após vários anos de negociações, os países-membros do G-77 assinaram o acordo do SGPC, formalmente conhecido como "Acordo Sobre o Sistema Global de Preferências Comerciais entre Países em Desenvolvimento", que entrou em vigor no ano seguinte. Foi acordado que as preferências comerciais concedidas em virtude do SGPC não precisariam ser estendidas para os países signatários do GATT.[11]

---

[9] Deve-se lembrar que as discussões travadas na UNCTAD congregam não só países em desenvolvimento, mas também países desenvolvidos.

[10] O nome do grupo foi escolhido em função do número de países-membros fundadores, apesar de nomes assim serem, na sua grande maioria, inadequados. É esquisito constatar que, em agosto de 2010, o "Grupo dos 77" já reunia 130 países em desenvolvimento. Conforme as declarações da própria organização, "o nome original foi mantido por causa de seu significado histórico".

[11] Como analisado no tópico 9.1.3, a dispensa de cumprimento da Cláusula da Nação Mais Favorecida no SGPC já tinha sido previamente autorizada pela Cláusula de Habilitação, de 1979, no seu § 2º, alínea *c*.

Podem ser destacadas as seguintes disposições do acordo:

i. as vantagens do SGPC somente beneficiam países em desenvolvimento membros do G-77;

ii. as vantagens são concedidas na base da reciprocidade entre os membros, exceto em relação aos países menos desenvolvidos,[12] que são dispensados de oferecerem contrapartidas às vantagens recebidas;

iii. o SGPC se aplica aos bens primários e aos industrializados; e

iv. em regra, as vantagens comerciais concedidas nas negociações bilaterais ou multilaterais devem ser estendidas a todos os signatários do acordo SGPC.[13] É a Cláusula da Nação Mais Favorecida (NMF) prevista no art. 9º do acordo.[14]

Os benefícios concedidos pelo Brasil em virtude do SGPC foram publicados no Decreto nº 194, de 21/08/1991, como consta na Portaria SECEX nº 10, de 24/05/2010:

Do Sistema Global de Preferências Comerciais – SGPC

Art. 232 – O SGPC entre os países em desenvolvimento tem, por princípio, a concessão de vantagens **mútuas** de modo a trazer benefícios a todos os seus participantes, considerados seus níveis de desenvolvimento econômico e industrial, os padrões de seu comércio exterior, suas políticas e seus sistemas comerciais.

Parágrafo único – As concessões outorgadas ao Brasil pelos países participantes do SGPC constam do Anexo IV do Acordo promulgado pelo decreto nº 194, de 21 de agosto de 1991.

Art. 233 – Para fazerem jus ao tratamento preferencial do SGPC, os produtos beneficiários devem ser acompanhados do **Certificado de Origem – SGPC**.

O Anexo "Q" da Portaria SECEX dispõe ainda:

V – Certificado de Origem – SGPC – documento preenchido pelo exportador e emitido pela Confederação Nacional da Indústria ou por entidades a ela filiadas, quando da exportação de produtos amparados pelo Sistema Global de Preferências Comerciais (SGPC), entre Países em Desenvolvimento.

---

[12] A lista de países menos desenvolvidos consta no tópico 9.1.4.

[13] Como exceção, as vantagens concedidas a um país menos desenvolvido podem ser estendidas somente aos demais países menos desenvolvidos, não a todos os signatários do SGPC. Também as vantagens concedidas por um signatário do acordo a outros países, em virtude de acordos regionais, sub-regionais ou inter-regionais, não precisam ser estendidos aos demais signatários.

[14] A NMF somente é aplicável para extensão de benefícios para os signatários do SGPC. Não há necessidade de se estenderem os benefícios a países não signatários.

9.3. ORGANIZAÇÃO PARA COOPERAÇÃO E DESENVOLVIMENTO ECONÔMICO (OCDE)

A OCDE, surgida em 1961, é uma organização com 33 países-membros,[15] que serve de foro para os governos trocarem experiências, procurarem respostas a problemas comuns e definirem políticas visando ao desenvolvimento da economia mundial.

No art. 1º do acordo constitutivo da OCDE, consta que seu objetivo é promover políticas destinadas a:

i. atingir os mais altos níveis de desenvolvimento econômico sustentável, de emprego e de qualidade de vida nos países-membros, com manutenção da estabilidade financeira, e assim contribuir para o desenvolvimento da economia mundial;
ii. contribuir para o sólido crescimento econômico dos países-membros assim como dos países em desenvolvimento não membros; e
iii. contribuir para a expansão do comércio mundial em bases multilaterais, não discriminatórias, de acordo com as normas internacionais.

A OCDE é considerada uma das maiores e mais confiáveis fontes de informações estatísticas, econômicas e sociais em nível mundial. São informações, por exemplo, sobre contas nacionais, indicadores econômicos, força de trabalho, comércio, emprego, migração, educação, energia, saúde, indústrias, tributação e meio ambiente. A maioria das análises e pesquisas promovidas pela organização é publicada.

A organização assim define sua função: "A organização usa a riqueza de informações que possui nas mais diversas áreas para auxiliar os governos a promover a prosperidade e a combater a pobreza por meio do crescimento econômico e da estabilidade financeira. São levadas em conta as implicações do crescimento econômico e do desenvolvimento social sobre o meio-ambiente."[16]

Em maio de 2007, a OCDE decidiu aumentar a cooperação com Brasil, China, Índia, Indonésia e África do Sul, para se avaliar preliminarmente a conveniência de adesão desses países. Dependendo dos desdobramentos, o passo seguinte é a concessão de mandato para o Secretário-Geral da organização negociar o processo de adesão de cada um daqueles países.

---

[15] Só podem se associar à OCDE os países que possuírem democracia multipartidária e economia de mercado. Em agosto de 2010, eram membros: Alemanha, Austrália, Áustria, Bélgica, Canadá, Chile, Coreia, Dinamarca, Eslováquia, Eslovênia, Espanha, Estados Unidos, Finlândia, França, Grécia, Holanda, Hungria, Irlanda, Islândia, Israel, Itália, Japão, Luxemburgo, México, Noruega, Nova Zelândia, Polônia, Portugal, Reino Unido, República Checa, Suécia, Suíça e Turquia. A entrada da Estônia foi aprovada em maio de 2010, restando o cumprimento de algumas formalidades para a sua efetivação. Estão sendo negociados os termos da adesão da Rússia.

[16] Extraído da página eletrônica www.oecd.org, acessada em agosto de 2010.

Questões de Provas

01. (AFTN/1996) O Sistema Geral de Preferência (SGP) foi criado no seio da Conferência das Nações Unidas para o Comércio e Desenvolvimento – UNCTAD, com o objetivo de fomentar o comércio internacional, especialmente em benefício dos países em desenvolvimento, que há muito vinham observando dificuldades cada vez maiores para sustentar seus programas de desenvolvimento e industrialização, face ao declínio da importância relativa dos bens primários tradicionais no comércio internacional. A principal característica do Sistema Geral de Preferência é a(o):

a) abertura de linhas especiais de crédito à exportação originária dos países em desenvolvimento;
b) estabelecimento de quotas preferenciais aos países em desenvolvimento;
c) estabelecimento de padrões menos rígidos para concessão de subsídios à exportação por parte dos governos dos países em desenvolvimento;
d) importação, pelos países industrializados, de produtos manufaturados e serviços preferencialmente produzidos nos países em desenvolvimento;
e) eliminação total ou parcial, pelos países industrializados, de tarifas que incidem sobre produtos originários de países em desenvolvimento, sem exigência de reciprocidade.

02. (ACE/1997) É possível a existência de diferentes organizações internacionais para tratar dos mesmos assuntos ou assuntos semelhantes. O objetivo da *United Conference on Trade and Development* (UNCTAD), quando foi criada, era:

a) servir como contraponto ao GATT, que não previa a discussão do comércio de produtos agrícolas;
b) aumentar o comércio internacional;
c) estimular a liberalização comercial;
d) permitir uma discussão de assuntos ligados à liberalização comercial e financeira;
e) discutir e propor mudanças no sistema e nas normas de comércio existentes até então.

03. (AFRF/2000) "É sabido que todo processo de desenvolvimento econômico exige volume apreciável de divisas para financiar a importação de bens de equipamento. Os países subdesenvolvidos dependem, para suas receitas de divisas, da exportação de produtos primários, cujo mercado vem declinando cada vez mais nos países industriais.
Em outubro de 1970, foi instituído pela Conferência das Nações Unidas sobre Comércio e Desenvolvimento (UNCTAD) o Sistema Geral de Preferências, conhecido por SGP."

Acerca do Sistema Geral de Preferências (SGP) e do Sistema Global de Preferências Comerciais (SGPC), pode-se afirmar que:

a) a principal vantagem do SGP é a isenção das tarifas de importação;
b) o sistema foi incorporado ao GATT nos anos 70, com a cláusula de habilitação (*Enabling Clause* após a Rodada Tóquio);
c) a principal diferença entre o GATT e o SGPC é que, enquanto o GATT utiliza o princípio da nação mais favorecida, o SGPC utiliza o sistema de acordos preferenciais dentro do sistema;
d) o SGPC defende uma eliminação de tarifas entre Países em Desenvolvimento (PEDs);
e) o SGP constitui um conjunto de regras gerais adotadas universalmente para estimular as exportações de bens dos Países em Desenvolvimento (PEDs), supervisionadas pela CEPAL.

04. (AFRF/2000) Sentindo-se desconfortáveis no GATT, os países em desenvolvimento (PEDs) passaram a expor seus pontos de vista na Organização das Nações Unidas (ONU) e a cogitar uma nova conferência internacional sobre comércio, mas com enfoque diferente da anterior (Conferência Internacional sobre Comércio e Emprego que resultou na Carta de Havana) e fazer uma sobre comércio e desenvolvimento; e que atenderia a aspectos de interesse dos PEDs que se sentiam marginalizados pelo GATT.

Contando com o apoio na ONU da ex-URSS, dos ex-países socialistas, e dos países em desenvolvimento (PEDs) "periféricos" (Austrália, países Nórdicos, etc.) iniciam uma batalha jurídica até que a Resolução nº 917 convoca uma Conferência das Nações Unidas sobre o Comércio e Desenvolvimento (UNCTAD).

Sobre a UNCTAD, não se pode fazer a seguinte afirmativa:

a) acredita que o livre comércio pode levar ao desenvolvimento pela teoria das vantagens comparativas;
b) tem como principal missão fomentar o comércio internacional para acelerar o desenvolvimento econômico;
c) foi criada em 1964 em Genebra pelos PEDs com forte influência da Comissão Econômica para a América Latina e Caribe (CEPAL);
d) defendia o estabelecimento de Acordos Internacionais de Mercadorias (AIMs);
e) defendia o Princípio da Deterioração das Relações de Troca.

05. (AFRF/2002-1) A Conferência das Nações Unidas Sobre Comércio e Desenvolvimento (UNCTAD) é entidade intergovernamental permanente que tem por objetivo principal:

a) prestar apoio financeiro e logístico para operações de comércio exterior empreendidas por países em desenvolvimento;
b) apoiar os processos de integração regional que envolvam países desenvolvidos e países em desenvolvimento;
c) promover a inserção das pequenas e médias empresas dos países em desenvolvimento no comércio internacional;

d) aumentar oportunidades de comércio, investimentos e de progresso nos países em desenvolvimento, assistindo-os em seu esforço de integração equitativa na economia mundial;
e) discutir estratégias de liberalização comercial envolvendo países em desenvolvimento.

06. (AFRF/2002-2) Sobre a Conferência das Nações Unidas sobre Comércio e Desenvolvimento (UNCTAD), é correto afirmar que:

a) é uma conferência convocada a cada quatro anos pela Assembleia Geral das Nações Unidas, assistida por todos os seus membros, para discutir questões relacionadas ao comércio e aos investimentos sob a perspectiva dos interesses dos países em desenvolvimento;
b) é um fórum constituído pelos países da Organização Econômica de Cooperação e Desenvolvimento (OECD) no âmbito da Assembleia Geral das Nações Unidas para coordenar políticas relacionadas ao comércio com os países em desenvolvimento;
c) é um organismo intergovernamental vinculado à Assembleia Geral das Nações Unidas voltado para o tratamento de questões relacionadas à promoção do desenvolvimento econômico e seus vínculos com o comércio, as finanças e os investimentos internacionais;
d) é uma conferência de caráter permanente integrada pelos países-membros da Organização das Nações Unidas com o propósito de discutir questões comerciais e os entraves ao desenvolvimento dos países de menor desenvolvimento relativo;
e) é um fórum permanente de consulta e de negociações comerciais, constituído por países em desenvolvimento no contexto da Assembleia Geral das Nações Unidas.

07. (AFRF/2003) No marco da cooperação para o desenvolvimento, os países industrializados estabeleceram o Sistema Geral de Preferências (SGP), almejando facilitar o comércio com os países em desenvolvimento. O SGP consiste em:

a) suspensão de tributos, em caráter definitivo, para importações de matérias-primas e manufaturas procedentes de países em desenvolvimento;
b) negociações que objetivam concessões mútuas de preferências tarifárias para os produtos menos competitivos e que são tornadas permanentes uma vez definidas;
c) concessões tarifárias, outorgadas em base de não reciprocidade, para exportações de manufaturas originárias e procedentes de países em desenvolvimento, segundo quantidades, condições de preços e períodos pré-determinados;
d) sistema de cotas e preços que beneficiam as importações de países em desenvolvimento e que é negociado no âmbito do Acordo Geral de Comércio e Tarifas (GATT);
e) concessões tarifárias condicionais estendidas somente aos países de menor desenvolvimento econômico relativo e que abrangem as exportações de matérias-primas e demais produtos primários deles procedentes.

08. (AFRF/2003) A Conferência das Nações Unidas sobre Comércio e Desenvolvimento (UNCTAD) é a instância dedicada ao tratamento de questões afetas à participação e perspectivas dos países em desenvolvimento no comércio internacional. Sua agenda, no tocante ao comércio internacional, envolve temas como:

a) sugestão de estratégias de abertura comercial e para a implementação do sistema de regras comerciais definido multilateralmente;

b) identificação de instrumentos de política comercial em apoio aos esforços de desenvolvimento no contexto de globalização econômica, apoio técnico para permitir participação efetiva em negociações comerciais internacionais e para a superação de entraves à plena inserção no comércio internacional;

c) geração de propostas e mecanismos alternativos para a resolução de disputas comerciais e para a construção de esquemas preferenciais entre países em desenvolvimento;

d) identificação, junto aos países industrializados, de formas de cooperação para o desenvolvimento, de transferência de tecnologias e atração de investimentos;

e) implementação de medidas de investimentos relacionadas ao comércio, de compromissos sociais e ambientais no marco de acordos comerciais firmados entre países desenvolvidos e países em desenvolvimento.

09. (AFRF/2005) Atribua a letra (V) para as afirmativas verdadeiras e (F) para as falsas. Em seguida, marque a opção que contenha a sequência correta.

( ) Para fins de concessão de benefício tributário, a origem de um produto nem sempre coincide com a sua procedência.

( ) O "Formulário A", documento expedido pela Secretaria de Comércio Exterior (Ministério do Desenvolvimento, Indústria e Comércio Exterior), é o instrumento que atesta a origem do produto para fins de concessão de tratamento tributário diferenciado no âmbito do Sistema Geral de Preferências.

( ) O Acordo sobre Regras de Origem da OMC define, para cada Capítulo do Sistema Harmonizado, o critério utilizado para se conferir origem aos produtos do Capítulo.

( ) Entre os critérios possíveis para se conferir origem estão, por exemplo, o salto na classificação tarifária e a agregação de valor.

( ) Segundo o Acordo sobre Regras de Origem da OMC, as regras de origem não preferenciais devem ser definidas de maneira positiva (ou seja, devem indicar o que confere origem, e não o que não confere origem). Normas negativas, contudo, podem ser empregadas para esclarecer uma norma positiva.

( ) O Certificado de Origem Mercosul apresentado será desqualificado pela autoridade aduaneira, para fins de reconhecimento do tratamento preferencial, quando ficar comprovado que não acoberta a mercadoria submetida a despacho, por ser originária de terceiro país ou não corresponder à mercadoria identificada na verificação física, conforme os elementos materiais juntados.

a) V, V, F, F, V, F;
b) F, V, V, F, V, F;
c) F, F, V, F, F, V;
d) V, F ,V ,V ,V ,V;
e) V, F ,F ,V ,V ,V.

10. (TRF/2005) Assinale a opção incorreta.

a) Entre os países que participam do Sistema Global de Preferências Comerciais (SGPC) estão, por exemplo, o Brasil, a Argentina, a Colômbia e o México.
b) Com base no Sistema Geral de Preferências (SGP), o Brasil concede vantagens na importação de alguns produtos originários de países em desenvolvimento, ao reduzir o imposto de importação incidente sobre eles.
c) Em regra, a prova documental necessária para que o produto se beneficie do tratamento tributário preferencial do Sistema Geral de Preferência (SGP) é o Formulário A.
d) Para que um exportador brasileiro se beneficie do tratamento preferencial do Sistema Global de Preferências Comerciais (SGPC), é necessário que obtenha um Certificado de Origem do SGPC, emitido pelas Federações de Indústrias credenciadas para tanto.
e) Ao mesmo tempo em que certas importações feitas pelo Brasil podem-se beneficiar do SGPC, certas exportações brasileiras também se beneficiam do mesmo regime.

Parte 3

Economia Internacional

Capítulo 10

Balanço de Pagamentos

10.1. DEFINIÇÃO

De acordo com o parágrafo 13 do Capítulo 2 da 5ª edição do *Manual de Balanço de Pagamentos do Fundo Monetário Internacional*,[1] editado em 1993 e adotado pelo Brasil a partir do ano de 2001, o Balanço de Pagamentos é:

> O registro estatístico que sumariza sistematicamente, para um determinado **período** de tempo, as transações econômicas de um país com o resto do mundo. Transações, na sua grande maioria, entre **residentes** e **não residentes**, consistindo na transferência de mercadorias, serviços e renda; envolvendo também transferências financeiras e transferências unilaterais.

A intenção do FMI em criar o Manual do Balanço de Pagamentos é a de padronizar os registros em nível mundial, facilitando a sua função de supervisionar a economia mundial, como apresentado no Capítulo 12 deste livro.

10.2. PRINCÍPIOS E CONCEITOS

10.2.1. Sistema de Partidas Dobradas

A escrituração no Balanço de Pagamentos obedece à mesma sistemática da Contabilidade das empresas. Cada lançamento corresponde a um débito em uma conta (lançamento com sinal negativo) e um crédito de igual valor e sinal contrário em outra conta (lançamento com sinal positivo). Na Contabilidade Geral das empresas, por exemplo, ao se comprarem, à vista, mercadorias para

[1] Em novembro de 2008, o FMI aprovou a 6ª edição do referido manual, renomeando-o para "Manual do Balanço de Pagamentos e da Posição dos Investimentos Internacionais (*Balance of Payments and International Investment Position Manual* – BPM6)". Como em agosto de 2010 o Brasil ainda não adotava a nova edição nem havia qualquer previsão para isso, o presente capítulo toma por base a 5ª edição.

revenda, o lançamento é "débito de Mercadorias (ou Compras), crédito de Caixa". Na contabilidade do Balanço de Pagamentos, quando o Brasil faz uma importação à vista, o lançamento é "débito de Importações, crédito de Depósitos em Moeda Estrangeira".

Cabe apontar três diferenças do Balanço de Pagamentos em relação ao Balanço Patrimonial das empresas:

1) No Balanço Patrimonial, os lançamentos são efetuados em duas colunas. A coluna da esquerda corresponde aos débitos e a coluna da direita corresponde aos créditos. No Balanço de Pagamentos, os valores são escriturados em coluna única. Por este motivo, deve ser usado o sinal "+" ou "-" para identificar se é crédito ou débito, respectivamente.
2) No Balanço Patrimonial, está a foto da empresa no dia 31 de dezembro do ano anterior, com valores positivos nas contas patrimoniais. Já o Balanço de Pagamentos começa o ano com todas as contas zeradas, prontas para começar a receber os lançamentos. Neste ponto, ele se assemelha mais à Demonstração do Resultado do Exercício do que ao Balanço Patrimonial propriamente dito.
3) A "empresa" no Balanço de Pagamentos é o conjunto de residentes do Brasil. **Todas** as transações de um residente com um não residente são registradas no Balanço (no tópico 10.2.2, veremos as duas únicas situações em que são feitos lançamentos que não envolvem um residente com um não residente).[2]

Os pagamentos de importações são normalmente feitos utilizando-se as contas dos bancos nacionais no exterior. O importador brasileiro que adquiriu uma mercadoria dos EUA vai a um banco no Brasil, autorizado pelo Banco Central a operar em câmbio, entregando-lhe Reais para que ele entregue os dólares equivalentes ao exportador norte-americano. Para fazer uma analogia com a Contabilidade das empresas, o "caixa" do Brasil (Depósitos em Moeda Estrangeira) foi reduzido. Por isso, lança-se:

"débito de Importações

a crédito de Depósitos em Moeda Estrangeira".

Pelo sistema de partidas dobradas, a soma de todas as contas tomadas em conjunto é sempre igual a ZERO.

---

[2] No BPM6, ainda não adotada pelo Brasil, foram eliminadas essas duas exceções.

10.2.2. Residência e Centro do Interesse Econômico

Considera-se que um cidadão ou uma empresa é residente no país onde tenha o seu centro de interesse, ou seja, onde tenha a intenção de continuar engajado nas atividades econômicas.

São residentes os indivíduos que vivem **permanentemente** no país (o FMI sugere considerar residente o cidadão que tenha se fixado há mais de um ano no país). As pessoas que se encontram **temporariamente** no exterior, em viagens de turismo ou de negócios, e os funcionários públicos que estejam trabalhando no exterior também são considerados residentes. As pessoas jurídicas aqui instaladas são consideradas residentes, mesmo se forem filiais de empresas estrangeiras.

Na definição do Balanço de Pagamentos transcrita anteriormente, está expresso que as transações entre residentes e não residentes serão contabilizadas. Mas, na própria definição, deixou aberta a possibilidade de se registrarem também transações que fogem à regra. Há duas **exceções** previstas no Manual: a de transferência de ativos financeiros estrangeiros de um residente para outro e a transferência de obrigações de um não residente para outro. Ambas as operações devem ser contabilizadas.[3]

10.2.3. Princípios de Valoração e o Tempo da Escrituração

O valor a ser escriturado no Balanço de Pagamentos deve ser o valor real da transação.

Segundo o Manual do Balanço de Pagamentos, "as transações devem ser registradas quando o valor econômico é criado, transformado, alterado, transferido ou extinto". A transferência da propriedade é o determinante para a escrituração.

No caso específico das operações com mercadorias, o registro deve ser feito quando a empresa lança a transação na sua contabilidade, seja na exportação, seja na importação. É a sugestão do FMI.

10.2.4. Balanço de Transações

Na realidade, o Balanço de Pagamentos não envolve apenas pagamentos. Um nome melhor seria Balanço de Transações. Existem transações que, apesar de

[3] Ver nota anterior.

registradas, não se referem a pagamentos com dinheiro nem a pagamentos de qualquer espécie. É o caso das trocas comerciais, onde não se envolve dinheiro. É o caso também dos cidadãos brasileiros que se mudaram para o exterior (deixaram de ser residentes) e remetem bens para sua família, que ficou no país. Não estará havendo nenhum pagamento relacionado a esta transação, mas ela é escriturada no Balanço de Pagamentos.

10.2.5. Migrações

A migração se caracteriza pela mudança de residência de um indivíduo. Caso um indivíduo migre para o Brasil, ele trará consigo seus bens, direitos e obrigações que serão integrados à economia nacional. Tudo funciona como se ele colocasse seu patrimônio no avião e embarcasse em seguida para o Brasil. Quando ele colocou seus bens, direitos e obrigações no aeroporto de origem, ele era ainda um não residente, mas, ao chegar ao Brasil, fixando sua residência, irá retirar do aeroporto seu patrimônio já na qualidade de residente. É, portanto, o caso de um não residente entregando bens, direitos e obrigações para um residente (ele mesmo após o visto permanente). O Banco Central deve registrar tudo o que o imigrante houver trazido.[4] O lançamento terá a contrapartida da conta Transferências Unilaterais de Capitais (transferências sem contrapartida).

Os seus bens serão registrados a:

"débito de Importações

a crédito de Transferências Unilaterais de Capitais".

Os direitos que ele tiver contra alguém no exterior serão registrados a:

"débito de Empréstimos (ou Financiamentos ou outro direito)

a crédito de Transferências Unilaterais de Capitais".

As obrigações que tiver para com alguém no exterior serão lançadas a:

"débito de Transferências Unilaterais de Capitais

a crédito de Empréstimos (ou Financiamentos ou outra obrigação)".

[4] Pelas regras previstas no BPM6, ainda não adotado pelo Brasil, as migrações deixam de gerar lançamentos no Balanço de Pagamentos.

10.2.6. Registros sem Transação

Apesar de a regra ser registrar as transações quando elas tiverem ocorrido, existem algumas situações em que isto não acontece.

Por exemplo, considere um investidor estrangeiro que tem direito a receber um determinado valor, como renda do seu investimento. Caso ele opte por não receber o dinheiro, para reinvesti-lo no Brasil, será feito o seguinte lançamento:

"débito de Lucros (Reinvestidos)

a crédito de Reinvestimento".

É como se o dinheiro saísse e voltasse em seguida para ser reinvestido.

A saída do dinheiro teria sido lançada a:

"débito de Lucros

a crédito de Depósitos em Moeda Estrangeira".

A volta do dinheiro seria lançada a:

"débito de Depósitos em Moeda Estrangeira

a crédito de Investimento".

Considera-se, portanto, que tenha havido as duas operações (saída e posterior entrada) para então registrar. Apesar de, na prática, não ter havido transação alguma. O primeiro lançamento apresentado neste tópico é o resultado da saída e da entrada fictícias do dinheiro.

10.3. CONTABILIZAÇÃO

Como vimos, a contabilização obedece ao sistema de partidas dobradas.

As contas do balanço de pagamentos podem ser divididas em dois grupos:

a) as contas de caixa e

b) as contas operacionais.

As **contas de caixa** registram as **reservas** do país, ou seja, tudo aquilo que pode ser usado para se fazerem pagamentos. Podemos pagar transações com moeda estrangeira (Depósitos em Moeda Estrangeira), Títulos em Moeda Estrangeira, ouro monetário, Direitos Especiais de Saque (apresentados no Capítulo 12) ou com a Posição de Reservas no FMI.

Os Direitos Especiais de Saque são uma moeda criada pelo FMI. E a posição de reservas no FMI são ouro e moedas estrangeiras que o país entregou ao FMI ao se associar. Podemos, em situações de déficit no Balanço de Pagamentos, recorrer a esse dinheiro. (Veremos o funcionamento em *Saques no FMI* no tópico 12.2.2.3)

Se este dinheiro depositado no FMI for insuficiente para financiar o déficit, deve-se recorrer aos Empréstimos de Regularização junto ao próprio FMI. Estes últimos não são reserva como veremos à frente. Eles aparecem na conta "Operações de Regularização – FMI".

As **contas operacionais** correspondem às operações que fizeram as reservas (as contas de caixa ou "Ativos de Reserva") aumentarem ou diminuírem. São, por exemplo, as exportações de bens, os transportes pagos, as viagens feitas, os investimentos recebidos, entre outros. Olhando-se a estrutura do Balanço de Pagamentos no próximo tópico, podemos reconhecer as contas de caixa e, por exclusão, as contas operacionais. As contas operacionais são todas as contas do Balanço de Pagamentos, excluindo as contas de caixa. As contas operacionais são conhecidas como os fatos geradores das alterações das reservas.

Portanto, pode-se considerar que todo lançamento é uma conta operacional *versus* uma conta de caixa. Até mesmo naquelas operações que não envolvem entrada ou saída de dinheiro podemos considerar isto verdadeiro. Basta que, para tanto, sejam considerados dois lançamentos. Por exemplo, uma troca de mercadorias não envolve pagamento. O lançamento é:

"débito de Importações

a crédito de Exportações".

Mas podemos desmembrar este lançamento em dois momentos. Consideremos que foi feita a exportação e o dinheiro foi recebido. Em seguida, foi feita a importação e o dinheiro foi entregue.

O lançamento acima pode então ser considerado como tendo sido:

"débito de Depósitos em Moeda Estrangeira

a crédito de Exportações", e

"débito de Importações

a crédito de Depósitos em Moeda Estrangeira".

10.4. ESTRUTURA SUGERIDA NO *MANUAL DO BALANÇO DE PAGAMENTOS DO FMI*, EDITADO EM 1993

1. TRANSAÇÕES CORRENTES (ou CONTA CORRENTE)

   A. **Mercadorias e Serviços**

      a) Mercadorias

      b) Serviços

         1. Transportes
         2. Viagens internacionais
         3. Serviços de comunicação
         4. Serviços de construção
         5. Seguros
         6. Serviços financeiros
         7. Serviços de computação e informação
         8. *Royalties* e licenças
         9. Serviços pessoais, culturais e recreação (*por exemplo, eventos esportivos*)
         10. Serviços governamentais
         11. Outros serviços relacionados ao comércio (*por exemplo, aluguel de equipamentos,* leasing, *publicidade, participação em feiras e honorários de profissional liberal*)

   B. **Rendas**

      1. Salário e ordenado
      2. Renda de investimentos

         2.1. Renda de investimento direto

         2.2. Renda de investimento em carteira (*investimento em portfólio*)

         2.3. Renda de outros investimentos (*por exemplo, juros de operações comerciais*)

   C. **Transferências unilaterais correntes**

2. CONTA CAPITAL E FINANCEIRA

   A. **Conta capital**

      1. Transferências unilaterais de capital (incluindo transferências de patrimônio por migrantes e perdão de dívida pública e privada)
      2. Bens não financeiros não produzidos (*por exemplo, marcas e patentes*)

B. **Conta financeira**

1. Investimento direto
2. Investimento em portfólio (incluindo os derivativos)
3. Outros investimentos
   - 3.1. Ativos
     - 3.1.1. Créditos comerciais (financiamentos) a longo e a curto prazo
     - 3.1.2. Empréstimos a longo e a curto prazo
     - 3.1.3. Moeda e depósito
     - 3.1.4. Outros Ativos
   - 3.2. Passivos
     - 3.2.1. Créditos comerciais (financiamentos) de longo e de curto prazo
     - 3.2.2. Empréstimos de longo e de curto prazo (incluindo as operações de empréstimos de regularização do FMI)
     - 3.2.3. Moeda e depósito
     - 3.2.4. Outros Passivos (incluindo a conta de Atrasados)
4. Ativos de Reserva
   - 4.1. Ouro monetário
   - 4.2. Direitos Especiais de Saque
   - 4.3. Posição de reservas no FMI
   - 4.4. Haveres em Moeda Estrangeira
     - 4.4.1. Depósitos em Moeda Estrangeira
       - 4.4.1.1. Com as autoridades monetárias
       - 4.4.1.2. Com bancos
     - 4.4.2. Títulos em Moeda Estrangeira
   - 4.5. Outros Haveres em Moeda Estrangeira

10.5. ESTRUTURA USADA PELO BANCO CENTRAL DO BRASIL A PARTIR DE 2001

Para conhecermos a estrutura usada pelo Brasil desde 2001, vejamos um resumo do Balanço de Pagamentos apresentado pelo Banco Central relativamente aos anos de 2008 e 2009 (em milhões de dólares norte-americanos):

Discriminação	Dez/2008	Dez/2009
TRANSAÇÕES CORRENTES	**-28.192**	**-24.302**
Balança comercial (FOB)	**24.836**	**25.290**
Exportação de bens	197.942	152.995
Importação de bens	-173.107	-127.705
Serviços e Rendas	**-57.252**	**-52.930**
Serviços	-16.690	-19.245
Rendas	-40.562	-33.684
Salário e ordenado	545	603
Renda de investimentos	-41.107	-34.287
Renda de investimento direto	-26.775	-19.742
Lucros e dividendos	-25.348	-17.765
Lucros reinvestidos no Brasil	0	0
Juros de empréstimo em intercompanhia	-1.427	-1.977
Renda de investimento em carteira	-8.039	-9.213
Lucros e dividendos	-8.527	-7.453
Juros de títulos de renda fixa	488	-1.760
Renda de outros investimento (juros)	-6.293	-5.332
Transferências unilaterais correntes	**4.224**	**3.338**
CONTA CAPITAL E FINANCEIRA	**29.352**	**71.301**
Conta capital	**1.055**	**1.129**
Transferências unilaterais de capital	1.033	1.127
Bens não financeiros não produzidos	22	1
Conta financeira	**28.297**	**70.172**
Investimento Direto	24.601	36.033
Investimento em Carteira	1.133	50.283
Derivativos	-312	156
Outros Investimentos	2.875	-16.300
Outros investimentos brasileiros	-5.269	-30.376
Empréstimo e financiamento LP e CP	-4.818	-25.299
Moeda e depósito	-2.232	-4.966
Outros ativos LP e CP	1.781	-112
Outros investimentos estrangeiros	8.143	14.076
Crédito comercial – fornecedores LP e CP	4.462	4.100
Empréstimo e financiamento LP e CP	5.172	4.926
Autoridade monetária	0	0
Operações de regularização – FMI	0	0
Outros empréstimos LP	0	0
Demais setores LP e CP	5.172	4.926
Moeda e depósito	-1.495	1.092
Outros passivos LP e CP	5	3.958
Outros passivos LP	0	3.962
Outros passivos CP	5	-4
Atrasados	0	0
Demais	5	-4
ERROS E OMISSÕES	**1.809**	**-347**
RESULTADO DO BALANÇO	**2.969**	**46.651**
HAVERES DA AUTORIDADE MONETÁRIA (Valor negativo significa aumento)	**-2.969**	**-46.651**

(Por motivo de arredondamento, alguns cálculos podem parecer errados)

Em 30/06/2010, as reservas internacionais do Brasil possuíam a seguinte composição (em milhões de dólares norte-americanos):

Ativos de Reserva	Valor em 30/06/2010
Reservas em moeda estrangeira (em divisas conversíveis)	245.422
(a) Títulos	219.403
(b) Total de moeda e depósitos	26.020
Posição de reserva no FMI	1.473
DES	4.271
Ouro Monetário	1.344
Outros ativos de reservas	603

Comparando o Balanço de Pagamentos sugerido pelo FMI com o usado pelo Brasil, encontramos algumas diferenças:

1) pelo FMI, os Serviços são agrupados com as Mercadorias. No Brasil, os Serviços são agrupados com as Rendas.
2) No Brasil, os Derivativos são destacados dentro da Conta Financeira. Mas, na estrutura do FMI, eles são registrados como "Investimentos em portfólio".
3) No modelo sugerido pelo FMI não aparece a conta "Erros e omissões", mas, apesar disso, ela existe como sugestão no Capítulo 8 do *Manual do BP do FMI*. Não há diferença neste ponto. O funcionamento desta e de todas as demais contas do BP será visto no próximo tópico.
4) **E a principal diferença**: a contabilização dos Ativos de Reserva.

   O saldo de um Balanço de Pagamentos é sempre a soma da Conta Corrente com a Conta Capital e Financeira.

   Ora, pelo FMI, os Ativos de Reserva estão incluídos na Conta Capital e Financeira, fazendo com que o Balanço de Pagamentos esteja **SEMPRE** equilibrado. Isto porque a soma da Conta Corrente com a Conta Capital e Financeira será sempre ZERO por causa do método das partidas dobradas.

   Já na estrutura usada no Brasil, os Ativos de Reserva estão fora da Conta de Capital e Financeira e, portanto, o BP **somente** estará em equilíbrio caso o Resultado do Balanço (sem contar os Ativos de Reserva) seja ZERO, o que é uma raridade.

   Isto é um complicador, pois, dependendo da estrutura adotada, o Balanço de Pagamentos estará em equilíbrio sempre **ou** raramente.

10.6. CONTAS DO BALANÇO DE PAGAMENTOS USADO NO BRASIL E LANÇAMENTOS EXEMPLIFICATIVOS

10.6.1. Balanço Comercial

No **Balanço Comercial** são registradas as operações de exportações e importações, ambas pelo seu valor FOB, sem considerar o valor do frete nem o valor do seguro, já que, no Balanço de Serviços, constam rubricas especialmente para esse fim.

Exemplos de lançamentos:

1 – Quando se faz uma exportação à vista:
"débito de Depósitos em Moeda Estrangeira,
a crédito de **Exportações**".

2 – Quando se faz uma exportação a prazo:
"débito de Financiamentos a Curto ou a Longo Prazo,
a crédito de **Exportações**".

3 – Quando se envia uma mercadoria em doação:
"débito de Transferências Unilaterais Correntes
a crédito de **Exportações**".

4 – Quando se aluga uma mercadoria para o exterior, não se faz lançamento nenhum no BP na saída da mercadoria, pois não foi transferida a propriedade. Haverá, no entanto, lançamentos nos pagamentos dos aluguéis.

5 – Quando se faz uma importação à vista:
"débito de **Importações**,
a crédito de Depósitos em Moeda Estrangeira".

6 – Quando se faz uma importação a prazo:
"débito de **Importações**,
crédito de Financiamentos a Curto ou a Longo Prazo".

10.6.2. Balanço de Serviços e Rendas

No Balanço de Serviços e Rendas, as rubricas dos **serviços** são autoexplicativas, sendo que a maior parte também aparece na Contabilidade Geral das empresas. Uma exceção que cabe mencionar é a conta "Serviços Governamentais" que é utilizada para registro dos gastos com embaixadas, consulados, representações no exterior e assemelhados.

Alguns exemplos de lançamentos:

1 – Quando um turista adquire em uma agência de turismo brasileira um pacote de cruzeiro marítimo pelas Bahamas, ele paga à vista em reais. Esta operação é entre dois residentes. Não entra no Balanço de Pagamentos. A agência brasileira irá repassar uma parte do dinheiro para a empresa estrangeira responsável pelo cruzeiro marítimo. Neste repasse, o lançamento é:

"débito de **Viagens Internacionais**,
a crédito de Depósitos em Moeda Estrangeira".

2 – Se, no caso anterior, houvesse o financiamento por parte da empresa estrangeira,

"débito de **Viagens Internacionais**,
a crédito de Financiamentos".

3 – Quando uma firma nacional paga, à vista, à empresa transportadora o valor do frete prestado:

"débito de **Transportes**,
a crédito de Depósitos em Moeda Estrangeira".

4 – Quando o Governo brasileiro envia dólares para suas embaixadas no exterior, não haverá lançamento no BP, pois, como vimos, esses órgãos são considerados residentes no Brasil. Mas quando as embaixadas usam no exterior o dinheiro enviado pelo Governo, está havendo uma transferência de divisas de um residente para um não residente. Por exemplo, quando a embaixada paga pelo conserto de móveis ou pela pintura do prédio onde está instalada, há o lançamento:

"débito de **Serviços Governamentais**,
a crédito de Moeda e Depósito".

O funcionamento da conta Moeda e Depósito será abordado no tópico 10.6.5.

Vejamos as rubricas das **rendas**.

Em relação à conta **salário e ordenado**, são registrados os valores **brutos** recebidos, por exemplo, da empresa norte-americana pelo residente brasileiro que foi lá trabalhar por poucos meses. Quando o brasileiro voltar ao Brasil e trouxer o saldo do seu salário, não haverá lançamento no BP, pois ele não estará migrando, já que nunca deixou de ser residente brasileiro. Mas como ele vai gastar uma parcela do salário no exterior para sua manutenção, cada pagamento que fizer a um restaurante nos EUA, ao taxista norte-americano ou ao hotel deve ser registrado na rubrica **Viagens**.

Lançamentos:

1 – Ao receber o salário:

"débito de Moeda e depósito,
a crédito de **Salário e Ordenado**".

2 – Ao gastar com táxi ou restaurante:

"débito de **Viagens**,
a crédito de Moeda e depósito".

Há, no subgrupo de Rendas, as **Rendas de investimento direto** e as **Rendas de investimento em portfólio**. O investimento direto se caracteriza pela influência do investidor nas decisões da empresa e é um investimento mais duradouro. O investimento em portfólio é feito por quem quer ter pulverização dos riscos e compra ações e outros títulos desejando apenas os rendimentos e não a gerência da empresa.

O conceito de "Investimento Direto" está no parágrafo 359 do Manual do BP: *"O Investimento Direto implica a existência de uma relação duradoura entre o investidor e a empresa e um importante grau de influência do investidor sobre a gerência da empresa."*

Portanto, a renda dos investimentos diretos são os lucros e dividendos. A renda dos investimentos em portfólio são os lucros, os dividendos e bonificações relativas às aplicações em ações e os juros correspondentes às aplicações em títulos de dívida de emissão doméstica e no exterior.

Exemplos de lançamentos:

1 – Quando o investidor estrangeiro recebe dividendos da empresa brasileira:

"débito de **Rendas de Investimento Direto**,
a crédito de Depósitos em Moeda Estrangeira".

2 – Quando o investidor estrangeiro de portfólio recebe os juros da aplicação em renda fixa:

"débito de **Rendas de Investimento em Carteira**,
a crédito de Depósitos em Moeda Estrangeira".

10.6.3. Transferências Unilaterais Correntes

A conta de **Transferências unilaterais correntes** corresponde às transferências unilaterais, na forma de bens e moeda, para consumo corrente. Excluem-se as transferências relativas a patrimônio de migrantes internacionais, alocadas na conta capital.

Exemplo de lançamento:

> Por causa de enchente no Sul do Brasil, o Brasil recebe doações de remédios e roupas da Alemanha:
>
> "débito de Importações,
> a crédito de **Transferências Unilaterais Correntes**".

10.6.4. Conta Capital

Na **conta capital**, registram-se as transferências unilaterais de capital relacionadas com patrimônio de migrantes e a aquisição/alienação de bens não financeiros não produzidos, tais como cessão de patentes e marcas.[5]

Exemplo já apresentado no tópico 10.2.5.

10.6.5. Conta Financeira

A **conta financeira** registra fluxos decorrentes de transações com ativos e passivos financeiros entre residentes e não residentes. A conta financeira é dividida em quatro grupos:

1) investimento direto;
2) investimentos em carteira (*investimento em portfólio*);
3) derivativos; e
4) outros investimentos.

A diferença entre os Investimentos Diretos e os Investimentos em Portfólio já foi apresentada no tópico 10.6.2.

Na conta de **Derivativos**, são registrados os fluxos financeiros relativos à liquidação de haveres e obrigações decorrentes de operações de *swap*, opções e futuros e os fluxos relativos aos prêmios de opções.

No grupo de **Outros Investimentos**, aparecem os **financiamentos** e os **empréstimos** recebidos e também os concedidos. Aparece também a conta de **Moeda e depósito**. Vejamos seu funcionamento.

---

[5] Pelo BPM6, as patentes e marcas passam a ser contabilizadas no Balanço de Serviços, conta "Pesquisa e Desenvolvimento"

Conforme se constata na estrutura sugerida pelo FMI, as reservas do país não são exclusivamente o dinheiro estrangeiro de propriedade das autoridades monetárias, mas também o dinheiro estrangeiro dos bancos privados e públicos, autorizados a manter contas em moeda estrangeira no exterior.

No parágrafo 424 do Manual do FMI, consta que "os ativos de reserva consistem nos ativos externos que estão prontamente disponíveis para e controlados pelas autoridades monetárias..."

Há então duas condições para um ativo ser considerado reserva: a disponibilidade e o controle pelo Banco Central. Somente são considerados como reserva os depósitos das autoridades monetárias e dos bancos nacionais em moeda estrangeira conversível.

Assim, dinheiro estrangeiro, em espécie ou depositado no exterior, pertencente à pessoa física residente no Brasil ou a pessoas jurídicas que não sejam bancos não é considerado reserva. O mesmo se aplica aos depósitos no exterior de bancos brasileiros em moeda inconversível ou depósitos que estejam indisponíveis para os bancos. Todos esses valores são registrados na conta Moeda e Depósito e não na conta Depósitos em Moeda Estrangeira como Ativo de Reserva.

O Banco Central do Brasil (2001, p. 7-8) assim define a conta Moeda e Depósito:

> Outros Investimentos Brasileiros – Moeda e Depósito – Refere-se à movimentação de depósitos mantidos no exterior na forma de disponibilidades, cauções, depósitos judiciais e, ainda, as garantias para os empréstimos vinculados a exportações. Inclui a variação dos depósitos no exterior dos bancos comerciais e os depósitos relativos ao excesso de posição comprada dos bancos residentes depositados no Banco Central. Estão incluídas, também, as movimentações de garantias colaterais, na modalidade de depósitos, constituídas no âmbito do acordo de renegociação da dívida externa (Plano Brady).
> Outros Investimentos Estrangeiros – Moeda e Depósito – Refere-se às disponibilidades de não residentes depositadas no país, incluindo a variação do saldo das contas de não residentes abertas ao amparo da Circular nº 2.677, de 10/04/1996 (contas CC5).

As contas CC5 são contas de não residentes no Brasil. São mantidas em Reais.

Ainda no grupo de Outros Investimentos, há a conta de **Operações de Regularização**, onde são registrados os empréstimos que o Governo faz para financiar o seu déficit em Balanço de Pagamentos.

Caso o Brasil precise de um empréstimo para cobrir um déficit, ele recorre inicialmente à quota-ouro ou tranche-ouro (v. tópico 12.2.2.).

Lançamento:

"débito de Depósitos em Moeda Estrangeira
a crédito de Posição de Reservas no FMI".

Caso este saque seja insuficiente, o próximo tranche será:

"débito de Depósitos em Moeda Estrangeira
a crédito de Operações de Regularização – FMI".

A conta de **Atrasados** serve para apresentar as contas vencidas e não pagas.

Imaginemos que uma firma brasileira contraia um empréstimo a ser pago em um determinado prazo. Será feito o seguinte lançamento ao se tomar o empréstimo:

"débito de Depósitos em Moeda Estrangeira
a crédito de Empréstimos".

Quando chega o dia do vencimento, a empresa não paga. Sendo assim, aquela dívida que havia sido lançada em Empréstimos, deve ser extinta, como se houvesse sido paga, e deve passar a constar na rubrica **Atrasados**. O lançamento será:

"débito de Amortizações (dentro da conta de Empréstimos),
a crédito de **Atrasados**".

Quando o pagamento for finalmente feito, o lançamento será:

"débito de **Atrasados**,
a crédito de Depósitos em Moeda Estrangeira".

10.6.6. Erros e Omissões

O Banco Central, **na prática**, não faz o lançamento pelo mecanismo de partidas dobradas, pois são milhares de operações realizadas diariamente, tais como importações, exportações, investimentos e remessas de imigrantes. A contabilização é feita ao final de cada dia, quando então ele argui alguns órgãos para que possa fazer o lançamento. Por exemplo, para saber o montante de importações do dia, o Banco Central consulta o Ministério do Desenvolvimento, Indústria e Comércio Exterior (MDIC).

O valor das reservas é um valor confiável, pois é de fácil controle para o Banco Central. Elas são o somatório das contas oficiais com as contas dos bancos autorizados a operar em câmbio. É muito fácil para o Banco Central saber quanto há de reservas. No final do dia, solicita então, a alguns órgãos, informações a que ele não tem acesso (ou que teria com dificuldade), buscando os motivos pelos quais as reservas aumentaram ou diminuíram. Em outras palavras, busca os fatos geradores das alterações das reservas.

Com os altos valores de um Balanço de Pagamentos e tantos órgãos envolvidos, é muito difícil se descobrirem exatamente todas as transações. Uma operação que um determinado órgão tenha deixado de informar ao Banco Central põe a perder o perfeito fechamento. Raro é o dia em que o Banco Central consegue, dos demais órgãos, os valores exatos que levaram à variação das reservas.

Como a soma de todas as contas do BP deve ser igual a ZERO, o Banco Central faz um ajuste para mais ou para menos para "fechar" a soma. O ajuste é feito na conta "Erros e Omissões".

10.6.7. Resultado Global do Balanço (Déficit/Superávit do BP)

Representa a variação das reservas internacionais do país, detidas pelo Banco Central, no conceito de liquidez internacional.

Considerando o Balanço de Pagamentos usado no Brasil, pode-se dizer que:

1) Se o resultado foi perda de reservas, houve um **déficit** no Balanço de Pagamentos.
2) Se o resultado foi aumento de reservas, houve um **superávit**.
3) Se o resultado foi nulo, houve **equilíbrio**.

Já se considerarmos o Balanço de Pagamentos tal como sugerido pelo FMI, o Balanço de Pagamentos estará **sempre** em equilíbrio.

10.7. OPERACIONALIZAÇÃO DO BALANÇO DE PAGAMENTOS

Para cada conta do Balanço de Pagamentos, o Banco Central consulta um ou mais órgãos para saber o montante das operações. Por exemplo, para saber sobre as importações de mercadorias, o Ministério do Desenvolvimento, Indústria e Comércio Exterior (MDIC) é consultado.

De acordo com o Banco Central (2001, p. 9-11), são consultadas as fontes a seguir:

1. Transações correntes
   1.a. Balança comercial: Ministério do Desenvolvimento, Indústria e Comércio Exterior (MDIC).

1.b. Serviços

1.b.1. Transporte

Estatística nacional das operações de câmbio; informações prestadas diretamente por empresas de transporte marítimo e pelo Departamento de Marinha Mercante do Ministério dos Transportes (DMM/MT); e dados fornecidos por companhias brasileiras de aviação comercial e pelo Departamento de Aviação Civil (DAC).

1.b.2. Demais itens da conta serviços

Estatística nacional das operações de câmbio.

1.c. Rendas

Estatística nacional das operações de câmbio, exceto para as receitas de juros sobre as reservas internacionais, apuradas pelo Departamento de Operações das Reservas Internacionais do Banco Central do Brasil (Depin), e para os dados de lucros reinvestidos, apurados pelo Departamento de Capitais Estrangeiros e Câmbio (Decec).

1.d. Transferências unilaterais correntes

A fonte para as operações em moeda é a estatística nacional das operações de câmbio. Transferências sob forma de bens têm como fonte, para as receitas, a natureza cambial das importações disponibilizada pela Coordenação Geral de Tecnologia de Sistemas de Informação (Cotec) do Ministério da Fazenda, e, para as despesas, a natureza cambial das exportações elaborada pela Secretaria de Comércio Exterior (Secex) do Ministério do Desenvolvimento, Indústria e Comércio Exterior.

2. Conta capital

Estatística nacional das operações de câmbio.

3. Conta financeira

3.a. Investimento direto

3.a.1. Investimento direto no exterior

A fonte para as operações em moeda é a estatística nacional das operações de câmbio.

Investimentos na forma de bens têm como fonte a natureza cambial das exportações elaborada pela Secex do Ministério do Desenvolvimento, Indústria e Comércio.

3.a.2. Investimento direto no Brasil

A fonte para as operações em moeda e conversões de crédito é a estatística nacional das operações de câmbio. Investimentos na forma de bens têm como fonte a natureza cambial das importações elaborada pela Cotec do Ministério da Fazenda. Os reinvestimentos, contrapartida dos lucros reinvestidos, originam-se dos registros efetuados no Decec do Banco Central do Brasil.

3.b. Investimento em carteira

3.b.1. Ativos

Estatística nacional das operações de câmbio.

3.b.2. Passivos

Estatística nacional das operações de câmbio.

3.c. Derivativos financeiros

Estatística nacional das operações de câmbio.

3.d. Outros investimentos

3.d.1. Ativos

1) Empréstimos

Estatística nacional das operações de câmbio. Dados do Programa de Financiamento às Exportações (Proex), fornecidos pelo Banco do Brasil e Banco Nacional de Desenvolvimento Econômico e Social. Balancetes dos bancos comerciais.

2) Moeda e depósito

Estatística nacional das operações de câmbio. Balancetes dos bancos comerciais.

3) Outros ativos

Estatística nacional das operações de câmbio. Balancetes dos bancos comerciais.

3.d.2. Passivos

1) Créditos comerciais

Estatística nacional das operações de câmbio. Natureza cambial das exportações (Secretaria do Comércio Exterior – Secex do Ministério do Desenvolvimento, Indústria e Comércio Exterior) e das importações (Coordenação Geral de Tecnologia de Sistemas de Informação – Cotec do Ministério da Fazenda).

2) Empréstimos

Estatística nacional das operações de câmbio. Natureza cambial das importações (Coordenação Geral de Tecnologia de Sistemas de Informação – Cotec do Ministério da Fazenda). Balancete dos bancos comerciais. Informações de empresas brasileiras sobre linhas de crédito externas de curto prazo tomadas diretamente no exterior.

3) Moeda e depósitos

Estatística nacional das operações de câmbio. Balancetes dos bancos comerciais.

4) Outros passivos

Estatística nacional das operações de câmbio. Balancete do Banco Central (saldo devedor do Convênio de Crédito Recíproco – CCR).

4. Variações das reservas internacionais

A fonte de dados são relatórios do Departamento de Operações das Reservas Internacionais (Depin).

10.8. O AJUSTE DO BALANÇO DE PAGAMENTOS

Veremos no tópico 12.1.4.1 que, no regime padrão-ouro, os desequilíbrios do Balanço de Pagamentos eram corrigidos automaticamente, sem intervenção do Governo. Era o mecanismo fluxo-espécie-preço. Para isso, algumas premissas eram satisfeitas. Nos dias de hoje, não há mais o cumprimento das premissas do regime e, portanto, havendo um desequilíbrio no Balanço de Pagamentos, o Governo deve adotar uma ou mais medidas de ajuste.

O ajuste do Balanço de Pagamentos é necessário quando o país tem um déficit permanente (também chamado estrutural ou fundamental). Em casos de desequilíbrio **temporário** do Balanço de Pagamentos, **não** há necessidade de se fazer ajuste algum, pois, como o próprio nome já diz, é um desequilíbrio sazonal, que se encerra naturalmente no próximo mês ou um pouco mais.

No Capítulo 12, veremos que o FMI foi criado em 1945 com duas funções principais:

1) fiscalizar as taxas de câmbio para evitar desvalorizações competitivas; e
2) prover recursos para países que estivessem com déficit temporário no Balanço de Pagamentos. A ideia, neste caso, era oferecer ao país uma alternativa a fim de que ele não tivesse justificativa para desvalorizar a taxa de câmbio, o que poderia ser danoso a nível mundial.

O FMI, em caso de desequilíbrio permanente, permitia a modificação de paridade cambial, mediante algumas condições, pois não adiantava emprestar recursos para países com problemas crônicos no Balanço de Pagamentos. Era jogar dinheiro "pelo ralo".

Quais as formas atuais para se ajustar um desequilíbrio **permanente**?

1) A forma mais tradicional é **desvalorizar a taxa de câmbio**, que gera aumento de exportações e redução de importações. Os nossos produtos, que são cotados em real, se tornarão mais baratos em dólar se o real se desvalorizar.

   Por exemplo, uma indústria vende um sapato a R$ 40,00. Quando o dólar valia R$ 1,00, o preço do sapato era US$ 40.00. Se o real for desvalorizado e a nova cotação for US$ 1.00 = R$ 2,00, o preço do sapato, R$ 40,00, se transforma em US$ 20.00. Isto aumenta a procura estrangeira pelos nossos sapatos, mesmo se aumentarmos o preço para R$ 60,00, pois, em dólar, o preço terá caído para US$ 30.00.

   De forma inversa, o preço do importado, que é cotado em dólares, sobe em reais quando a nossa moeda é desvalorizada. Pela Lei da Oferta e da Procura, preço mais alto implica demanda menor.

   Esta forma de ajuste traz o inconveniente de gerar aumento de preços internos por dois motivos: diminui a concorrência por diminuição das importações e, como exportar se tornou uma prática muito atraente, os exportadores brasileiros somente continuarão a vender no mercado interno se o preço neste mercado for equiparado ao preço da exportação. Em outras palavras, os preços no mercado interno subirão.

2) A segunda forma de ajuste do Balanço de Pagamentos é a **redução do nível de atividade econômica**. Gerar recessão não é bom para a população, mas é ótimo para as contas externas, pois recessão nos tira poder de compra. Haverá a diminuição de compras, incluindo os

produtos nacionais e os produtos importados. No caso dos produtos nacionais, as indústrias nacionais serão obrigadas a se voltar para o mercado externo por falta de compradores no mercado interno. Isto aumenta as exportações.

No caso dos produtos importados, a simples diminuição da sua compra já melhora o Balanço de Pagamentos. São menos importações.

Se a redução do nível de atividade econômica for por meio de aumento de taxa de juros, duas coisas a mais devem ser ditas: a atração de capitais estrangeiros em busca da melhor remuneração ajuda ainda mais a melhorar o Balanço de Pagamentos pela entrada do capital, mas provoca o aumento do endividamento externo.

A crítica que se faz sobre o uso deste mecanismo é que melhora o Balanço de Pagamentos à custa do sofrimento da sociedade.

3) **Aumentar as barreiras às importações e subsidiar as exportações** também são formas de ajuste. Mas são medidas condenadas pela OMC, como apresentado no Capítulo 2, e os demais países podem querer retaliar. São medidas ruins tecnicamente por provocarem ineficiência dos fatores de produção.
4) **Restringir a saída de capitais e de rendimentos** é a última forma de ajuste, mas é uma das piores tecnicamente, pois, em um primeiro momento, realmente melhora o Balanço de Pagamentos por não haver mais saída de capital. Mas, no futuro, não haverá mais entrada de investidores, pois ninguém entra em um país do qual não consiga sair. Segundo Joelmir Beting, "capital é igual ao vento: só entra em lugares de onde possa sair".

Questões de provas

01. (AFTN/1996) Os déficits no Balanço de Pagamentos de um determinado país:

a) decorrem fundamentalmente de déficits comerciais, mas também dependem do nível de reservas internacionais de que dispõe este país;

b) decorrem de desvalorizações cambiais, que aumentam a competitividade, mas tornam o produto exportado relativamente barato, reduzindo assim as receitas líquidas de exportações deste país;

c) ocorrem como consequência da elevação das taxas de juros internacionais, que incidem tanto sobre as exportações, reduzindo as receitas, quanto sobre as importações, que se tornam relativamente mais caras para este país;

d) decorrem, em geral, de déficits nas transações correntes (comércio visível e invisível), mas podem ocorrer, em casos muito particulares, em função de fluxos inesperados nas contas de transferências e/ou de capitais deste país;

e) são consequência da falta de proteção adequada ao mercado interno deste país. Por esta razão, países com baixos níveis de proteção tarifária apresentam-se deficitários, enquanto países com níveis mais elevados de proteção dificilmente apresentam este tipo de problema.

02. (AFRF/2000) Sobre balança de pagamentos, não se pode fazer a seguinte afirmativa:

a) balança de pagamento é um registro contábil de todas as transações de um país com os outros países do mundo;

b) na balança de capitais são registrados o capital das firmas estrangeiras que ingressam no país sob a forma de empréstimos. Os empréstimos de outros governos para o governo brasileiro, empréstimos do FMI etc. e os juros que o Brasil paga pelos empréstimos fornecidos por outras nações;

c) a balança comercial e a balança de serviços formam a "balança de transações correntes";

d) a balança de pagamento deve estar sempre em equilíbrio;

e) a balança de serviços inclui, entre outros, serviço de transporte (fretes), assistências técnicas, lucros e *royalties*, remetidos pelas empresas transnacionais.

03. (AFRF/2002-1) No que diz respeito ao equilíbrio do balanço de pagamentos, um país que apresente déficit na conta de transações correntes deve produzir:

a) superávit na balança comercial;

b) déficit na conta de capital;

c) superávit na conta de serviços;

d) superávit na conta de capital;

e) déficit na conta de serviços.

04. (AFRF/2002-1) O Brasil apresentou, nos últimos anos, déficits na conta de transações correntes, o que significa que:

a) o valor das importações de bens realizadas no período de um ano é superior ao valor das exportações de serviços no mesmo período;
b) houve saída de capitais, se considerado o desempenho da balança comercial, da balança de serviços e as transferências unilaterais;
c) os fluxos de investimento direto não têm sido suficientes para compensar a transferência de recursos para o exterior feita sob a forma de pagamento de serviços de dívida, remessa de lucros e amortização de empréstimos;
d) as importações de bens e serviços têm sido financiadas por remessas de residentes no exterior e com a receita obtida com saldos comerciais e o recebimento de *royalties;*
e) o pagamento de juros e *royalties* é superior ao montante de investimentos diretos recebidos.

05. (AFRF/2002-1) Segundo o sistema de partidas dobradas, o registro de toda transação internacional no balanço de pagamentos:

a) é realizado duas vezes, uma vez como crédito e uma vez como débito;
b) é realizado apenas uma vez como crédito ou débito, de acordo com a natureza da operação;
c) é realizado duas vezes na conta corrente ou na conta de capital;
d) é realizado simultaneamente na conta de transações correntes e na conta de capital em uma delas como crédito, na outra como débito;
e) é realizado apenas uma vez, como débito ou crédito, em uma das contas do balanço de pagamentos.

06. (AFRF/2002-2) A venda de uma mercadoria ao exterior é registrada no balanço de pagamentos:

a) com o valor FOB (*free on board*) como crédito na rubrica *Mercadorias* da conta de transações correntes e o mesmo valor como débito na rubrica *Longo Prazo* da conta de capitais;
b) com o valor FOB (*free on board*) como débito na rubrica *Mercadorias* da conta de transações correntes e como crédito na rubrica *Longo Prazo* conta de capitais;
c) com o valor CIF (*cost, insurance and freight*) como crédito na rubrica *Mercadorias* da conta de transações correntes e o valor FOB (*free on board*) como débito na rubrica *Curto Prazo* conta de capitais;
d) com o valor CIF (*cost, insurance and freight*) como débito na rubrica *Mercadorias* da conta de transações correntes e o mesmo valor como crédito na rubrica *Longo Prazo* da conta de capitais;
e) com valor FOB (*free on board*) como crédito na rubrica *Mercadorias* da conta de transações correntes e como débito na rubrica *Curto Prazo* da conta de capitais.

07. (AFRF/2002-2) No balanço de pagamentos brasileiro, as rendas auferidas com a realização de investimentos e com a remuneração de empréstimos e aplicações financeiras no exterior são registradas:

a) com sinal positivo na rubrica Serviços da conta de transações correntes;
b) com sinal negativo na rubrica de operações de longo prazo da conta de capitais;
c) com sinal positivo na rubrica transferências unilaterais da conta de transações correntes;
d) com sinal positivo na rubrica de operações de curto prazo da conta de capitais;
e) com sinal negativo na rubrica de operações de curto prazo da conta de capitais.

08. (ACE/2002) O Balanço de pagamentos de um país resume as informações relativas a suas transações com o resto do mundo. Construído em conformidade com o princípio de dupla entrada, registra-se cada transação duas vezes, uma vez como crédito, a outra como débito. Entre as opções abaixo, está correta a que registra:

a) a venda de serviços de turismo a estrangeiros como débito na conta corrente e como crédito na conta de capital;
b) a compra de equipamentos estrangeiros como crédito na conta corrente e como débito na conta de capital;
c) a contratação de empréstimos no exterior como crédito no componente serviços da conta de transações correntes e como débito no componente divisas da conta de capital;
d) o empréstimo realizado pelo BNDES-*Exim* a firma estrangeira que compre automóveis fabricados no Brasil como crédito no componente divisas da conta de capital e como débito no componente exportação de bens na conta de transações correntes;
e) o pagamento, por firma brasileira, da construção de uma fábrica sua no exterior como débito no componente investimento da conta de capital e como crédito no componente de divisas na conta de capital.

09. (Analista do BACEN/2002) A partir de 2001, o Banco Central do Brasil introduziu algumas importantes alterações no balanço de pagamentos. Entre estas alterações, destaca-se:

a) a exclusão da conta "reinvestimentos" dos movimentos de capitais autônomos;
b) a inclusão do item "amortizações" na conta de serviços de fatores;
c) a retirada do item de investimentos diretos dos empréstimos intercompanhias;
d) a inclusão das transferências unilaterais na conta de investimentos diretos;
e) a introdução da "conta financeira", em substituição à antiga conta de capitais, para registrar as transações relativas à formação de ativos e passivos externos.

Capítulo 11

Moeda

11.1. ORIGENS DA MOEDA

No início da civilização, quando os homens passaram a viver em comunidade, os bens necessários à sobrevivência humana eram trocados por outros bens. Por exemplo, o caçador trocava a sua caça com pescadores ou então com agricultores. Tudo era baseado em trocas. Era o sistema de **escambo**.

Tudo funcionava bem no sistema de escambo quando havia o desejo duplo da troca. Por exemplo, o produtor de laranjas deseja comer peixes. Se o pescador estiver interessado na troca, esta é perfeitamente factível. No entanto, caso o pescador não tenha interesse em laranjas, o produtor terá que descobrir uma mercadoria que aquele deseje, para então obtê-la. Imaginando que o pescador deseje batatas, o produtor vai tentar convencer o produtor de batatas a fazer a troca pelas laranjas. Já foi envolvido um terceiro personagem na história. E se o produtor de batatas também não quiser as laranjas, um quarto personagem terá que ser envolvido para que se chegue, por meio de combinações de trocas, ao objetivo original que era o produtor de laranja comer peixe.

O sistema de escambo pode se tornar muito complicado.

Com o passar do tempo, começou a se perceber que algumas mercadorias tinham uma aceitação muito boa por parte de qualquer pessoa. Eram mercadorias que tinham muita utilidade para a população em geral. Era o caso do gado, do sal, do algodão, da lã, da seda, do açúcar, dos metais, entre outros. Era difícil encontrar uma pessoa que se recusasse a receber sal em troca de suas mercadorias. Da mesma forma, o gado era praticamente sempre aceito. Essas mercadorias passaram a ser chamadas **mercadorias-moeda**.[1]

---

[1] A palavra *salarium* em latim significa 'porção de sal' e originou o termo salário usado atualmente. No passado, os pagamentos por bens e serviços eram feitos com porções de sal. Gado também foi usado como moeda no passado. Gado em latim é *pecus*, daí se originando a palavra pecúnia, dinheiro. Note que as palavras pecuária e pecuniária têm o mesmo radical.

As mercadorias-moeda são o primeiro estágio das moedas. Com o seu uso, não mais se precisava recorrer ao escambo. As mercadorias-moeda permitiram as trocas indiretas.

Tempos depois, começou a se perceber uma série de problemas naquelas mercadorias-moeda: diferenças entre duas mercadorias-moeda de mesmo tipo, as suas indivisibilidades, a perecibilidade e a dificuldade de transporte.

Por exemplo, duas cabeças de gado têm qualidades diferentes dependendo de sua idade e da pureza da raça. A heterogeneidade era ruim para o comércio.

O problema da indivisibilidade surgia quando se queria comprar um bem cujo valor fosse inferior ao valor da mercadoria-moeda. Por exemplo: como pagar por uma maçã se a mercadoria-moeda era o gado, o qual tinha um valor muito superior a ela?

O problema da perecibilidade aparecia quando a mercadoria-moeda possuía um prazo de vida útil limitado como, por exemplo, o algodão; e, portanto, não poderia ser armazenado por muito tempo.

Com o aumento dos fluxos comerciais e com o atingimento de locais cada vez mais distantes, o problema do transporte apareceu. Como levar o gado por longas distâncias?

Em síntese, algumas dessas mercadorias-moeda eram perecíveis ou depreciáveis; outras não eram facilmente divisíveis; a maioria não era de fácil transporte e, além disso, duas mercadorias-moeda não eram necessariamente homogêneas.

Por tudo isto, as várias mercadorias-moeda foram sendo abandonadas, com exceção dos **metais**. Os metais eram sempre aceitos porque deles se fabricavam utensílios domésticos, armas e outros objetos. A Idade dos Metais, na Pré-história, havia sido determinante para se descobrirem as suas utilidades.

Os metais tinham todas as qualidades para serem usados como moeda e nenhum daqueles defeitos relacionados anteriormente: eram relativamente raros (como toda moeda deve ser), duráveis, fracionáveis, homogêneos e de fácil transporte porque possuem alto valor para um pequeno peso.

Portanto, a cada operação de compra e venda, passava a se usar exclusivamente o metal. Chegava-se ao segundo estágio da moeda: a **moeda metálica**.

Vários metais passaram a ser usados como moeda: ferro, cobre, ouro, prata e platina foram os principais. O ferro e o cobre, mais tarde, foram abandonados quando começaram a ser descobertos com facilidade. A platina, pelo motivo inverso, foi abandonada. A moeda deve ser relativamente rara, mas não absolutamente rara, pois com o crescimento mundial, mais moedas passam a ser necessárias. A platina era rara demais e não ajudava a economia mundial em épocas de crescimento.

Com o tempo, prevaleceram o ouro e a prata como instrumentos de troca. As moedas eram cunhadas por particulares e sujeitavam-se, portanto, à honestidade destes. Fundir o ouro em uma moeda, gravando o símbolo de '20 gramas' não era garantia para quem recebia a moeda. Talvez naquela moeda houvesse apenas 19,9 gramas de ouro. Essa insegurança fazia com que as moedas fossem sempre pesadas pelos recebedores. Era um complicador ao comércio. O Estado, mais tarde, vai assumir a competência exclusiva da cunhagem de moedas. Surgiriam as Casas da Moeda.

No início, não havia uma relação entre as moedas de ouro e de prata. Contudo, em 1792, os EUA estabeleceram que um grama de ouro correspondia a 15 gramas de prata. A França estabeleceu uma relação de 15,5 gramas de prata para 1 grama de ouro. E os demais países estabeleceram cotações em níveis parecidos. É o sistema conhecido como **bimetalismo** ou padrão duplo.

Com o passar do tempo, a Alemanha extinguiu o bimetalismo e passou a usar apenas o ouro como metal monetário instituindo o **monometalismo-ouro**. Isso fez com que a prata se desvalorizasse. No mercado de metais preciosos, um grama de ouro chegava a comprar 20 gramas de prata.

Desta forma, todos aqueles que podiam pagar suas compras com moedas de ouro ou de prata preferiam usar as de prata e entesourar as de ouro que eram então mais fortes. Era a ocorrência da Lei de Gresham: a moeda má expulsa a moeda boa. No mercado, só se viam moedas de prata. As moedas de ouro estavam guardadas nas gavetas, "expulsas" pelas moedas de prata.

Para encerrar este processo de desvalorização da prata, os países seguiram o exemplo da Alemanha e implantaram o padrão monometálico baseado exclusivamente no ouro, desamoedando a prata. Isto ocorreu por volta de 1873. Era o surgimento do **padrão-ouro** a ser estudado no Capítulo 12.

Ao mesmo tempo em que os metais iam assumindo a condição de principais mercadorias-moeda, começou a surgir o sistema bancário. Vejamos.

Com o passar do tempo, o comércio cresceu de forma sensível. O volume, o valor das vendas e as distâncias registraram aumentos consideráveis e consequentemente começou a surgir o inconveniente de se carregarem grandes somas de metal (ouro ou prata) para liquidação das operações gerando insegurança no transporte. Para sanar esse problema, as moedas passaram a ser depositadas em casas de custódia que emitiam, então, recibos de depósito. Os recibos de depósito foram o embrião das notas de dinheiro que se usam atualmente.

Uma pessoa que depositasse, por exemplo, 10 moedas de ouro em uma casa de custódia ou ourivesaria, ganharia um recibo de depósito nominativo; e nas moedas de ouro que havia deixado, haveria também a identificação do depositante de tal forma que, ao reconverter o recibo em metal, esta pessoa receberia exatamente as mesmas moedas que depositara.

Com o volume crescente de depósitos, as casas de custódia deixaram de identificar as moedas por depositante de tal forma que, quando fosse pedida a reconversão dos recibos, o depositante receberia uma quantidade de moedas igual à que houvera depositado sem que fossem necessariamente as mesmas.

A pedido dos depositantes, os recibos de depósito deixaram de ser nominativos e passaram a ser "ao portador", pois, desta forma, qualquer pessoa que tivesse a posse do recibo de depósito poderia reconvertê-lo em metal monetário. Quando alguém queria comprar, por exemplo, um sapato, simplesmente passaria o recibo de depósito para o sapateiro sem precisar ir à casa de custódia trocar o recibo e receber as moedas de ouro para pagá-lo. Há de se convir que, pagando desta forma, não se teria trabalho nem se perderia tempo para se deslocar até a casa de custódia para trocar o recibo. Esta foi uma vantagem para os depositantes.

Esses recibos de depósito passaram a ser conhecidos como **moeda-papel**, que se caracterizavam pela sua conversibilidade em moeda metálica. Eram a moeda na forma de papel. Foi o terceiro estágio da moeda.

As casas de custódia haviam percebido que os depositantes não resgatavam suas moedas todas ao mesmo tempo. Perceberam que os recibos estavam circulando e os metais estavam ficando "esquecidos" nas casas de custódia. Aquele dinheiro parado lhes fez acender a luz: Emprestar e ganhar juros sobre dinheiro que nem era deles!

Começaram a emprestar dinheiro, emitindo recibos sem lastro metálico, ou seja, sem que houvesse o correspondente valor custodiado da moeda metálica (as casas de custódia passaram a atuar como **bancos** ao emprestar recursos sem lastro). Quem não tivesse ouro e estivesse precisando de dinheiro pegava um empréstimo na forma de recibo de depósito.

Havia o risco de não se poderem honrar os depósitos caso todos os depositantes decidissem reconvertê-los em moeda. Mas essa hipótese era remota, tendo em vista a confiança generalizada da população.

Quando houve a primeira emissão de recibo sem lastro, a moeda deixou de ter conversibilidade total para ter conversibilidade apenas parcial. Como o valor das notas em circulação passou a ser maior do que as garantias existentes, não mais existiam plenas garantias de conversibilidade, mas os recibos continuavam a ser conhecidos como moeda-papel.

De tempos em tempos, havia crises de credibilidade em que a população desconfiada corria às casas de custódia em busca de seus metais. E ocorriam então falências generalizadas dos bancos, visto que os recibos de depósito não eram conversíveis em sua totalidade.

O Estado, percebendo esses momentos críticos, vai pouco a pouco assumindo o monopólio da emissão dos recibos. E, com o passar do tempo, esses recibos foram desvinculados de quaisquer garantias metálicas. O Estado já assumira a cunhagem das moedas e agora assumia a emissão dos recibos de depósito.

Essas notas bancárias agora inconversíveis em moeda metálica passaram a ser chamadas de **papel-moeda**, **padrão-papel** ou **moeda fiduciária** (notas bancárias emitidas a partir de operações de crédito, sem lastro metálico). Foi o quarto estágio da moeda.

Como último estágio do desenvolvimento da moeda, há a **moeda escritural**.

Com a inconversibilidade das notas bancárias em moedas de metal e, sendo as notas a própria expressão do dinheiro, surge novamente o problema da segurança. A insegurança em manter ou transportar moedas metálicas havia feito nascer a moeda-papel e, neste momento, a insegurança em relação ao papel-moeda faz nascer a moeda escritural. Ninguém anda com todo seu dinheiro no bolso. Ele está depositado.

Depositar as notas bancárias em um banco era uma forma de se ter segurança e também uma fonte de receitas, pois o banco que as recebia aceitava pagar juros sobre os depósitos efetuados porque usaria o montante desses depósitos para empréstimos, cobrando juros. Claro que cobraria juros mais altos para os tomadores de empréstimos do que aqueles pagos aos depositantes. E essa diferença de juros aliada a taxas de expediente e comissões representavam o lucro dos bancos.

Moeda escritural vem a ser aquela representada pelos depósitos existentes nos bancos ou outras instituições de crédito e que se encontrem à livre disposição dos seus depositantes.

Os depósitos existentes nos bancos são considerados um novo tipo de moeda, pois podem, por exemplo, pagar compras ou gerar empréstimos sem que haja a movimentação de papel-moeda. Por exemplo, um cidadão compra uma mercadoria em uma loja. Ao pagar por ela, o cidadão pode usar o papel-moeda, ou seja, o dinheiro em espécie, ou então pode usar um cheque. Caso use um cheque, a loja pode depositá-lo ou sacá-lo no caixa do banco. Optando por depositar o cheque na sua conta, não haverá a movimentação de papel-moeda e sim da moeda escritural. A conta bancária da pessoa física é debitada e a da loja é creditada no mesmo valor liquidando a operação de compra. Mas a firma pode também sacar o cheque e, neste caso, a moeda escritural é transformada em papel-moeda (a conta do cidadão é debitada e a loja recebe do banco o papel-moeda). Vemos então que o cheque nada mais é que uma ordem para se movimentar a moeda escritural, seja levando-a para outra conta de depósito, seja transformando-a em papel-moeda.

11.2. MEIOS DE PAGAMENTO

Os meios de pagamento (o que pode ser usado para liquidar débitos) compreende o papel-moeda emitido somado à quantidade de moeda escritural, que são os depósitos à vista nos bancos. Com um detalhe: dos depósitos nos bancos, uma parcela é mantida congelada para a segurança do sistema e controle da liquidez. São os chamados encaixes bancários. Eles não podem, portanto, ser computados como meios de pagamento.

Meios de pagamento = Papel-moeda + Moeda escritural – encaixes bancários.

11.3. FUNÇÕES DA MOEDA

No início do capítulo, vimos as três funções da moeda:

1) **Meio de Troca**

É a função principal da moeda. Vimos que para haver o comércio entre o agricultor e o pescador, era necessário que um desejasse a mercadoria do outro. Mas isso era impraticável porque não se pode obrigar ninguém a aceitar qualquer bem como forma de pagamento. Portanto, seria necessária a obtenção de uma mercadoria que fosse sempre aceita sem contestações para intermediar as trocas. Esse meio de troca (ou instrumento de troca) são as moedas que foram sucessivamente as mercadorias-moeda, moedas metálicas, moeda-papel, papel-moeda e, por último, as moedas escriturais.

2) **Unidade de Conta**

Ora, entre duas mercadorias era necessário estabelecer uma relação de valor para a troca. Por exemplo, podia ser definido que um sapato tem o mesmo valor que 2 camisas. E se existissem 10 mercadorias passíveis de troca, seria necessário definir o valor da mercadoria A em relação às outras 9, o valor de B em relação às outras 8 e assim sucessivamente, como vemos a seguir:

1 sapato = 2 camisas
1 sapato = 1 calça
1 sapato = 3 livros
1 sapato = 4 relógios
....

O sapateiro definia o preço dos seus sapatos em relação às outras mercadorias (nove, no total).

O alfaiate definia o preço das suas camisas em relação às outras oito mercadorias.

O alfaiate definia o preço das suas calças em relação às outras sete mercadorias.

E assim sucessivamente.

No final das contas, haveria 45 (= 9+8+7+6+5+4+3+2+1) relações de valor.

Se, em vez de definir as mercadorias em função umas das outras, fossem definidas em relação a uma moeda, bastaria ver a relação de duas mercadorias em relação à moeda e ter-se-ia, através do cruzamento das taxas, a relação de uma mercadoria em relação à outra.

Por exemplo, se nos disserem que um sapato custa R$ 20,00 e uma camisa vale R$ 10,00, podemos inferir que um sapato vale 2 camisas. Portanto, a criação da moeda reduziu drasticamente o número de relações de troca existentes. Somente seria necessário expressar os valores das mercadorias em termos de uma única unidade de conta: a moeda. De 45 relações, passariam a existir apenas 10 relações monetárias.

Assim, outra função da moeda é a determinação de uma unidade de conta, através da instituição de uma medida comum de comparação.

3) **Reserva de Valor**
Reserva de valor é a característica de se poder armazenar a moeda para uso no futuro como expresso na clássica expressão de Keynes: "as moedas representam uma ponte entre o passado, o presente e o futuro". As moedas permitem a postergação do consumo. Quando se usava o escambo, a troca era imediata de duas mercadorias já existentes. Mas quando se criou a moeda, surgiu a vantagem de a troca poder ser feita com intervalo de tempo. Por exemplo, posso hoje vender a minha produção de ontem, guardar a moeda e consumir outros bens amanhã ou daqui a alguns anos. O que foi obtido no passado pode ser usado no futuro, por causa da existência da moeda.

11.4. SISTEMAS DE CONVERSIBILIDADE E GARANTIA DAS MOEDAS

Podemos classificar os sistemas monetários quanto à conversibilidade destes recibos em moeda metálica e quanto ao lastro (garantia) dos recibos de depósito.

Quanto à conversibilidade:

- Sistema de Moeda Representativa ou de Conversibilidade Total.
  Neste caso, as notas circulantes correspondem a 100% do lastro em moeda metálica depositada. Tem a desvantagem de não permitir aos Governos emitirem moedas quando houver um processo de crescimento da economia. Em compensação, os investidores têm plena garantia de que podem trocar os seus recibos de depósito pelo metal depositado. As notas bancárias são chamadas de moeda-papel.

- Sistema de Moeda de Conversibilidade Parcial.
  Neste caso, as notas bancárias não representam 100% do lastro metálico, ou seja, caso todos os investidores decidam trocar seus recibos pelo metal depositado, não haverá condições de atender a todos. Apesar de não haver o lastro de 100%, os recibos continuam podendo ser convertidos. Por isso, estes recibos também são chamados de moeda-papel.

- Sistema de Moeda Inconversível.

  Neste caso, os recibos não podem ser trocados por metal monetário junto aos bancos. A garantia dos possuidores das notas bancárias é a plena confiança de que estas notas nunca serão recusadas por quem estiver vendendo um bem ou um serviço. Esse sistema é conhecido como papel-moeda ou padrão-papel, que é usado em todos os países atualmente.

Quanto ao tipo de garantia:

- Sistemas monometálicos.

  Quando a garantia das notas bancárias (recibos de depósito) é representada por apenas um metal. Pode ser monometalismo-ouro ou monometalismo-prata. O monometalismo-ouro foi utilizado mundialmente a partir de 1873, quando os países seguiram o exemplo da Alemanha e desamoedaram a prata.

  As formas principais do monometalismo-ouro foram o padrão-ouro puro (*full gold standard*) e o padrão câmbio-ouro (*gold exchange standard*).

- Sistemas bimetálicos.

  Quando a garantia das notas bancárias era baseada nos dois metais: ouro e prata. E havia uma relação de valor entre eles. Não foram mais usados a partir de 1873.

Questões de Provas

01. (AFRF/2002-2) A moeda cumpre funções essenciais ao funcionamento das economias. Entre essas, destacam-se:

a) evitar riscos financeiros, intermediar transações comerciais e financeiras e nominar preços de bens, serviços e de outros ativos financeiros;

b) servir como meio de pagamento, servir como unidade de conta e como reserva de valor;

c) prover lastro a outros ativos, nominar preços de bens e serviços e intermediar transações comerciais e financeiras;

d) servir como reserva de valor, prover poder de compra e lastrear outros ativos monetários e financeiros;

e) assegurar a liquidez de outros ativos financeiros, servir como meio de pagamento e fornecer parâmetro para a determinação do valor de bens, serviços e de outros ativos monetários.

02. (AFRF/2003) Em uma economia monetária, os agentes efetuam trocas de forma indireta, sendo que a moeda desempenha as funções precípuas de unidade de conta, meio de troca e reserva de valor. A respeito da origem e funções da moeda e de sua conversibilidade, é correto afirmar:

a) o conceito de meios de pagamento caracteriza os meios eletrônicos de trocas, tais como cartões de crédito e de débito, usualmente conhecidos por "dinheiro de plástico";

b) os meios de pagamento de uma economia moderna envolvem mecanismos de engenharia financeira que permitem trocas em tempo real, aumentando a velocidade de circulação da moeda e garantindo a conversibilidade das moedas;

c) a moeda de uma economia moderna engloba o papel-moeda em poder do público, a senhoriagem de que se apropria o governo para emitir moeda e os depósitos compulsórios dos bancos junto ao Banco Central;

d) a moeda de uma economia moderna engloba a totalidade dos meios de pagamento, usualmente definida como o conjunto de ativos em poder do público passível de ser utilizado para a liquidação de compromissos à vista ou no futuro;

e) a moeda de uma economia moderna engloba o papel-moeda em poder do público, os depósitos de estrangeiros em suas respectivas moedas, desde que conversíveis e retidas na conta de reservas internacionais, e os depósitos compulsórios dos bancos junto ao Banco Central.

Capítulo 12

Sistemas Monetários Internacionais e o FMI

12.1. SISTEMAS MONETÁRIOS INTERNACIONAIS

12.1.1. Conceito

Sistema Monetário Internacional é o sistema de organização das várias moedas em nível internacional ou, em outras palavras, um sistema que define as relações e o equilíbrio monetário entre os vários países. Apesar de as moedas nacionais serem definidas de forma soberana, os países definiram, em três períodos históricos, sistemas que vinculavam as moedas umas às outras. Nos três sistemas monetários internacionais a serem estudados neste capítulo, as taxas de câmbio eram relativamente fixas.

Os sistemas monetários internacionais foram, portanto, criados com o objetivo de se obter a estabilidade econômica e monetária mundial. Para isso, os vários países assumiam obrigações no sistema.

12.1.2. Requisitos

De acordo com Williamson (1988, p. 317), todo sistema monetário internacional possui (ou possuía) três requisitos:

1) Regime de Taxa de Câmbio

Serve para definir o valor de uma moeda em relação às outras.

Não se deve confundir taxa de câmbio com paridade monetária. A paridade monetária é calculada por cruzamento de taxas. Para exemplificar, vejamos o que acontecia no regime do padrão-ouro, instituído em 1873 quando a Alemanha desamoedou a prata, como visto no Capítulo 11.

Os países definiam o valor de suas moedas em relação ao ouro.

Usando números hipotéticos, os EUA definiram, por exemplo, que o dólar (US$) equivalia a 10 gramas de ouro e a Inglaterra, que a libra esterlina (£) equivalia a 20 gramas de ouro. A paridade monetária era £ 1,00 = US$ 2,00, conforme se pode constatar do cruzamento das taxas.

No padrão-ouro, os Bancos Centrais compravam e vendiam ouro de suas reservas àqueles que desejassem. O comércio de ouro era livre.

Considerando que tenha havido uma exportação da Inglaterra para os EUA no valor de £ 1,00, havia duas formas de se pagar pela mercadoria:

- em ouro; ou
- em dinheiro.

Caso optasse por pagar em ouro, o importador norte-americano deveria tomar as seguintes providências:

a) ir ao Banco Central dos EUA, levando US$ 2,00 para receber 20 gramas de ouro;

b) contratar o transporte (e o seguro) deste ouro para a Inglaterra;

c) levar o ouro para o Banco Central da Inglaterra para receber £ 1,00; e

d) entregar £ 1,00 para o exportador inglês.

O importador norte-americano gastou US$ 2,00, mais o valor do frete (e seguro) pago pelo transporte do ouro, o qual custou, por hipótese, US$ 0,50. O importador gastou no total US$ 2,50 para entregar £ 1,00 para o exportador inglês.

A segunda alternativa era pagar em dinheiro, usando a moeda estrangeira depositada em um banco no país do exportador.[1] O importador norte-americano ia ao banco norte-americano para comprar a libra esterlina a ser entregue ao exportador inglês. Se o banco cobrasse menos do que US$ 2,50 por cada libra, o importador preferia comprar a moeda; mas, se cobrasse mais do que o valor de US$ 2,50, o importador preferia comprar ouro e enviá-lo para a Inglaterra, pois seria a opção mais barata.

[1] Esta é a principal forma de pagamento adotada atualmente no Brasil. O importador brasileiro vai ao banco no Brasil e fecha um contrato de câmbio, que nada mais é do que a aquisição da moeda estrangeira para entrega ao exportador no exterior.

O valor de US$ 2,50 é chamado "ponto de saída do ouro" ou *gold-point* de saída, porque, se a taxa cobrada pelo banco fosse maior do que este valor, o ouro começaria a sair do país. Fácil concluir que as taxas de câmbio cobradas pelos bancos variavam entre US$ 2,00 e US$ 2,50, sendo vantajosas para o importador e para o banco.

Acima de US$ 2,50, a taxa de câmbio não era aplicada, pois o importador preferiria pagar com ouro. E se o banco norte-americano pedisse exatos US$ 2,50, o importador poderia escolher qualquer das duas formas de pagamento, que teriam o mesmo custo final. Conclui-se que a paridade monetária era fixa, mas as taxas de câmbio variavam até os chamados *gold-points*.[2]

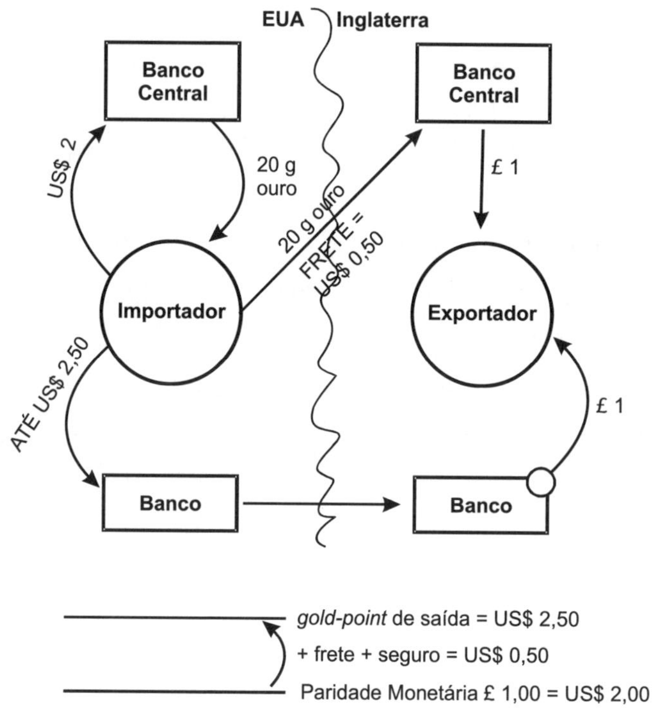

2) Regime de Reservas

O Regime de Reservas define quais ativos (ouro, dólar, libra...) serão usados como reservas e serão transferidos na hipótese de superávits ou déficits.

[2] A explicação dos *gold-points* não se encerra aqui. Será complementada no tópico 12.1.4.1.

3) Mecanismos de Ajustes

Os Mecanismos de Ajustes são usados para se manter o equilíbrio do Sistema. Definem o que se deve fazer e quem será o responsável pelo ajustamento de qualquer desequilíbrio no sistema.

12.1.3. Sistemas Monetários Internacionais e o Contexto Histórico

Na história, houve três sistemas monetários internacionais:

- Padrão-ouro (*gold standard*): 1873 – 1914.
- Padrão câmbio-ouro (*gold exchange standard*): 1925 – 1931.
- Sistema Bretton Woods (padrão dólar-ouro): 1946 – 1971.

Atualmente, não existe um Sistema Monetário Internacional ao qual os países devam se submeter. Hoje, cada país adota o regime cambial que desejar. Por exemplo, há países que adotam o câmbio fixo; outros, o câmbio flutuante, e há uma terceira categoria de países que adotam regimes intermediários, como as bandas cambiais.

Nas épocas dos sistemas monetários, os países deviam obedecer a regras impostas sobre o regime cambial. Antes de analisarmos as características dos três antigos sistemas, cabe analisar o contexto histórico.

Contexto Histórico

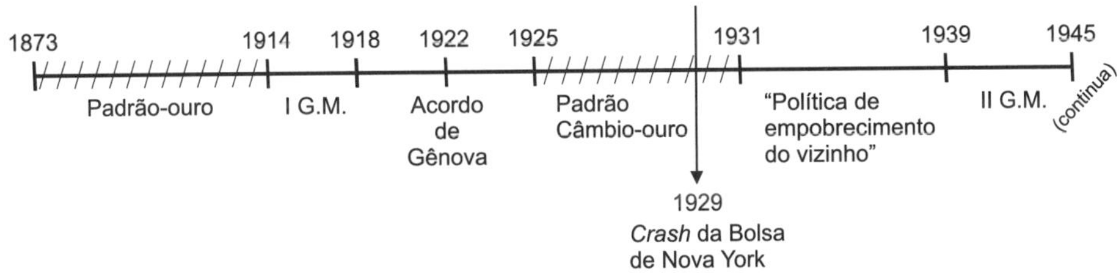

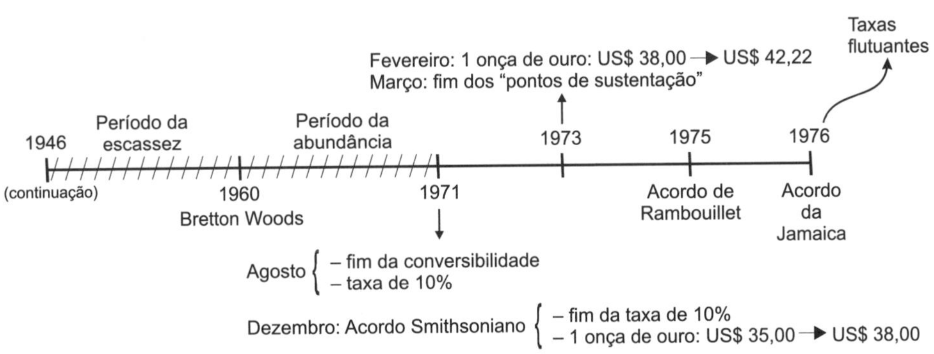

Linha do tempo:

1) Em 1873, surgiu o primeiro Sistema Monetário Internacional. Era o padrão-ouro, decorrente da atitude da Alemanha em desamoedar a prata. Somente o ouro continuou a ser usado como moeda metálica e, consequentemente, como reserva dos países.

   No padrão-ouro, cada país definia o valor de sua moeda em relação ao ouro.

2) O regime do padrão-ouro vigorou até 1914 quando da eclosão da I Guerra Mundial. Em época de guerra, por questão de segurança, se um cidadão pode optar entre possuir ouro ou um papel conversível em ouro (uma nota de dólar ou de libra), ele provavelmente optará por ficar com o ouro. Por este motivo, tanto os particulares quanto os Estados passaram a estocar o metal que possuíam. Os Estados decretaram então que não mais entregariam ouro em troca de moeda, acabando assim com a conversibilidade.

3) De 1914 a 1925, não houve um sistema monetário internacional, visto que os países haviam suspendido a conversibilidade de suas moedas em ouro e usavam taxas fixas ou flutuantes conforme bem quisessem.

   A grande instabilidade mundial levou os países a desejarem novamente a utilização de um sistema monetário internacional. Afinal, o sistema monetário extinto em 1914, o padrão-ouro, era um sistema que dava bastante estabilidade à economia mundial. Por exemplo, nesse sistema, havendo déficit no Balanço de Pagamentos, os governos não precisavam tomar nenhuma providência para eliminá-lo. Era a aplicação da teoria fluxo-espécie-preço, também conhecida como "Ajustamento automático do Balanço de Pagamentos" a ser apresentada no tópico 12.1.4.1. Aí se encontrava a essência do liberalismo: a não intervenção estatal.

4) O desejo de retorno à estabilidade econômica mundial fez com que os países se reunissem em 1922, em Gênova, para definir um novo sistema monetário internacional, aproveitando o que fosse possível do antigo padrão-ouro. No Acordo de Gênova, foi então decidido que, além do ouro, poderiam ser usadas como reservas as moedas conversíveis em ouro.

Por que não adotaram integralmente o regime padrão-ouro? Porque a inflação generalizada na Europa gerou a escassez do metal. Era imprescindível que fosse criada uma outra fonte de reservas mundiais para complementar as escassas reservas de ouro, surgindo, dessa forma, as reservas em moedas conversíveis.

5) Apesar de as bases do novo sistema terem sido lançadas em 1922, somente em 1925 houve o início do novo sistema monetário internacional: o **padrão câmbio-ouro**. Ganhou este nome porque as reservas dos países passaram a ser em ouro e em moedas conversíveis (cambiáveis) em ouro. A Inglaterra foi o primeiro país a retomar a conversibilidade da sua moeda em ouro, mas o fez com uma taxa de câmbio valorizada.

6) Em 1929, houve o *crash* da Bolsa de Nova York, secando a fonte de recursos que iam dos EUA para a Europa. Como o principal provedor de recursos para a Europa havia entrado em colapso, a consequência natural era que os países europeus, já altamente dependentes dos EUA, também quebrassem. Surgiu a desconfiança de que a Europa, mais especificamente a Inglaterra, por causa de sua moeda sobrevalorizada, fosse quebrar. Portanto, antes que quebrasse, os possuidores de libras esterlinas desejaram trocá-las por ouro (a libra esterlina era a principal moeda conversível usada como reserva pelos diversos países). No início, a Inglaterra convertia as libras que se lhe apresentavam. No entanto, para não ver drenar todo o seu ouro, o país extinguiu a conversibilidade da libra em 1931. Era o fim do padrão câmbio-ouro baseado na libra esterlina.

7) Os países europeus precisavam de recursos cambiais que deixaram de ser fornecidos pelos EUA em virtude do *crash*. Então, aqueles países passaram a buscar por seus próprios esforços atividades que gerassem essas divisas, pois elas não vinham mais na qualidade de capitais autônomos. Houve uma volta às práticas protecionistas, das quais se destacava a política de desvalorizações cambiais. Era a "política de empobrecimento do vizinho", por meio da qual se desvalorizava a moeda nacional com o intuito de aumento de exportações para os países vizinhos e para os que compravam destes. A tática era crescer derrubando o concorrente. Havíamos "voltado" ao período mercanti-

lista, em que a política comercial predominante era o protecionismo. Esta guerra comercial perdurou por toda a década de 30 e foi um dos fatores que contribuíram para a eclosão da II Guerra Mundial (1939-1945). A década de 1930 é considerada até hoje o pior período da história do liberalismo.

8) Em fins de 1941, quando os EUA entraram na guerra, começaram a planejar com a Inglaterra o que fazer no pós-guerra em termos econômicos. Tinham por intenção voltar ao liberalismo, derrubando as barreiras protecionistas da década de 1930.

9) Em 1944, foi realizada a **Conferência de Bretton Woods**, como analisado no tópico 3.1. O **FMI** foi criado em 1945 para fiscalizar as taxas de câmbio dos países, evitando que eles adotassem as desvalorizações competitivas como aconteceu na década de 1930. Cada país deveria definir, ao se tornar associado ao Sistema, a paridade de sua moeda em relação ao dólar. E o dólar era definido em termos de ouro: uma onça de ouro (aproximadamente 28 gramas) era o equivalente a US$ 35,00. Depois de definida a paridade, permitia-se uma variação máxima de 2% (de 1% acima até 1% abaixo da paridade). Os limites eram chamados "pontos de sustentação" ou "pontos de intervenção", pois, caso houvesse a ultrapassagem desses valores, o Governo precisava intervir, comprando ou vendendo sua própria moeda para fazer voltar a taxa de câmbio para dentro dos limites tolerados.

   Uma segunda função do FMI era a de emprestar recursos aos países que tivessem déficits temporários no Balanço de Pagamentos. Isto era justificável pois, se o FMI não "permitia" aos países as desvalorizações que poderiam consertar o Balanço de Pagamentos, ele deveria dar uma saída a esses países. "Não desvalorize a sua moeda. Eu te empresto e depois você me paga" era a lógica do FMI.

   No novo sistema monetário internacional, Bretton Woods, a principal moeda de reserva seria o dólar e não a libra esterlina. Por isso, o sistema de Bretton Woods também é conhecido por **padrão dólar-ouro**.

10) Com o fim da Segunda Guerra, o filme pós-Primeira-Guerra se repetiu. Os EUA se tornaram o grande financiador e fornecedor de bens para a Europa que, destruída, abriu caminho para o crescimento norte-americano.

11) No fim da década de 60 e principalmente no ano de 1970, os EUA apresentaram déficits no Balanço de Pagamentos. A Europa já se recuperara e produzia em grande escala. Foram diminuídas as importações de produtos norte-americanos e começou a haver pressão sobre a moeda norte-americana.

    Como uma das formas de se ajustarem déficits em Balanço de Pagamentos é a desvalorização cambial, surgiu a **desconfiança** de que os EUA lançariam mão desse recurso; portanto, quem possuía dólares sairia perdendo com a desvalorização. Procuravam então converter os dólares em ouro. Para agravar esta situação, as taxas de juros na Europa em 1970 eram maiores do que nos EUA, o que estava provocando a saída de capitais dos EUA para a Europa. Somam-se ainda os problemas da Guerra do Vietnã, da Guerra Fria e da Corrida Espacial que provocaram um aumento nas emissões de dólar (para fazer frente aos altos gastos) ocasionando uma maior pressão sobre a moeda.

12) Em 1967, foi decidida a criação dos Direitos Especiais de Saque (DES), como forma de tentar evitar o fim do Sistema de Bretton Woods, porque a profecia conhecida como o **Paradoxo de Triffin**[3] estava se encaminhando para a realização. Nesta data, o FMI ganhou a sua terceira função: a de emissor de DES. Já tinha duas funções: fiscal de taxas de câmbio e provedor de recursos em caso de desequilíbrios temporários do Balanço de Pagamentos.

13) Em agosto de 1971, em virtude da desconfiança em relação ao dólar, as reservas de ouro dos EUA se reduziram drasticamente, repetindo a Inglaterra de 1931. Os EUA então decretaram que não mais converteriam os dólares em ouro e impuseram uma taxa de 10% sobre todos os produtos importados. Era o início da agonia do Sistema Bretton Woods.

---

[3] O paradoxo de Triffin é analisado no tópico 12.2.3.

Pelo Sistema Bretton Woods, os países eram obrigados a comprar ou vender a sua moeda para acomodar a taxa de câmbio dentro dos chamados "pontos de sustentação". Porém, como o dólar não podia mais ser trocado por ouro, muitos países decidiram não mais comprar a moeda norte-americana[4] e, portanto, deixaram de usar taxas fixas de câmbio, migrando para taxas flutuantes.

14) Em dezembro de 1971, finalmente os EUA fizeram aquilo que já era esperado por todos: desvalorizaram o dólar através do chamado **Acordo Smithsoniano**. A onça de ouro passava de US$ 35,00 para US$ 38,00. Este acordo decretou a mudança da taxa não apenas do dólar, mas de outras oito moedas, algumas sendo valorizadas, outras desvalorizadas. O acordo alterou também os "pontos de sustentação" de 1% para 2,25% para cima ou para baixo, ou seja, a variação total permitida passou de 2% para 4,5%. Com o acordo, aqueles países que, cinco meses antes, haviam abandonado o sistema de taxas fixas voltaram a utilizá-lo.

15) Com o intuito de reduzir as variações dentro do bloco comercial, visando à maior integração econômica, os países do Mercado Comum Europeu definiram que suas moedas poderiam variar no máximo 1,125% acima ou abaixo da paridade, sendo, no total, permitida uma variação de até 2,25%. Era o sistema conhecido por *the snake in the tunnel* ou "a serpente dentro do túnel". A "serpente" era 2,25% e o túnel era os 4,5% do sistema Bretton Woods.

16) Em fevereiro de 1973, ocorreu nova desvalorização do dólar em relação ao ouro, pois a de 1971 não resolvera os déficits recorrentes dos EUA. A onça de ouro passou de US$ 38,00 para US$ 42,22, uma desvalorização de 10% do dólar. Como consequência, os demais países abandonaram, em março de 1973, o sistema de paridades fixas.

O Sistema Bretton Woods tinha duas características principais: a conversibilidade do dólar em ouro e a manutenção das taxas de câmbio dentro dos "pontos de sustentação". Ambas são abandonadas em agosto de 1971. Mas a manutenção das taxas retorna em dezembro de 1971 para ser abandonada definitivamente em março de 1973.

---

[4] Além da falta de conversibilidade em ouro, ainda havia o agravante de o dólar estar prestes a ser desvalorizado em termos de ouro. Quem compra algo hoje sabendo que amanhã o preço vai cair? Ninguém.

17) Em novembro de 1975, foi realizada uma reunião em **Rambouillet**, França, onde passou a ser oficialmente reconhecido o sistema de taxas flutuantes; entretanto, cada país poderia intervir no seu mercado visando à estabilização das taxas (flutuação suja). Era a definição do "antissistema", ou seja, não haveria a partir daí um sistema monetário internacional no qual os países se comprometessem em manter obrigações para o equilíbrio mundial.

Note que as taxas flutuantes estavam em funcionamento desde 1973, mas só começaram a ser oficialmente reconhecidas pelo FMI em 1975. Afinal, ao reconhecer o sistema de taxas flutuantes, o FMI estaria perdendo uma de suas funções: a de fiscal de taxas de câmbio.

18) Em janeiro de 1976, ocorreu, em **Kingston**, o **Acordo da Jamaica** que serviu basicamente para ratificar o Acordo de Rambouillet, tomando-se as seguintes decisões: i. reconhecimento oficial do sistema de taxas flutuantes; ii. abolição do preço oficial do ouro e venda de parte do ouro do FMI, sendo o lucro auferido nesta venda destinado à ajuda aos países subdesenvolvidos; iii. fortalecimento dos DES (Direitos Especiais de Saque) e enfraquecimento do ouro; e iv. ampliação do alcance da ajuda do FMI para os países subdesenvolvidos.

12.1.4. Características Básicas dos Sistemas Monetários Internacionais

Vejamos no padrão-ouro (1873 a 1914), no padrão câmbio-ouro (1925 a 1931) e no Sistema Bretton Woods (1946 a 1971) as características dos Sistemas Monetários Internacionais, ou seja, o regime de taxas de câmbio, o regime de reservas e os mecanismos de ajustes.

12.1.4.1. Padrão-Ouro (1873 – 1914)

Regime de Taxas de câmbio – No Padrão-ouro, os países definiam a paridade de suas moedas em relação ao ouro. As taxas de câmbio eram essencialmente fixas, variando apenas dentro dos chamados *gold-points* apresentados no tópico 12.1.2. No tópico citado, vimos que as taxas de câmbio poderiam se encontrar entre US$ 2,00 e US$ 2,50, considerando uma exportação inglesa para os EUA.

Caso o fluxo comercial fosse na direção inversa, ou seja, os EUA exportando para a Inglaterra, o que aconteceria?

a) O importador inglês iria ao banco inglês pedir o preço do dólar em libras. O importador inglês precisa de dólares para pagar ao exportador norte-americano.
b) O banco inglês age de forma contrária ao banco americano. No exemplo do tópico 12.1.2, o banco americano valorizava as libras, vendendo-as por um preço acima da paridade que era de US$ 2,00. No caso do banco inglês, ele vai tentar valorizar o dólar porque é o que o importador está querendo comprar. Sendo assim, hipoteticamente a libra vai ser cotada entre, por exemplo, US$ 1,50 e US$ 2,00. O banco inglês vai querer desvalorizar a libra recebida do importador inglês e valorizar o dólar que está tentando vender.

O valor de US$ 1,50 é chamado de *gold-point* de entrada, porque se o banco inglês oferecer menos de US$ 1,50 por cada libra do importador inglês, este irá preferir levar o ouro para os Estados Unidos. Haverá entrada de ouro nos EUA.

Concluindo, a taxa de câmbio da libra vai variar entre o *gold-point* de entrada (US$ 1,50) e o *gold-point* de saída (US$ 2,50). Se a taxa de câmbio na Inglaterra estiver abaixo de US$ 1,50, o ouro sai deste país e entra nos EUA; se estiver acima de US$ 2,50 nos EUA, o ouro sai deste país.

Regime de Reservas – As reservas dos países eram em ouro. Os países permitiam a entrada e a saída de ouro como formas de pagamento/recebimento de transações. O Banco Central comprava e vendia ouro de suas reservas àqueles que desejassem.

Mecanismos de Ajustes – O ajustamento de desequilíbrios no sistema tinha por base o mecanismo de **fluxo-espécie-preço** elaborado por David Hume. Este mecanismo também é conhecido por "**Ajustamento Automático do Balanço de Pagamentos**".

David Hume provava que, se houvesse déficit, a perda de ouro era corrigida automaticamente, fazendo as reservas se recuperarem, pois:

1) A perda de ouro geraria perda de moeda, considerando que são diretamente proporcionais.
2) A perda de moeda geraria preços domésticos mais baixos, com base na Lei da Oferta e da Procura (quanto menos demanda, menores os preços).

3) Os preços mais baixos tornavam os produtos domésticos mais competitivos no exterior e os concorrentes estrangeiros menos competitivos no país.
4) Aumentavam-se as exportações e diminuíam-se as importações.
5) O aumento de exportações e a diminuição de importações resultariam em superávit, desfazendo o déficit inicial.

Analogamente, se houvesse superávit:

1) haveria entrada de ouro e consequente aumento de moeda;
2) haveria aumento dos preços domésticos com perda de competitividade;
3) haveria menos exportações e mais importações;
4) o déficit eliminaria o superávit.

12.1.4.2. Padrão Câmbio-Ouro (1925 – 1931)

Regime de Taxas de câmbio – O regime das taxas de câmbio era o mesmo que o do padrão-ouro até 1914: taxas variando ao redor da paridade até os chamados "pontos de ouro".

Quando a Inglaterra em 1925 retomou a conversibilidade da libra esterlina em ouro, ela foi fixada com a mesma taxa que era utilizada antes da guerra. Este foi um erro porque a inflação do período da guerra tinha sido alta e deveria ser reconhecida e embutida no preço. Quando a Inglaterra definiu que a sua moeda compraria a mesma quantidade que comprava antes da guerra, ela não estava reconhecendo a existência da inflação.

O regime do padrão câmbio-ouro começou mal. A libra estava sobrevalorizada. Houve desconfiança quanto ao balanço de pagamentos da Inglaterra. E essa desconfiança aumentou em 1926 quando a França restabeleceu a conversibilidade do franco em ouro, mas sem cometer o mesmo erro da Inglaterra. O franco francês foi desvalorizado.

Os investidores começaram lentamente a se livrar das libras esterlinas e trocá-las por ouro, porque havia o medo de que a Inglaterra iria desvalorizá-las. Com o *crash* de 1929, a desconfiança atingiu o seu ápice e a Inglaterra determinou o fim da conversibilidade da libra esterlina em ouro, praticamente encerrando o padrão câmbio-ouro.

A fixação da taxa de câmbio da libra esterlina em valor igual ao que vigia antes da guerra representou uma contradição à **Teoria da Paridade do Poder de Compra**, formulada pelo sueco Gustav Cassel, em 1919.

Segundo essa teoria, "*quando duas ou mais moedas são submetidas a um processo de inflação, o tipo de câmbio normal é igual ao tipo antigo, multiplicado pelo quociente do grau de inflação de cada país*". Por exemplo, consideremos o Brasil e os EUA dois países com inflação e taxa de câmbio inicial de US$ 1 = R$ 1.

Considerando que a inflação brasileira seja 100% (o nível de preços passa de 100 para 200) em um período e a inflação nos EUA, 50% (o nível de preços passa de 100 para 150) no mesmo período, a nova taxa seria calculada da seguinte forma:

US$ 1 = R$ 1 x (200/150) = R$ 1,33

Desta forma, o valor da libra esterlina, em termos de ouro, deveria ter sido recalculado por causa da inflação desde o início da guerra.

Regime de Reservas – As reservas no câmbio-ouro eram compostas de ouro e de moedas conversíveis em ouro. A ideia de se poderem usar moedas como reserva junto com o ouro deu-se em virtude do crescimento do comércio internacional e pela escassez de ouro decorrente da inflação generalizada na Europa, como apresentado no tópico 12.1.3.

Mecanismos de Ajustes – Não havia mais a ocorrência do fluxo-espécie-preço, pois as suas premissas não eram satisfeitas. Dois exemplos:

1) Os Bancos Centrais, principalmente o dos EUA, não criavam moeda ao entrar ouro no país. Se criassem moeda, os preços domésticos iriam aumentar gerando perda de competitividade e o ajustamento automático do Balanço de Pagamentos. Portanto, tendo havido um superávit, os países evitavam o surgimento do déficit que o anularia.
2) Os preços não caíam nos países com déficits. A justificativa foi dada posteriormente por Keynes com a Teoria Geral do Emprego, da Moeda e dos Juros: os preços não caíam porque haviam sido criadas leis defendendo a irredutibilidade do salário. E se o salário não pode cair, o preço dos produtos também não, porque o custo de produção não se reduz.

O ajuste era então feito através da política monetária com elevação dos juros para atrair capitais e restabelecer o equilíbrio do Balanço de Pagamentos.

12.1.4.3. Sistema Bretton Woods (1946 - 1971)

Regime de Taxas de câmbio – As paridades das várias moedas eram definidas em termos de dólar. E o dólar era definido em termos de ouro. Diferentemente dos sistemas anteriores, não havia os chamados "pontos de ouro", mas sim uma determinação dos países em não permitirem a variação superior a 1% acima ou 1% abaixo das taxas de câmbio de suas moedas em relação à paridade fixada. Esses limites são os "pontos de sustentação" ou "pontos de intervenção".

Ao FMI cabia a função de fiscalizar se esses limites não estavam sendo ultrapassados.

Regime de Reservas – As reservas dos países eram mantidas em ouro e moedas conversíveis em ouro, principalmente o dólar.

Em 1967, foi decidida pelo FMI a criação dos DES (Direitos Especiais de Saque), a serem estudados no tópico 12.2.4. Os DES passariam a fazer parte das reservas, mas só ganharam real importância em 1976, quando o Acordo de Bretton Woods já não vigia mais.

Mecanismos de Ajustes – Quando uma moeda era muito procurada ou muito ofertada de tal forma que sua paridade em relação ao dólar ultrapassava os chamados "pontos de sustentação", o Governo do país deveria, respectivamente, ofertar ou comprar sua própria moeda para fazer a cotação se manter nos limites dos 2% de variação.

12.2. A HISTÓRIA DO SISTEMA BRETTON WOODS

12.2.1. Surgimento

Na Conferência de Bretton Woods, em 1944, havia duas propostas para o novo Sistema Monetário Internacional. A primeira era do inglês John Maynard **Keynes**. Consistia na criação de uma nova moeda (o Bancor) que seria a única moeda usada como reserva dos países para liquidação das operações internacionais. O Bancor seria emitido pelo *International Clearing Union* que seria uma espécie de banco central internacional. Nessa instituição seriam depositadas as reservas dos países-membros, as quais seriam convertidas em Bancor.

Keynes havia entendido o problema que acontecera em 1931 com a Inglaterra. Este país, ao assumir a conversibilidade da sua moeda, havia levado os demais países a usarem-na como reserva. Mas nisto residia um grande problema: se a Inglaterra passasse a ser a financiadora das reservas internacionais, o mundo somente iria crescer caso acumulassem mais libras. E a acumulação de libras somente poderia acontecer se a Inglaterra se tornasse deficitária, transferindo suas libras para os outros países.

Havia um paradoxo: se a Inglaterra fosse deficitária e alimentasse o mundo com as suas libras, ela, mais cedo ou mais tarde, teria que desvalorizar a moeda para corrigir o Balanço de Pagamentos ou teria que emitir cada vez mais moeda, ocasionando da mesma forma a desvalorização (pela Lei da Oferta e da Procura: mais oferta de moeda, menor o seu preço). A provável desvalorização era motivo para a constante tensão.

E se a Inglaterra fosse superavitária, o mundo não teria moedas para se financiar porque elas estariam sendo acumuladas naquele país.

Em suma, no padrão câmbio-ouro, somente havia duas situações: a Inglaterra se desenvolve e o mundo fica estagnado ou a Inglaterra fica ameaçada e o mundo se desenvolve.

Keynes percebera que toda vez que a moeda de um país fosse usada como reserva, haveria o paradoxo. Por este motivo, Keynes sugeriu a criação de uma moeda que não seria a moeda de nenhum país em particular. O Bancor seria administrado pelo *International Clearing Union*, e a moeda não sofreria pressões para desvalorizar porque não haveria motivo para tal. Por exemplo, a instituição, não sendo um país, não tem Balanço de Pagamentos e, portanto, não teria déficits que pudessem ser corrigidos com desvalorização. A desvalorização é usada pelos países para corrigir Balanço de Pagamentos, mas o *International Clearing Union* não o teria.

A segunda proposta colocada na mesa de negociação em Bretton Woods foi a de Harry Dexter **White**. Esta tese tinha por objetivo principal a volta ao padrão câmbio-ouro, sendo que a principal moeda conversível em ouro seria o dólar. Na verdade, os EUA seriam o único país obrigado a converter a sua moeda em ouro.

Eram também objetivos desta segunda proposta o auxílio à reconstrução da Europa e a definição de um sistema no qual as desvalorizações cambiais competitivas fossem eliminadas.

Essa segunda proposta foi a escolhida para o novo sistema monetário, apesar dos temores de Keynes. Ficou decidida a criação de três instituições: a OIC

(Organização Internacional do Comércio), o FMI (Fundo Monetário Internacional) e o BIRD (Banco Internacional de Reconstrução e Desenvolvimento). Vemos a seguir a história e as funções do FMI.[5]

12.2.2. Fundo Monetário Internacional (FMI)

12.2.2.1. Objetivos

De acordo com o art. 1º do Regulamento do FMI, seus objetivos são:

1. promover a cooperação monetária internacional através de uma instituição permanente, que passa a prover os mecanismos de consulta e colaboração nos problemas monetários internacionais;
2. facilitar a expansão e o crescimento equilibrado do comércio internacional, contribuindo para a promoção e a manutenção de altos níveis de emprego e renda real e também para o desenvolvimento de fontes produtivas de todos os países-membros, principais objetivos da política econômica;
3. promover a estabilidade cambial, manter em boa ordem os acordos cambiais entre os países-membros e evitar depreciações cambiais com o intuito de concorrência;
4. ajudar no estabelecimento de um sistema multilateral de pagamentos, em relação às transações correntes entre os países-membros, e na eliminação de restrições cambiais que prejudicam o crescimento do comércio internacional;
5. promover confiança aos países-membros, disponibilizando-lhes os recursos temporariamente, mediante garantias adequadas, propiciando-lhes assim a oportunidade de corrigir desequilíbrios em seus balanços de pagamentos sem que precisem adotar medidas que pudessem comprometer a prosperidade nacional ou internacional;
6. desta forma, reduzir a duração e diminuir a intensidade do desequilíbrio nos balanços de pagamentos dos países-membros.

Dos seis objetivos listados, destacam-se o terceiro e o quinto.

O **terceiro** objetivo diz respeito à busca pela estabilidade cambial. Foi decidido que o FMI atuaria para evitar desvalorizações competitivas das taxas de câmbio, que são aquelas com intuito tão somente de competição comercial, de caráter protecionista. Pretendeu-se evitar a repetição da política de desvalorizações competitivas dos anos 1930, chamada de "política do empobrecimento do vizinho".

[5] As funções do BIRD são analisadas no Capítulo 13. No Capítulo 4, analisamos a OMC.

De que forma o FMI evitava as desvalorizações competitivas? Fiscalizando as taxas de câmbio dos países-membros, evitando que elas variassem mais do que o limite permitido no acordo constitutivo da organização. Como vimos, as taxas podiam variar até 2% em relação à paridade cambial. Posteriormente, esse limite foi alterado para 4,5%, tendo sido extinto oficialmente em 1976. O descumprimento da obrigação relativa aos "pontos de sustentação" poderia gerar sanções para os países como, por exemplo, a suspensão do direito de tomar empréstimos junto à organização.

Pode-se notar que somente as desvalorizações cambiais com intuito de concorrência deveriam ser combatidas, pois, afinal, nem toda desvalorização possui um interesse meramente protecionista de aumentar exportações e reduzir importações. Às vezes, o país tem um problema de déficit no Balanço de Pagamentos e a desvalorização cambial seria um remédio perfeito para resolver isso. Será que nem neste caso o FMI permitia a desvalorização cambial?

A resposta é: "depende". Se o déficit do Balanço de Pagamentos fosse temporário,[6] a paridade cambial tinha que ser mantida e a taxa de câmbio somente poderia variar dentro dos "pontos de sustentação". O que o FMI fazia para ajudar o país nestes casos era emprestar recursos para que este conseguisse manter o funcionamento da economia e do comércio exterior durante o período deficitário, evitando que o país adotasse "medidas que pudessem comprometer a prosperidade nacional ou internacional" (**quinto** objetivo no art. 1º). Afinal, o protecionismo deveria ser evitado.

Se o déficit do Balanço de Pagamentos fosse permanente, então o FMI permitia a mudança na paridade cambial,[7] tendo em vista que os empréstimos não resolveriam o problema[8] (há a exceção do *stand by credit*, a ser analisada à frente). Pode-se ver que, no Anexo C do acordo constitutivo do FMI, os "pontos de sustentação" são citados no § 5º, e a permissão de alteração da paridade cambial somente era cabível para o caso de déficits permanentes, como consta no § 6º.

---

[6] No tópico 10.8, analisamos a diferença entre déficits temporários e déficits permanentes.

[7] Não se pode confundir paridade cambial com taxa de câmbio: a paridade cambial é o valor fixado da moeda nacional em relação ao dólar norte-americano. Depois de informada a paridade pelo país (por exemplo, £ 1,00 = US$ 2,00), o país se comprometia a não permitir que a taxa de câmbio variasse em mais do que 2% (1% para cima e 1% para baixo) em relação à paridade.

[8] É como aquela pessoa que gasta mais do que ganha. Não adianta ficar sempre emprestando dinheiro para ela. A solução de seus problemas é aumentar a renda ou cortar gastos.

ANEXO C – Paridades

...

5. Todos os membros que têm paridades para as respectivas moedas comprometer-se-ão a tomar medidas apropriadas consentâneas com o presente Acordo, a fim de assegurarem que as taxas máximas para as operações cambiais à vista que tenham lugar nos respectivos territórios entre a sua própria moeda e as moedas de outros membros que mantêm paridades **não se afastarão da paridade em mais de 4,5%** ou qualquer outra margem ou margens que o Fundo venha a adotar por uma maioria de 85% do total dos votos.

6. Os membros não proporão uma alteração da paridade das suas moedas senão para corrigir um **desequilíbrio fundamental** ou evitar o aparecimento desse desequilíbrio. A alteração só poderá ser feita sob proposta do membro e após consulta ao Fundo.

...

Relativamente à alteração da paridade cambial, o acordo constitutivo previa que a mudança de até 10% em relação à paridade inicial não podia sofrer objeção do FMI, mas, a partir daquele percentual, a mudança deveria ser feita com a concordância do Fundo. Posteriormente, esses percentuais foram eliminados do acordo constitutivo, podendo o FMI, àquela época, criar objeção para qualquer proposta de mudança de paridade.

Apesar de o FMI ter se destacado na função de apagar crises, ele também foi pensado para preveni-las. Afinal, a manutenção do emprego e da renda é o **segundo** objetivo consagrado no art. 1º. Por exemplo, ao emitir Direitos Especiais de Saque, ele está agindo com esta finalidade. A emissão ocorre quando o FMI percebe uma falta de liquidez mundial e emite moeda para evitar que os países o façam, o que poderia provocar inflação e desequilíbrio mundiais.

12.2.2.2. Controles Cambiais

No quarto objetivo previsto no art. 1º, faz-se menção à **proibição** do uso de controles (restrições) cambiais, tais como as taxas múltiplas de câmbio. Essa proibição é descrita no art. VIII do Convênio Constitutivo do FMI, já citado no tópico 2.4.2.4: "*Nenhum país-membro participará nem permitirá que nenhum de seus organismos fiscais participe de **regimes monetários discriminatórios nem práticas de taxas de câmbio múltiplas**...*"

Somente seriam permitidos controles cambiais em casos extremos:

1) Pelo art. VII do Convênio Constitutivo do FMI, "no caso em que seja evidente que a demanda da moeda de um país põe em perigo a capacidade do Fundo em administrar tal moeda, este declarará a **moeda escassa**". Essa declaração permite que os países-membros imponham limitações temporárias às transações enquanto perdurar a situação de escassez; e
2) Pelo art. XIV do Convênio Constitutivo do FMI, podem ser criadas restrições cambiais quando houver a necessidade urgente de se obter **equilíbrio no Balanço de Pagamentos**. Está escrito que "os países deverão abolir tais restrições quando tiverem a certeza de que podem, sem elas, equilibrar seu Balanço de Pagamentos."

12.2.2.3. Saques no FMI

Como se observa nos objetivos primeiro, quinto e sexto do art. 1º, o equilíbrio no Balanço de Pagamentos é sempre o objetivo final.

Na redação do primeiro objetivo, consta que o FMI provê um mecanismo de consulta, aconselhando a adoção de políticas para resolver desequilíbrios no Balanço de Pagamentos.

O quinto objetivo prevê que o FMI disponibilize recursos temporariamente para países que estiverem enfrentando desequilíbrios no Balanço de Pagamentos. Esses recursos usados nos empréstimos têm por origem as quotas integralizadas pelos países-membros ao se associarem. Essas quotas são calculadas levando-se em conta algumas variáveis, tais como o volume de reservas do país e o saldo no Balanço de Pagamentos.

A quota deve ser integralizada 25% em ativos de reserva (DES e/ou moedas fortes) e 75% na moeda do próprio país (antes do Acordo da Jamaica, em 1976, os 25% deviam ser integralizados em ouro e/ou moedas fortes). Assim, o FMI tem uma certa quantidade das moedas de todos os países-membros para emprestar para os outros países-membros, quando for necessário.

A partir da integralização, o país passa a ter o direito de sacar recursos no Fundo, entregando moeda nacional e se comprometendo a reconverter a moeda nacional em DES para devolver num prazo fixado (de 3 a 5 anos).

Podem ser sacadas moedas fortes num total de até 125% da quota integralizada. Pode haver até cinco saques (ou tranches) de 25%. No primeiro tranche, ao sacar 25% da sua quota integralizada, o país estará teoricamente sacando aqueles 25% de ouro e/ou moedas fortes que depositara para se associar ao FMI. Por isso este saque é chamado tranche-ouro, podendo ser feito a qualquer momento. Para esse saque, o FMI não impõe nenhuma condição, pois, teoricamente, é o crédito que o próprio país tem por ter integralizado a quota.

No segundo saque, também de 25%, a única condição é que sejam prestadas algumas informações ao FMI. Para o terceiro, quarto e quinto tranches, há a necessidade de aprovação pelo FMI, o qual impõe a carta de intenções, exigindo que o país tome medidas para reequilibrar o Balanço de Pagamentos.

Apesar de, em regra, o FMI somente emprestar recursos em caso de desequilíbrio **temporário**, existe uma modalidade de empréstimo que serve para corrigir desequilíbrios **permanentes** (estruturais). É o caso do *Stand By Credit*.

Nesta modalidade de empréstimo, o FMI libera um volume de recursos que será utilizado pelo país enquanto reformas estruturais estão sendo implementadas. É fácil entender que as reformas econômicas não se fazem da noite para o dia. Então, apesar de estar no caminho certo de fazer, por exemplo, a reforma tributária, o país leva um bom tempo para que a intenção seja atingida. Estes recursos do FMI ficam pré-aprovados (ficam de *stand by*) por um prazo de um a dois anos. Mas só serão liberados em prestações após o cumprimento das metas trimestrais. As missões do FMI visitam o país de três em três meses para constatar o cumprimento dessas metas e dar o aval para as liberações parciais.

12.2.2.4. Sistema de Votação

Conforme previsto no art. XII do acordo constitutivo do FMI, "cada membro disporá de 250 votos e de 1 voto adicional por cada fração da sua quota equivalente a 100.000 Direitos Especiais de Saque".

As questões mais importantes no FMI têm que ser aprovadas por, no mínimo, 85% dos votos, sendo que os EUA, isoladamente, possuem 16,77% dos votos. Desta forma, nada importante é aprovado no FMI sem a concordância norte-americana.

12.2.3. Razões do Colapso do Sistema

O Sistema Bretton Woods se baseou na tese de Harry Dexter White, a qual buscava a volta do padrão-ouro.

Na verdade, o Sistema Bretton Woods não teve apenas um momento fatal, mas uma sucessão de fatos que o sepultaram, notadamente em 1971 e em 1973.

Pode-se dividir o período da vigência de Bretton Woods em dois períodos: de 1946 a 1960 e de 1960 a 1973. O primeiro pode ser chamado de "período de escassez de dólares". O segundo, "período de abundância de dólares".

Quando terminou a II Guerra Mundial, as economias europeias estavam destruídas, importando, portanto, dos EUA tudo que lhes era necessário. Como os EUA não tiveram danos em seu território, começaram a ter superávits contínuos em seu Balanço de Pagamentos, ou seja, o ouro e o dólar eram drenados para os EUA para pagamento das exportações feitas por estes. Desta forma, o mundo passou a sentir a escassez de dólares que passavam a ser acumulados pelos EUA. Estava formado o problema da liquidez. Não havia capital suficiente para fazer a economia mundial se desenvolver, pois os dólares estavam se concentrando nos EUA. A demanda era muito maior que a oferta. Foi um período de falta de liquidez ou "escassez de dólares".

Quando, na década de 60, os EUA começaram a apresentar déficits no Balanço de Pagamentos, pois a Europa já se recuperara da Guerra, a liquidez foi restaurada, gerando um período de grande prosperidade mundial, mas começou a surgir a desconfiança quanto a uma possível desvalorização do dólar. Era a fase de "abundância de dólares", pois deixaram de ser acumulados pelos EUA sendo direcionados para os países exportadores de bens e importadores de capitais. Além de os EUA apresentarem déficits crônicos, houve também os seguintes acontecimentos que pressionaram o dólar:

- A Guerra do Vietnã, a Guerra Fria e a Corrida Espacial que provocaram grandes gastos militares.
- Os juros na Europa eram, naquela época, superiores aos dos EUA, fazendo com que a Balança de Capitais fosse deficitária pela saída de dólares para a Europa em busca de rendimentos mais atrativos.

Era a ocorrência do **Paradoxo ou Dilema de Triffin**: ou os EUA mantinham a ocorrência de superávits no Balanço de Pagamentos e, neste caso, haveria uma barreira ao crescimento mundial por falta de liquidez (falta de dólares no mundo); ou os EUA permitiam a ocorrência de déficits, gerando abundância de dólares, mas, neste caso, estaria sendo alimentada uma crise de confiança no dólar. O sistema não era autossustentável, pois tinha uma contradição interna. Não era possível ter ao mesmo tempo **liquidez** e **confiança**.

A desconfiança surgiria em caso de déficits no Balanço de Pagamentos (BP), pois uma das formas de se equilibrar um BP seria através da desvalorização cambial e, se isto ocorresse, quem tivesse dólares na mão vê-los-ia perder valor. E, para evitar este risco, a saída seria trocá-lo por ouro antes da possível desvalorização, realimentando ainda mais a desconfiança na moeda.

John Maynard Keynes havia previsto que isto aconteceria. Por isso, ele pregou que fosse criado o Bancor que seria uma moeda emitida por uma instituição (*International Clearing Union*). Quando faltasse liquidez no mundo, bancores seriam emitidos sem gerar pressão de desvalorização. Quando houvesse excesso de liquidez mundial, iniciando um processo generalizado de inflação, bancores seriam recolhidos. Para isto bastava eliminá-los das contas dos Bancos Centrais mantidas na instituição.

A criação dos Direitos Especiais de Saque (DES) tinha por objetivo a substituição do dólar como reserva dos países.

Em suma, a proposta de Harry Dexter White havia sido escolhida na criação do Sistema Bretton Woods. No entanto, por causa do problema apresentado pelo Paradoxo de Triffin, a proposta de Keynes, então derrotada, passou a ser admitida parcialmente, criando-se os DES, semelhantes aos Bancores.

12.2.4. Direitos Especiais de Saque (DES)

Por que em 1922, no Acordo de Gênova, foi admitido o uso de moedas conversíveis em ouro como reservas dos países? Porque o ouro tinha se tornado insuficiente.

No decorrer do século XX, os ganhos de produtividade na economia mundial foram muito maiores do que o acumulado em toda a história passada. A alta tecnologia, a robotização, o surgimento das linhas de montagem, tudo isso contribuiu para o aumento da produção mundial. Com esse aumento, as reservas dos países também cresceram, mas exclusivamente pela acumulação das moedas fortes, pois o ouro, ainda que descobertas novas jazidas, não acompanhou o ritmo da produção mundial.

As moedas fortes, como vimos no tópico anterior, sofreram crises de confiança (libra em 1931 e o dólar em 1971). A criação de uma moeda "independente" era a solução. Foram criados então os Direitos Especiais de Saque, em 1967, em uma reunião do FMI na cidade do Rio de Janeiro. Os Direitos Especiais de Saque são uma moeda escritural. Eles não existem fisicamente, mas apenas na contabilidade do FMI, que é o seu emissor. O FMI faz o papel que caberia à *International Clearing Union*, com uma diferença básica: no FMI não são depositadas as reservas dos países; ocorre apenas a integralização de uma quota.

O FMI, ao perceber falta de liquidez na economia mundial, emite DES e os aloca proporcionalmente às quotas de cada país no Fundo. Esses DES podem ser usados pelos Bancos Centrais ao liquidar operações entre si ou entre o país e o FMI.

Por exemplo, se o Brasil tem um déficit com a Espanha, o Banco Central do Brasil, em vez de entregar euros depositados no exterior, solicita ao FMI que faça uma transferência de uma certa quantidade de DES para a Espanha.

No Balanço de Pagamentos de um país qualquer, são apresentados como reservas: o ouro monetário, os depósitos e títulos em moeda estrangeira, os Direitos Especiais de Saque e a Posição de Reservas no FMI (que são as moedas fortes integralizadas pelo país ao se associar). A explicação dessas contas se encontra no Capítulo 10.

12.2.4.1. Histórico do DES

O DES foi criado em 1967 e, coincidência ou não, o peso do DES em ouro era o mesmo do dólar. Assim, 1 DES era igual a US$ 1,00. A primeira emissão de DES foi no ano de 1970.

Em 1973, como vimos, os países europeus abandonaram o sistema de taxas fixas e não havia sentido em o DES se manter como a única moeda fixa. Decidiu-se que o DES seria calculado como uma cesta das moedas cujos países tiveram, no período de 1968 a 1972, um volume de exportações acima de 1% das exportações mundiais. O DES passou a ser calculado a partir do valor de dezesseis moedas.

Com o passar do tempo, a composição da cesta de moedas se alterou até que, em 1º de janeiro de 1981, o FMI decidiu que a cesta seria composta por apenas cinco moedas: o dólar, o marco alemão, o franco francês, o iene japonês e a libra esterlina.

Em 2002, com a entrada em circulação do euro, as participações do marco alemão e do franco francês foram consolidadas. E, desde 2006, o valor do DES é composto da seguinte ponderação: dólar (44%), euro (34%), iene japonês (11%) e libra esterlina (11%). De cinco em cinco anos, essa composição é reavaliada em termos de países e de pesos.

O valor do DES é calculado diariamente, pois as moedas que compõem a cesta também têm seus preços modificados diariamente.

Desde o Acordo da Jamaica, em 1976, as quotas dos países-membros são calculadas em DES e/ou moedas fortes. O ouro perdeu a sua importância por ter se tornado escasso. O DES foi criado para tomar o lugar do ouro e, por este motivo, é também chamado **papel-ouro**. O ouro monetário, apesar de perder importância, ainda aparece nas reservas dos países.

Questões de Provas

01. **(AFTN/1996) O padrão ouro foi um sistema monetário internacional baseado no valor relativo das diferentes moedas em termos de ouro contido. Cada governo declarava a quantidade de ouro contida em sua unidade monetária e assegurava a conversibilidade. A formação da taxa cambial era determinada pela(pelo):**

a) variação do preço do ouro no mercado internacional;
b) oferta e procura de divisas dentro de limites estabelecidos pelos pontos de entrada e de saída de ouro em relação ao par metálico;
c) par metálico, que era a equivalência das moedas em termos de ouro. A variação cambial se dava somente quando um ou mais governos participantes do sistema deliberavam, através de lei específica, alterar a equivalência em ouro de suas moedas;
d) quantidade de ouro mantida como reserva pelo tesouro dos governos;
e) credibilidade das moedas em termos de disponibilidade de lastro em ouro monetário.

02. **(AFTN/1996) Padrão ouro-câmbio (*gold exchange standard*) é um tipo de garantia em que a moeda em circulação num país está garantida, total ou parcialmente, em termos de reservas em moeda estrangeira conversível em ouro. Esse sistema de garantia foi posto em prática pela Inglaterra, em 1925, quando de seu retorno ao padrão-ouro, que havia sido suspenso em razão da Primeira Guerra Mundial. Qual a principal vantagem desse tipo de garantia em relação à garantia mantida exclusivamente em ouro?**

a) Não exige a realização de dispendiosos processos de conversão e transferência de ouro.
b) O sistema representa uma forma que permite assegurar duplamente as moedas do sistema.
c) Aumenta a liquidez internacional, sem o constrangimento da escassez relativa do ouro em face do crescimento das economias e das trocas internacionais.
d) Facilita as transferências internacionais de fundos.
e) Reduz a capacidade de os países de economias mais fortes imporem políticas comerciais restritivas.

03. **(AFTN/1996) Os Direitos Especiais de Saque (DES) foram criados como moeda escritural, ou moeda de conta, em razão da grande expansão das economias e do comércio internacional. Na verdade, desde a sua criação, o sistema Bretton Woods mostrou-se incapaz de prover recursos de liquidez**

necessários ao funcionamento da economia internacional, motivo pelo qual foram criados os "DES". A entidade responsável pela administração dos "DES" era o(a):

a) Fundo Monetário Internacional (FMI);
b) Banco Mundial;
c) CFI (Corporação Financeira Internacional);
d) Banco Interamericano de Desenvolvimento (BID);
e) Export-Import Bank (EXIMBANK).

04. (AFTN/1996) Nos acordos de Bretton Woods, estabeleceu-se uma paridade fixa, com conversibilidade assegurada, de US$ 35,00 por onça de ouro, e cada país, ao ingressar no FMI, era obrigado a declarar o valor de sua moeda em relação ao ouro e ao dólar americano. Assim sendo:

a) o dólar americano passou a ser a principal moeda de reserva;
b) pode-se dizer que, uma vez implementados os acordos, não haveria mais taxas de câmbio;
c) inevitavelmente o ouro tenderia a acumular-se no Tesouro americano, que era obrigado a efetuar a troca de dólares americanos por ouro;
d) o dólar americano seria apenas uma moeda de conta, enquanto as moedas continuariam tendo seu valor estabelecido em termos de ouro;
e) o novo sistema se afigurava demasiadamente rígido, pois possuir dólares não seria suficiente, seria preciso também possuir ouro a fim de garantir a moeda nacional.

05. (AFTN/1996) O Fundo Monetário Internacional (FMI) foi concebido como um fundo de estabilização para o sistema monetário internacional no contexto das instituições de Bretton Woods. Que moedas estariam disponíveis neste fundo?

a) O bancor, que era a moeda específica para ser utilizada pelos países para o pagamento das compensações internacionais.
b) Apenas o dólar americano.
c) Apenas as chamadas "moedas fortes".
d) Todas as moedas dos países-membros do FMI.
e) Apenas as moedas garantidas em ouro.

06. (AFTN/1996) A taxa cambial reflete o valor da moeda nacional em relação a outras moedas. Assim sendo, pressões sobre as taxas de câmbio de um país de economia estável ocorrem quando:

a) o Fundo Monetário Internacional determina a país(es) importante(s) na economia mundial que proceda(m) a uma desvalorização ou valorização de sua(s) moeda(s);
b) há mudanças na paridade ouro/dólar americano;
c) há variações nas disponibilidades de reservas em ouro;
d) há variações significativas na oferta e procura da moeda deste país, em decorrência de déficits ou superávits no Balanço de Pagamentos;
e) há entrada no país de grande volume de capitais de curto prazo.

07. (ACE/1997) Indique, nas opções abaixo, os arranjos *stand by* do FMI Fundo Monetário Internacional:

a) a possibilidade de saque de certo volume de recursos;
b) empréstimos de curto prazo, com equivalência em ouro, durante certo período;
c) empréstimos de longo prazo, parcialmente lastreados em ouro;
d) compromisso de um país de não fazer um empréstimo em certas condições;
e) compromisso de um país de não fazer um empréstimo durante certo período.

08. (AFTN/1998) O Sistema de Bretton Woods, surgido em 1944, fez parte de um esforço internacional, liderado pelos EUA, para estabelecer um conjunto de regras estáveis que fossem respeitadas pelo maior número possível de países. Nesse contexto, criou-se o Fundo Monetário Internacional (FMI). Indique, entre as opções abaixo, aquele que não é um dos objetivos principais do FMI.

a) O FMI é uma organização voltada para promover a estabilidade cambial entre os seus membros.
b) O FMI pretende facilitar a expansão e o desenvolvimento equilibrado do comércio internacional.
c) O FMI se propõe a auxiliar o estabelecimento de um sistema multilateral de pagamentos.
d) O FMI visa a reduzir a duração e diminuir a intensidade do desequilíbrio nos balanços de pagamentos dos seus associados, inclusive com empréstimos de longo prazo.
e) O FMI pretende promover a cooperação monetária entre as nações através de uma instituição permanente que funcione como órgão de consulta e colaboração nos problemas monetários internacionais.

09. (AFTN/1998) O Acordo da Jamaica, firmado em Kingston, em 1976, foi uma decorrência direta do Acordo Preliminar de Rambouillet, ocorrido na cidade homônima francesa. Indique qual o aspecto não previsto pelo Acordo da Jamaica:

a) reconhecimento oficial das taxas flutuantes;
b) abolição do preço oficial do ouro;
c) a destinação do lucro das transações com ouro à formação de ajuda dos países em desenvolvimento;
d) o acesso dos países em desenvolvimento aos empréstimos do FMI para auxiliá-los em seus programas de estabilização;
e) o fortalecimento do papel do ouro.

10. (AFRF/2000) O Fundo Monetário Internacional (FMI), surgido como resultado da Conferência Monetária e Financeira, realizada em Bretton Woods, New Hampshire, Estados Unidos, em 1944, com a participação de 44 países, vem a ser, em síntese:

a) uma agência de crédito voltada para o microcrédito de projetos no setor rural e no setor informal da economia;
b) um banco que aceita depósitos em moeda estrangeira de empresas ou particulares para saldar os débitos decorrentes de suas compras internacionais;

c) uma instituição financeira reunindo um grupo de países ricos e pobres;
d) uma instituição que mantém contas de depósitos em diferentes moedas junto a outros bancos no exterior, seus correspondentes;
e) uma instituição destinada a colaborar na manutenção do equilíbrio dos balanços de pagamentos, quando afetados por oscilações de caráter estável ou cíclico.

11. (AFRF/2002-1) O Fundo Monetário Internacional, entre outros objetivos, visa:
a) avalizar empréstimos contraídos por governos dos países-membros, monitorar as políticas macroeconômicas dos países em desenvolvimento e fiscalizar as contas nacionais;
b) fornecer ajuda ao desenvolvimento mediante o financiamento de projetos de cooperação e prestar assistência financeira aos governos dos países-membros em situações emergenciais;
c) fomentar o equilíbrio da balança comercial dos países-membros mediante a concessão de empréstimos em condições favorecidas;
d) fiscalizar as contas nacionais dos países-membros;
e) fomentar a expansão equilibrada da economia internacional, a estabilidade cambial e auxiliar os países, temporariamente, na correção dos desequilíbrios do balanço de pagamentos.

12. (AFRF/2002-1) Os principais pilares do Sistema de Bretton Woods foram:
a) o Fundo Monetário Internacional, o Banco Internacional de Reconstrução e Desenvolvimento, o Acordo Geral de Tarifas e Comércio;
b) o Fundo Monetário Internacional, o Banco Internacional de Reconstrução e Desenvolvimento, a Organização Internacional do Comércio;
c) a Organização de Cooperação e Desenvolvimento Econômico (OCDE), o Acordo Geral de Comércio e Tarifas (GATT) e o Fundo Monetário Internacional;
d) a Comunidade Econômica Europeia, a Organização Internacional do Comércio (OIC) e Fundo Monetário Internacional;
e) a Organização de Cooperação e Desenvolvimento Econômico, o Banco Internacional de Reconstrução e Desenvolvimento e o Fundo Monetário Internacional.

13. (AFRF/2002-1) Em relação ao sistema padrão-ouro, tal como praticado anteriormente à Primeira Guerra Mundial, é correto afirmar que:
a) as taxas de câmbio eram fixas, uma vez que o valor das moedas estava definido em uma quantidade específica de ouro;
b) as moedas, embora lastreadas nas reservas de ouro depositadas nos Bancos Centrais, tinham seu valor estipulado em libras esterlinas;
c) as taxas de câmbio oscilavam acompanhando o nível das reservas de ouro do país;
d) a garantia do valor do meio circulante estava associada às reservas de moeda estrangeira no Banco Central;
e) as moedas não eram conversíveis em ouro, mas seu valor era definido de acordo com a oferta daquele metal precioso no mercado internacional.

14. (AFRF/2002-1) Em relação aos Direitos Especiais de Saque, assinale a opção correta:

a) é moeda escritural criada pelo Fundo Monetário Internacional e empregada como ativo de reserva internacional, cujo valor se define com base em uma cesta de moedas nacionais, podendo, ainda, ser utilizada em transações entre os Bancos Centrais.
b) são linhas de crédito suplementares do Fundo Monetário Internacional a que podem recorrer os países que cumprem rigorosamente suas obrigações para com o próprio Fundo.
c) são recursos oferecidos em condições especiais pelo Fundo Monetário Internacional e pelo Banco Mundial aos países em desenvolvimento para enfrentar situações de crise econômica.
d) é moeda escritural criada pelo Banco Mundial com a qual são contabilizadas as operações de assistência ao desenvolvimento.
e) são reservas monetárias depositadas nos Bancos Centrais, às quais os bancos privados podem recorrer em situações emergenciais para restaurar sua liquidez.

15. (AFRF/2002-1) A estabilidade do sistema monetário internacional e das trocas comerciais entre os países eram objetivos fundamentais para o reordenamento das relações econômicas internacionais após a Segunda Guerra Mundial. Para isso, procurou-se determinar um sistema capaz de estabelecer o valor das moedas nacionais que se pautava em:

a) taxas de câmbio flutuantes, obedecendo à dinâmica do mercado;
b) taxas de câmbio flutuantes, determinadas pela cotação do ouro no mercado internacional;
c) taxas de câmbio fixas e determinadas segundo quantidade específica e invariável de ouro;
d) taxas flutuantes em relação ao dólar norte-americano;
e) taxas de câmbio fixas, mas ajustáveis, em relação ao dólar norte-americano, que, por sua vez, teve seu valor determinado em uma quantidade fixa de ouro.

16. (AFRF/2002-2) Sob o padrão-ouro, o ajuste do balanço de pagamentos procedia-se:

a) de forma automática, mediante o aumento da oferta monetária quando da diminuição das reservas de ouro ocasionada pelo aumento das exportações;
b) de forma automática, mediante a contração da base monetária quando do aumento das reservas de ouro ocasionado pelo crescimento das exportações e dos preços;
c) por meio de correções regulares do valor do câmbio definidas segundo o comportamento da balança comercial;
d) de forma automática, em decorrência das transferências de ouro e dos impactos destas sobre a oferta monetária, os preços e o poder de concorrência;
e) por meio de correções regulares do valor da moeda determinadas em função do comportamento dos preços no mercado doméstico e da balança comercial.

17. (AFRF/2002-2) Sobre variações das taxas de câmbio no contexto do sistema de Bretton Woods é correto afirmar-se que:

a) resultavam de alterações do valor do dólar norte-americano associadas aos níveis das reservas de ouro do Tesouro dos Estados Unidos;
b) eram permitidas em margens muito estreitas e associavam-se aos pontos do ouro, tal como praticadas anteriormente sob o padrão-ouro, e à eventual necessidade de correção de graves desequilíbrios nas contas externas;
c) ocorriam automaticamente quando se alterava a paridade do poder de compra entre quaisquer pares de moedas;
d) não eram permitidas, uma vez que o valor das moedas estava definido em termos de uma quantidade de dólar norte-americano e o valor deste correspondia a uma quantia fixa de ouro, o que propiciou estabilidade cambial até a ruptura do sistema no início dos anos setenta;
e) ocorriam em razão da relação entre taxas de juros e preços internos, de um lado, e as taxas de juros internacionais e a inflação mundial, de outro, permitindo o ajuste automático entre os setores interno e externo das economias.

18. (AFRF/2002-2) O exame da evolução e das tendências da economia mundial, das políticas relacionadas aos acordos regionais e do funcionamento das economias nacionais constitui atividade que o Fundo Monetário Internacional (FMI) desenvolve fundamentalmente com o objetivo de:

a) definir critérios e condições para a concessão de empréstimos aos países-membros e estabelecer diretrizes de política econômica que os mesmos devam seguir para corrigir desequilíbrios do balanço de pagamentos;
b) prestar assistência financeira e técnica aos países-membros na implementação de reformas econômicas e no fortalecimento do sistema financeiro;
c) supervisionar o funcionamento da economia mundial e prestar assessoria aos países-membros em matéria de políticas econômicas;
d) propor aos governos dos países-membros medidas de ajuste interno que facilitem a correção de desequilíbrios da balança comercial;
e) coordenar ações com os governos dos países-membros para o enfrentamento conjunto de crises no sistema financeiro internacional e dos ciclos recessivos de alcance global, regional e nacional.

19. (ACE/2002) Criado com o objetivo de organizar a economia internacional no pós-Segunda Guerra Mundial, o "Sistema de Bretton Woods" inicialmente previa a criação de três organizações: o Fundo Monetário Internacional (FMI), o Banco Internacional de Reconstrução e Desenvolvimento (BIRD) e a Organização Internacional do Comércio (OIC). A respeito deste sistema, é correto afirmar:

a) entre as atribuições principais do FMI encontra-se a promoção das condições de desenvolvimento econômico de longo prazo dos países em desenvolvimento, por meio do envolvimento direto do setor privado;

b) a concepção do sistema resultou da proposta de Keynes que, ao participar dos debates em Bretton Woods, convenceu os demais participantes da reunião da necessidade de se contar com um Fundo, com limitados recursos, destinado a auxiliar os países que enfrentassem problemas em seus balanços de pagamentos, bem como de um banco de investimentos e de uma organização para promover o livre comércio;

c) ao procurar avançar o chamado "Consenso de Washington", a Organização Mundial do Comércio impõe aos países em desenvolvimento políticas econômicas que são de interesse dos países desenvolvidos;

d) uma das cinco instituições que integram o Grupo Banco Mundial, o BIRD tem como objetivo principal reduzir a pobreza em países de renda baixa e média, por meio da promoção do desenvolvimento sustentável pela via de empréstimos, garantias e serviços não diretamente relacionados a empréstimos, inclusive a produção de análises e consultoria;

e) uma vez que seu objetivo é manter a posição relativamente privilegiada dos países desenvolvidos, o FMI apenas oferece empréstimos com base em um conjunto de condicionalidades, utilizadas como critérios para liberar as fatias (*tranches*) em que se dividem os recursos ofertados aos países em desenvolvimento.

20. (ACE/2002) Instituídos em 1967, os Direitos Especiais de Saque (DES) tornaram-se disponíveis apenas em 1970, constituindo reservas adicionais de liquidez utilizadas pelos países membros do Fundo Monetário Internacional (FMI). A seu respeito, está correto afirmar que:

a) quando são distribuídos, os governos que integram o FMI recebem DES em proporções equivalentes às necessidades de financiamento de seus balanços de pagamentos, visto que auxiliar a manter o equilíbrio destes constitui a principal função do FMI;

b) os DES tiveram seu valor inicialmente definido em função de uma cesta de moedas, e sua distribuição, iniciada em 1970, acontece em períodos regulares, estabelecidos pelo FMI;

c) quando são distribuídos, os governos que integram o FMI recebem DES em proporções equivalentes às cotas que possuem junto ao Fundo, visto que tais direitos foram criados com o objetivo de atender às demandas de liquidez de longo prazo da economia global e de suplementar as reservas existentes;

d) embora expandam a liquidez do sistema, tais DES possuem valor contábil, podendo ser utilizados apenas nas transações que cada governo realiza com o FMI;

e) quando são distribuídos, os governos que integram o FMI recebem Direitos Especiais de Saque em proporções equivalentes ao lastro de ativos que possuem contra outros governos, baseados nos ativos de curto e de longo prazo a serem recebidos como pagamento pelas exportações a serem financiadas por meio dos DES.

21. (AFRF/2003) O Padrão-ouro teve vigência, *grosso modo*, entre o último quarto do século XIX e a Primeira Guerra Mundial. Além de favorecer a expansão das trocas internacionais, ao reforçar a convergência de expectativas acerca do valor relativo das moedas, esse mecanismo se caracterizou por:

a) permitir que os ativos necessários a operacionalizar as trocas tivessem o custo de seu transporte reduzido, na medida em que eram necessariamente convertidos em barras de ouro de tamanho padronizado;
b) fortalecer a cooperação entre os governos, cujas emissões, em geral superiores ao lastro de que dispunham, facilitavam ataques especulativos a suas moedas. O interesse dos governos em manter o sistema encorajava a mútua concessão de empréstimos e intervenções coordenadas nos mercados de câmbio;
c) um acentuado viés deflacionário, matizado pela criação dos Direitos Especiais de Saque e pela permissão a bancos centrais específicos de utilizar também a prata como lastro para suas emissões;
d) um pronunciado viés inflacionário, acentuado a partir do momento em que o governo dos Estados Unidos desistiu de manter a conversibilidade do Dólar em ouro na proporção estabelecida em comum acordo com a Grã-Bretanha, cuja moeda, a Libra Esterlina, era mais valorizada do que o Dólar;
e) acentuar a competição entre os governos, na medida em que suas reservas internacionais precisavam converter-se em ouro e a relativa escassez do metal obrigava a sucessivas desvalorizações, que sempre privilegiavam países como a Grã-Bretanha e a França.

22. (AFRF/2003) Em meados dos anos 60, com vistas a realizar os objetivos de "atender às necessidades globais de longo prazo dos países-membros e, quando for o caso, suplementar as reservas existentes", criaram-se, no âmbito do Fundo Monetário Internacional (FMI), os Direitos Especiais de Saque (DES), a respeito dos quais é correto afirmar:

a) seu valor de mercado é definido em função do Dólar dos Estados Unidos da América e sua utilização pelos países-membros restringe-se a acertos de contas referentes a desequilíbrios de balanço de pagamentos;
b) criados para suplementar as reservas oficiais dos países-membros, os DES são alocados aos países-membros de forma proporcional a suas cotas junto ao FMI;
c) seu valor de mercado é definido em função do Dólar dos Estados Unidos da América e sua principal função é servir de unidade de conta para o FMI;
d) embora sua principal função seja servir de reserva de valor para o FMI, os DES são passivos do Fundo junto aos detentores dos direitos, funcionando de forma semelhante a títulos públicos para os governos dos países-membros;
e) fruto do desenvolvimento dos mercados financeiros internacionais, os DES servem apenas como unidade de conta de agentes públicos e privados, não podendo ser utilizados como ativos dos países-membros em seus balanços de pagamento.

23. **(AFRF/2003) Enquanto a Segunda Guerra Mundial ainda estava em curso, procurou-se reorganizar a economia internacional inclusive por meio da criação de um conjunto de instituições que ficou conhecido como o Sistema de Bretton Woods. É correto afirmar a seu respeito que:**

a) o Banco Mundial funciona como um banco de desenvolvimento, a exemplo do BNDES, financiando principalmente operações de comércio exterior;
b) o Fundo Monetário Internacional, ao impor o Dólar americano como moeda de troca no comércio internacional, auxilia os Estados Unidos da América a projetar interesses na esfera internacional;
c) o GATT foi criado em substituição à malograda proposta de construção da Organização Mundial do Comércio, em 1947, com vistas a regular os fluxos comerciais entre economias desenvolvidas e em desenvolvimento, visto que, gradualmente, as colônias na África e na Ásia se tornavam países independentes;
d) embora a proposta inglesa de criação de uma União Internacional de Compensação parecesse mais adequada à reorganização da economia internacional, as circunstâncias políticas condicionaram a adoção da proposta americana, que originalmente visava a constituir três organizações internacionais;
e) para estimular a criação de áreas de livre comércio mundo afora, o Sistema de Bretton Woods criou, no seio do Grupo Banco Mundial, a obrigatoriedade da aplicação da cláusula da nação mais favorecida.

24. **(AFRF/2003) Observou-se, a partir de meados do século XX, a tendência de os governos adotarem regimes de câmbio flutuante. Entre as razões pelas quais isso aconteceu incluem-se:**

a) o desenvolvimento de novas tecnologias de informação; a utilização de políticas fiscais conservadoras; e a crescente disposição dos bancos centrais a assumir riscos, a fim de cumprir seu papel de emprestador de última instância;
b) a utilização de políticas monetárias conservadoras; o papel estabilizador desempenhado pelo Fundo Monetário Internacional; e o advento de sistemas bancários baseados no sistema de reservas fracionárias;
c) a emergência de novas técnicas de engenharia financeira; o desenvolvimento de novas tecnologias de informação e processamento de dados; e a percepção de que o custo de manutenção de regimes de câmbio fixo se tornara cada vez mais elevado, fruto da especulação com moedas e outros ativos financeiros;
d) o advento de sistemas bancários baseados no sistema de reservas fracionárias; o papel estabilizador desempenhado pelo Fundo Monetário Internacional; e a crescente aplicação de políticas monetárias tendo como base a Curva de Phillips;
e) a crescente aceitação dos Direitos Especiais de Saque como lastro para operações cambiais; o desenvolvimento dos mercados de euromoedas; e a tecnologia de gestão de risco desenvolvida pelo Banco Internacional de Compensações (BIS).

25. (ATRFB/2009) Sobre o Fundo Monetário Internacional (FMI), é correto afirmar que:

a) os bens do FMI gozam de imunidade diplomática, sendo inaceitável a renúncia a esta imunidade.

b) bancos internacionais podem ser aceitos como membros, desde que assinem e obedeçam às regras prudenciais da Convenção da Basileia.

c) cada membro tem direito equitativo de voto, e o processo decisório se baseia na maioria de votos.

d) entre seus objetivos, inclui-se evitar a prática de depreciação cambial competitiva entre seus membros.

e) os Direitos Especiais de Saque (SDRs) podem ser emitidos pelo FMI nos países que requerem assistência para equilibrar sua balança de pagamentos.

Capítulo 13

O Banco Mundial e o Sistema Financeiro Internacional

13.1. BANCO INTERNACIONAL DE RECONSTRUÇÃO E DESENVOLVIMENTO (BIRD)

Também conhecido por **Banco Mundial**, sua criação foi proposta na Conferência de Bretton Woods, em 1944. Suas principais funções estavam ligadas à reconstrução dos países destruídos pela II Guerra Mundial e ao desenvolvimento dos países menos desenvolvidos, conforme se lê no art. I do seu Acordo Constitutivo:

> Art. I – Objetivos
>
> Os objetivos do Banco Internacional para a Reconstrução e Desenvolvimento são:
>
> i. Auxiliar a reconstrução e o desenvolvimento dos territórios dos membros, facilitando o investimento de capitais para fins produtivos, inclusive para restaurar as economias destruídas ou desorganizadas pela guerra, readaptar os meios de produção às necessidades do tempo de paz e encorajar o desenvolvimento dos meios de produção e dos recursos nos países menos desenvolvidos;
>
> ii. Promover os investimentos privados no estrangeiro, através de garantias ou participações em empréstimos e outros investimentos realizados por capitalistas particulares, e, na falta de capitais privados disponíveis em condições razoáveis, suprir o investimento privado, fornecendo, em condições apropriadas, meios de financiamento para fins produtivos provenientes do seu próprio capital, de fundos que reunir e dos seus outros recursos;
>
> iii. Promover o desenvolvimento equilibrado a longo prazo do comércio internacional e a manutenção do equilíbrio dos balanços de pagamentos, encorajando os investimentos internacionais, com vistas ao desenvolvimento dos recursos produtivos dos membros, e auxiliar, desta forma, o aumento da produtividade, a elevação do nível de vida e a melhoria das condições de trabalho nos seus territórios;

iv. Ordenar os empréstimos que outorgue ou as garantias que conceda aos empréstimos internacionais provenientes de outras origens, de forma a dar prioridade aos projetos mais úteis e urgentes, qualquer que seja a sua dimensão;
v. Conduzir as suas operações tendo em conta os efeitos dos investimentos internacionais sobre a situação econômica dos territórios membros e, durante os primeiros anos do pós-guerra, auxiliar a transição progressiva da economia de guerra para a economia de paz.

Foi o Plano Marshall (ou Programa de Reconstrução Europeia), criado pelos EUA, que efetivamente levou à reconstrução europeia. O BIRD acabou se voltando para a ajuda aos países em desenvolvimento, como no caso da crise da dívida externa, que atingiu cerca de 30 países na década de 1980, inclusive o Brasil.

A atuação do BIRD é no financiamento de projetos que tenham por objetivo o desenvolvimento econômico, mas onde não houver interesse do capital privado. Os empréstimos do BIRD são direcionados para projetos públicos determinados. E, portanto, o destinatário dos recursos são os Governos.

Como banco destinado a gerar desenvolvimento, seus empréstimos são de médio e longo prazos. Cada país-membro faz uma subscrição de capital; mas a fonte principal dos empréstimos são recursos captados no mercado privado. Pelo sistema de votação no BIRD, cada país tem direito a 250 votos mais 1 voto por cada ação subscrita. Em abril de 2010, houve uma reforma no sistema aumentando o poder de voto dos países em desenvolvimento com a respectiva elevação do capital integralizado.

O BIRD possui quatro subsidiárias, criadas para complementar suas atividades:

- Corporação Financeira Internacional (CFI).
- Associação Internacional de Desenvolvimento (AID).
- Agência Multilateral de Garantia de Investimentos (AMGI).
- Centro Internacional para Arbitragem de Disputas sobre Investimentos (CIADI).

Os cinco órgãos (BIRD, CFI, AID, AMGI e CIADI) representam o chamado Sistema Banco Mundial.

Corporação Financeira Internacional (CFI)

Foi criada em 1956. Enquanto o BIRD financia projetos públicos, a CFI financia projetos privados. De acordo com o artigo 3º do seu Acordo Constitutivo, a CFI pode se tornar credora de um empréstimo ou ter participação minoritária na empresa, e ambas as situações atraem os demais provedores de capital, confiantes na solidez daquela.

Associação Internacional de Desenvolvimento (AID)

Esta subsidiária tem por finalidade emprestar recursos para os países menos favorecidos, cujas condições econômicas inviabilizam até os empréstimos do BIRD e da CFI. São países que não conseguiriam pagar nem os juros baixos daquelas instituições. Os países africanos são os principais clientes da AID, e podem ser financiados projetos públicos e privados.

A AID empresta sem cobrança de juros com prazos de até quarenta anos, com carência de dez anos. Há apenas a cobrança de uma pequena taxa de administração. Por não cobrar juros, a AID não pode usar captação no mercado como faz o BIRD e a CFI. Os recursos provêm de donativos dos países industrializados, além de parte da renda líquida do BIRD.

Agência Multilateral de Garantia de Investimentos (AMGI)

A AMGI tem por objetivo incentivar a entrada de investidores estrangeiros nos países em desenvolvimento. Muitas vezes, os investidores estrangeiros não se sentem estimulados a aplicar recursos nesses países. A função da AMGI é ser garantidor desses investimentos contra perdas causadas por riscos não comerciais. Tem papel semelhante ao de uma seguradora. Podem-se listar os riscos de expropriação, inconversibilidade da moeda, moratória, distúrbios civis e guerra. A AMGI também oferece assistência técnica para os países em desenvolvimento divulgarem informações sobre oportunidades de investimento.

Centro Internacional para Arbitragem de Disputas sobre Investimentos (CIADI)

O CIADI foi criado para prover mecanismos internacionais de conciliação e arbitragem de controvérsias relativas a investimentos. Estando garantida, no acordo de investimento, a imparcialidade do "julgador", as empresas se sentem mais seguras para investir nos diversos países. Tome-se, por exemplo, o caso de o investidor do país A investir no país B e surgir uma controvérsia com o governo deste país. Se o julgamento do caso fosse pelo Poder Judiciário do próprio país B, seria difícil acreditar numa decisão totalmente imparcial.

	FMI	Sistema Banco Mundial
Característica	Instituição Monetária	Instituição de Desenvolvimento
Funções	Estabilização do Sistema Monetário e Financiamento de Déficits Temporários do Balanço de Pagamentos	Promoção e Financiamento do Desenvolvimento Econômico
Horizonte	Curto Prazo	Longo Prazo
Fontes de Financiamento	Reservas Oficiais e Recursos dos Países-Membros	Empréstimos no Mercado Internacional de Capitais
Beneficiário	Todos os Membros	Países em Desenvolvimento
Prazo de Amortização	3 a 5 anos (10 anos em alguns casos)	15 a 20 anos (40 anos no AID)

13.2. BANCOS REGIONAIS DE DESENVOLVIMENTO

A criação dos bancos regionais de desenvolvimento foi motivada pela constatação de que o Banco Mundial tinha que atender a todos os países em desenvolvimento e, por isso, muitas vezes não era eficiente na alocação dos recursos.

Os bancos regionais existentes atualmente são:

- Banco Interamericano de Desenvolvimento (BID), criado em 1959;
- Banco Africano de Desenvolvimento (BAfD), em 1963;
- Banco Asiático de Desenvolvimento (BAD), em 1966;
- Banco de Desenvolvimento do Caribe (BDC), em 1969; e
- Banco Europeu para Reconstrução e Desenvolvimento (BERD), em 1990.

Os objetivos desses bancos se confundem com os do Banco Mundial. Os bancos regionais se prestam a gerar desenvolvimento aos países mais fracos de suas respectivas regiões. E, da mesma forma que o Banco Mundial, atuam no financiamento, a longo prazo, de projetos de desenvolvimento.

13.2.1. Banco Interamericano de Desenvolvimento (BID)

Surgiu por pressão do Governo Juscelino Kubitschek por meio da Operação Pan-Americana. Foi criado em 1959 apesar de, a princípio, os EUA não o aceitarem, alegando que o FMI e o BIRD já existiam como instituições de financiamento. Mas a Revolução Cubana, em 1959, fez com que os EUA começassem a temer o alastramento do regime comunista no continente americano e, mais do que depressa, concordaram com a criação do banco.

Foi criado por iniciativa da OEA com a participação de 19 países da América Latina e Estados Unidos.

Desde 1976, países de fora das Américas podem se tornar membros. Esses países, no entanto, não são destinatários dos recursos do banco. O interesse deles é avalizar os projetos nos países em desenvolvimento, quando houver a possibilidade de as empresas de seus territórios serem as executoras do projeto. Atualmente possui 48 membros, sendo 26 membros mutuários da América Latina e do Caribe.

Para se tornar membro regional, o país deve ser membro da OEA. No caso dos membros não regionais, exige-se que seja membro do FMI.

No convênio constitutivo do BID, os delegados dos países fundadores definiram a missão do Banco como "contribuir para acelerar o processo de desenvolvimento econômico e social, individual e coletivo, dos países-membros regionais em desenvolvimento."

No art. 2º do Convênio Constitutivo, estão definidas as funções do BID:

---

a) Para o cumprimento do seu objetivo, o banco exercerá as seguintes funções:

i. promover o investimento de capitais públicos e privados para fins de desenvolvimento;

ii. utilizar seu próprio capital, os fundos que obtenha no **mercado financeiro** e os demais recursos de que disponha, para o financiamento do desenvolvimento dos países-membros, dando prioridade aos empréstimos e operações de garantia que contribuam mais eficazmente para o crescimento econômico;

iii. Estimular os investimentos privados em **projetos**, **empresas** e **atividades** que contribuam para o desenvolvimento econômico e complementar os investimentos privados quando **não** houver capitais particulares disponíveis em termos e condições razoáveis;

iv. Cooperar com os países-membros a orientar sua política de desenvolvimento para uma melhor utilização de seus recursos, em forma compatível com os objetivos de uma maior complementação de suas economias e da promoção do crescimento equilibrado de seu comércio exterior; e

v. Prover assistência técnica para a preparação, financiamento e execução de planos e projetos de desenvolvimento, incluindo o estudo de prioridades e a formulação de propostas sobre projetos específicos.

b) No desempenho de suas funções, o Banco cooperará na medida que seja possível, com os setores privados que proveem capital de investimento e com instituições nacionais ou internacionais.

A **Corporação Interamericana de Investimentos** (CII) é uma subsidiária do BID. É uma organização multilateral de financiamento que promove o desenvolvimento econômico da América Latina e do Caribe mediante o financiamento de **pequenas e médias** empresas privadas. De acordo com o art. 3º do Acordo Constitutivo, a CII, quando financia uma empresa, pode se tornar credora de um empréstimo ou ter uma participação minoritária na empresa. Foi criada em 1986.

O **Fundo Multilateral de Investimentos (Fumin)** é um fundo autônomo administrado pelo BID. Apoia o desenvolvimento do setor privado, primordialmente no setor de microempresas. Foi criado em 1993.

O Grupo BID é formado pelo BID, pela CII e pelo Fumin.

13.2.2. Banco Europeu para Reconstrução e Desenvolvimento (BERD)

Com o fim do socialismo em 1989/1990, os países que até então adotavam este regime precisavam de apoio para se adequar à nova ordem mundial. O BERD foi criado em 1991 com o objetivo de apoiar o setor privado no processo de transição para o capitalismo. É composto por 61 países.

A existência de democracia multipartidária é condição prevista no Acordo de Constituição do BERD para que o país receba empréstimos.

13.3. A CRISE NA ARGENTINA

13.3.1. O Sistema de *Currency Board*

A crise na Argentina se baseou em dois fatores que se somaram: um problema cambial e um problema fiscal.

A Argentina, em 1991, adotou o sistema de conversibilidade cambial (*Currency Board*). Por esse sistema, ficava garantido que a cada peso argentino na economia correspondia um dólar norte-americano nas reservas externas. E era garantida a plena conversibilidade de pesos argentinos em dólares, e vice-versa.

Esse sistema foi crucial para devolver aos investidores estrangeiros a confiança naquele país, pois eles passaram a ter a certeza de que, ao investir na Argentina, levando dólares e recebendo pesos, teriam a qualquer momento a chance de desfazer o câmbio.

Ao fixar a taxa de câmbio em lei, a inflação (que já passava dos cem por cento ao mês!) acabou. Desvalorizar taxa de câmbio gera inflação. Logo, mantê-la fixa elimina a inflação, pois os preços passaram a ser cotados indiretamente em dólar e, nesta moeda, a inflação praticamente não existia.

O sucesso na política de controle da inflação acabou sendo um anestésico para os políticos e para a população. Os governantes relaxaram no controle fiscal, permitindo déficits públicos sucessivos. E a população começava a se endividar a longo prazo, imaginando que aquela inflação iria se manter nos patamares baixíssimos para sempre.

13.3.2. Sinal Amarelo

Na década de 1990, os EUA tiveram ganhos altíssimos de produtividade. Foi a época do grande salto de produtividade norte-americano. A maior produtividade gerava redução dos custos das mercadorias, ou seja, significava que o dólar se valorizara frente às demais moedas.

Ora, o que aconteceu com o peso argentino atrelado ao dólar? Se o dólar se valorizou na década, o peso se valorizou exatamente na mesma proporção.

Uma moeda valorizada traz problemas para o Balanço de Pagamentos. Ao se desvalorizar a moeda, aumentam-se as exportações e diminuem-se as importações. Logo, valorizar a moeda gera efeitos contrários.

Já nos primeiros anos do sistema, o Balanço de Pagamentos argentino começava a se tornar deficitário. Começava o problema cambial. Esse problema foi de pouca duração naqueles primeiros anos, pois em 1994 surge o Plano Real no Brasil que salva a Argentina do colapso.

13.3.3. Plano Real no Brasil

Com o Plano Real, a nossa moeda se tornou mais valorizada do que a moeda argentina. Com isso, o fluxo comercial começou a se inverter e passamos a ser mais compradores do que vendedores. A Argentina continuou a ter déficit com o mundo inteiro, exceto conosco, e o superávit deles em relação ao Brasil era tão grande que superava seu déficit com o resto do mundo. O Balanço de Pagamentos argentino estava equacionado. Começava o problema com o nosso Balanço de Pagamentos.

A valorização da moeda brasileira serviu para acabar com a inflação alta a que estávamos sujeitos. Havia funcionado do mesmo jeito com a Argentina, mas isto tinha um custo. Com o dólar muito barato, as importações inundaram o nosso país. Foi também uma época de muito turismo no exterior. O nosso Balanço de Pagamentos sofreu déficits que diminuíram sensivelmente as reservas cambiais, mas a inflação foi controlada.

13.3.4. Crises na Ásia, na Rússia e no Brasil

Quando em 1997 surgiu a crise cambial na Ásia e em 1998, a crise na Rússia, o Brasil sofreu um baque muito forte. Os investidores, quando ocorre uma crise num país considerado emergente, tratam todos os demais como se também estivessem na iminência de ter a mesma crise.

A moratória decretada pela Rússia em 1998 levou muitos investidores a saírem do Brasil. Havia dois motivos: um era o medo de que o Brasil fosse pelo mesmo caminho que a Rússia e o outro era a recomposição de prejuízos. Se eu perco dinheiro em um investimento aqui, recolho o dinheiro dos outros lugares para cobrir este prejuízo. O Brasil começou a sentir a saída dos investidores estrangeiros.

O que acontece quando há uma debandada de reservas de um país? A taxa de câmbio sobe. No caso do Brasil, o regime de câmbio era, desde 1995, o regime de bandas cambiais. Portanto, o preço não podia passar do limite superior da banda cambial, definido pelo Governo. Ou os bancos vendem seus dólares ao preço definido pelo Governo, ou simplesmente não vendem a preço nenhum. E os bancos fizeram a opção de não vender a preço nenhum. Pelo menos, não enquanto os limites das bandas cambiais estivessem tão baixos. Os bancos começaram a especular, "escondendo" o dinheiro.

Esta falta de dinheiro para os investidores saírem do Brasil começava a afetar negativamente a imagem do país no exterior. A imagem que se passava era que o Brasil era um lugar onde se pagava para entrar, mas se rezava para sair.

O Governo brasileiro tinha duas opções: alterar as bandas cambiais permitindo uma desvalorização do Real, satisfazendo os bancos, os quais poderiam vender seus dólares por um preço mais alto. Ou poderia manter a banda cambial inalterada, mas deveria tomar uma providência para permitir a saída dos investidores.

A primeira opção trazia o inconveniente de gerar inflação na véspera das eleições para Presidente no Brasil. O Brasil optou pela segunda alternativa.

Para acabar com a imagem negativa do Brasil, o Banco Central começou a vender as reservas oficiais. Como os bancos não vendiam suas reservas particulares, as reservas oficiais começaram a ser queimadas ao preço baixo da banda cambial. O Governo bancou a venda, mostrando ao mercado que ele tinha condições de manter a banda cambial inalterada.

Mas o tempo foi passando, e as reservas do Brasil foram minguando. O Brasil entrava numa fase de pré-falência (*default*), pois estava chegando próximo ao limite mínimo de reservas abaixo do qual o país é considerado, pelo FMI, falido. Se as reservas baixassem a um valor menor que o equivalente a três meses de importações, o Brasil seria considerado falido. Segundo o FMI, se um país não tem reservas que, numa crise, o possam manter funcionando por mais de três meses, este país é considerado falido. E o Brasil chegou perto disso.

Quando as reservas chegaram perto do limite, o Governo "jogou a toalha". Liberou o câmbio e passamos a ter regime de taxas flutuantes. Era janeiro de 1999. Liberou o câmbio quatro meses depois da crise da Rússia. E este atraso custou a venda de cerca de US$ 30 bilhões de dólares das reservas oficiais a um preço artificialmente baixo.

13.3.5. Sinal Vermelho

Quando o Brasil passa a usar taxas flutuantes de câmbio em 1999, a Argentina volta para o seu pesadelo. As bandas cambiais brasileiras, que a haviam salvado pouco mais de quatro anos atrás, acabaram.

A Argentina começa novamente a perder reservas e agora não haveria ninguém para salvar suas contas.

A origem do grande déficit do Balanço de Pagamentos era a moeda valorizada. Portanto, a opção natural seria desvalorizar a moeda, acabando com o sistema de *Currency Board*.

O problema cambial não podia ser resolvido porque havia surgido um problema fiscal. Os déficits públicos, por falta de controle governamental, levaram a Argentina a se endividar. De igual modo, a população estava endividada. E desvalorizar a moeda implicaria um brutal aumento nas dívidas, as quais eram atreladas ao dólar (90% da dívida pública e 80% da dívida privada eram dolarizadas).

A dívida pública fora agravada em 1998/1999, pela tentativa do Governo Menem de garantir apoio político para um terceiro mandato, permitindo que as províncias aumentassem o seu endividamento.

Estava formada a crise: não podia desvalorizar por causa das dívidas, mas tinha que desvalorizar por causa do Balanço de Pagamentos. Não havia solução à vista.

13.3.6. Fim do Sistema *Currency Board* e Pesificação

Em janeiro de 2002, o Governo argentino decretou o fim do sistema *currency board*. Mas, antes de quebrar a paridade, transformou em pesos as dívidas que eram em dólar. Os bancos saíram perdendo porque emprestaram para receber dólares, mas receberiam pesos na proporção de um para um. As dívidas, por exemplo, de US$ 5.000,00 passaram a ser de 5.000 pesos.

Por outro lado, os depósitos bancários em dólar foram convertidos na razão de US$ 1 = 1,40 peso. Assim, os bancos argentinos tiveram um grande prejuízo já que tiveram que devolver os dólares a 1,40 pesos e só passariam a receber de volta os empréstimos concedidos à razão de US$ 1 = 1 peso. Por esse motivo, para evitar a quebradeira dos bancos e, consequentemente, o desaparecimento das economias dos argentinos, o Governo criou o confisco bancário chamado de *corralito*. Caso não decretasse o confisco, a Argentina iria sofrer uma outra forte crise: uma superdesvalorização do peso tendo em vista que quem possuísse pesos disponíveis iria transformá-los em dólares (por receio da desvalorização), pressionando ainda mais a cotação. Para agravar a situação, não se pode esquecer que os bancos não guardam dinheiro em cofres. Logo, se todos os depositantes fossem buscar seus dólares nos bancos, muitos sairiam de "mãos abanando", pois o dinheiro depositado nos bancos é emprestado por eles, rendendo-lhes juros.

Questões de Provas

01. (AFTN/1996) O Banco Mundial e, posteriormente, também os bancos regionais de desenvolvimento, no sistema Bretton Woods, ficaram responsáveis pela (pelo):

a) administração do fluxo internacional de capitais de longo prazo;
b) financiamento de linhas de crédito comercial para países do "Terceiro Mundo";
c) fornecimento de recursos financeiros aos países para evitar processos de endividamento;
d) desenvolvimento de programas de ajustes macroeconômicos em nível internacional;
e) fornecimento dos fundos necessários ao desenvolvimento e à recuperação dos fluxos comerciais no pós-guerra.

02. (ACE/1997) O Banco Interamericano de Desenvolvimento (BID) surgiu como fruto de uma antiga reivindicação brasileira de que os empréstimos do Banco Mundial rumavam apenas em direção aos países desenvolvidos e não em direção aos países em desenvolvimento. Indique, nas opções abaixo, o governo brasileiro que mais lutou e obteve a criação do BID:

a) Primeiro Governo Vargas;
b) Segundo Governo Vargas;
c) Governo Juscelino Kubitschek;
d) Governo João Goulart;
e) Governo Jânio Quadros.

03. (ACE/1997) Apesar de fazerem parte do Sistema de Bretton Woods, as funções do Banco Mundial sofreram mudanças substanciais da década de 40 aos nossos dias. Todas as abaixo indicadas são medidas preconizadas e acompanhadas pelo Banco Mundial, exceto:

a) reestruturação da política comercial, via eliminação de barreiras e taxas de proteção;
b) correção do déficit no Balanço de Pagamentos, originado do lado da conta corrente;
c) reorientação da política de preços, via revisão dos preços agrícolas e de tarifas públicas;
d) redefinição do Estado na economia, via desregulamentação;
e) implementação de reformas institucionais, como aumento da eficiência das empresas públicas, desconcentração do sistema financeiro e política de juros que implique a melhoria do processo de intermediação financeira.

04. (AFTN/1998) A Corporação Financeira Internacional (CFI), criada em 1956 como organização filiada ao Banco Internacional de Reconstrução e Desenvolvimento (BIRD), tem por objetivo complementar as atividades deste último. Acerca dos principais objetivos da CFI, não se pode afirmar que:

a) visa estimular o fluxo de capitais privados para inversões produtivas nos países-membros;
b) procura criar oportunidades de inversão, unindo os investidores nacionais e estrangeiros;
c) procura oferecer financiamento, em associação com investidores particulares, sem garantia governamental de reembolso, naqueles casos em que não se disponha de suficiente capital em condições razoáveis;
d) procura oferecer créditos de curto prazo para empreendedores particulares, sob a forma de empréstimos ou participação em ações da empresa;
e) sua administração é a mesma do Banco Mundial.

05. (AFTN/1998) O órgão integrante do sistema Banco Mundial, de caráter multilateral, e que é a maior e mais importante agência de assessoria e financiamento para projetos privados relevantes para o desenvolvimento econômico, incremento da produção e da capacidade exportadora em países em desenvolvimento é o(a):

a) Banco Internacional de Reconstrução e Desenvolvimento (BIRD);
b) Export-Import Bank (EXIMBANK);
c) Agência Multilateral de Garantia de Investimentos;
d) Agência Internacional de Desenvolvimento (AID);
e) Corporação Financeira Internacional (CFI).

06. (AFTN/1998) Acerca do Banco Interamericano de Desenvolvimento (BID), não se pode afirmar que:

a) procura trabalhar apenas com seu próprio capital, e com os recursos advindos dos governos dos países-membros, para financiar o desenvolvimento de seus associados;
b) se propõe a promover a inversão de capitais públicos e privados para fins de desenvolvimento;
c) coopera com os países-membros na orientação de sua política de desenvolvimento econômico, objetivando a complementação de suas economias;
d) presta assistência técnica para o preparo, financiamento e execução dos planos de desenvolvimento econômico;
e) surgiu em razão da pressão do Brasil, mais especificamente do Governo Kubitschek, durante a Operação Pan-Americana (OPA).

07. (AFRF/2000) 1958. O Brasil vive o auge da euforia desenvolvimentista. Amplia a infra-estrutura econômica, industrializa-se rapidamente, urbaniza-se, constrói nova capital, cresce aceleradamente. Estados Unidos e União Soviética disputam poder e espaço no mundo. Acirradamente. É a Guerra Fria. Capitalismo *versus* socialismo. Disputa de áreas de influência, política americana de contenção do expansionismo soviético. Em Cuba, a guerra de guerrilhas de Fidel Castro desestabiliza a desgastada ditadura de Fulgêncio Batista, que cai no início de 1959. As questões político-ideológicas fervilham nos empobrecidos América Latina e Caribe. Em Washington, a região é vista como uma área de *chasse gardée* dos americanos. Na prática, o pan-americanismo está hibernado. Projetos como o da criação do banco regional não encontram espaço.

Os Estados Unidos consideram suficiente o seguinte tripé:

a) GATT, FMI, Banco Mundial;
b) BID, BIRD e CFI;
c) CFI, OEA, GATT;
d) FMI, Banco Mundial e Eximbank;
e) UNCTAD, GATT e FMI.

08. (AFRF/2002-1) Entre os fatores que concorreram decisivamente para a profunda crise econômica que a Argentina vem enfrentando nos últimos anos, destacam-se:

a) os crescentes déficits comerciais com o Brasil e o consequente estancamento do processo de integração do Mercosul;
b) a política cambial, o desequilíbrio das finanças públicas e as taxas negativas de crescimento econômico nos últimos quatro anos;
c) a retração dos investimentos estrangeiros, a elevação do preço do petróleo e das taxas de juros internacionais;
d) a queda dos preços das *commodities* agrícolas, desequilíbrios na balança comercial e a alta inflação dos últimos três anos;
e) as pressões sobre os preços no mercado doméstico decorrentes da depreciação do câmbio e as moderadas taxas de crescimento dos últimos dois anos.

09. (AFRF/2002-1) É característica estrutural do sistema financeiro internacional contemporâneo:

a) a coexistência de múltiplos canais e instrumentos de intermediação financeira;
b) a ascendência dos organismos financeiros internacionais sobre as instituições financeiras privadas;
c) a ausência de marcos regulatórios para instituições bancárias e não bancárias;
d) a estrita separação das estruturas e das operações nacionais e internacionais;
e) a ausência de iniciativas e mecanismos destinados a monitorar e supervisionar os fluxos financeiros internacionais.

10. (AFRF/2002-1) São instituições que integram o Grupo Banco Mundial:

a) o Eximbank, o Banco Interamericano de Desenvolvimento e o Comitê da Basileia;
b) o Banco Para Ajustes Internacionais, a Associação Internacional de Desenvolvimento e o Instituto de Estabilidade Financeira;
c) a Associação Internacional de Desenvolvimento, a Corporação Financeira Internacional, a Organização Multilateral de Garantias de Investimentos e o Centro Internacional de Acerto de Divergências sobre Investimentos;
d) o Clube de Paris, o Fundo Monetário Internacional e os Bancos Regionais de Desenvolvimento;
e) a Organização Para a Cooperação e Desenvolvimento Econômico, o Banco para Ajustes Internacionais e o Banco Internacional de Reconstrução e Desenvolvimento.

11. (AFRF/2002-2) O Banco Interamericano de Desenvolvimento (BID) é uma instituição regional que provê recursos para o financiamento de projetos de desenvolvimento na América Latina e no Caribe. São aptos a receber recursos do BID, sob a forma de empréstimos e assistência técnica:

a) governos nos diferentes níveis, instituições públicas autônomas, organizações da sociedade civil com aval do governo, empresas privadas e outros bancos e organismos regionais latino-americanos de financiamento do desenvolvimento;
b) somente governos nos diferentes níveis e instituições públicas autônomas;
c) governos nos diferentes níveis, organizações da sociedade civil, empresas privadas e bancos comerciais e de investimento atuando na América Latina e no Caribe;
d) somente instituições públicas autônomas, organizações da sociedade civil com aval do governo e outros organismos regionais latino-americanos de financiamento do desenvolvimento;
e) governos nos diferentes níveis, organizações da sociedade civil e bancos comerciais e de investimento atuando na América Latina e no Caribe.

12. (AFRF/2002-2) Sobre o Banco Europeu de Reconstrução e Desenvolvimento (BERD), é correto afirmar que:

a) foi criado após a Segunda Guerra Mundial para auxiliar os países da Europa Ocidental e Central que foram devastados pela guerra;
b) foi criado em seguida à Segunda Guerra Mundial e representou, ao lado do Fundo Monetário Internacional e do Acordo Geral sobre Comércio e Tarifas (GATT), um dos pilares fundamentais do Sistema de Bretton Woods;
c) foi criado para apoiar o desenvolvimento dos países que se tornaram independentes com o desmoronamento da ex-União Soviética e com a divisão da ex-Iugoslávia e da ex-Tchecoslováquia;
d) é instituição europeia criada no final dos anos sessenta para apoiar e estimular laços econômicos entre os países da Europa Ocidental e suas ex-colônias na África e na América Latina;
e) foi criado para auxiliar os países da Europa Central e Oriental em sua transição para economias de mercado no início dos anos noventa.

13. **(AFRF/2002-2) Na Argentina, o abandono do regime cambial praticado ao longo dos anos noventa e as medidas no campo financeiro que se seguiram produziram graves problemas econômicos, entre os quais:**
   a) déficits comerciais, evasão de divisas e a falência do sistema financeiro;
   b) retração da demanda por dólares norte-americanos, apreciação cambial e aumento da inflação;
   c) déficits comerciais, falta de liquidez no sistema financeiro e aumento dos preços;
   d) aumento da demanda por dólares norte-americanos, acentuada depreciação do câmbio e forte aumento da inflação;
   e) acentuada queda da receita das exportações, aumento da inflação e aprofundamento da recessão econômica.

14. **(AFRF/2003) Criado em fins dos anos 50, o Banco Interamericano de Desenvolvimento (BID) passou a aceitar, entre seus membros, países que não são do continente americano. Sua estrutura financeira é relativamente complexa e seus estatutos preveem que o total de empréstimos não pode exceder à soma de capital total e de suas reservas. A seu respeito, é correto afirmar:**
   a) os recursos do BID financiam projetos de desenvolvimento dos países do continente americano, não podendo ser utilizados em programas de ajuste estrutural;
   b) os empréstimos somente são concedidos a países da região cujo sistema de governo seja uma democracia multipartidária;
   c) os recursos do BID também podem ser utilizados para financiar projetos do setor privado;
   d) os recursos do BID só podem ser usados para financiar governos de países do continente americano, na proporção das cotas destes depositadas no Banco;
   e) decidiu-se criar, no seio do BID, a Associação de Desenvolvimento Internacional, com vistas a fomentar o auxílio a pequenas e médias empresas exportadoras.

15. **(AFRF/2003) A mais recente crise argentina implicou uma profunda mudança no regime cambial do país, além de ter ocorrido depois da mais longa recessão que sua história registra. A respeito dessa crise, é correto afirmar:**
   a) o governo argentino contou com firme apoio do Fundo Monetário Internacional e do governo dos Estados Unidos para renegociar os títulos de sua dívida pública no mercado internacional;
   b) o recurso ao mecanismo de solução de controvérsias do MERCOSUL foi fundamental para resolver os problemas de liquidez do governo no curto prazo da compra efetuada;
   c) frutos do processo de globalização, os ataques especulativos que subjugaram a economia argentina são típicos desse estágio do sistema capitalista, de modo que o governo argentino, por ser responsável por uma economia pequena, poderia ter feito muito pouco para evitar a crise;

d) ao desvalorizar sua moeda em 300% (trezentos por cento), o governo argentino rapidamente teve condição de reorientar os fluxos de investimentos, retomando o pagamento de sua dívida no mercado internacional;
e) observou-se, na verdade, uma mudança de regime cambial na Argentina, que tentara controlar a inflação, nos últimos anos, por meio de um sistema conhecido por *currency board*, com base no qual se fixa o valor da moeda do país em relação à moeda de outro país.

16. **(AFRF/2003) Integram o Grupo Banco Mundial, também conhecido por Sistema Banco Mundial, cinco instituições, todas pertencentes aos países-membros, que, de forma articulada, desempenham distintas funções com vistas a cumprir a missão de combater a pobreza e melhorar as condições de vida das populações nos países em desenvolvimento. A respeito dessas instituições e suas funções precípuas, é correto afirmar:**
a) a Corporação Financeira Internacional possui o mandato de estimular o desenvolvimento econômico por meio de ações junto ao setor privado;
b) o Centro Internacional de Solução de Disputas sobre Investimentos funciona segundo as normas de solução de controvérsias acordadas no âmbito da Organização Mundial do Comércio;
c) a Agência de Garantia de Investimentos Multilaterais oferece garantias colaterais prioritariamente associadas aos riscos comerciais de investimentos privados em países em desenvolvimento;
d) o Banco Internacional de Reconstrução e Desenvolvimento, também conhecido por Banco Mundial, não visa a lucro, e possui estrutura decisória baseada na composição de seus membros no seio da Assembleia Geral da Organização das Nações Unidas;
e) a Associação para o Desenvolvimento Internacional oferece principalmente garantias associadas aos empréstimos captados pelos países de renda média no mercado privado.

Capítulo 14

Globalização Econômica

O fenômeno da globalização pode, em poucas palavras, ser caracterizado como a transformação da economia mundial de países independentes para uma economia integrada e interdependente, onde o que antes era local atinge o nível global. E o que é global se espalha, atinge as culturas e gera influências em nível local.

A globalização econômica tem três abordagens: a globalização da produção, do comércio e das finanças.

14.1. GLOBALIZAÇÃO DA PRODUÇÃO

Com o liberalismo, as empresas irão se instalar nos países que lhes proporcionem mão de obra mais barata ou um melhor acesso a matérias-primas. Com isso, diminuem os custos de produção, concentrando toda ou grande parte da produção naquele país. Surgem as multinacionais.

Cabe a diferenciação entre empresas multinacionais e transnacionais, conforme abordagem de Maria Auxiliadora de Carvalho e César Roberto Leite da Silva (2000, p. 246), citando Paul Hirst:

> – As empresas multinacionais preservam base de origem nacional e estão sujeitas à regulação e ao controle procedentes do país de origem; e
>
> – As empresas transnacionais têm capital inteiramente livre, sem identificação nacional específica, com uma administração internacionalizada e, no mínimo, potencialmente inclinado a localizar-se e relocalizar-se em qualquer lugar do mundo para obter retornos mais seguros ou mais altos.

14.2. GLOBALIZAÇÃO DO COMÉRCIO

O comércio livre leva ao mercado global por inexistirem barreiras. Tenderá, portanto, a um mercado de concorrência perfeita, em que inúmeros serão os fornecedores, que não encontrarão barreiras para seus produtos. E inúmeros serão os consumidores porque, não havendo barreiras às importações, poderão ser atingidos pelos fornecedores.

14.3. GLOBALIZAÇÃO DAS FINANÇAS

As finanças se movem na velocidade da informática, em que o capital investido no país (capital produtivo ou o especulativo) pode fugir ao menor sobressalto, causando danos muitas vezes graves a esse país, desestabilizando a moeda nacional.

As crises recentes no mercado mundial foram facilitadas pela alta volatilidade dos capitais que correm o mundo em busca dos melhores retornos em termos de rentabilidade e segurança.

14.4. VANTAGENS E DESVANTAGENS DA GLOBALIZAÇÃO

As vantagens da globalização são as do livre comércio, são os efeitos dinâmicos da integração mundial, com a melhor alocação dos fatores produtivos.

Uma desvantagem é o alto grau de interdependência – onde uma crise em um país distante, que não tenha maiores relações com os outros países, acaba refletindo nestes últimos. É o caso da crise na Turquia em 2002/2003 que trouxe problemas para a economia brasileira, apesar de as relações comerciais entre os dois países serem ínfimas.

Outra desvantagem é a alta instabilidade dos fluxos financeiros que podem ser cortados se houver algum risco de perda de rentabilidade ou de confiança no país.

Questões de Provas

01. (AFRF/2002-1) A respeito do processo de globalização, é correto afirmar que:

a) alcança indistintamente a todos os países, a despeito de seus respectivos níveis de desenvolvimento econômico, tornando-os mais homogêneos política, econômica, social e culturalmente;

b) é um processo eminentemente comercial associado à liberalização das trocas e à expansão dos mercados nacionais em escala global, o qual aprofunda diferenças econômicas entre os países;

c) se manifesta no entrelaçamento dos campos do comércio, das finanças e da produção internacional e no aprofundamento da interdependência entre os países e com importantes desdobramentos políticos, econômicos e socioculturais;

d) tem como cerne o crescimento e a aceleração dos fluxos financeiros internacionais em virtude do movimento de capitais especulativos em escala global;

e) é um fenômeno fundamentalmente associado às estratégias das corporações transnacionais objetivando expandir e consolidar sua presença nos mercados dos países emergentes.

02. (AFRF/2002-2) O comércio de bens manufaturados vem crescendo significativamente desde a Segunda Guerra Mundial, inclusive com crescente participação de países em desenvolvimento. Entre os fatores que têm concorrido para a expansão do comércio de bens industrializados encontram-se:

a) os investimentos diretos, a internacionalização da produção e o comércio intrafirmas;

b) a concentração da produção, da geração de tecnologias e da renda nos países desenvolvidos;

c) o menor custo da mão de obra, a maior oferta de matérias-primas e a concentração de investimentos diretos nos países emergentes;

d) as disparidades de renda e as diferenças quanto à estrutura da demanda entre os países desenvolvidos e os países em desenvolvimento;

e) a diminuição da demanda por *commodities* no mercado mundial, a disseminação de tecnologias aplicadas e a atuação das empresas transnacionais.

03. (AFRF/2002-2) A volatilidade dos capitais tem sido apontada como um dos principais fatores a explicar as crises financeiras que vêm ocorrendo regularmente, em diferentes partes do mundo, desde meados dos anos noventa. Entre as dificuldades de ordem econômica induzidas pelos capitais voláteis estão:

a) alta dos preços e pressões sobre o câmbio;

b) depreciação do valor dos títulos oficiais e aumento da dívida externa;

c) instabilidade cambial e maiores oscilações dos preços de ativos financeiros;

d) desaceleração econômica e aumento da dívida externa;

e) retração dos investimentos e aumento do déficit público.

04. (AFRF/2003) O chamado "processo de globalização" estimula agentes políticos a adotar posições favoráveis e negativas a respeito de suas implicações. Embora não se trate de um processo puramente econômico, esta talvez seja sua face mais evidente. A seu respeito, é correto afirmar o seguinte:

a) o aumento no volume e na velocidade dos fluxos financeiros internacionais foi desprezível para produzir aumento na interdependência econômica, sobretudo quando comparado ao aumento do comércio global;

b) a Organização Mundial do Comércio, criada ao final da Rodada Uruguai do Acordo Geral de Tarifas e Comércio (GATT), promoveu sucessivas reduções tarifárias, a partir de meados dos anos 80, ao aplicar o mecanismo de solução de controvérsias;

c) o ritmo de crescimento das taxas de comércio e das trocas financeiras internacionais intensificou-se, de início, pela adoção do padrão-ouro, cuja conversibilidade em dólares americanos foi garantida pelo governo dos Estados Unidos até o segundo choque do petróleo;

d) embora tendente a liberalizar o comércio global, o sistema GATT discriminava a favor dos países desenvolvidos, como ilustrou a redução de tarifas para bens industrializados durante a Rodada Uruguai, muito maior, em termos percentuais, no caso dos países em desenvolvimento;

e) a globalização econômica que se observou no século XX é um processo complexo, que permitiu a países emergentes, como Taiwan e Coreia do Sul, ascender a altos níveis de desenvolvimento, ao passo que outras economias perpetuaram sua condição marginal na economia mundial, com perversas implicações sociais.

Gabaritos

Capítulo 1

1. A	8. E	15. B	21. D
2. B	9. E	16. C	22. D
3. C	10. C	17. E	23. B
4. C	11. C	18. A	24. C
5. B	12. A	19. D	25. B
6. E	13. E	20. A	
7. B	14. A		

Capítulo 2

1. C	5. A	9. E	13. A
2. E	6. E	10. E	14. C
3. A	7. C	11. D	15. C
4. B	8. D	12. D	16. D

Capítulo 3

1. A	4. B	7. D	10. E
2. D	5. C	8. B	11. A
3. E	6. C	9. C	12. D

Capítulo 4

1. B	2. C	3. A	4. E

Capítulo 5

1. D	4. D	6. B	8. B
2. E	5. B	7. B	9. E
3. B			

Capítulo 6

1. B	5. E	9. E	13. C
2. D	6. E	10. D	14. A
3. C	7. A	11. B	15. C
4. A	8. B	12. E	16. E

Capítulo 7

1. A	7. B	12. E	17. B
2. E	8. C	13. E	18. C
3. A	9. C	14. D	19. D
4. C	10. D	15. A	20. C
5. E	11. B	16. D	21. C
6. B			

Capítulo 8

1. B	7. E	13. E	19. A
2. A	8. B	14. D	20. A
3. B	9. C	15. A	21. C
4. A	10. B	16. A	22. D
5. B	11. D	17. C	23. C
6. B	12. C	18. D	

Capítulo 9

1. E	4. A	7. C	9. E
2. E	5. D	8. B	10. B
3. C	6. C		

Capítulo 10

1. D
2. B
3. D
4. B
5. A
6. E
7. A
8. E
9. E

Capítulo 11

1. B
2. D

Capítulo 12

1. B
2. C
3. A
4. A
5. D
6. D
7. A
8. D
9. E
10. E
11. E
12. A
13. A
14. A
15. E
16. D
17. B
18. C
19. D
20. C
21. B
22. B
23. D
24. C
25. D

Capítulo 13

1. A
2. C
3. B
4. D
5. E
6. A
7. D
8. B
9. A
10. C
11. A
12. E
13. D
14. C
15. E
16. A

Capítulo 14

1. C
2. A
3. C
4. E

Bibliografia

ACCIOLY, Hildebrando; NASCIMENTO E SILVA, G. E. do; CASELLA, Paulo Borba. *Manual de Direito Internacional Público*. 17. ed. São Paulo: Saraiva, 2009.

BACEN. *Consolidação das Normas Cambiais*. Brasília, 2004.

_______. *Notas Explicativas ao Balanço de Pagamentos Compilado de Acordo com as Normas Estabelecidas na Quinta Edição do Manual do Balanço de Pagamentos do FMI*. Brasília, 2001.

BARRAL, Welber; Brogini, Gilvan. *Manual Prático de Defesa Comercial*. São Paulo: Lex Editora, 2006.

BROGINI, Gilvan Damiani. *Medidas de Salvaguarda e Uniões Aduaneiras*. São Paulo: Aduaneiras, 2000.

CARVALHO, Maria Auxiliadora de; SILVA, César Roberto Leite da. *Economia Internacional*. São Paulo: Saraiva, 2000.

CCI. *INCOTERMS 2000: Regras Oficiais da Câmara de Comércio Internacional para a Interpretação de Termos Comerciais*. São Paulo: Aduaneiras, 2000.

COSTA, Lígia Maura. Comércio Exterior: Negociações e Aspectos Legais. Rio de Janeiro; Elsevier/Campus, 2005.

FARIA, Fábio Martins. *A Defesa Comercial: Origens e Regulamentação das Medidas Antidumping, Compensatórias e de Salvaguardas*. São Paulo: Aduaneiras, 2002.

FMI. *Manual do Balanço de Pagamentos*. Washington: FMI, 1993.

FORTUNA, Eduardo. *Mercado Financeiro: Produtos e Serviços*. 12. ed. Rio de Janeiro: Qualitymark, 1999.

GONÇALVES, Reinaldo et al. *A Nova Economia Internacional*. Rio de Janeiro: Campus, 1998.

HOECKMAN, B.; KOSTECKI, M. *The Political Economy of the World Trading System*. EUA: Oxford University Press, 1995.

KEYNES, John Maynard. *Teoria Geral do Emprego, do Juro e da Moeda*. São Paulo: Abril Cultural, 1983.

KRUGMAN, Paul; OBSTFELD, Maurice. *Economia Internacional – Teoria e Política*. 4. ed. São Paulo: Makron Books, 1999.

KUME, HONORIO, coord. *Crecimiento Economico, Instituiciones, Política Comercial y Defensa de la Competencia en el Mercosur*. Montevideo: Siglo Veintiuno, 2008.

LAFER, Celso. *A OMC e a Regulamentação do Comércio Internacional – Uma Visão Brasileira*. Porto Alegre: Livraria do Advogado Ed., 1998, p. 107.

LUZ, Rodrigo Teixeira. *Comércio Internacional e Legislação Aduaneira*. 3. ed. Rio de Janeiro: Campus/Elsevier, 2009.

MAGALHÃES, João Paulo de Almeida. *Economia*. Rio de Janeiro: Paz e Terra, 1973. 2 v.

MAIA, Jayme de Mariz. *Economia Internacional e Comércio Exterior*. 5. ed. São Paulo: Atlas, 1999.

MATHIS, James H. *Regional Trade Agreements in the GATT/WTO: Article XXIV and the Internal Trade Requirement*. The Hague: Asser Press, 2002.

MAZZUOLI, Valerio de Oliveira. *Curso de Direito Internacional Público*. 3. ed. São Paulo: Editora Revista dos Tribunais, 2008.

MEIER, Gerald M. *The International Economics of Development*. New York: Harper & Row, 1968.

MELHORANÇA, Ângelo Oswaldo. *Boletim Eletrônico LUX 12*. São Paulo: Editora LUX, 1997.

MELLO, Celso D. de Albuquerque. *Curso de Direito Internacional Público*. 14. ed. Rio de Janeiro: Renovar, 2002.

MELLO, Fábio de. *Manual de Crédito Documentário (Teoria e Prática)*. 2. ed. São Paulo: Aduaneiras, 1990.

MORAES, José Geraldo Vinci de. *Caminhos das Civilizações: Da Pré-história aos Dias Atuais*. São Paulo: Atual, 1993.

MOTA, Carlos Guilherme. *História Moderna e Contemporânea*. São Paulo: Moderna, 1986.

OMC. *Acordo Constitutivo da Organização Mundial do Comércio*. Marrakesh, 1994.

PRAZERES, Tatiana Lacerda. *A OMC e os Blocos Regionais*. São Paulo: Aduaneiras, 2008.

_______. *Comércio Internacional e Protecionismo: As Barreiras Técnicas na OMC*. São Paulo: Aduaneiras, 2003.

OMC. *Resultados da Rodada Uruguai do GATT*. São Paulo: Aduaneiras, 1995.

PREBISCH, Raúl. "O desenvolvimento econômico da América Latina e seus principais problemas". *Revista Brasileira de Economia*. Rio de Janeiro, 1949.

PYNDICK, Robert S.; RUBINFIELD, Daniel L. *Microeconomia*. São Paulo: Makron Books, 1994.

RATTI, Bruno. *Comércio Internacional e Câmbio*. 10. ed. São Paulo: Aduaneiras, 2001.

REZEK, J. Francisco. *Direito Internacional Público: Curso Elementar*. 10.ed. São Paulo: Saraiva, 2005.

RICARDO, David. *Princípios de Economia Política e Tributação*. São Paulo: Abril Cultural, 1982 (Coleção Os Economistas).

ROSSETTI, José Paschoal. *Introdução à Economia*. 18. ed. São Paulo: Atlas, 2000.

SIMONSEN, Mario Henrique; CYSNE, Rubens Penha. *Macroeconomia*. 2. ed. São Paulo: Atlas, 1995.

SMITH, Adam. *A Riqueza das Nações: Investigação sobre sua Natureza e suas Causas*. São Paulo: Abril Cultural, 1983 (Coleção Os Economistas). 2 v.

SÖDERSTEN, Bo. *Economia Internacional*. Rio de Janeiro: Interciência, 1979.

THORSTENSEN, Vera. *OMC – Organização Mundial do Comércio: As Regras do Comércio Internacional e a Nova Rodada de Negociações Multilaterais*. 2. ed. São Paulo: Aduaneiras, 2001.

TRINDADE, Otávio Augusto Drummond Cançado. *O Mercosul no Direito Brasileiro: Incorporação de Normas e Segurança Jurídica*. Belo Horizonte: Del Rey, 2006.

VINER, Jacob. *Studies in the Theory of International Trade*. New York: Harper & Brothers Publishers, 1937.

WILLIAMSON, John. *A Economia Aberta e a Economia Mundial: Um Texto de Economia Internacional*. 10ª Reimpressão. Rio de Janeiro: Campus, 1988.

Conheça também ...

Gramática Simples e Fácil para Concursos
Teoria e questões de concursos gabaritadas e comentadas
de A. Oliveira Lima
Série Provas e Concursos
ISBN: 978-85-352-3726-9
Páginas: 400

Software Livre para Concursos
Teoria e 100 questões com gabarito
de Jorge Ruas
Série Provas e Concursos
ISBN: 978-85-352-3634-7
Páginas: 128

Redação – Teoria e Prática
Teoria, exercícios e temas de concursos
de Marcelo Braga
Série Provas e Concursos
ISBN: 978-85-352-3769-6
Páginas: 128

Qual(is) o(s) conteúdo(s) de seu interesse?

Jurídico - ☐ Livros Profissionais ☐ Livros Universitários ☐ OAB ☐ Teoria Geral e Filosofia do Direito

Educação & Referência - ☐ Comportamento ☐ Desenvolvimento Sustentável ☐ Dicionários e Enciclopédias ☐ Divulgação Científica ☐ Educação Familiar ☐ Finanças Pessoais ☐ Idiomas ☐ Interesse Geral ☐ Motivação ☐ Qualidade de Vida ☐ Sociedade e Política

Negócios - ☐ Administração/Gestão Empresarial ☐ Biografias ☐ Carreira e Liderança Empresariais ☐ E-Business ☐ Estratégia ☐ Light Business ☐ Marketing/Vendas ☐ RH/Gestão de Pessoas ☐ Tecnologia

Concursos - ☐ Administração Pública e Orçamento ☐ Ciências ☐ Contabilidade ☐ Dicas e Técnicas de Estudo ☐ Informática ☐ Jurídico Exatas ☐ Língua Estrangeira ☐ Língua Portuguesa ☐ Outros

Universitário - ☐ Administração ☐ Ciências Políticas ☐ Computação ☐ Comunicação ☐ Economia ☐ Engenharia ☐ Estatística ☐ Finanças ☐ Física ☐ História ☐ Psicologia ☐ Relações Internacionais ☐ Turismo

Áreas da Saúde - ☐ Anestesia ☐ Bioética ☐ Cardiologia ☐ Ciências Básicas ☐ Cirurgia ☐ Cirurgia Plástica ☐ Cirurgia Vascular e Endovascular ☐ Dermatologia ☐ Ecocardiologia ☐ Eletrocardiologia ☐ Emergência ☐ Enfermagem ☐ Fisioterapia ☐ Genética Médica ☐ Ginecologia e Obstetrícia ☐ Imunologia Clínica ☐ Medicina Baseada em Evidências ☐ Neurologia ☐ Odontologia ☐ Oftalmologia ☐ Ortopedia ☐ Pediatria ☐ Radiologia ☐ Terapia Intensiva ☐ Urologia ☐ Veterinária

Outras Áreas - ______________________________

Tem algum comentário sobre este livro que deseja compartilhar conosco?

____

Sistema CTcP,
impressão e acabamento
executados no parque gráfico da
Editora Santuário
www.editorasantuario.com.br - Aparecida-SP